Kunst-Reiseführer in der Reihe DuMont Dokumente

Zur schnellen Orientierung – die wichtigsten Orte und Sehenswürdigkeiten auf einen Blick:

(Auszug aus dem ausführlichen Ortsregister S. 405–410)

Vordere Umschlagklappe: Übersichtskarte Bremen, Bremerhaven und nördliches Niedersachsen

Hintere Umschlagklappe: Stadtplan Bremen

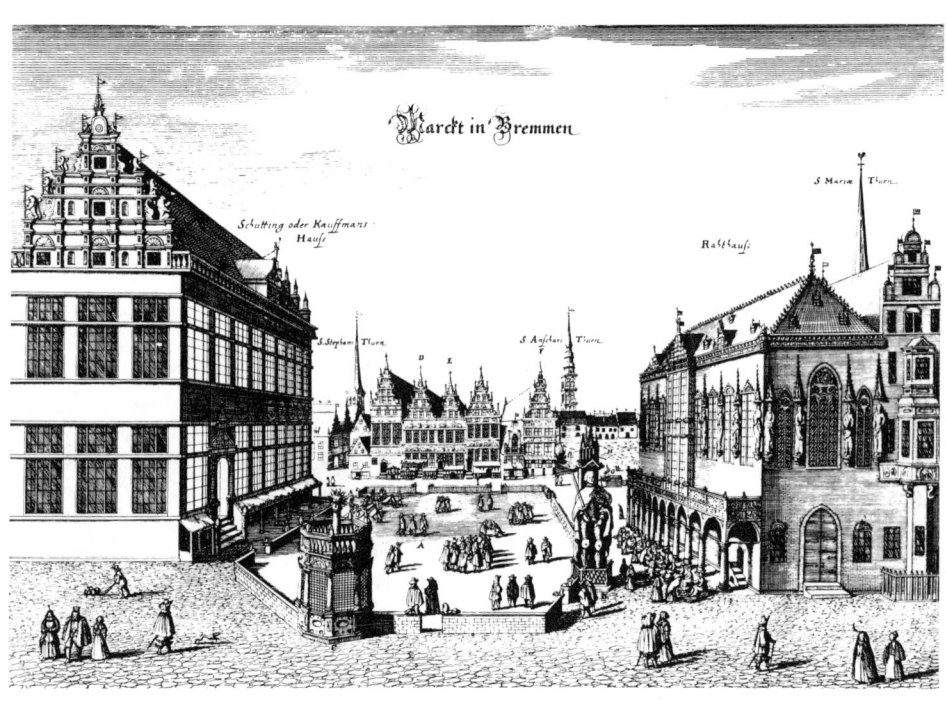

Marckt in Bremmen

Schutting oder Kauffmans Hauß.

S. Mariæ Thurn.

Raſthauß

S. Stephan Thurn.   D   E   S. Anschari Thurn.

P

A

Hans-Christoph Hoffmann

Bremen
Bremerhaven und das nördliche Niedersachsen

Kultur, Geschichte, Landschaft
zwischen Unterweser und Elbe

DuMont Buchverlag Köln

Umschlagvorderseite: Bremen, Marktplatz mit Rathaus und Dom (Foto: H. und E. Scheidulin, Bremen)

Umschlagklappe vorn: Midlum, St. Pankratius, Kanzelrelief von Ringkmacher, 1623 (Foto: H.-Ch. Hoffmann, Bremen)

Umschlagrückseite: Worpswede, Partie im Teufelsmoor bei Findorf (Foto: H.-Ch. Hoffmann, Bremen)

Frontispiz: Matthäus Merian, Der Marktplatz in Bremen mit Rathaus, Roland und Schütting, aus: Topographia Saxoniae Inferioris, Franckfurt 1653

© 1986 DuMont Buchverlag, Köln
3. Auflage 1989
Alle Rechte vorbehalten
Satz und Druck: Rasch, Bramsche
Buchbinderische Verarbeitung: Bramscher Buchbinder Betriebe

Printed in Germany   ISBN 3-7701-1754-9

Inhalt

Vorwort

Bremen und das nördliche Niedersachsen, das sind in diesem Band die Freie Hansestadt Bremen, die ehemaligen Herzogtümer Bremen und Verden unter Einschluß ehemals lauenburgischer Gebiete in Hadeln sowie Teile der Grafschaft und späteren Großherzogtums Oldenburg – also kein in sich geschlossenes, kontinuierlich gewachsenes historisches Territorium. Die gemeinsame Klammer ist, locker genug, die politische, räumliche und kulturelle Beziehung zwischen Bremen und den heute niedersächsischen Gebieten. Solche Beziehungen waren in der Vergangenheit vielfältig. In gegenseitigem Geben und Nehmen waren immer wieder beide Seiten aufeinander angewiesen und auch in der Gegenwart gibt es dieses grenzüberschreitende Miteinander, institutionalisiert beispielsweise in der niedersächsisch-bremischen Landesplanung, die sich der gemeinsamen Lösung von Verkehrsproblemen, dem Ausbau von Naherholungsgebieten oder auch einmal der Förderung eines kulturellen Objektes, der Burg in Bederkesa etwa oder dem Barkenhoff in Worpswede, widmet.

Gewiß, das Land an der Elbe, voran das Alte Land mit Stade, sind mehr auf Hamburg hin orientiert, doch sind das Gebiete, die über Erzstift und Herzogtum eine gemeinsame historische Wurzel zu Bremen, nämlich zum Erzbischof von Bremen, besitzen. Nicht zufällig führen Stade und Buxtehude den bremischen Petrischlüssel im Wappen, ist die Hauptkirche zu Stade St. Wilhadi, dem ersten bremischen Bischof, geweiht.

Die politischen und kulturellen Bezüge Bremens zu den Gebieten links der Weser waren und sind weniger ausgeprägt. Sie bestanden im Mittelalter, als diese Gebiete geistlich noch dem Erzbischof von Bremen unterstanden, jedoch in mannigfacher Gestalt, und zwar im Guten wie im Bösen: Kirchen wurden von Bremen aus gegründet, von Bremen aus wurde der Ketzerkrieg gegen die Stedinger Bauern betrieben, das oldenburgische Grafenhaus stellte mehr als nur einmal den Erzbischof.

Einige Gebiete, etwa Hadeln und Wursten, haben eine Breite der Darstellung erfahren, wie sie für einen solchen Reiseführer vielleicht nicht üblich ist. Trotz guter wissenschaftlicher Erfassung sind die reichen und vielfältigen Kunst- und Kulturschätze dieser Landesteile aber noch viel zu unbekannt – mit der eingehenden Schilderung soll versucht werden, ihnen die verdiente Aufmerksamkeit zuteil werden zu lassen.

Im übrigen mußte eine Auswahl getroffen werden, die sich in dem vorliegenden Band an in sich abgerundeten Reiserouten orientiert. Ein Kunstreiseführer soll ja weder den ›Dehio‹ noch die verschiedenen älteren oder jüngeren Kunstdenkmal-Inventare ersetzen, sondern will das Auge öffnen für das Schöne in diesem Land und will, wenigstens an einigen Beispielen, erklären, was die uns Heutigen oft so fremden Darstellungen aussagen wollten.

9

VORWORT

Ein solches Werk kann nicht ohne vielfältige Hilfe erarbeitet werden. Zu groß aber ist die Liste der Namen derer, die mir bei der Beschaffung von Informationen, Literatur und Bildmaterial zur Seite standen, als daß ihnen allen der Dank namentlich ausgesprochen werden könnte – allen gemeinsam sei darum an dieser Stelle ganz herzlich gedankt.

Der geografisch-historische Rahmen

Das Land besteht aus Marsch, Geest und Mooren. Das ist in Ostfriesland nicht anders als in Schleswig-Holstein. Dazu kommen überall, bis tief in das Innere hineingezogen, die Deiche aus Kleiboden und Sand, Schutzwälle gegen die See, begonnen im 11. Jahrhundert, immer im Bau, nie vollendet.

Doch der Reihe nach. Der äußere Saum ist die Marsch. Sie ist ein Kind der See, die während der zweimal täglich auftretenden Flut einen breiten Streifen Landes überschwemmt und dabei zusammen mit feinkörnigen Sanden tierische und pflanzliche Substanzen anspült. Wenn das Meer im gleichen Rhythmus wieder zurückweicht, bleibt immer etwas von diesen Sinkstoffen zurück. Sie bilden den Marschboden, der bis zu zwanzig Meter mächtig ansteht. Anfangs stark salzig und nur beschränkt nutzbar, wird er, wenn das Salz erst einmal ausgewaschen ist, zu fruchtbarstem, schwerem Acker- und Weideland.

Das Wachstum der Marschen ist ein stetiges, bemißt sich aber in Jahrhunderten, und in solchen Zeiträumen sind auch die Unterscheidungen in Jung-, Alt- und Knickmarsch zu verstehen. Die Jungmarsch ist nach 1500 entstanden, die Altmarsch ist das erste Land, das seit dem 11. Jahrhundert durch Deichbauten vor regelmäßiger Überschwemmung geschützt wurde, und die Knickmarsch, die älteste Marschformation, ist schon stellenweise mit der Geest vermischt, liegt tiefer und ist ausgewaschener als der neu angeschwemmte Boden. Es ist weiter zu beobachten, daß das Land von der Jungmarsch über Normalnull abfällt zur Knickmarsch, die größtenteils unter Meereshöhe liegt, wodurch diese Teile, auch wenn sie eingedeicht sind, immer von Überschwemmungen bedroht sind, weil das natürliche Oberflächenwasser nicht mehr ablaufen kann. In dem Kapitel über das Land Hadeln ist das beschrieben.

Die Marschen waren das schwere, fette Weideland, die Marschenbauern von legendärem Reichtum – den Kirchen sieht man es noch heute an. Die leichtere, sandige und steinige Geest galt dagegen als ärmlich. Das war so, bis die Einführung moderner agrarischer Produktionsmethoden und des Kunstdüngers das Gütegefälle zwischen Marschen und Geest ausglich und durch die größere Produktion landwirtschaftlicher Erzeugnisse die Bauern in der Marsch ihre jahrhundertealte Vorzugsstellung verloren.

Die Geest ist ein Überbleibsel der Eiszeit. Sie besteht aus ›glazialem Schutt‹, der durch die gewaltigen Gletschermassen von Skandinavien nach Norddeutschland transportiert wurde, bis zu 200 Meter mächtig ist und in regellosem Wechsel aus losem Sand, geschichtetem Kies, aus Lehm, Ton und Geröllen bis zu großen Granitblöcken, den Findlingen, besteht.

Karte der Herzogtümer Bremen und Verden von 1789 (A New Map of the King of Great Britain's Dominions in Germany, or the Electorate of Brunswick-Luneburg and its Dependencies)

Typisch für diese vom Vordringen und Zurückweichen des Eises geprägte Landschaft sind die hügeligen Endmoränenbögen, wie sie unterhalb von Cuxhaven und von der Wingst in einem Bogen bis Rotenburg/Wümme auftreten, und die nacheiszeitlichen Dünenketten entlang der Urstromtäler. Eine der markantesten ist der kaum einen Kilometer breite, aber mehr als 40 Kilometer lange Dünenzug auf dem rechten Ufer der Weser bei Bremen.

Der natürliche Bewuchs der Geest sind Hasel, Birken, Buchen und Eichen, doch gibt es heute, abgesehen von den Nadelgehölzen der Forstwirtschaft, alles, was in Grün- und Ackerland gedeiht.

Eine in dieser Ausdehnung in Deutschland nur hier anzutreffende Landschaftsform ist das Moor. Es ist eingebettet in die Geest und tritt als Niederungs- und als Hochmoor auf. Das Niederungsmoor ist ein aus dem Grundwasser genährter Sumpf, anzutreffen an verlandeten Seen oder Flußarmen. Interessanter ist die Entstehung, das Wachstum der Hochmoore, das unaufhörlich ist, solange der Mensch nicht eingreift, und in dem es Biotope ganz eigener Art gibt. Seine Feuchtigkeit empfängt das Hochmoor ausschließlich aus den hier reichlich anfallenden Niederschlägen, nicht mehr aus dem Grundwasser. Diese nährstoffarme Feuchtigkeit begünstigt das Wachstum von Torfmoosen (Sphagnaceen), die den älteren Bewuchs, meist Bruchwald, überwuchern und absterben lassen und sich selber im Vergehen und neuem Wachsen allmählich uhrglasförmig aufzuwölben beginnen, so daß schließlich die Moorflächen höher liegen als das trockene Umland.

Die wegen ihrer gefährlichen Undurchdringlichkeit, wegen der vielen Nebel über diesen unendlichen Wasserreservoiren, schließlich auch wegen ihrer morbiden Vegetation von den Menschen als bedrohlich empfundenen Moore gibt es nicht mehr. In generationenwährender schwerer Kultivierungsarbeit wurden sie trockengelegt, landwirtschaftlich erschlossen, die viele Meter starken Torfablagerungen abgebaut und verwertet, entweder als Brenntorf – der ältere Schwarztorf (Sphagnumtorf) – oder als Torfmull, Torfstreu, aufbereitet auch als Blumenerde – der jüngere Weißtorf. Dadurch ging eine für Niedersachsen besonders typische Landschaftsstruktur, gingen bedeutende Biotope, für Mensch und Tier wichtige Wasserreservoire, verloren. Wer das tadeln will, muß sich aber vorher kundig machen über die harten Lebensbedingungen der Bewohner dieses Raumes im 16. bis 18., ja selbst noch im 19. Jahrhundert und in der ersten Hälfte unseres Jahrhunderts.

Unvorstellbar auch, wie das Land aussähe, gäbe es die Deiche nicht. Die Rechnung, daß alles das, was bei mittlerem Hochwasserstand nicht zweimal täglich überschwemmt wird, Festland, zumindest Insel sei, geht nicht auf, denn eine einzige Sturmnacht reicht aus, um die Topographie ganzer Landstriche nachhaltig zu verändern; wie hat sich in urkundlich überlieferter Zeit die Inselwelt vor Schleswig-Holstein und vor Niedersachsen gewandelt, welche Probleme gibt es noch heute bei der Sicherung der Inseln. Nein, unsere Vorstellungskraft reicht nicht aus, um die Karte des nördlichen Niedersachsen zu zeichnen ohne die Deiche. Aber etwas anderes können wir uns vorstellen: In der Nacht vom 16. zum 17. Februar 1962, bei einer der letzten großen Sturmfluten, die die Küste heimsuchten, trennte Bremen eine einzige Handspanne bei der Deichkrone des Wümmedeiches bei Borgfeld, einem Ortsteil im Nordosten der Stadt, davor, bis zum Bahndamm, der in der Mitte der

Bremen, Deichbruch am Eisenradsdeich, 1827, nach Gottfried Menken

Stadt verläuft, überschwemmt zu werden. Für tausende städtischer Wohnhäuser hätte das
›landunter‹ geheißen, mit allen Folgen, die das in einer Großstadt mit ihrem hohen Grad von
Versorgungsabhängigkeiten bedeutet hätte. In Hamburg waren jener Sturmnacht immerhin
300 Menschen zum Opfer gefallen.

Immer höhere Sturmfluten werden seit Beginn der Aufzeichnung der Tiden gemessen,
und die Forschung ist in der Lage, den Wechsel von Überflutungs- und Festlandsperioden
über Jahrtausende zu verfolgen. Danach scheinen wir seit dem 9./10. Jahrhundert in einer
Phase des Anstiegs der Hochwasser zu leben. Über die Ursachen dieses Vorgangs sind sich
die Gelehrten noch uneins: Die einen vermuten eine permanente Küstensenkung, andere,
daß die Ursache im Abschmelzen von Eismassen zu suchen sei und wieder andere glauben an
eine Kopplung beider Erscheinungen. Auf jeden Fall ist die Karte der Küstenregion immer
(noch) in Bewegung.

Die Bewohnbarkeit dieses Landes hängt also ab von seiner Eindeichung. Alles Leben, alle
Kultur gedeihen nur im Schutz dieser sich endlos hinziehenden Erdwälle und selber sind sie
eine Kulturleistung, die nicht geringer zu achten ist als der Bau und die Ausstattung großer
Kirchen im Binnenland.

Wann genau mit dem Bau von Deichen zwischen Weser und Elbe begonnen wurde, ist
noch nicht ganz gesichert, man gibt aber in Wursten und Hadeln immer wieder das 11.

Jahrhundert als den Zeitpunkt an, zu dem, zunächst nur punktuell, mit der Sicherung des Landes begonnen worden sei. Das wäre also bald nach dem Beginn der gegenwärtigen Überflutungsphase. Innerhalb weniger Generationen entwickelte sich der Deichbau dann zu einer Gemeinschaftsaufgabe, in der jeder einzelne Grundbesitzer im Rahmen seines Nutzens eingebunden wurde. Die Organisation dieser Gemeinschaftsaufgabe, das Recht, das sich daraus entwickelte, ein sehr hartes Recht, ist neben der eigentlichen Bauleistung ein wichtiger Teil jener Kulturleistungen, die das Deichwesen darstellt. Das Deichrecht beruht auf dem einfachen Grundgedanken: Kein Land ohne Deich – kein Deich ohne Land. Der Deich und das von ihm geschützte Land bildeten also eine untrennbare Einheit. Das Deichrecht gipfelte im sogenannten Spatenrecht, durch das von der Aufforderung zur Unterhaltung des Deiches bis zur Aufgabe des Landes, also der Kapitulation des Einzelnen vor der zu großen Last, alles Notwendige fast rituell geregelt war. In konsequenter Weiterentwicklung dieses Rechtsgedankens werden die Deiche heute von Verbänden unterhalten, in denen jeder begünstigte Grundbesitzer Mitglied ist.

Die alten Deiche waren einfache Ring- oder Halbkreiswälle, die eine Siedlung, seltener nur einen Hof schützten. Sie waren weniger als drei Meter hoch und an der Basis kaum zehn Meter breit. Besseren Schutz boten da allemal die Wurten, künstlich geschaffene Aufschüttungen, auf denen Höfe, Kirchen und Kirchhöfe, ja ganze Dorfgemeinschaften gebaut waren. Im 17. Jahrhundert lag die Höhe der Seedeiche noch bei 3,60 Meter, zu Beginn des 19. Jahrhunderts schon bei sieben Metern und heute werden neun Meter angestrebt. Mit den

Moderner Deichbau im Sandspül-verfahren. Nach: Ostfriesland im Schutz seiner Deiche, 1969
1 Aufsetzen der Spüldämme aus Klei
2 Einspülen des Wattbodens für den Sandkern
3 Profilieren des Sandkerns
4 Abdecken des Sandkerns mit Klei aus den Spüldämmen
5 Profilieren der Kleidecke
6 Fertiger Deich mit Sandkern

knapp zehn Metern Breite ist es auch längst nicht mehr getan. Einer der vielen Gründe, weshalb die Deiche früher so leicht aufbrachen, war der, daß die Deiche als steile Schutzwälle ausgebildet waren, die sich den Wellen entgegenstemmen sollten, dadurch aber auch der vollen Wucht der heranbrandenden Wassermassen ausgesetzt waren. Heute weiß man, daß die Deiche auf der Seeseite ganz flach angelegt sein müssen, damit sich die Gewalt des andrängenden Wassers an der Böschung verläuft. Wenn dann noch Wasser über die Deichkrone schwappt, früher der Anfang eines Deichbruchs, ist das nicht mehr tragisch. Bei einer idealen Böschungsneigung von 1 : 6 außen und 1 : 3 innen und einer Kronenbreite von gut drei Metern braucht man aber für einen modernen Deich einschließlich des Deichverteidigungsweges heute immerhin 90 Meter Land, dessen Oberfläche sorgfältig unterhalten sein muß: Die Wurzeln großer Bäume sind für einen Erddeich ebenso gefährlich wie Kaninchenoder Mäusegänge. Beides, also Baumbewuchs und Kleintierbehausungen, verhindert man, indem man den Bewuchs kurz und den Boden gut gestampft hält. Niemand kann das so gut wie das Schaf, das den Boden durch seine kurzen Tritte gut verdichtet und den Bewuchs stets kurz frißt. Tausende Schafe weiden deshalb auf den Deichen.

Das Baumaterial der Deiche hat sich dagegen wenig verändert. Nach wie vor werden die Schutzdämme aus dem Material, das das Land stellt, Sand und Kleiboden, aufgeschüttet, nur geschieht das heute in mathematisch errechneten Profilen und unter Einsatz großer Baumaschinen und Sandspülanlagen, die den Sand für den Deichkern direkt aus der See in das vorbereitete Kleibett pumpen. Wer sich aber über die schwere Arbeit des Deichbaues in früheren Jahrhunderten informieren will, der sehe sich das Deichmuseum in Dorum an.

Politisch haben wir rechts der Weser den auf die beiden großen Ströme Elbe und Weser hin orientierten Raum, dessen Randgebiete lange Zeit zwischen den sächsischen Herzögen und den Erzbischöfen von Bremen umstritten waren und links der Weser, also nach Westen hin, die mehr auf das Landesinnere, besonders auf das Münsterland hin orientierten oldenburgischen Gebiete. Bremen, an einem natürlichen Weserübergang gewachsen, nahm im wörtlichen wie im übertragenen Sinn eine Brückenstellung ein.

Bremen war neben Hamburg die wichtigste Stadt zwischen den reichen Niederlanden und Lübeck, dem Hauptort der Hanse. Es lag in der Mitte dieses Raumes an einem Strom, der tief ins Herz des alten Reiches führte und inmitten eines Gebietes, das seit dem 12. Jahrhundert intensiv kolonisiert und besiedelt, also wirtschaftlich interessant wurde. Endlich besaß es, allen inneren Wirren zum Trotz, ein stabiles Regiment. Inmitten von Territorien, die oft dem Kräftespiel von Dynasten ausgeliefert waren, war es so etwas wie ein ›rocher de bronze‹. Bremens Geschichte war in seiner Grundtendenz auch viel kontinuierlicher, als der Umfang seiner Geschichtsschreibung mit der Darstellung äußerer und innerer Verwicklungen erkennen läßt. Den Bürgern der Stadt ging es eigentlich ja nur darum, ihr eigenes Geschick selber bestimmen zu können; dieser Anspruch war jahrhundertelang das Ziel bremischer Politik – das Erreichte zu erhalten seither ihre Aufgabe.

1965 beging Bremen seine Jahrtausendfeier. Das Datum bezieht sich auf Bestätigung und Erweiterung schon früher den Erzbischöfen verliehener Rechte durch Kaiser Otto I. an

*Das große Bremer Wappen vom
Kornhaus, 1591 (zerstört)*

Erzbischof Adaldag. Am Anfang stadtbremischer Geschichte, wenn man sich denn auf das
Datum 965 beziehen will, standen also erzbischöfliche Rechte und Privilegien.

In dem weiten Herrschaftsbereich Heinrichs des Löwen gibt es keinen Ort von Bedeutung, der nicht durch das Wirken dieses machtvollsten Territorialfürsten des deutschen
Mittelalters neue Impulse erfahren hätte. Auch Bremen gehörte zu den Städten, die aus dem
Machtstreben und der Machtpolitik dieses Fürsten Gewinn zogen: In den vier Jahrzehnten
der wechselvollen Herrschaft Heinrichs entwickelte sich in Bremen, begünstigt durch das
Spannungsverhältnis zwischen Heinrich und dem Erzbischof, ein Stadtregiment, das sehr
bald die eigenen städtischen Interessen gegenüber dem Erzbischof zu artikulieren vermochte.

Aber erst dem stärksten und mächtigsten der Erzbischöfe, Gerhard II., Graf von der
Lippe, blieb es vorbehalten, die Stadt in den Rang eines Verbündeten des Erzbischofs zu
erheben: 1233 kam es zu einem Vertrag, durch welchen er sich gegen Privilegien, die er der
Stadt verlieh (die er also von seinen Privilegien abtrennte), die Hilfe der Stadt für den Kampf
gegen die zu Feinden, ja sogar zu Ketzern erklärten Stedinger Bauern einhandelte.

Und wieder drei Generationen weiter, 1303, kodifizierte die Stadt erstmals ihr Recht –
damit war der Prozeß der Verselbständigung der Stadt im Grunde abgeschlossen, lange
bevor die formelle Anerkennung folgte. Dabei kam es zwischen Bürgern und Landesherrn
(Erzbischof) nie zu einem Kampf auf Leben und Tod, aus dem die Stadt und ihre Bürger als
Sieger hervorgegangen wären; es gab nur einen steten Prozeß der Verdrängung des Erzbischofs, der Einengung und Formalisierung seiner Aufgaben als geistliches Oberhaupt der
bremischen Kirche.

Unablässig wurde das Ziel, frei zu werden von landesherrlicher Bevorrechtung, verfolgt
und die einzelnen Etappen auf dem Wege dorthin verteidigt. Ebenso heftig, mitunter hat
man den Eindruck, weit heftiger sogar, wurde aber auch nach innen gekämpft und gestrit-
ten: Zuerst wurden die Handwerker aus der Ratsvertretung verdrängt, dann kam es zu
schweren Kämpfen zwischen verfeindeten Familien der neuen Oberschicht, zu Bündnissen
einzelner Gruppen mit auswärtigen Mächten. Bremen verdankt diesen inneren Kämpfen

17

zwei noch erhaltene spätmittelalterliche Denkmäler, nämlich das Grabmal des 1304 erschlagenen Arnd von Gröpelingen und das Sühnekreuz des 1430 zu Unrecht hingerichteten Bürgermeisters Vasmer – beide Denkmäler befinden sich heute im Bremer Landesmuseum.

Es gab auch Zeiten der Blüte, Zeiten einer politischen Stärke, die alle inneren Spannungen überdeckte. Eine der bedeutendsten währte ein halbes Jahrhundert vor und nach 1400, als Bremen seinen Einfluß in den unteren Weserraum ausdehnte, sich zur Schutzmacht der Weser aufschwang und sich auf rechtlich verschiedenartigste Weise das Land im Mündungsbereich der Weser botmäßig machte – damals entstand der steinerne Roland und das mit großem Anspruch gestaltete gotische Rathaus. Auch der Marktplatz erhielt damals seine für Jahrhunderte gültige Form, und in diese Zeit fällt die Leitung der Domfabrik durch bürgerliche Kräfte. Solcher Blüte folgten bald Rückschläge – bis 1424 gingen die meisten eroberten Gebiete an der Unterweser wieder verloren – und neue innere Wirren.

Im Jahre 1358 trat Bremen der Hanse bei. Es vollzog diesen Schritt nicht in einem Moment innerer und äußerer Stärke, sondern gedrängt von den Elterleuten des Schütting und von den Oberen der Hanse nach Lübeck zitiert, um sich wegen einiger unfreundlicher Akte gegenüber der Hanse zu rechtfertigen. Bis dahin hatte man seinen Vorteil auch ohne diesen Bund gefunden und auch künftig verband man sich ihm nicht auf Gedeih und Verderb. Man war dabei soweit es dem Handel zum Besten gereichte und hielt auf Abstand, wo die Mitgliedschaft den Interessen des Rates zuwiderlief. Vor allem aber sah man auf den Rang: Wenn die Stadt schon nicht einen der ersten beiden Plätze, die Lübeck und Köln gebührten, einneh-

Der Markt zu Bremen, um 1600, nach Wilhelm Dilich

Heinrich von Zütphen

men konnte, dann wenigstens vor Hamburg den dritten. Man einigte sich endlich darauf, daß Köln rechts von Lübeck und zur Rechten Kölns Bremen Platz nehmen sollte, während Hamburg zur Linken von Lübeck saß – das war diplomatische Feinarbeit. Zweimal, 1427 und 1563, wurde Bremen auch für jeweils mehrere Jahre von der Hanse ausgeschlossen, was den bremischen Handel doch schmerzlich traf und es war sechs Mal Gastgeber, Tagungsort der Hansetage oder der hanseschen ›Tagfahrten‹, wie man diese Treffen nannte.

Aus guten hanseschen Tagen besitzt Bremen zwei wertvolle Erinnerungsstücke: Als der Städtebund am Ende des 16. Jahrhunderts den Stalhof in London schließen und das silberne Tafelgeschirr verkaufen mußte, erwarb die Stadt ein Handbecken, das vielleicht nach einem Entwurf von Hans Holbein d. J. gefertigt wurde und eine zierliche silberne und silbervergoldete Schenkkanne.

Das Wort ›Hansestadt‹ in seinem Titel ›Freie Hansestadt‹ führt Bremen seit der Auflösung des Reiches im Jahre 1806 statt des bis dahin gebräuchlichen ›Kaiserliche Freie Reichs- und Hansestadt‹. Dieser Titel setzte sich zusammen aus der in dem kaiserlichen Patent von 1646 niedergelegten Reichsunmittelbarkeit und dem Bund der drei Städte Lübeck, Hamburg und Bremen, die sich bei der Auflösung der Hanse zur Wahrung hansescher Interessen zusammengeschlossen hatten.

Die Reformation begann in Bremen ganz unauffällig. Der Augustinermönch Heinrich von Zütphen, eingeladen von bremischen Bürgern, verkündete 1522 in Bremen das Evangelium im Geiste Luthers und das nicht etwa im Dom, sondern in einer Nebenkapelle von St. Ansgarii. Erst als der damalige Erzbischof, Christoph von Braunschweig-Lüneburg, immer heftiger versuchte, die Reformation einzudämmen und Zütphens habhaft zu werden, verschärften sich die Gegensätze, wurde die Reformation in Bremen zu einem Politikum, zu einem Akt der Selbstbehauptung gegenüber einem in seiner Stärke nicht zu unterschätzen- den, für Bremen glücklicherweise aber nicht immer klug handelnden Erzbischof. Das Bündnis mit den evangelischen Ständen Norddeutschlands und die Teilhabe an dem Sieg der norddeutschen Protestanten über ein Heer Karls V. bei Drakenburg (an der Weser bei

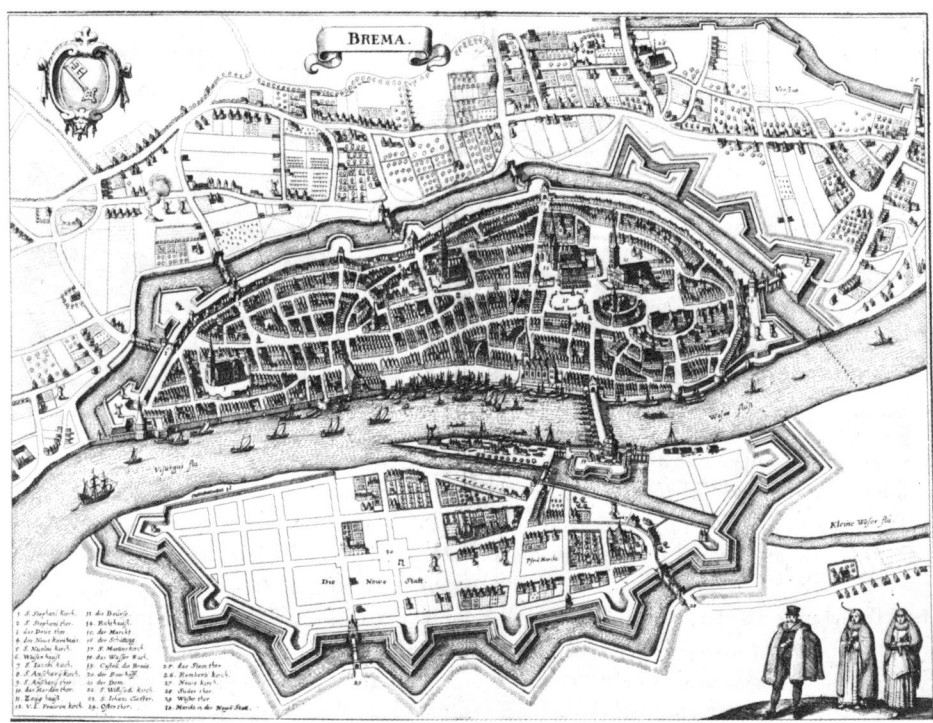

Bremen, der Stadtplan von Matthäus Merian, vor 1653, dem Erscheinungsjahr des Bandes ›Niedersachsen‹ der ›Topographia‹

Nienburg) 1547 stärkte letztlich sogar die Stellung der Stadt nach innen und außen, festigte den evangelischen Glauben ihrer Bürger. Auch das Domkapitel bekannte sich nun mehrheitlich zur lutherischen Lehre und berief den Feldprediger Albert Rizaeus Hardenberg als lutherischen Geistlichen an den Dom. Der nun bereitete durch die Frage, wie das heilige Abendmahl zu verstehen sei, den Übergang des lutherischen Bremen zum Calvinismus vor. Durchgesetzt hat diesen für das geistige Leben und das ganze Lebensgefühl der Stadt und ihrer Bürger seither bestimmenden Schritt jedoch einzig der junge Ratsherr Daniel von Büren, und zwar gegen die Mehrheit der Ratsmitglieder und der Bürger durch kluges Taktieren und eine gehörige Portion Rabulistik, durch die er die Gegner Hardenbergs ausschaltete.

Dem halben Jahrhundert der Reformation und der größten inneren Unruhen, die die Stadt in ihrer Geschichte je erfuhr – 1532 erlebte Bremen mit dem ›Aufstand der Hundertvier‹ eine richtige Revolution –, folgte wieder ein halbes Jahrhundert einer wirtschaftlichen, künstlerischen und geistigen Blüte, wie sie in dieser Breite auch nie wiederkehrte. Damals entstanden die bekannten Darstellungen der Stadt und ihres Marktplatzes, als Auftragsarbeit des Rates die Stadtchronik von Johann Renner und von Wilhelm Dilich die Beschreibung Bremens ›Urbis Bremae Typus et Chronicon‹ mit einigen schönen Ansichten der Stadt, ihrer Entwicklung und ihrer Außenbesitzungen. Es ist auch die Zeit Lüder von Bentheims, dessen bedeutendstes Werk der Rathausumbau ist, der aber auch die Marktfront des Schütting, die Stadtwaage, das Kornhaus und manches Bürgerhaus gestaltete. Und es ist die Zeit, in der man die Befestigungen verstärkte, Bremen zu einer verteidigungsfähigen Festung ausbaute und vor der Stadt, in Vegesack, das erste künstliche Hafenbecken Deutschlands anlegte. Das Kunstleben war dagegen bescheidener und beschränkte sich auf eine in reformierten Kirchen gerade noch statthafte Ausstattung – Kanzeln, vereinzelt Orgeln, Epitaphien – und auf Ausstattungsstücke begüterter Bürgerhäuser.

Diese Blütezeit Bremens reichte bis in den Dreißigjährigen Krieg, ja sogar über ihn hinaus, denn Bremen wurde in keine der kriegerischen Ereignisse, unter denen schon die nächste Umgebung litt, hineingezogen. Es erfuhr sogar endlich und sicher zur letzten Stunde die Erhöhung, auf die seine Politik seit Jahrhunderten hingearbeitet hatte: Bremen wurde Freie Reichsstadt. Das war 1646. Das Ereignis steht im Zusammenhang mit der Veränderung der Machtverhältnisse am Ende des Dreißigjährigen Krieges. Im Weser-Elbe-Raum gab es in der Nachfolge der geistlichen Regenten von Bremen und Verden seit dem späten 16. Jahrhundert ein säkularisiertes Wahlfürstentum, deren Inhaber von den benachbarten Häusern Braunschweig-Lüneburg, Sachsen-Lauenburg und Holstein-Gottorp gestellt wurden. Bereits die Gottorper strebten aber, als sie auch die dänische Königskrone innehatten, die Umwandlung des Wahlfürstentums in ein Erbfürstentum an. Diese Pläne wurden durch die Eroberung Norddeutschlands durch die Schweden durchkreuzt, die nun ihrerseits die Gottorper Pläne eines erblichen Herzogtums Bremen und Verden aufgriffen und bei den Friedensverhandlungen in Münster verfolgten. Nun war aber jedem klar, daß sich eine europäische Großmacht wie Schweden nicht an so vage Rechtsverhältnisse, wie sie sich zwischen den Erzbischöfen und Bremen entwickeln und halten konnten, binden würde. Der Rat von Bremen selber wußte am besten, daß die Freiheit der Stadt nur auf der Stärke der Stadt im Verhältnis zur Schwäche der Erzbischöfe beruhte und auch auf der Balance der Macht zwischen den benachbarten und beteiligten Mächten. Unter diesen Umständen schien es allen Nachbarn, denen bis dahin an einer Klarstellung des rechtlichen Status der Stadt nicht gar so viel gelegen war, das sicherste, wenn Bremen nun doch offiziell zur Freien Reichsstadt erhoben würde.

So klar war das kaiserliche Patent nun aber auch nicht abgefaßt, als daß Schweden nicht doch versucht hätte, die Stadt der schwedischen Krone einzuverleiben, und zwar 1654 unter Hans-Christoph von Königsmarck und 1666 unter General Karl Gustav von Wrangel. Beide Male konnte Bremen seine Selbständigkeit verteidigen, kam es durch Vermittlung befreundeter Mächte zu Verhandlungen, bevor die Angreifer einen Belagerungsring aufbauen konnten, der eine unmittelbare Beschießung der Stadt erlaubt hätte. Im ›Stader Vergleich‹ von 1654 verlor Bremen aber seine gesamten Besitzungen an der Unterweser und es mußte sich zu einer Huldigung, wie sie früher gegenüber den Erzbischöfen zu leisten war, bequemen. Im zweiten ›Stader Vergleich‹, den Bremen 1741 mit Hannover, das seit 1720 die Nachfolge

Bremen, Stadtplan von 1796. Vermessen und gezeichnet von Carl Ludwig Murtfeldt. Der Plan ist außerordentlich detailgetreu und genau.

Schwedens und Dänemarks in den Herzogtümern Bremen und Verden angetreten hatte, hat schließen müssen, mußte sich Bremen schließlich auch zur Abtretung von der Stadt direkt vorgelagerten Besitzungen bereitfinden, um seine Selbständigkeit zu retten. Im 18. Jahrhundert wurde auch immer deutlicher, daß eine Stadt wie Bremen gar nicht mehr imstande war, seine Unabhängigkeit militärisch gegenüber Großmächten wie Frankreich, England mit Hannover und Preußen aufrecht zu erhalten; je nach der militärischen Lage mußte die Stadt ihre Tore den Truppen aller Lager öffnen. Das war so im Siebenjährigen Krieg und in den Koalitionskriegen gegen Frankreich und später, als Napoleon zur Durchsetzung der Kontinentalsperre gegen England ganz Norddeutschland besetzen ließ. Aus der Feder eines aktiv an den Ereignissen beteiligten bremischen Politikers, des Bürgermeisters Christian Abraham Heineken, gibt es eine eingehende, bewegende Schilderung dieser verworrenen Jahrzehnte.

Im Reichsdeputationshauptschluß von 1803 konnte Bremen seine Interessen gut vertreten, vor allem beendete dieses Vertragswerk den exterritorialen Status des Domgebietes innerhalb der Stadt, der bis dahin gewährt hatte. Daß Bremen dann 1810 in das französische Kaiserreich einbezogen wurde, also nach Jahrhunderten erstmals nicht mehr ›frei‹ war, blieb Episode, währte nur bis 1813, bis zur Befreiung Norddeutschlands von den Franzosen, und auf dem Wiener Kongreß gelang es Bremen, das bei all diesen Verhandlungen von dem genialen Bürgermeister Smidt vertreten wurde, sich wieder den Status einer Freien Hansestadt und eines Mitglieds des Deutschen Bundes zu sichern.

Bremens Aufstieg im vorigen Jahrhundert vollzog sich gemächlich; zögernd suchte es Anschluß an das Bahnnetz, noch zögerlicher öffnete es sich dem Zollverbund, zu sehr war der Blick der Kaufmannschaft auf fremde Märkte gerichtet. In diesem Punkt taktierte Bremen, anders als Hamburg, sogar so vorsichtig, daß es beinahe den Anschluß an die allgemeine Entwicklung, die zum wirtschaftlichen Zusammenschluß drängte, versäumt hätte. Eine Folge dieser retardierenden Politik war, daß Bremen im Vergleich zu Hamburg nur ein unbedeutendes Freihafengebiet zugestanden wurde und auch nur eines, in dem sich keine Produktions-(Veredelungs-)stätten niederlassen durften; eine andere Folge war, daß bedeutende bremische Industrieunternehmen außerhalb des bremischen Staatsgebietes gegründet wurden. Auch mußte Bremen in den letzten Jahrzehnten des vorigen Jahrhunderts mehr als irgendeine andere Stadt des Reiches in eine der unmittelbaren Daseinsvorsorge dienende Infrastruktur – die Weserkorrektion und die Häfen – investieren. Dennoch – oder gerade deshalb – gehörte Bremen um die Jahrhundertwende zu den wohlhabendsten Städten des Reiches; Unternehmen wie der Norddeutsche Lloyd, das Chinahandelsgeschäft Melchers, wenig später die Kaffee-HAG, die Werften Bremer Vulkan und A. G. Weser gehörten neben vielen anderen zu den führenden Unternehmen Deutschlands.

Die Struktur des bremischen Handels hatte dann aber auch zur Folge, daß die Wirtschaft Bremens durch den Ersten Weltkrieg und den Versailler Vertrag schwerer getroffen wurde als die Wirtschaft in anderen Ländern des Reiches, wobei man immer bedenken muß, auf wie engem Raum sich in einer Hansestadt das Auf und Ab der Wirtschaft abspielt. Die privaten Flotten des Norddeutschen Lloyd, der Neptun-, Hansa- oder Argo-Reedereien und die der Familien Rickmers, Knoop und Wätjen waren 1919 entweder zerstört oder von den Siegermächten beschlagnahmt, ebenso wie die großen Auslandsbesitzungen der Woll-, Baumwoll-, Kaffee- oder Tabakhäuser; die bremische Wirtschaft hat sich von diesem Aderlaß nie wieder erholen können. Und dann folgte, im Dritten Reich, nach abermaligem Verlust seiner Unabhängigkeit (ein Schicksal, das es indes mit den anderen Ländern teilen mußte), die erste und einzige Zerstörung der Stadt – sie hat das Gesicht der Stadt tiefgreifend verändert.

Seine Eigenstaatlichkeit erhielt Bremen aus der Hand der Amerikaner zurück, die für ihre Besatzungstruppen einen eigenen Nachschubhafen haben wollten und sich deshalb mit den Engländern über die Schaffung einer amerikanischen Enklave (es gab 1948–1952 das Autokennzeichen AE) in der britischen Besatzungszone verständigten. Diese Enklave bestand aus dem 1939 aus der Vereinigung des bremischen Bremerhaven mit dem preußischen Geestemünde hervorgegangenen Wesermünde, dem heutigen Bremerhaven und aus dem zum gleichen Zeitpunkt um einige Randgemeinden erweiterten Bremen.

Beide Städte werden getrennt durch einen etwa 37 Kilometer breiten Streifen niedersächsischen Gebiets. Es gab deshalb gleich nach dem Krieg Überlegungen, ein größeres Land Bremen zu bilden, doch schlugen die bremischen Vertreter, allen voran der erste Nachkriegsbürgermeister Wilhelm Kaisen, dieses Angebot der Alliierten aus.

Diese Bescheidung hatte wohl auch zu tun mit dem Wissen, daß es sich bei dem Land zwischen Bremen und Bremerhaven um Landgebiete handelte, deren Verbindung mit dem seit Jahrhunderten stadtstaatlich geprägten Gemeinwesen nicht sinnvoll erschienen.

Das damals noch rein agrarische Land – was hat sich hier alles in den vergangenen 40 Jahren verändert! – war ein Teil des einstigen Erzstiftes Bremen, des weltlichen Herrschaftsgebietes der bremischen Erzbischöfe also, das über die Krone Schwedens an Hannover gefallen war, dann, 1866, preußisch wurde und seit der Gründung des Landes Niedersachsen im Jahre 1946 ein Teil dieses Bundeslandes ist.

Das Erzstift war zu keiner Zeit identisch mit der bis Aurich in Ostfriesland reichenden Diözese Bremen, sondern war der mit Herrschaftsrechten versehene Eigenbesitz der Erzbischöfe, hervorgegangen aus der Übertragung von Herrschaftsrechten über einstiges Königsgut, das ursprünglich Gaugrafen zu Lehen gegeben war, an die Erzbischöfe. Dieser Prozeß muß schon im 9. Jahrhundert eingesetzt haben, denn im Jahre 888 werden Rimbert (865–888) durch König Arnulf bereits bestehende Rechte der Kirche – Münz-, Markt- und Zollrechte – bestätigt. Erzbischof Adaldag (937–988) wurde dann durch die Verleihung des Königsgutes in Bremen durch Kaiser Otto I. der erste geistliche Territorialherr in Bremen. Den Grundstock zum späteren Erzstift aber legte Erzbischof Adalbert (1043–72), eine der umstrittensten, zeitweilig aber auch machtvollsten Gestalten unter den bremischen Metropoliten: Er erwarb die Grundherrschaft Lesum bei Bremen, die immerhin bis über das heutige Bremerhaven hinaus reichte, Forsten im späteren Stedinger- und im Ammerland, Grafschaften im Emsgau, in Westfalen und in Engern. Letzteres war die Bezeichnung für vormals sächsisches Land zwischen Weser und Elbe. Besonders kostbar war auf lange Sicht aber der Erwerb der Lehenshoheit über die Grafschaft Stade.

Gerade Adalbert betrieb andererseits eine Politik, die dazu führte, daß das meiste wieder verloren ging, daß Bremen, die damals noch unbestrittene Hauptstadt des Erzbistums, von seinen Gegnern, den Billunger Herzögen (deren Herrschaftsbereich lag in den Marken östlich der Elbe, auch waren sie Vorfahren Heinrichs des Löwen) besetzt und geplündert wurde. Aber einmal erworbene Rechte erwiesen sich als zäh, die Entwicklung eines eigenen Herrschaftsbereiches der Bremer Erzbischöfe war nicht mehr aufzuhalten. Ein Beispiel dafür ist gerade die Grafschaft Stade. Obwohl Graf Hartwig, der letzte seines Stammes, nachdem sein Bruder im Kampf gefallen und er 1148 zum Erzbischof gewählt war, die Grafschaft, für die es bereits die Lehenshoheit des Erzbischofs gab, dem Erzbistum vererbte, erhob Heinrich der Löwe Ansprüche auf die Grafschaft. Zunächst setzte er sich auch durch, bis er 1180 von Kaiser Friedrich Barbarossa in Bann getan wurde. Aber auch danach führten die Auseinandersetzungen zwischen den Staufern und den Welfen und die wechselnde Parteinahme der Erzbischöfe und des Domkapitels für die eine oder andere Seite dazu, daß es bis 1236 währte, ehe es Erzbischof Gerhard II. (1219–1258) endlich gelang, mit den Welfen zu einem Ausgleich zu kommen und die Grafschaft dem Erzbistum zu sichern. Es war deren wertvollster Besitz, der bis an die Moore im Inneren des Landes reichte.

Die Erzbischöfe besaßen aber auch die Oberhoheit über die Herrschaft Bederkesa, die die Grafschaft Stade mit den Marschen an der Weser – Land Wührden und Land Wursten –

Erzbischof Christoph von Braunschweig-Lüneburg, regierte von
1511–58 und eroberte 1524 das Land Wursten für das Erzstift.
Holzschnitt im Verdener ›Chronicon‹ von Spangenberg, 1720

miteinander verband und die die von den lauenburgisch-sächsischen Herzögen behauptete Herrschaft in Hadeln, zu der ursprünglich auch das spätere hamburgische Ritzebüttel gehörte, im Süden begrenzte. Dieses wichtige Kernland ›verspielte‹ Erzbischof Albert von Braunschweig (1360–1395), indem er zuließ, daß sich der Rat von Bremen als Inhaber von Pfandrechten in Bederkesa festsetzen konnte. Erst Hans-Christoph von Königsmarck vereinigte 1654 das – mittlerweile schwedische – Erzstift wieder mit der Herrschaft Bederkesa.

Die letzte Arrondierung gelang Erzbischof Christoph (1511–58), der nach mehreren Kriegszügen gegen die freien Wurster Bauern jahrhundertealte, aber nie realisierte Rechte der Erzbischöfe im Land Wursten 1525 endgültig durchsetzte, dabei die über 200 Jahre alte Ratsverfassung aufhob und das Land in das Erzstift integrierte. Gegenüber Hadeln waren solche Rechte indes trotz mehrerer Anläufe nicht durchsetzbar, weil diese wahrhaft nicht unfreie ›Bauernrepublik‹ von den lauenburgischen Herzögen stets beschützt wurde.

Das Erzstift erstreckte sich aber auch auf die linke Seite der Weser bis an das Stedingerland, in das Vieland und auf Thedinghausen zu.

In der Zeit der ersten Besiedlung gehörte das Stedingerland bis zur Hunte, dem schiffbaren Nebenfluß der Weser, der sich durch das ganze südoldenburgische Land hinzieht, den Erzbischöfen. Sie hatten es 1063 als wüsten, unbesiedelten Bruchwald von Kaiser Heinrich IV. erhalten und im 12. Jahrhundert durch die Ansiedlung von Friesen, Sachsen und Holländern urbar gemacht. Die Siedler kamen in ein politisch unstrukturiertes Land; zwar gehörte es, bevor es den Erzbischöfen übertragen wurde, den Grafen von Stade, doch was hieß das schon in einem weitgehend unbesiedelten Land. Als jedoch nach zwei Generationen das Land fruchtbar war, besannen sich die Erzbischöfe und die Grafen von Oldenburg ihrer landesherrlichen Rechte und Pflichten, auch erhoben die Erzbischöfe nun Anspruch auf die vereinbarten Abgaben. In Freiheit aufgewachsen, verweigerten die Stedinger Bauern aber Gehorsam und Abgaben. Es kam, 1204, zu einer ersten Auflehnung gegen die Grafen von Oldenburg, und 1207 mußte Erzbischof Hartwig II. gegen die Stedinger ins Feld ziehen. Die

Streitigkeiten eskalierten von da an, griffen auf die rechte Weserseite, die Osterstader Marsch, über, ja bis nach Stade marschierten die Stedinger Bauern.

Als Gerhard II. die in den Auseinandersetzungen zwischen Welfen und Staufern zerrütteten Verhältnisse des Erzbistums wieder ordnen wollte und deshalb die Stedinger bekriegte, fiel 1229 sein Bruder im Kampf gegen die Bauern. Dadurch erhielt die Auseinandersetzung eine persönliche Note, verhärteten sich die Fronten.

Es gelang Gerhard II. schließlich, die Bauern politisch zu isolieren und zu Ketzern zu erklären, zum Kreuzzug aufrufen zu dürfen und sie 1234 mit Hilfe der Bremer Bürger und vieler auswärtiger Ritter niederzuwerfen. Als er danach die Beute teilen mußte, blieb ihm der geringste Teil: Niederstedingen (Moorriem) und die ›Brokseite‹, das Land zwischen der Ollen und der Hunte, wurde oldenburgisch – das war der Löwenanteil – und nur die schmale ›Lechterseite‹ zwischen der Ollen und der Weser blieb erzstiftig.

Es war schon berichtet worden, daß das Erzstift Bremen 1648 in ein weltliches Herzogtum, das der Krone von Schweden gehören sollte, umgewandelt worden war. Dasselbe geschah der kleinen Herrschaft des Bischofs von Verden, die vor allem auf ein Gebiet um Verden und Rotenburg a. d. Wümme beschränkt war. Als Bezeichnungen für die neue Herrschaft liest man sowohl ›Die Herzogtümer Bremen und Verden‹ als auch ›Herzogtum Bremen-Verden‹ – letztere Bezeichnung definiert die Verwaltungspraxis in dem von Stade aus regierten Land.

1712 verdrängten die Dänen die Schweden aus dem befestigten Stade und damit praktisch auch aus den Herzogtümern. Aber auch sie mußten sich wieder zurückziehen zugunsten des seit 1714 durch die Personalunion des Herrschers mit England verbundenen Kurfürstentums Hannovers. Sie taten es freiwillig, nach Zahlung einer Abstandssumme. Der förmliche Übergang der erst geistlichen, dann schwedischen und dänischen Länder an Hannover erfolgte 1719. Schließlich fiel auch noch das Land Hadeln dem Kurfürstentum Hannover zu: Nachdem bereits 1689 das sächsisch-lauenburgische Herzoghaus ausgestorben war, sprach der Kaiser 1731 das Land Hannover zu. Damit war das Land zwischen Weser und Elbe erstmals seit der Entmachtung Heinrichs des Löwen wieder vereint.

Für die deutschen Stammlande des Kurfürsten von Hannover, zu denen nun ja auch die Herzogtümer von Bremen und Verden und das Land Hadeln gehörten, änderte sich durch die Personalunion verfassungsrechtlich nichts, zumindest theoretisch nicht, denn was der Aufstieg der Welfen auf den englischen Thron für die durch einen Minister in London und durch ein geheimes Ratskollegium in Hannover regierten hannoveranischen Länder in der Praxis bedeutete, brachte ein englischer Kartograph auf einer Karte von 1789 auf den Nenner: »A New Map of the King of Great Britain's Dominions in Germany ...« Und es bedeutete die ehrenvolle Nähe zum englischen König, für dessen deutsche Untertanen die Verwicklung ihres Landes in Kriege, die gar nicht Hannover betrafen, sondern ihre Britische Majestät. Dieser Zustand währte, unterbrochen von der politisch und militärisch höchst turbulenten napoleonischen Ära, in der die hannoverschen Lande preußisch, westphälisch (Königreich Westphalen unter Jerôme Bonaparte) und schließlich französisch wurden, bis 1837 Viktoria nach englischem Thronfolgerecht Königin von England wurde. Da die für

Hannover geltenden Thronfolgebestimmungen die weibliche Thronfolge ausschlossen, solange es noch einen männlichen Erben gab, mußte die englisch-hannoveranische Personalunion gelöst werden. Ernst August, Herzog von Cumberland (1771–1851), ein Oheim Viktorias, wurde König von Hannover – aus dem Kurfürstentum war, wie aus anderen deutschen Ländern, 1815 ein Königreich geworden.

Zwei Welfenkönige regierten das Land, bis Bismarck die 700jährige Selbständigkeit des Welfenstaates durch das Annexionspatent vom 3. Oktober 1866 beendete. Aus dem Königreich Hannover wurde eine preußische Provinz.

Bis dahin hatten sich in Hadeln, Wursten, den erzstiftigen Gebieten und im Bistum Verden immer noch Reste mittelalterlicher Herrschaftsstrukturen und Selbstverwaltungskörperschaften erhalten. Diese wurden jetzt beseitigt, Recht und Verwaltung denen in anderen preußischen Landesteilen angeglichen, wo nötig auch die Grenzen der Verwaltungsbezirke neu gezogen. Vor allem aber wurden die bis dahin auf Hannover und England hin ausgerichteten Wirtschaftsströme auf Innerdeutschland umgelenkt. Eine ganz wesentliche Voraussetzung dafür war die bessere Anbindung des Landes an das bestehende preußische Verkehrsnetz: 1881 wurde die Bahnlinie Hamburg – Stade – Otterndorf – Cuxhaven gebaut, 1898 auch Bremerhaven an diese Bahn angeschlossen, und private Kleinbahnen erschlossen die abgelegeneren Landesteile. Der Straßenbau kam dagegen nur langsam voran, und die Binnenschiffahrt verlor sogar an Bedeutung.

Allen diesen Neuerungen zum Trotz hinterließ die große industrielle Umwälzung, die Gründerzeit, die ganz Deutschland nach der Reichsgründung ergriff, zwischen Weser und Elbe nur geringe Spuren. Abgesehen von dem auch nach 1871 unabhängigen Bremen mit seinem preußischen Umland, in dem es zu bedeutenden Industrieansiedlungen kam, abgesehen auch von dem bremischen Bremerhaven mit seinen wieder preußischen Nachbarstädten Geestemünde und Lehe, dem hamburgischen Cuxhaven und endlich von Stade, das immer Sitz einer Regierung (Regierungspräsidium) war, blieb das Land agrarisch, änderte sich an seinem Charakter so gut wie nichts.

Das wurde anders in den vierzig Jahren des Bestehens des Landes Niedersachsen. Der erste Ministerpräsident dieses nach dem Krieg gegründeten Landes, Hinrich Wilhelm Kopf (1893–1961), war nicht nur ein Sohn dieses Landes, gebürtig aus Hadeln, sondern hatte auch als preußischer Landrat des Kreises Hadeln in seiner engeren Heimat erste politische Erfahrungen und Verdienste erworben, Erfahrungen, die er dann brauchte bei der Bewältigung der Probleme, die dem jungen Staat bei seiner Gründung in die Wiege gelegt waren: das Vertriebenenproblem – in einigen Landesteilen stammt heute die Hälfte der Einwohner von Vertriebenen ab –, die Wohnungsnot und der Mangel an Arbeitsplätzen in diesem wenig industrialisierten Land.

Die Bewältigung dieser Probleme, schließlich die immer stärkere Einbeziehung des so abgeschieden liegenden Landes zwischen Weser und Elbe in die große Industrialisierungsphase der Nachkriegszeit, verbunden mit dem tiefgreifendsten Wandel landwirtschaftlicher Betriebsformen, den es je gab, haben das Gesicht des Landes insgesamt stärker verändert, als es Jahrhunderte zuvor vermochten. Nach wie vor bildet die Landwirtschaft zwar den bedeutendsten Erwerbszweig, aber sie ist nicht mehr vergleichbar mit dem, was Landwirtschaft früher war – eher mit den vielen mittelständischen Gewerbebetrieben, die sich überall niedergelassen haben. Standortprobleme spielen auch nicht mehr die Rolle wie früher, nachdem das Straßennetz ausgebaut wurde. Zunehmende Bedeutung gewinnt auch der Fremdenverkehr an den Ufern von Weser, Elbe und dem schmalen Streifen Nordsee, der das Land umgrenzt. An den Moorseen bei Bederkesa und den Geestwäldern der Wingst wird für die Fremden nicht weniger getan, um ihnen einen schönen Urlaub zu bieten.

Doch über alle Veränderungen hinweg: Das Land ist weit und bietet nach wie vor schöne, große Landschaftsbilder, bietet Stille und Erholung und eine unendliche Fülle kunst- und kulturgeschichtlicher Zeugnisse dem, der danach sucht.

Bremen

Gestalt aus Geschichte

In der Gestalt deutscher Städte spiegelt sich immer auch ihre Gründungsgeschichte; keiner hat das so schön beschrieben wie Karl Gruber in seinem Buch ›Die Gestalt der deutschen Stadt‹.

Auch an der einstigen Gestalt Bremens läßt sich der Prozeß der Stadtwerdung ablesen, vor allem aber der Dualismus zwischen den Erzbischöfen als den Landesherren und dem früh erstarkten Bürgertum. Endlich wird die heutige Gestalt Bremens und der noch erhaltenen historischen Gebäude verständlicher, wenn man sie ableiten kann aus ihrer Entstehung. Der Plan des Franz Hogenberg von 1588/89, der erste, der Anspruch auf erkennbare Genauigkeit erheben kann, gibt eine gute Anschauung von der am Ausgang des Mittelalters erreichten Gestalt der Stadt, vor allem aber vermittelt der Plan den Blick gleichermaßen nach rückwärts wie nach vorwärts.

Da zeigt die Stadtmauer auf der Landseite, etwa in der Mitte, am Ansgaritor, eine leichte Taille, und vom inneren Vorplatz des Tores zieht sich in einem aus dem Straßenraster herausfallenden Bogen eine Straße zur Weser hin. Der Straßenzug reicht bis zu einer Hausgruppe, deren Ecke zur Weser mit einem Wehrturm gesichert ist. Das war der Fangturm, das Eckbollwerk der ersten Stadtmauer. Der Ort lebt fort in einem Straßennamen, und auch der Verlauf des Straßenzuges hat sich erhalten.

Der Straßenzug begrenzte die Stadt gen Nordwesten. Nach links schloß, noch wenig dicht bebaut, die Stephanivorstadt an mit der Stephanikirche, einer Gründung von 1139. Dieser Teil der Stadt war erst 1305 ummauert und als eine erste Stadterweiterung an die ›Kernstadt‹ angeschlossen worden. Von da an weist der Grundriß der Altstadt von Bremen seine charakteristische Birnenform auf. Der Mauerzug zwischen der alten Stadt und dem Stephaniviertel erhielt sich bis ins 16. Jahrhundert.

Der größere rechte Teil stellt die Urzelle von Bremen dar, innerhalb welcher sich die Gründungsgeschichte der Stadt abspielte. Hier fällt auf, daß der von den großen Plätzen, dem ›Forum‹ des Plans – dem Markt – und dem im Plan unbezeichneten Domshof, nach rechts anschließende Raum um den Dom unregelmäßig erschlossen und nur locker bebaut war. Das war der Dombezirk mit dem Dom und einem Domkloster, mit Domdechanei und Dompropstei, mit Kurienhöfen und mit einem befestigten Bereich, in dessen Mitte die kleine Wilhadikapelle stand, deren letzte Reste, wie überhaupt die letzten Strukturen dieser Zelle, 1860 für den Bau der neuen Börse abgebrochen wurden. Am Rande dieses Bezirks lag das Franziskanerkloster zu St. Johannis und ein ganz kleinteilig bebautes Quartier, der heute

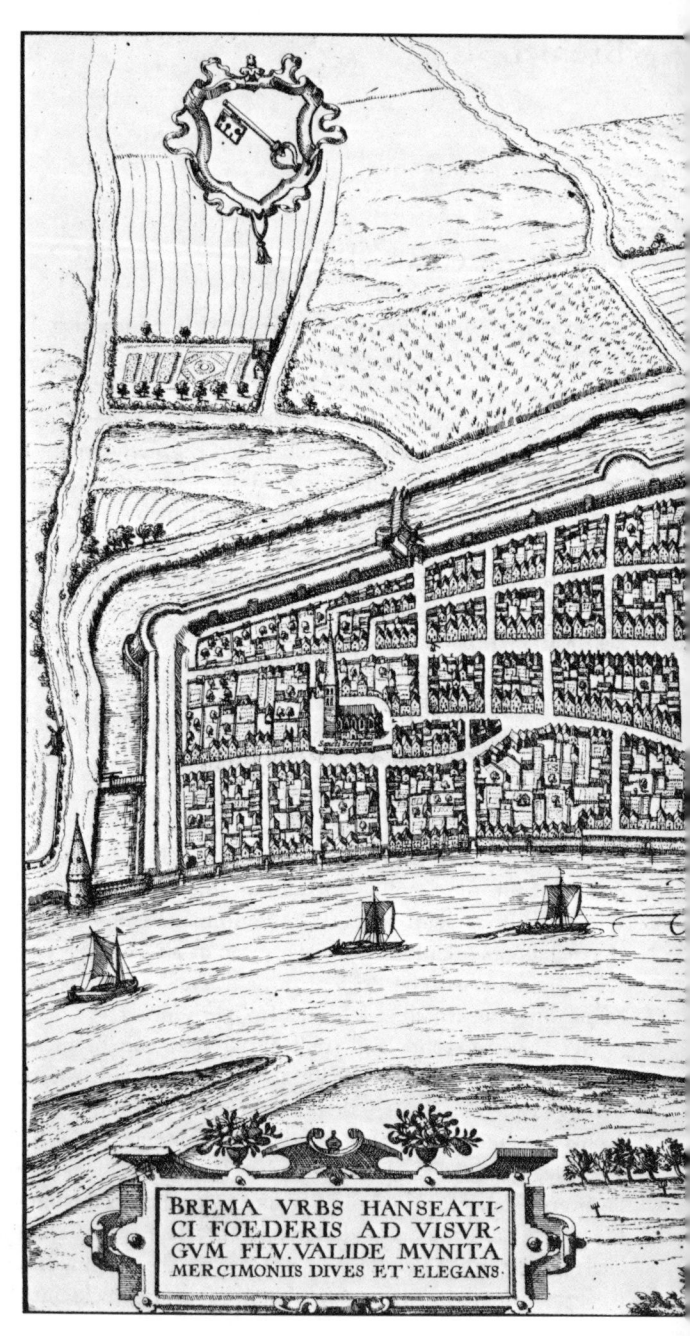

Der erste Stadtplan von Bremen, Kupferstich aus Braun und Ho-genberg, 1588/89

BREMA.

noch erhaltene ›Schnoor‹. Die Form gerundeter Baublöcke, wie sie sowohl im Bereich der ›Burg‹ als auch um Domdechanei und Dompropstei bis in das 19. Jahrhundert hinein erkennbar blieb und heute stellenweise – Dechanatstraße – noch zu ahnen ist, weist auf eine fränkische Siedlungsstruktur hin, ein Indiz für eine fränkische Oberschicht im späten 8. und frühen 9. Jahrhundert.

Dieser eigen geformten Domstadt stand die bürgerliche Stadt mit regelmäßig angelegten ›insulae‹ gegenüber, besonders im Bereich von Langenstraße und Obernstraße, den ›Ur‹-Straßen der Stadt, deren Verlauf der Höhe des Dünenkammes entsprochen haben wird. In diesem Bereich lagen auch die Pfarrkirchen Unser-Lieben-Frauen, St. Ansgarii und St. Martini – die vierte Pfarrkirche, St. Stephani, lag, wie beschrieben, zunächst vor den Toren der Stadt. Die Nahtstelle beider Bereiche war erkennbar einerseits in dem dem Dom zugewandten bischöflichen Palatium, andererseits in dem dem Markt zugewandten, zwischen Dom und Bürgerstadt plazierten Rathaus. Beide Bauten fallen in der Darstellung auf durch

Bremen, Rekonstruktion der Domsiedlung um 789, nach Rudolf Stein 1 Lange große Straße 2 Geeren 3 Alter Freiplatz 4 Spätere Schmiedestraße 5 Späterer Marktplatz 6 Dom von 789, St. Petri 7 Fränkische Burg 8 Wilhadikapelle, nach 805 9 St. Jürgenkapelle, nach 805 10 Helling-(Böttcher-)Straße 11 Spätere fränkische Siedlung 12 Späteres Tiefergebiet 13 Umwallung Anschars, wahrscheinlicher Verlauf

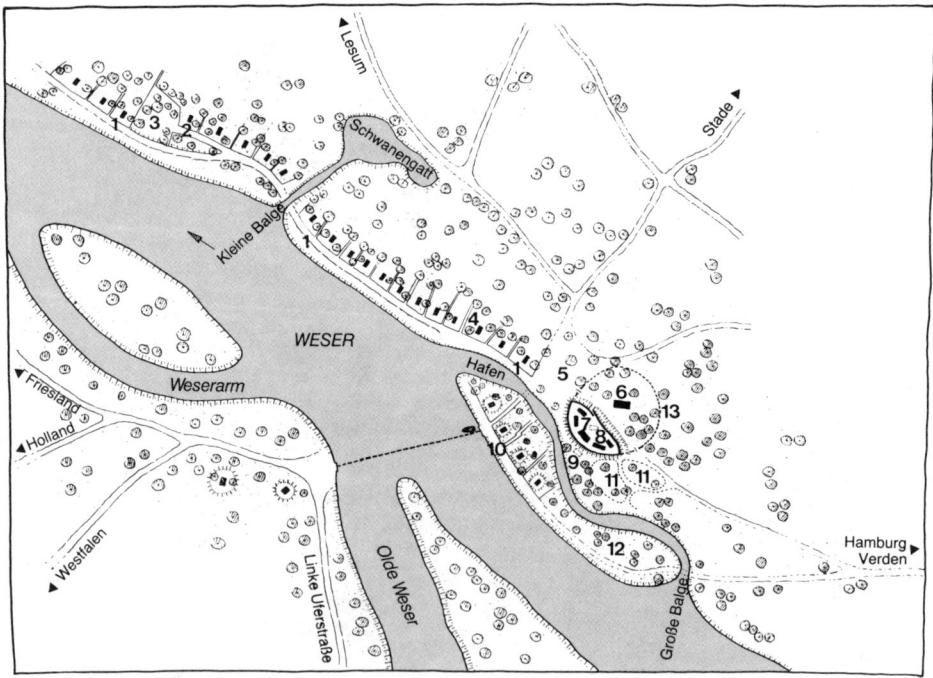

Der Marktplatz in Bremen, Ausschnitt einer Zeichnung des schwedischen Feldmarschalls E. Dalbergh zum 9. Juli 1667. Das Gebäude mit dem Treppengiebel und den Kreisblenden ist das erzbischöfliche Palatium.

ihre Größe, ganz besonders aber das Rathaus, das von allen Stechern stets mit vielen Details dargestellt wurde.

Genau in diesem Nebeneinander zweier Stadtstrukturen spiegeln sich die Gründungs- und frühe Stadtgeschichte wider: Wenn wir einmal absehen von einer konkret nicht greifbaren, gleichwohl aber mit Sicherheit vorhanden gewesenen früheren Besiedlung des Platzes, so verdankt Bremen seine Entstehung dem Umstand, daß Karl der Große um 788 den Angelsachsen Willehad als Missionsbischof für den Wichmodesgau, dessen Zentrum Bremen gewesen sein muß, einsetzte. Auf hoher Düne – später als Domdüne bezeichnet – entstanden eine Kirche, die Überlieferung will von einem hölzernen Bau wissen, und die auch für eine bescheidene bischöfliche Hofhaltung erforderlichen Wohngebäude. Das alles kann nicht ohne Schutz gewesen sein; ob der aber gewährt wurde von einem christianisierten sächsischen Edlen, wie in der Literatur einmal vermutet wird, oder von einem fränkischen Gaugrafen, muß dahingestellt werden. Mit Ausnahme der Struktur der Domsiedlung haben sich keine Reste erhalten und es besteht auch kaum Hoffnung, daß der schon oft untersuchte innerstädtische Boden noch Geheimnisse birgt.

Die Hofhaltung eines Bischofs, die große Zahl von Kirchenfesten und auch die Berichte von wunderbaren Heilungen, die sich zugetragen haben sollen, zogen einen Markthandel an, und mögen die Einfälle der Normannen im 9. Jahrhundert für das Wachstum der Städte im Küstenraum auch noch so verheerend gewesen, für Bremen bedeuteten sie doch, daß 847 Ansgar, der Erzbischof von Hamburg, auf der Flucht vor den Normannen seine Residenz nach Bremen verlegen mußte. Die von nun an von Bremen aus regierenden Erzbischöfe erlangten als Gefolgsleute der Kaiser politischen Einfluß, der mit der Verleihung landesherrlicher Rechte und umfangreicher Münz- und Marktrechte gelohnt wurde. Dieses wieder zog

Bremen, die Südseite des ehemaligen Domklosters, gezeichnet um 1836

weitere Kaufleute an, die sich in Bremen niederließen und bald die entstehende bürgerliche Stadt prägten. Schon im 12. Jahrhundert tritt die Bürgerschaft in der Auseinandersetzung zwischen Heinrich dem Löwen und den Erzbischöfen als Partei auf, mit der von da an die Erzbischöfe zu rechnen hatten, und weitere 150 Jahre später hatten sich die Machtverhältnisse trotz aller innerer Wirren so sehr zugunsten der bürgerlichen Seite verschoben, daß nur noch von einer nominellen Oberhoheit der Erzbischöfe die Rede sein konnte.

Für das Stadtbild bedeutete das viel: Praktisch von dem Moment an, da sich das Gefüge der Stadt im wahrsten Sinne des Wortes versteinert, wird es von bürgerlicher Art geprägt. Es gelang der landesherrlichen Macht nie, der Stadt ihren Stempel aufzudrücken, so wie wir das von Hildesheim oder von Mainz her kennen. Von der bischöflichen Gründung, der erzbischöflichen Metropole, blieben nur wenige Zeugen: die Domkirche, immerhin eine der größten in Deutschland, bis zu seiner Adaptierung zum Stadthaus im Jahre 1819 das Palatium (dessen im Stadthaus versteckte Kernsubstanz 1909 dem Bau des Neuen Rathauses weichen mußte), dann der Bereich des Domklosters, der heute in der Nachfolge der letztüberlieferten Reste von der ›Glocke‹ besetzt wird, und als städtebaulich wichtigste Überreste der Domshof und die Domsheide, die beide ihre Entstehung dem Abbruch der Immunitätsmauer durch Erzbischof Adalbert und dessen großen Herrschaftsplänen verdanken. Es blieb auch dieses unregelmäßige Stadtgefüge um den Dom, das in Straßenzügen wie der Dechanatstraße und der Violenstraße noch zu ahnen ist. Außer dem Dom und den Resten einer ganz späten und auch schon sehr bürgerlichen Kurie in der Sandstraße blieb auch kein Hochbau jenes landesherrlichen Regiments erhalten. Vermutlich gab es neben dem Dom aber auch keinen Bau von stadtbildprägender, stadtbeherrschender oder typprägender

Bedeutung. Das Palatium, die Residenz der Erzbischöfe aus dem späten 13. Jahrhundert, muß zwar ein stattliches Haus gewesen sein, stand aber nach dem Bau des reich geschmückten Rathauses zu Beginn des 15. Jahrhunderts ganz in dessen Schatten, und das Domkloster mochte allenfalls Eindruck machen, solange die Bürger ihre Häuser nicht aus Stein errichteten.

Nicht daß das Volk, das bürgerliche Regiment, in einer triumphalen Geste die Spuren unerwünschter Obrigkeit getilgt hätte. Es war vielmehr so, daß den Erzbischöfen nicht die Zeit blieb und die Mittel zur Verfügung standen, um Bremen zu einer bedeutenden Residenz auszubauen. Was sie geschaffen hatten, ließ sich entweder problemlos integrieren oder verging einfach.

Bürgerliche Stadt, was bedeutete das aber? Es bedeutete, daß ein Stadtbild entstand und unter der strengen Aufsicht aller Bürger erhalten wurde, das einem jeden Stadtbürger in den Grenzen seines Standes ein hohes Maß an Gleichheit sicherte und das Gemeinwesen vor selbstherrlicher Entfaltung Einzelner bewahrte. Das belegen die frühen Stadtansichten, auch wenn man einen gewissen Schematismus in der Darstellung der Bebauung in Rechnung stellen muß. Es gab im bürgerlichen Bremen bis in das 19. Jahrhundert hinein keine freistehenden Paläste, ja es gab nicht einmal jene Höfe, wie wir sie von den Augsburger oder Nürnberger Kaufmannshäusern her kennen. Die frühen feuersicheren Steinwerke oder Kemnaten hatten in Bremen auch nicht die Form hoher Geschlechtertürme, sondern sie bestanden aus einem unterkellerten, zweigeschossigen steinernen Anbau an das unter Ver-

Bremen, das Speckhansche Haus an der Langenstraße, Aquarell von George Ernest Papendiek, 1828. Das Haus wurde als das großartigste gotische Haus in Bremen bezeichnet. Beiderseits des sich wie ein Kirchenportal in die Tiefe staffelnden Eingangs wurden um 1600 zwei Utluchten herausgebaut.

35

wendung von viel Holz erbaute Haupthaus – viel Holz gab es nämlich auch in Häusern, die keine Fachwerkhäuser waren. Dieser Haustyp hat sich in Bremen zwar nicht mehr erhalten, wohl aber in Oldenburg, und das dort zu Beobachtende läßt sich auf die bremischen Verhältnisse übertragen.

Wie in allen niederdeutschen Städten standen die Häuser mit dem Giebel zur Straße; nur wenige große öffentliche Gebäude, das Rathaus etwa, wichen von diesem Schema ab. Das vorherrschende Material des bürgerlichen Bauens war seit dem 13. Jahrhundert der Backstein. Zwar gab es, und das nicht nur vereinzelt, auch Fachwerkhäuser, doch suchte der Rat den Bau solch leicht brennbarer Häuser zu unterbinden. So konnte sich in Bremen keine eigenständige Fachwerkbaukultur entwickeln wie in anderen niederdeutschen Städten. Der Backstein wiederum war ursprünglich wohl steinsichtig belassen, doch hat schon die späte Gotik die Möglichkeit des Wechsels steinsichtiger Partien mit verputzten auszukosten gewußt. Die Bauformen, wenigstens die der großen Häuser, die die Zeiten bis in das vorige Jahrhundert, als man sich für sie zu interessieren begann, überdauerten, waren an den Formen hoher kirchlicher Architektur orientiert. Mit der Renaissance und ihren formalen Ansprüchen drangen dann zunehmend Werksteinbauteile in das bürgerliche Bauen vor, etwas, was es zuvor gar nicht gegeben hatte, mußten doch Werksteine von weither herbeigeschifft werden. In der Spätrenaissance, wie auch im Barock, gab es vereinzelt ganze Werksteinfassaden, die zu den großen Kostbarkeiten deutscher bürgerlicher Baukultur gehörten. Im allgemeinen gab es seit der Renaissance jedoch zu etwa gleichen Teilen den Backsteinbau und den verputzten Bau mit einzelnen Werksteingliederungen oder Bauteilen aus Werkstein, wie den zahllosen Utluchten, den reichen Giebelaufsätzen oder, im Barock sehr beliebt, den ein- oder zweigeschossigen reich skulptierten Schaufronten, die einem älteren Haus eingefügt wurden.

Die erste Brücke war noch ein Werk des Erzbischofs. Sie wurde 1244 gebaut und ersetzte eine Fähre. Von da an gab es immer eine Brücke in Bremen und bis nach den großen Verkehrsregulierungen der letzten Jahrzehnte auch immer an derselben Stelle in der Achse der Wachtstraße. Bis in die Mitte des vorigen Jahrhunderts hinein war es auch immer eine hölzerne Brücke. Ihr Lauf führte von der Stadt über die große Weser auf eine Weserinsel, den späteren Teerhof und von da, kräftig versetzt, über die kleine Weser. Dabei waren zwei kleinere Brücken zu queren. Dieser strategisch gut gesicherte Überweg war seit 1531 zusätzlich durch einen gewaltigen Festungsturm, die ›Braut‹ gesichert. Der Turm flog 1739 mit Getöse in die Luft, als ein Blitz in die dort lagernden Pulvervorräte einschlug – für die Berichterstatter der Zeit ein lohnendes Sujet. Zum Bild der Brücke gehörten auch das dem Stil der Zeit mehrmals angepaßte, immer bedeutend gestaltete Brückentor mit einer Wasserkunst – einem Wasserschöpfrad – zur Seite und die Wassermühlen, die zwischen den Pfeilern auf Booten verankert waren.

Im vorigen Jahrhundert wurde anstelle der hölzernen Brücke eine Brücke auf steinernen Pfeilern gebaut, noch später wurde der hölzerne Überbau durch einen eisernen ersetzt. Danach dauerte es bis 1875, ehe Bremen mit der Kaiserbrücke (Bürgermeister-Smidt-Brücke) eine zweite Straßenbrücke erhielt, denn die 1866–77 erbaute Eisenbahnbrücke

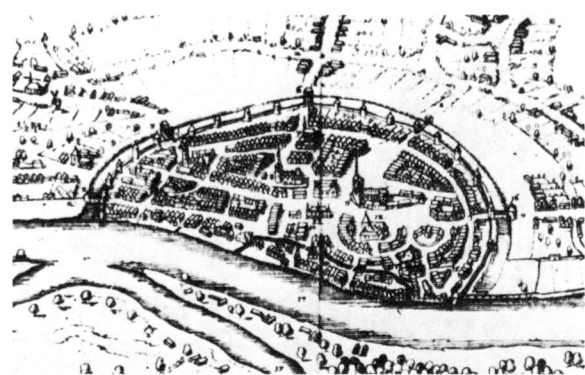

Wilhelm Dilichs Versuch einer Rekonstruktion des Stadtgrundrisses von Bremen um 1300, gestochen für die Bremer Chronik 1604

westlich des Stephaniviertels war neben dem Eisenbahnverkehr nur für Fußgänger eingerichtet. Heute verfügt Bremen über fünf Brücken.

Die Geschichte des bremischen Hafens im Stadtbild ist nicht mehr leicht anschaulich zu machen, denn seine Ursprünge liegen, ohne daß man dies im heutigen Stadtbild noch deutlich machen könnte, an einem Nebenarm der Weser, der Teile des heutigen Schnoorviertels, die Tiefer und das Viertel um die Martinikirche vom übrigen Stadtgebiet trennte. Eine vage Vorstellung davon vermittelt der Kupferstich aus Dilichs Bremer Chronik von 1604, mit welchem er eine ›Antike Beschreibung der Stadt Bremen‹ (D'Escriptio antiquae urbis bremae) um 1300 zu geben versucht. Er stellte auf diesem Blatt den alten Lauf des Mauerrings dar, man erkennt das Domviertel und die bürgerliche Stadt, wobei die einzelnen Baugruppen nicht wörtlich genommen werden dürfen und schließlich ist dort die ›Balge‹, jener Nebenarm der Weser eingetragen. Er fehlt auf dem Plan von Hogenberg.

Den genauen Verlauf dieses seit dem 17. Jahrhundert versandenden, 1838 kanalisierten Weserarms kennt man indes von verschiedenen Ausgrabungen und Funden, die bei größeren Bauvorhaben in der Innenstadt gemacht wurden. Die große Balge, es gab noch einen kleineren Arm durch das Schnoorviertel, zweigte an der Tiefer vom Hauptstrom ab und verlief von da bis zur Straße ›Hinter dem Schütting‹, wobei sie die Balgebrückstraße in ihrem ehemaligen Lauf und die Wachtstraße kreuzte. Ihr weiterer Lauf führte sie ein kleines Stück neben der Langenstraße, um sich dann wieder dem Hauptstrom zuzuwenden, in den sie westlich der ›Zweiten Schlachtpforte‹ einmündete. Das Stück von der Langenstraße bis zur Weser war ursprünglich wohl so geweitet, daß hier ein natürlicher Hafen gegeben war.

Die Bedürfnisse des Handels und die technischen Möglichkeiten hatten daneben schon im 13. und 14. Jahrhundert zu einer Verlagerung von Hafenfunktionen an das ursprünglich sandige, flache Ufer des Hauptstromes geführt. Hier konnten größere Schiffe anlanden als in der Balge. Dieses Ufer wurde durch eingeschlagene Holzpfähle und Flechtwerk gesichert und diese Sicherung gab dem Platz seinen Namen: Schlachte, von ›slait‹ = einschlagen (der Pfähle). Bis zur zweiten Hälfte des 16. Jahrhunderts war der Ausbau dieses Landungsplatzes soweit vorgeschritten, daß von nun an auf den Stadtvedouten des 16. und 17. Jahrhunderts

Bremen, Blick auf die Schlachte, um 1862, Lithografie von Robert Hüser. Die Darstellung zeigt Bremens Schlachte-Hafen in seinen letzten Tagen; zwischen die Packhäuser mischen sich schon Wohnhäuser, an denen Jalousien auf behagliches Wohnen hinweisen, und eine Reihe von Bäumen lockert das strenge Bild der Packhausreihe auf.

der zentrale Mittelbereich der Stadt identisch ist mit einer Hafenansicht voller Schiffe, mit einer geschlossenen Bebauung im Hintergrund des Verladeplatzes und mit Packhäusern, die direkt am Wasser standen.

Martin Zeiller schildert 1653 diesen Platz in Merians Topographia Saxoniae Inferioris als »einen geplasterten Platz an der Weser, daran die angelandeten Waren aus den Schiffen ausgeladen ... werden ...«. Aber schon als die prachtvollen Weseransichten mit der Schlachte im Zentrum von Merian und von Johann Landwehr erschienen, bereitete es Probleme, den Schlachtehafen für größere seegängige Schiffe erreichbar zu halten. Die Weser versandete, die Schlachte gewann mehr und mehr den Charakter eines Hafens für Binnenschiffe. Bremen mußte wieder Ersatz schaffen und baute deshalb 1619 in Vegesack, das ist 18 Kilometer stromabwärts, das erste künstliche Hafenbecken Deutschlands. Für flußgängige Schiffe blieb die Schlachte indes bis in die Mitte des vorigen Jahrhunderts, genauer, bis zur Einführung der Eisenbahn, ein unentbehrlicher Anlegeplatz.

Besonders stark wurde die Grundgestalt der Stadt jedoch durch die Verteidigungsbauten, die sich die Bürger der Stadt geschaffen hatten, festgeschrieben.

Ein solcher Mauerbau war nichts Außergewöhnliches. Es gab viele, darunter kleinere Städte, die das Leben ihrer Bürger und ihr Hab und Gut durch eine Mauer zu schützen suchten. Auch war die erste bremische Mauer, 1229 urkundlich genannt, nicht besonders aufwendig: Der Mauerzug war vom Fangturm über die Nord- und Ostfront der Stadt zur Tiefer und an der Weser entlang zurück zum Fangturm etwas über drei Kilometer lang und bei vier bis fünf Meter Höhe gut einen Meter stark. Zwischen den befestigten Toranlagen standen, wie wir das von anderen Stadtmauern her kennen, Wehrtürme und außen war ein Graben geführt, der etwa 30 Meter breit und sicher zwei Meter tief war. Der Verlauf der Mauer ist in wesentlichen Zügen noch heute im Stadtgrundriß ablesbar an den schmalen Straßen, die im Rücken der großen Wallstraße verlaufen: Ostertorswallstraße, Herdentorswallstraße, Ansgaritorswallstraße und Abbentorswallstraße. War diese Mauer also nichts Besonderes, so doch die Konsequenz, mit der die Verteidigungsanlage über Jahrhunderte hinweg verteidigungsfähig gehalten wurde und wie sie bis heute das Gesicht der Altstadt als Stadtanlage prägt.

Als im 16. Jahrhundert deutlich wurde, daß die im 13. Jahrhundert erbauten Mauern keinen ausreichenden Schutz gegen die neuen Schußwaffen boten, verstärkte man die Befestigung, indem man vor die Mauern und Türme Erdwälle und Rondelle aufschüttete und drei große Befestigungstürme, einen vor Stephani, einen vor dem Ostertor und einen vor der Weserbrücke, erbaute. Diesen Zustand zeigt der Plan des Franz Hogenberg.

Mit dieser Ummauerung widerstand Bremen 1547 den Belagerungen der kaiserlichen Heere und wahrte seine politische Freiheit. Als die schwache Stelle dieser Befestigung erwies sich aber die Flußfront: Die Artillerie war mittlerweile so entwickelt, daß ein Feind vom linken Weserufer aus die Stadt beschießen konnte. So reifte der Entschluß, die Gegenseite, also das linke Flußufer zu befestigen. Beraten von Prinz Moritz von Oranien, beauftragte Bremen den niederländischen Ingenieur Johan Valckenburgh mit der Ausarbeitung eines Projektes für den Ausbau der Verteidigungsanlagen. Als bald zu Beginn des Dreißigjährigen

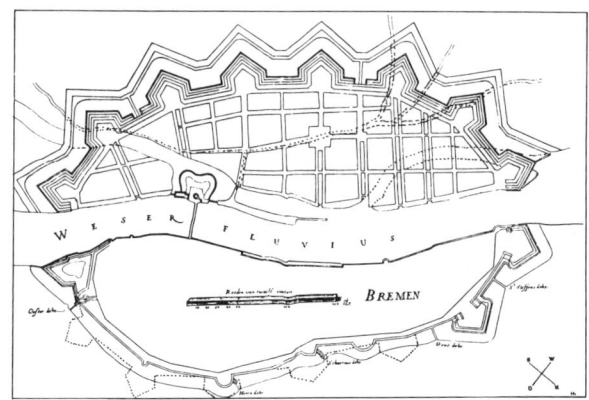

Johann Valckenburghs Plan für die Neustadt zu Bremen, 1623. Der Plan sah noch die Anlage von Grachten nach holländischem Vorbild vor.

Krieges das Kriegsgeschehen die oldenburgischen Gebiete erreichte, ging Bremen daran, den Valckenburghschen Plan zur Ausführung zu bringen. Er sah den Bau einer Neustadt vor, die nach modernsten Erkenntnissen der Verteidigungstechnik mit Spitzbastionen, Graben, Glaçis und Contrescarpe befestigt sein sollte und auch den Umbau des Altstädtischen Mauerrings nach demselben System.

Mitten im Dreißigjährigen Krieg wurde so eine Neustadt in Bremen gegründet und die Stadt ringsum neu befestigt. Bremen lag nun zu beiden Seiten des Stroms. Auch waren jetzt die Voraussetzungen erfüllt, um kommenden Belagerungen widerstehen zu können – und die ließen nicht auf sich warten: 1654 und 1666 versuchten die Schweden, die Stadt einzunehmen. Beide Male gelang es Bremen, die Belagerung zu überstehen und eine diplomatische Lösung des Konfliktes zu erreichen. Wieder hatte Bremen seine Freiheit durch seine Verteidigungsbereitschaft erhalten (vgl. auch Merian-Plan S. 20).

Bremen, die Große Allee in der Neustadt, Kupferstich von W. C. Mayr nach Johann Heinrich Gröninger, 1773. Die mit vier Reihen Linden bepflanzte Allee verlief im Zuge der heutigen Langemarckstraße. Der Garten gehörte dem Eltermann Peter Wichelhausen.

Mit der Besiedlung der Neustadt tat sich Bremen aber schwer. Die Neustadt war ja keine aus Bevölkerungszuwachs gewachsene Vorstadt, die nach Erreichen einer bestimmten Größe und eines eigenen politischen Gewichts ihrer Bürger mit der Altstadt zu einem neuen Ganzen, in dem alle Bürger gleich sind, verschmolzen wurde, sondern sie war in einem Krieg gebaut worden, der zu einem ungeheuren Bevölkerungsverlust geführt hatte. Es war auch nicht einladend, Bürger der Neustadt zu werden, denn der Rat der Stadt war – immerhin bis 1810 – nicht bereit, die Bürger der Neustadt als Vollbürger anzuerkennen. Das hatte neben anderem zur Folge, daß noch im 18. Jahrhundert Platz blieb zur Anlage großer, kunstvoller Gärten, und die wieder boten der expandierenden Industrie der Gründerzeit den preiswerten und stadtnahen Raum, um sich hier niederzulassen – ein Erbe, mit dem sich die Neustadt noch heute auseinandersetzen muß.

Hundert Jahre, nachdem die Stadt dem Heer General von Wrangels getrutzt hatte, hatten sich die Machtverhältnisse so verschoben, hatte sich vor allem auch die Kriegstechnik so weiterentwickelt, daß es einer einzelnen Stadt nicht mehr möglich war, den Heeren großer europäischen Mächte – Frankreichs, Englands, Preußens – zu widerstehen. Neutralität wurde nicht respektiert, und so erfuhr Bremen während des Siebenjährigen Krieges (1756–63) mehrfach fremde Besetzungen. Die Befestigungen waren überflüssig geworden, ja es gab sogar einen Moment, da sich die Befestigung gegen die Stadt zu wenden drohte, als sich nämlich französische Truppen, die sich in der Stadt festgesetzt hatten, gegen englische Truppen zu verteidigen suchten. Man fand sich deshalb bereit, die Befestigung aufzugeben. Das war im ausgehenden 18. Jahrhundert nun ebensowenig ungewöhnlich, wie es Jahrhunderte zuvor der Bau war, wenn nicht Bremen mit der Umwandlung der Festungsanlagen in »freundliche Gartenanlagen und terrassenartige Spaziergänge mit schattigen Ruheplätzen« der Versuchung der Vermarktung dieses öffentlichen Grundvermögens widerstanden hätte – das aber war für die meisten Städte, die ihre Verteidigungsanlage aufgaben, nicht selbstverständlich. Dabei brauchte Bremen nicht einmal auf die die alte Stadt umschließende Prachtstraße neuen Gepräges zu verzichten, denn auf der Innenseite, über den alten Stadtmauern und den Häusern, die längst an sie herangebaut waren, wurden Grundstücke ausgewiesen, deren schöne Lage an den neugeschaffenen Anlagen zum Bau und zur Bebauung einer Straße von gehobenen Ansprüchen einlud. So entstand die Straße Am Wall mit der Fortsetzung Altenwall, die sich wie eine Stadtmauer um die Altstadt hinziehen.

Adolph Eltzners Ansicht Bremens aus der Vogelschau, gezeichnet 1851, zeigt die Stadt in dieser Vollendung. Da ist die Altstadt in ihrer charakteristischen gestreckten Gestalt. An der Landseite ist sie umgeben von den Wallanlagen mit der Reihe der neuen Häuser an der Straße ›Am Wall‹, von denen keines mehr einen Giebel zeigt. Es ist die Vielgliedrigkeit der Domstadt zu erkennen und die lang hingezogene Reihung der Straßen der bürgerlichen Stadt, deren geschwungener Verlauf nicht irritieren darf, folgten sie doch den Höhenlinien des Dünenrückens, und es ist da die Brücke, die von der Altstadt auf den Teerhof, der nun auch voll bebaut ist, führt und von da weiter zur Neustadt. Der Teil der Neustadt, der dargestellt ist, zeigt, daß noch große Flächen als Gartenland genutzt waren. Endlich zeigt die Ansicht, daß es eine Vorstadtbebauung im Osten der Stadt – im Vordergrund des Bildes – gab. Von der Bildmitte aus führt der Ostertorsteinweg in die Stadt und teilt die Reihe vornehm schöner Vorstadthäuser in die Altenwallscontrescarpe links und in die Contrescarpe rechts – auch heute noch beste Adressen der Stadt.

Die Vorstädte hatten sich erst seit dem 18. Jahrhundert wieder stärker entwickeln können. Die guten Ansätze zur Entwicklung von Vorstädten, die es schon im 15. Jahrhundert im Osten, im Nordosten und im Norden der Stadt gab, hatte Bremen 1546 vor den heranrückenden kaiserlichen Truppen selbst zerstört. Damals wurde sogar das Benediktinerkloster St. Pauli vor dem Ostertor abgetragen – die Verteidigung der Stadt erforderte dieses Opfer.

Solange die Stadt auf ihre Selbstverteidigungskraft baute, blieben Nutzung und Bebauung eines breiten Schußfeldes eingeschränkt. Dennoch wurde 1596 St. Remberti mit seinem Siechenhaus neu erbaut, und an den Ausfall- und äußeren Verbindungsstraßen bildete sich eine lockere Bebauung, vielfach von Kohlhökern, die die Erträge ihrer kleinen Felder in der Stadt feilbieten konnten. Einer systematischen Besiedlung stand aber entgegen, daß die

Bremen von Osten, gezeichnet und gestochen von Adolph Eltzner, 1850

Bewohner der Vorstädte kein Bürgerrecht besaßen und nicht in der Stadt handlungsfähig waren und daß die vorstädtischen Ländereien erst sehr langsam eingedeicht wurden.

Die rechtlichen Beschränkungen hielten sich bis 1848, also weit in eine Zeit, als sich um die Altstadt mit einem Schwerpunkt vom Ostertor bis zum Herdentor (Bahnhofsvorstadt) ein Kranz von Vorstädten entwickelt hatte, der nicht mehr nur von Kohlhökern, unselbständigen Handwerkern und Arbeitern bewohnt wurde, von sozialen Schichten also, die von den Rechtsbeschränkungen wenig betroffen wurden, sondern zunehmend auch von Beamten und Kaufleuten.

Die Vorstädte entwickelten sich zunächst ohne Planung entlang alter Straßen- und Wegeführungen und als Verbindung und Ausfüllung der dazwischenliegenden Flächen. Erst 1852 legte Baudirektor Alexander Schröder einen Rahmenplan für die Vorstädte vor. Diese bremischen Vorstädte, die östlichen sind noch recht gut erhalten, sind nicht ohne Reiz, denn Bremen wuchs als Großstadt nicht wie andere bekannte Großstädte durch Ausbreitung verdichteten Geschoßwohnungsbaus mit Hinterhöfen, sondern in der Form endloser Wiederholung von Reihenhäusern, deren bürgerliche Ausprägung unter dem Begriff ›Bremer Haus‹ bekannt wurde. Ein Spaziergang wird uns später in eines dieser Viertel führen.

Das Blatt von Adolph Eltzner zeigt die Ansätze dieser Vorstadtbebauung, die innerhalb weniger Jahrzehnte zur Entvölkerung der Altstadt und zur Citybildung führte. Vertieft man sich in die Details von Eltzners Blatt, kann man auch erkennen, daß damals das innere Bild der Altstadt noch intakt war. Es gab noch keine störenden Großbauten, noch keine Straßendurchbrüche oder Straßenbegradungen, noch keine Industrien in der Neustadt oder vor Stephani. Die Schiffe lagen noch an der Schlachte, der bremische Hafen war also noch ein Teil der Altstadt, wenngleich der Überseehandel mittlerweile nach dem 1827 gegründeten Bremerhaven verlegt werden mußte.

So erweist sich die Darstellung als ein letzter Abglanz einer kontinuierlich gewachsenen, nie zerstörten Stadt. Dabei fehlt es dem Bild nicht an Aktualität, denn die Kunsthalle am Durchbruch des Ostertorsteinweges durch die Wallanlagen (das große Gebäude in den Wallanlagen im Vordergrund) wurde erst 1849 fertiggestellt, das Stadttheater, ebenfalls in den Wallanlagen gelegen, schon 1843 und der Hannoversche Bahnhof – ganz rechts im Bild – wurde Ende 1847 in Betrieb genommen.

Was aber wurde aus dieser letzten Bestandsaufnahme des alten Bremen? Die Antwort mag am ehesten ein Flug über Bremen geben (Farbt. 1). Da fällt einem auf, wie Altstadt und Alte Neustadt nach wie vor durch die Wallanlagen deutlich von den Vorstädten geschieden sind. Die Grundgestalt des alten Stadtkerns blieb also erhalten. Unübersehbar ist aber auch, daß die Struktur der Altstadt blockhaft vergrößert ist. Das begann schon 1860 mit dem Bau der Börse am Markt, wurde fortgesetzt mit dem Bau des Gerichtsgebäudes (1895), der Baumwollbörse (1906), um nur wichtige und schon historische Blockbauten zu nennen und vollendet durch den Wiederaufbau der kriegszerstörten Innenstadt, der nicht nur ein Ersatz zerstörter Häuser war, sondern eine tiefgreifende Umstrukturierung, die auch vor dem Gerüst der Straßenführungen nicht Halt machte. Als Traditionsinseln blieben nur der Markt, der Schnoor und die Böttcherstraße.

In der Neustadt hat sich an der Stelle der großen Gartenanlagen Industrie ausgebreitet. Und dann folgen schon die Häfen. Ihr Bau ist die wohl größte Leistung Bremens in den letzten hundert Jahren.

Die schönen Bilder des Schlachte-Hafens dürfen nicht darüber hinwegtäuschen, daß die Schlachte schon seit Generationen ein Hafen für Binnenschiffer war, daß seegängige Schiffe weit vor Bremen ihre Fracht umladen mußten; deshalb schon im 17. Jahrhundert der Bau des Vegesacker Hafens, deshalb 1827 die Gründung Bremerhavens. Bremen selbst aber mußte wieder Seehafen werden. Nach der Reichsgründung, nach der Bildung eines ganz auf einen großen Binnenmarkt orientierten reichseinheitlichen Zollgebietes, war der Status eines Seehafens mit einer Freihandelszone für Bremen zu einer Existenzfrage geworden.

Der Zugang zur See war aber nur durch die Korrektion der Weser zu erreichen, an der das Reich nur mäßig, das Großherzogtum Oldenburg nicht genug interessiert waren. Die Hauptlast des 1883 auf 30 Millionen Mark gerechneten Unternehmens ruhte also auf den Schultern Bremens. Dennoch begann Bremen das Werk und führte es in zwei Abschnitten bis 1894 zum Abschluß. Nach dieser ersten Ausbaustufe konnte Bremen mit Schiffen von fünf Meter Tiefgang angefahren werden. Bis 1914 war die Sieben-Meter-Marke erreicht.

Diese Korrektion schuf die Voraussetzungen für den Bau neuer Häfen. Zuerst wurde bis 1888, rechtzeitig zum Anschluß Bremens an das Zollgebiet des Reiches, der Freihafen – heute Europahafen – gebaut. Er hatte, wie schon die 1860 westlich der Stephanivorstadt ausgebaute Stromkaje am Weserbahnhof, Gleisanschluß. Bremen entwickelte sich von nun

Blick in den Europahafen, als sich Segelschiffe noch mit Dampfschiffen messen konnten

an zum größten europäischen Eisenbahnanschlußhafen. 1889–91 wurde mit dem Holz- und Fabrikenhafen ein weiterer Hafen erschlossen. Er genoß nicht mehr die Privilegien des Freihafens, bot dafür aber verarbeitenden Industrien Raum. 1896 wurde mit dem Bau einer Getreideverkehrsanlage begonnen, 1898 mit dem Bau des Überseehafens, der ab 1906 genutzt und bereits 1912 erweitert wurde. In Verbindung mit dem Bau des Überseehafens mußte für den Holz- und Fabrikenhafen eine erweiterte Einfahrt angelegt werden, die nicht nur die Getreideanlage aufnahm, sondern später auch die Erschließung des Werfthafens mit einem Schwimmdock. 1907–10 wurde der tideunabhängige Industriehafen mit mehreren Becken und einer Schleuse gebaut. – Zwischen den Kriegen wurde in Bremen, in Bremerhaven lagen die Dinge anders, vor allem die technische Ausstattung der Häfen mit Kränen, Gleisen, Betriebs- und Verwaltungsgebäuden verbessert.

Dann kam der Krieg und mit ihm die größte Zerstörung, die Bremen in seiner über tausendjährigen Geschichte erleben mußte. Alles in und an den Häfen mußte wiederaufgebaut, mindestens instandgesetzt werden, und als das erreicht war, zwang der von anderen Häfen ausgehende Konkurrenzdruck zu Erweiterung und weiterer Modernisierung. Die Erweiterung erfolgte auf der linken Weserseite hinter dem Stadtteil Rablinghausen mit einem Hafenbecken, dessen Größe alle bisher in Bremen vorhandenen übertrifft, die Modernisierung durch den Bau der ersten Container-Umschlaganlage in Deutschland. Beim Aushub dieses Neustädter Hafenbeckens wurde 1962 übrigens die Bremer Kogge gefunden, die im Deutschen Schiffahrtsmuseum in Bremerhaven konserviert wird.

Bis hierher mag das enge Geflecht, das Stadtgeschichte und Stadtgestalt miteinander bilden, diese unauflösliche Schicksalsgemeinschaft, die unsere alten Städte so persönlich, so individuell macht, noch wirken. Für die Menge der Vorstädte, mögen diese im Einzelfall arme oder reiche Viertel sein, mit schönen oder weniger schönen Bebauungen, ist dies nicht auszumachen.

Von der City zum Bürgerpark

Der Markt

Jedes Erwandern von Bremen sollte seinen Ausgang vom Markt nehmen. Dieser Platz ist *der* Platz der Stadt, er ist ihr Herz. Hier allein vermag der Besucher unserer Zeit noch etwas spüren von Größe und Geist und den Mächten einer über tausendjährigen Geschichte. Diese besondere Bedeutung des Platzes ist verbunden mit Rathaus und Roland.

Das Marktgeschehen spielte sich anfangs um die Pfarrkirche St. Veith, später Unser-Lieben-Frauen und auf ihrem Friedhof ab. Der Platz war im Norden und Westen ähnlich begrenzt wie heute, nach Osten durch die Domimmunität und nach Süden durch eine Reihe von Buden und Häusern auf der Höhe des heutigen Rathauses. Er erhielt seine Bedeutung durch das ältere Rathaus, das auf dem Doppelgrundstück am Südende der schmalen Hausreihe zwischen Sögestraße und dem Kirchhofs-Markt stand. Hier war die Wiege des bürgerlichen Gemeinwesens.

Mit dem Bau von Rathaus und Roland verschob sich das Gewicht von Stadt und Markt auf den bis dahin wohl nur für die großen Märkte genutzten Raum zwischen den Buden, die den alten Markt und den neuen Rolandmarkt trennten, der Balge mit dem Balgehafen, der Domstadt und der sich formenden Bürgerstadt mit den Einmündungen ihrer wichtigsten Straßen, der Langenstraße und der Obernstraße.

Später ließ sich auch die Kaufmannschaft mit dem Schütting an diesem Platz nieder. Wohlhabende Bürger zogen nach. In der Mitte des 15. Jahrhunderts wird der Platz rundum bebaut gewesen sein. Die Ansicht des Marktes von Dilich aus dem Jahr 1604, die den Platz im Umbruch von Spätgotik zur Renaissance zeigt, läßt ahnen, daß es ein Menschenalter nach dem Rathausbau eine abgeschlossene Platzbebauung gegeben hat.

Auffallend ungleichgewichtig stehen sich auf dem Blatt das noch gotische Rathaus – nur die Fenster zum Platz wurden schon 1595 verbreitert und rechteckig gefaßt – und der Schütting in seiner vollendeten Renaissancegestalt gegenüber. Im Hintergrund, das ist die Westfront des Platzes, wird er von sieben Häusern begrenzt. Von denen waren um 1600 noch vier gotisch. Zwischen ihnen stand eine Gruppe von drei Häusern mit prunkvollen Renaissancefassaden, von denen zwei, nämlich das dritte und vierte Haus von links, um 1595 von dem Ratsbaumeister Lüder von Bentheim gebaut wurden. Sie waren also das Neueste, was der Platz dem Stecher zum Bilde bot. Ein halbes Jahrhundert später, als Merians Stich des Marktes erschien, gab es nur noch zwei gotische Häuser (s. Frontispiz S. 2).

Die Mitte des Platzes war bis ins 18. Jahrhundert eingefaßt von einer kleinen Mauer, die mehrere Durchgänge zum inneren Platz frei hielt. Hier hatten, ungestörter als auf dem äußeren Platz mit seinen Verkaufsbuden und Gemüsefrauen, die Kaufleute ursprünglich ihre Börsenversammlungen abgehalten. Sorgfältig und mit Angabe vieler Details ist der schon damals umgitterte Roland dargestellt und der Kaak, der Pranger der Stadt.

Im Vordergrund sind Bürger zu sehen. Die Herren tragen Umhang und Federhut, eine Frau aber trägt eine merkwürdige Kopfbedeckung mit einem Horn. Das war das ›Tiphoiken‹, ein schwerer, plissierter Tuchumhang, dessen Oberteil bei widrigem Wetter über den Kopf geschlagen und am Horn festgehalten werden konnte.

Auf diesem Platz also vollzog sich bis ins 18. Jahrhundert hinein ein gut Teil des öffentlichen Lebens der Stadt. Unter dem zweiten Rathausbogen von Westen hielt der Stadtvogt sein Gericht ab, hier wurden die vom Rat zuvor gefällten Todesurteile verlesen, und vom Balkon des Rathauses verkündete der Rat seine Beschlüsse und Gesetze.

Dazu bot der Platz dem Rat und den ratsfähigen Familien den Rahmen für sein gesellschaftliches Handeln: Hier war der Endpunkt zeremoniöser, unendlich pomphafter Einholungen auswärtiger Potentaten und Gesandten, hier zogen die Hochzeits- und Traueraufzüge der oberen Familien auf, hier fanden die Huldigungen statt, zu denen sich die Stadt aufgrund der höchst komplizierten staatsrechtlichen Stellung auch im 16. und 17. Jahrhundert noch genötigt sah. Der Platz sah Siegesfeiern, etwa nach dem Dreißigjährigen Krieg 1648, nach dem Siebenjährigen Krieg 1763, nach dem Sieg über Napoleon und der Wiedergewinnung der eigenen Freiheit 1814. Und natürlich sah der Platz auch Aufruhr während der Verfassungskämpfe des 14. Jahrhunderts, dann 1532 beim Aufstand der Hundertvier, 1848, 1918/19 und im März 1933, als eine aufgeputschte Menge den Rücktritt der sozialdemokratischen Mitglieder des Senats erzwang.

Die politische Bedeutung des Platzes lebt auch in der Gegenwart fort in den vielen Demonstrationen vor der Bürgerschaft. Bei allem Wandel der baulichen Gestalt behielt der Platz also neben der Form auch einen Inhalt.

Roland und Rathaus[*]

Neben dem Rathaus, mit Blick zum Dom, steht der *Roland*, der älteste unter den erhaltenen, der größte, der vermutlich je errichtet wurde und ganz sicher der bekannteste unter den deutschen Rechtszeichen dieses Namens (Farbt. 6).

Der bremische Roland ist ein Bauwerk, das aus einem dreistufigen Unterbau, der 5,55 Meter hohen Gestalt des Roland und der 10 Meter hohen Stützsäule mit Baldachin besteht. Schon die ersten Abbildungen, die aber erst ab 1600 bekannt sind, zeigen ihn umgittert.

Dieser steinerne Roland trat an die Stelle einer am 29. Mai 1366 auf Geheiß von Erzbischof Albrecht II. verbrannten hölzernen Rolandsäule. Der neue Roland wurde 1404 errichtet. Auf der ersten Seite des Rechnungsbuches des 1405 begonnenen Rathausbaues steht vermerkt: »Do na ghodes bord weren gan MCCC unde IIII jar, let de rad to Bremen buwen Rolande van stene, de kostede hundert unde seventich bremer mark...« Dieser Eintrag in das Ausgabenbuch für den Rathausbau wäre nicht erfolgt, wenn Roland und Rathaus nicht als eine Baumaßnahme gesehen worden wären.

Der Meister des Roland ist nicht bekannt. Für den Rathausbau ist Meister Johannes als bauführender Meister überliefert, der zusammen mit einem Meister Hennig und dessen Sohn Paul die sechzehn Hauptbildwerke geschaffen hat. Wegen des baulich-fiskalischen Zusammenhanges zwischen Rathaus- und Rolandbau wird eine Mitarbeit des Meisters Johannes kaum auszuschließen sein. Unbekannt ist aber auch die Herkunft jenes Johannes; die einen sehen sein Herkommen aus dem Kölner Kunstkreis, andere weisen nach Böhmen zu den Parlern und werfen die Frage auf, ob Johannes nicht etwa ein Parler gewesen sei.

Der Roland wird von den Bremern verstanden als Symbol der bremischen Freiheit und als ein Zeichen, das die Bremer gegen den Erzbischof gesetzt hätten. Dazu kommt die Sage von dem Krüppel, dem Diener der Gräfin Emma, der den Bremern den von ihnen zu nutzenden Teil der Bürgerweide durch die Strecke, die er an einem Tage umkriechen konnte, abgesteckt habe.

Das letzte ist Sage, ist ohne Realitätsbezug; die Haltung des Roland als eine quasi feindliche anzusehen, ist, nicht nur aus formalen Gründen, irrig, sie ist vor allem aus zeitgeschicht-

---

* Die folgenden Ausführungen stützen sich wesentlich auf die Untersuchung von Rolf Gramatzki zur Ikonologie des Rathauses, die bisher nur als Manuskript vorliegt.

3 BREMEN Rathaus, Obere Halle, ›Salomonisches Urteil‹
◁ 2 BREMEN Markt mit Roland und Rathaus   6 BREMEN Rathaus, Obere Halle, Güldenkammer ▷
4, 5 BREMEN Rathaus, Obere Halle, Detail der Treppe zur Güldenkammer und Tür von 1532

7 BREMEN Sparkasse am Markt

8 BREMEN Schütting, Ostgiebel

11 BREMEN St. Petri-Dom ▷

9 BREMEN Deutsches Haus

10 BREMEN Domgärtchen

◁ 12, 13   BREMEN   Dom, Relief der Orgelempore und Detail: Karl der Große
und Bischof Willehad

14, 15   BREMEN   Dom, Chorgestühlwange und Detail: Auferstehung

17, 18 BREMEN Dom, Epitaphien des Gerhard
Brandis und des Segebade Clüver

◁ 16 BREMEN Dom, Kanzel

19, 20   BREMEN   Dom, Kapitelle in der Ost- und der Westkrypta

21, 22   BREMEN   Dom, Westkrypta, Taufbecken und Christus als Weltenrichter

23   BREMEN   Unser-Lieben-Frauen, Marktfront

24   BREMEN   Unser-Lieben-Frauen, Kanzel

25   BREMEN   St. Martini, Kanzel

26 BREMEN St. Martini an der Weser

27 BREMEN St. Martini, Orgel

28 BREMEN Böttcherstraße, Treppenhaus im ›Haus Atlantis‹

29 BREMEN Böttcherstraße, Paula-Becker-Modersohn-Haus ▷

lichen Gründen unwahrscheinlich und ist wohl erst nach der Reformation so gesehen worden, als es zwischen der Stadt und dem katholischen Dom zu Spannungen gekommen war. Dagegen ist sicher richtig, daß der Roland, wie alle seine Brüder, für städtische Rechte und Freiheiten steht.

Die Forschung geht heute davon aus, daß sich die Bedeutung des bremischen Roland im Schild sammelt. Dieser Schild zeigt den doppelköpfigen Reichsadler mit der Umschrift:

vryheit do.ik.yu openbar.de karl   freiheit tu ich euch offenbaren.die karl
und menich vorst vorwar   und mancher fürst fürwahr
desser.stede.ghegheuen.hat.   dieser stätte gegeben hat
des.danket.gode.is my radt   das danket gott ist mein rat

Der Schild des Roland mit der niederdeutschen Umschrift

Das ist der dem Volke sichtbar gemachte Teil einer ineinander verwobenen Serie von Urkundenfälschungen des ersten Jahrzehnts im 15. Jahrhundert, mit denen der Rat der Stadt seine faktisch erreichte, nach innen und außen starke Position auszufüllen und weitere Ansprüche sichtbar durchzusetzen suchte. Diese Ansprüche waren:
1. Die Freistellung der bremischen Bürger von Freigerichten (Femegerichten);
2. das Schutz- und Geleitrecht auf der Weser durch Bremen mit oder ohne den Landesherren;
3. das Recht der Mitglieder des Rates, ohne Einschränkungen Gold und Pelzwerk, also ritterliche Tracht, zu tragen und
4. als Bestätigung dieser kaiserlichen Rechte das Recht, den Schild des Roland hinfort mit den kaiserlichen Wappen schmücken zu dürfen (was die Frage aufwirft, ob der hölzerne Roland den Bremer Schlüssel im Schilde führte).

Aber auch die übrigen Teile am Roland haben Bedeutung. Rüstung, Dunsing, das ist der Schwertgürtel mit der großen Schließe, Mantel und Haartracht weisen Roland als freien, ritterlichen Mann aus, der selbstverständlich und ganz real Gold und ›Bunt‹ trug. Das Schwert aber ist nicht nur Teil der Rüstung, nur Waffe, dazu fehlt ja eine Schwertscheide, sondern, so wie auf Karlsdarstellungen üblich, Reichsschwert in all seiner Bedeutung. Die Handschuhe sind vor allem Zeichen des königlichen Marktbannes. So haben die Könige im 13. Jh. die Verleihung von Marktrechten mit der Übersendung eines Handschuhes verbunden.

Ein Teil an der Rolandstatue verbindet das Standbild direkt mit dem geschichtlichen Roland und der Rolandlegende: Die große Schnalle mit dem musizierenden Engel und den Rosen auf dem Gürtel sind Zeichen des Märtyrertodes, den Roland im Kampf gegen die Ungläubigen für Christus im Himmel und Karl den Großen auf Erden erlitten hat. Der Bremer Roland ist also nicht nur Symbol für verliehene Rechte, ist nicht bloß königlicher Sendbote, sondern er ist auch der historische Roland, der der Legende nach auch gegen die Friesen gekämpft hatte, den Märtyrertod erlitt und nun, verehrungswürdig wie ein Heiliger, den Bremern die angeblich direkt auf den großen Karl zurückreichenden Rechte auf alle Zeit sichtbar bestätigt.

Die Rolle des Kopfes zu Füßen des Roland läßt sich nicht mehr sicher klären. Es gibt Hinweise, in ihm einen niedergeworfenen und niedergehaltenen Freien – einen Friesen? – zu sehen. Doch ist das schwer oder kaum zu belegen, während die Geschichte mit dem Krüppel der Gräfin Emma kaum den Gehalt einer Sage hat.

So bleibt nur die Frage, ob der Roland *gegen* den Erzbischof gerichtet war. Das kann mit Sicherheit ausgeschlossen werden, zeigt sich doch an dem ganzen ikonologischen Programm von Roland und Rathaus, daß sich der Rat voll eingebettet sah in den Schoß der Kirche als der Verkünderin des Heils. Auch bestand zwischen dem Rat und Erzbischof Otto II., der bis 1406 regierte, in den wesentlichen Fragen Einvernehmen. Andererseits diente der Roland dazu, Rechtspositionen von Rat und Stadt gegen jedermann und also *auch* gegenüber dem Landesherrn zu betonen.

Das *Rathaus* steht nicht am Anfang bremischer Geschichte, ist aber der bedeutendste Bau, den die Stadt je errichtet hat – im übertragenen Sinne ließe sich nur der Bau der Häfen dem zur Seite stellen. Vor allem aber ist in Bremen nie ein Bau von vergleichbarem Aussagegehalt und Anspruch errichtet worden (Umschlagvorderseite, Abb. 1, 2).

Bevor dies erläutert wird, seien die wichtigsten Daten genannt und die zum Verständnis notwendige Beschreibung gegeben: Das gotische Rathaus entstand von 1405 bis 1410 an der Stelle der Häuser von Lohgerbern, eines 1304 vertriebenen Bürgers und einiger Buden. Es ist so gesetzt, daß es ziemlich genau in der (alten) Achse der Obernstraße zwischen der bürgerlichen Stadt und dem Dom steht und den Blick auf das Palatium vom neu gefaßten Marktplatz verstellte. Es ist etwas über 41 Meter lang und fast 16 Meter breit, wozu der Bogengang mit fast drei Metern Tiefe hinzukommt. Als der leitende Meister ist der schon genannte Meister Johann überliefert.

Das Haus gründet auf des ›Rates Weinkeller‹, einer dreischiffigen Halle mit Kappengewölben, die auf zehn paarweise angeordneten Pfeilern ruhen. Der aufgehende Bau aus unglasierten und glasierten Backsteinen und dem reichen Schmuck aus Werkstein hat im Erdgeschoß eine gleichfalls dreischiffige Halle, deren flache Balkendecke von zweimal zehn Säulen aus Holz getragen wird. Die Halle hat nach Osten und Westen je ein Portal. Im

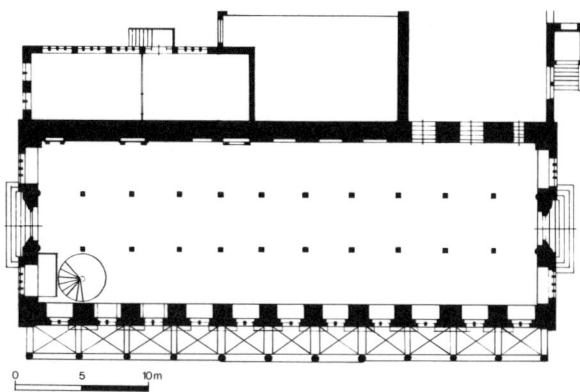

Bremen, Rathaus, Grundriß in Höhe der Unteren Halle

oberen Geschoß befindet sich eine große durchgehende Halle, die immer zu den größten ungeteilten spätgotischen Sälen in Deutschland zählte. Von dem alten Aufgang zur oberen Halle, der mit den ersten dem Bau zugeordneten Nebenräumen an der Nordseite stand, ist nichts erhalten außer einem Portalanschnitt an der Nordseite und einigen Posten im Rechnungsbuch.

Der Bau hatte, wie auch heute, ein Walmdach, vor dem ein Wehrgang mit einem Zinnenkranz umlief. An den vier Ecken befanden sich Treppentürmchen, die von Konsolfiguren getragen wurden. An der Nordwestecke ist ein Ecktürmchen noch erhalten.

Auch vor dem gotischen Rathaus stand ein Laubengang, dessen elf Joche spitzbogig waren. Über dem mittleren Joch befand sich eine von der Oberen Halle aus zugängliche Laube, von der aus der Rat zu den Bürgern sprach. Zu beiden Seiten dieser Laube gaben je fünf schlanke Spitzbogenfenster mit Maßwerk der Oberen Halle Licht. An den Stirnseiten der Halle waren nochmals je drei Fenster, von denen das mittlere höher und breiter war. Die Nordseite hatte wohl keine Fenster.

An den Pfeilern zwischen den Fenstern stehen insgesamt sechzehn große Standbilder (Abb. 2). Sie stehen auf reich skulptierten Konsolen und unter Baldachinen. An der Marktseite sind es die Bildnisse des Kaisers (Königs), in dem man wohl Karl den Großen erblicken darf, und die der sieben Kurfürsten des Reiches. An den Schmalseiten sind die sogenannten Propheten und Philosophen zu sehen (Abb. 1).

1532 kam es im Zusammenhang mit dem Aufstand der Hundertvier zu einer wichtigen Änderung am Rathaus: Der zur Oberen Halle führende Treppenbau wurde abgebrochen und die hölzerne Wendeltreppe zwischen Unterer und Oberer Halle gebaut. Zwischen Rathaus und Palatium wurde 1545 für die Kämmerei und für die Wittheit ein Haus errichtet, das mit seinem ›welschen‹ Giebel bis 1909 erhalten blieb (Frontispiz S. 2, ganz rechts), und 1579 hat man an die Nordseite die zweigeschossige Kanzlei angebaut, von der noch ein Teil erhalten ist.

Am Ende des Jahrhunderts, 1595, begann mit der Verbreiterung der Fenster der Oberen Halle der große Umbau des Rathauses, der bis 1618 dauerte und von des ›Ehrbaren Rates

Steinhauer‹ Lüder von Bentheim bis zu dessen Tod 1613 geplant und geleitet wurde. Bei diesem Umbau wurden, nachdem die Fenster verbreitert und eckig gefaßt waren, die Arkaden neu errichtet und dabei im Mittelfeld so verstärkt, daß sie den machtvollen gläsernen Erker in der Mitte der Front tragen konnten. Hinter dieser Erkerfront liegt, in reichster Prunkentfaltung des Manierismus, die zweigeschossige Güldenkammer.

Neu aufgerichtet wurde auch das Dach. Das hatte eine Erneuerung der Decke über der Oberen Halle mit ihrer Malerei zur Folge. Bei dieser Maßnahme wurde der Zinnenkranz mit drei der vier Ecktürmchen abgebaut und durch die leichte Dachbalustrade mit den kleinen, von Kriegern bekrönten Eckkanzeln ersetzt. Der hoch übergiebelte Haupterker wird in der Dachzone von zwei kleinen Giebeln begleitet, die ohne gestalterische Verbindung mit dem darunter stehenden Bau auf der Balustrade aufsitzen.

Nach diesem Umbau, der so gewaltig war, daß der gotische Bau fast hinter dem im Geist des Manierismus gestalteten Werk verschwindet, blieb das Rathaus von größeren Veränderungen bewahrt. Auch der Bau des Neuen Rathauses, dem die Reste des Palatiums zum Opfer fielen, respektierte den Bau in dem 1612 abgeschlossenen Erscheinungsbild. Dankbar muß man auch sein, daß der letzte Krieg das Haus verschonte.

Alles an diesem Bau fügt sich zu einer großen Selbstdarstellung des Rates, der von ihm repräsentierten Stadt und seiner Politik. Manches von dem, was der Bau und die Plastiken am Bau aussagen, ist heute noch verständlich, anderes bedarf der Erklärung.

Zunächst war das Rathaus Abbild der wehrhaften Stadt mit zinnenbekrönten Mauern, Ecktürmen, zwei nicht mehr erhaltenen Türmen an der Nordseite und mit den großen Toren gen Osten, gen Westen und gen Norden. Die Loge über der Arkade kann als Brückenschlag über die Weser, die Arkade selber als die Weser, »des Reiches Straße«, für deren Sicherheit der Rat für das Reich und den Landesherrn Sorge trägt, gedeutet werden.

Die Stadt versteht sich als ein Glied des Reiches. Das wird sichtbar an der Darstellung von Kaiser (König) und Kurfürsten, denn sie gemeinsam bilden das Reich und seine Kontinuität. Das Motiv weist nach Aachen, der Stadt des ›großen Karl‹, der in Bremen besondere Verehrung genoß. Die Stadt wußte sich auch im Bund mit dreißig Fürsten und Städten, deren Wappen in den Kreisblenden unter den Zinnen angebracht waren. Der Rat nahm aber auch eine neue und eigene Position ein in dem Verhältnis zwischen Bürger und Landesherrn. Er steht real greifbar zwischen beiden, der Weg des Bürgers zum Landesherrn führte nur noch über den Rat. Der Landesherr rückte mit dem Palatium und dem Dom, vom Bürger aus gesehen, hinter das Rathaus in eine Randlage. Die Zeichen der neuen ›vryheit‹, Rathaus und Roland, sind in die Mitte gestellt. Das Rathaus ist dem Haus des Landesherrn, dem Palatium, ebenbürtig an Größe, aber reicher in Gestalt und Schmuck – das sind diplomatische Feinheiten, die damals genau registriert wurden.

Bis dahin ist die Ausdeutung des Baues noch verständlich, erfordert das Verstehen der dem Bau vermutlich zugrundeliegenden Ideen noch kein besonderes Sich-Versenken in das ganz vom Glauben gelenkte Denken des Mittelalters. Viel schwieriger ist es, die Bedeutung der beiden Schmalseiten, die an die ›Adressaten‹ Bürger und Landesherr gerichtet sind, zu begreifen, denn die Aussage von deren Schmuck- und Figurenprogramm setzt das Wissen

Bremen, der Markt und das Rathaus, Lithografie von Carl Gildemeister, um 1859. Das Bild zeigt ganz links noch den Eckpavillon der alten Börse und daneben zwei der drei Giebel der Liebfrauenkirche. Ganz rechts steht noch das Haus Baleer, das 1860 für den Bau der Neuen Börse abgerissen wurde. Der Domturm zeigt sich mit der Haube von 1767.

um ein ganz vom Glauben beherrschtes Weltbild voraus, zumindest aber, ein solches Weltbild als eine vorhanden gewesene Realität anzunehmen. Der Portalschmuck – in den inneren Kehlen Baumstämme mit großen Blättern, in den äußeren Stadtwappen, Rosen und Aststücke mit jeweils einem Blatt – weist nämlich in religiöse Sphären: In abgekürzter Darlegung muß der Baum, das Symbol der Erkenntnis von Gut und Böse und des Sündenfalls, in Verbindung mit den Rosen als ›beschlossener Garten‹, bekannt unter dem Begriff ›der Maria Rosenhag‹, verstanden werden. Die Rose ist aber auch ein Rechtssymbol.

Daraus folgt, daß die Portale in ihrer ornamentalen Gestalt als Paradiespforten und als Gerichtsportale zu sehen sind. Sie sollten den Menschen erinnern an seine Sünden und an das Gericht, das Jüngste Gericht oder, bei einem Verbrecher das irdische Gericht, aber auch, und das gehört unlösbar dazu, an die Erlösung durch die Gnade, die durch die Geburt Christi und von Maria, als Fürsprecherin der Sünder beim Jüngsten Gericht, ausgeht.

Das scheint gar nicht in Beziehung zu stehen mit den Gestalten, die in der Höhe der Oberen Halle an den Schmalseiten stehen. An der Westseite (Abb. 1) sollen sie Platon,

Arstoteles (so steht es dort), Demostenes und Marcus T. Cicero darstellen und an der Ostseite den Apostel Petrus, einen ›Doktor‹, Moses und Salomon. Es sollte sich danach also um eine zufällige Gesellschaft von Weisen, Christen, Heiden, Philosophen und Propheten handeln. Das ist undenkbar für die Bauzeit und für einen so durchdachten Bau.

Die Lösung entwickelt sich auch hier, wenn man die bildnerischen Einzelheiten befragt. Da zeigt die Konsole des Cicero einen Löwen und einen Bären, wobei die Szene nicht als Tierkampf erscheint. Nun findet sich das Motiv in dem um 1324 entstandenen Heilsspiegel wieder, einem der wichtigen typologischen Bücher des Mittelalters. Da ist König David gezeigt, der mit Löwe und Bär kämpft und sie tötet. Der Löwe stellt hier den Teufel dar, der Bär gilt als Symbol von Wut, Unkeuschheit und Gewalttätigkeit. Es ist also dargestellt, daß das Laster durch David, den Vertreter des alten Gesetzes, überwunden wird.

Einfacher ist die nächste Gestalt, Demosthenes, zu deuten. Sie steht auf einer Konsole, die Weinranken mit Trauben zeigt. Das weist hin auf das Bild von Christus als Weinstock. Geht man davon aus, daß es sich hier, neben David, um einen weiteren Vertreter des alten Testaments handelt, dann kann es sich nur um die Wurzel Jesse, bei der Figur also nur um den Propheten Jesaja handeln. Dazu paßt nun, daß er, als einziger der Gruppe, einen Gürtel mit großer Schnalle, den Dunsing, trägt. Der Gürtel aber ist im mittelalterlichen Verständnis Symbol von Stärke und Gerechtigkeit und eben das taucht auf in der Beschreibung Christi in der Wurzel Jesse. »Gerechtigkeit wird der Gurt seiner Lenden sein...« (Jes. 11,5); selbst das Bildnis in der Schnalle, ein Hockender, der sich mit beiden Händen an den Mund faßt, bezieht sich auf Jesaja.

Mit dieser Methode ikonologischer Deutungen lassen sich ›Plato‹ als Hesekiel und »Aristoteles« als Jeremias deuten. Die vier Figuren stellten ursprünglich also David, Jesaja, Jeremia und Hesekiel dar. Diese Zueinanderordnung aber findet sich am Beginn einer jeden Armenbibel, bei der diese vier mit drei Ereignissen des Alten und Neuen Testaments in Verbindung stehen:

	Jesaja		David	
Gott spricht zur		Verkündigung		Das Vlieswunder
Schlange				Gideons
	Hesekiel		Jeremia	

Da sind die beiden Szenen des Alten Testaments antithetisch der Verkündung des Neuen Testamentes zugeordnet (s. S. 71).

Auf das Rathaus übertragen bedeutet das, daß mit diesen vier Figuren auf den Erlöser hingewiesen wird, der die Schlange zertritt und so den Weg zu Gnade und Erlösung freimacht. Auch hier findet man also, wie am Portal, den Hinweis auf die Überwindung des Bösen, auf die Gnade im Jüngsten Gericht und auf die Muttergottes als der Vermittlerin der Gnade zwischen dem reuigen Sünder und Christus, ihrem Sohn.

Die Umdeutung geschah wohl im 16. Jahrhundert im Zuge der Ablösung von der mittelalterlichen Glaubenswelt und ihrem Ersatz durch antike Philosophie und Staatskunst.

Wenn man auf die nämliche Weise die Figuren an der Ostseite des Rathauses untersucht, so erhält man Petrus, der nicht umgedeutet werden konnte aufgrund des Schlüssels, Moses,

Bremen, St. Petri-Dom, Relief aus dem ehemaligen Kreuzgang nach der ›biblia pauperum‹, um 1500. Dargestellt sind oben Jesaja und David, in der Mitte Gott spricht zur Schlange, Verkündigung und das Vlieswunder des Gideon, unten Hesekiel und Jeremia

dessen Vorkommen innerhalb der Reihe bekannt war, Hiob und Jona oder Daniel – das läßt sich nicht näher betimmen. Die Deutung wäre dann die, daß, nachdem das Gesetz Gottes gebrochen und das mosaische Gesetz notwendig geworden war, durch die Passion (Hiob) und die Auferstehung Christi (Jona oder Daniel) Erlösung und Rückkehr ins Paradies kommen werden.

Neben der theologischen Bedeutung kam den Propheten im späten Mittelalter auch eine Bedeutung als Hüter des geschriebenen Rechtes zu; sie waren Vorbild all derer, die im Mittelalter Recht zu sprechen hatten. Die Gestalt des Petrus verkörpert entsprechend nicht nur den ersten Apostel, sondern auch die geistliche Rechtsprechung in Gestalt des Papstes – auf der Wange des einstigen Ratsgestühls, zu sehen im Landesmuseum, ist Petrus auch mit der Tiara dargestellt. So fügt sich, daß der Rat sich darstellen konnte als auf göttlichem Recht fußender Wahrer des Rechts, so wie Jesaja einst verhieß: »Darum spricht der Herr. Ich werde Dir wieder Richter geben wie zuvor waren, und Ratsherren wie am Anfang. Alsdann wirst du eine Stadt der Gerechtigkeit und eine fromme Stadt sein.« (Jes. 1,26).

Zusammengefaßt bedeutet das, daß der Rat sich vor seine Bürger stellt als alleiniger Wahrer des von Gott gesetzten Rechtes, daß der Weg des Bürgers zum ›Haus des Herrn‹ dem Dom an dem Haus, in dem der Rat das irdische Gericht hält, vorbeiführt.

In gebildeten Kreisen wird ein Programm wie das beschriebene noch verstanden worden sein. Die Bildwelt des Glaubens war noch überschaubar, Glaubens- und Rechtsleben waren noch identisch. So konnten auch Menschen, die nicht studiert hatten, dasjenige herauslesen, was der Rat und in ihm ein Bürgermeister wie Johann Hemeling d. J. verkünden wollten. Es muß aber ausgeschlossen werden, daß mehr als ein ganz kleiner Kreis von Gelehrten die Fassade, die von Lüder von Bentheim geschaffen wurde, so lesen konnte, wie das bei dem gotischen Bau noch der Fall gewesen sein mochte. Das Anliegen war zwar das Gleiche, nämlich den Anspruch des Rates sichtbar zu machen, Politik und Rechtsleben und jetzt auch die Glaubensinhalte für die Bürger der Stadt zu bestimmen und darzulegen und daß dieser Anspruch zu Recht besteht aufgrund göttlicher und geschichtlicher Legitimation. Aber Politik, Recht und Glauben waren so komplex geworden, daß mit den Bildern der Armenbibel oder mit der Berufung auf den großen Karl nichts mehr gesagt werden konnte. Der Vielschichtigkeit der geistigen Vorgaben, besonders die der Reformierten, denen sich Bremen mittlerweile angeschlossen hatte, entsprach eine bewegte, ja auch verworrene Bildwelt im norddeutschen Manierismus, die dem niederländischen Kunstkreis entlehnt war. Nur ganz ausschnitthaft läßt sich deshalb das großartige Fabulierwerk des ausklingenden 16. und beginnenden 17. Jahrhunderts ausdeuten.

Es hat den Anschein, als sei die schmuckhafte Renaissancefassade dem gotischen Bau nur vorgestellt worden. In Wirklichkeit ist es zu umfangreichen baulichen Eingriffen gekommen, nicht nur bei der Verbreiterung der Fenster. So mußten die Figuren an der Front umgesetzt werden, um Raum für den breiten Erker zu gewinnen. Dabei wurde der Baldachin des Kaisers über den des Kurfürsten von Köln gesetzt. Ein Zufall oder ein Hinweis auf die Verbundenheit Bremens mit dem damals evangelischen Köln unter Erzbischof und Kurfürst Gebhard Truchseß von Waldburg, der protestantisch geworden war, für sein Territorium das evangelische Bekenntnis freigegeben hatte und darum abgesetzt wurde.

Viel komplizierter ist dagegen die Ausdeutung der vielen hundert Bildthemen an den Arkadenbögen, dem Arkadenfries, der Balustrade, den Eckquadern des Mittelerkers (die sind nur sehr fragmentarisch erhalten), den Säulen des Erkers, dem oberen Fries und seinen Konsolen und schließlich den Erkergiebeln. Dazu kommt – für das Ganze gesehen – die Bildwelt der inneren Erkerfront in der Oberen Rathaushalle, also der Güldenkammer.

Ein Beispiel sei nur herausgegriffen: Der zweite Arkadenbogen von links zeigt eine Henne mit Küken, gehalten und beschützt von einer weiblichen Figur, die eine Rüstung (ein Lederkoller) trägt. Die Volkssage, die erst seit 1845 nachweisbar ist, bringt die Henne mit den Küken mit der Gründung Bremens in Verbindung: Als Fischer einen Anlegeplatz am Ufer der Weser suchten, seien sie der Henne gefolgt und hätten so den geeigneten Platz für eine Ansiedlung gefunden. Tatsächlich ist das Bild der die Küken schützenden Henne Symbol für den Schutz, den die Obrigkeit den Untertanen gewährt. Danach handelt es sich um die ›Custodia‹ und bei der Gegengruppe mit Hahn und Hund um die ›Vigilantia‹, die Wachsamkeit.

Das ist aber nur die Einzeldeutung einer Bildgruppe. In einer zweiten Deutungsschicht schließen sich die Bilder der Zwickel zu einem Abbild des Lebens des Bürgers, des Untertanen unter der Regierung eines Ehrbaren Rates. In dieser vieldeutigen Symbolsprache setzt sich das Programm fort. Eine dritte Schicht weist in den religiösen Bereich und hier besonders zur Apokalypse: Man kann unter Zuhilfenahme zeitgenössischer Schriften die Fassade als eine Ausdeutung der Apokalypse lesen. Während am gotischen Rathaus die Legenden des Alten und Neuen Testaments wichtige Träger der Aussage sind, ist es an der Fassade von 1600 die Apokalypse und das dort beschriebene Himmlische Jerusalem, das jetzt von der Kirche auf das Haus des Rates übertragen wurde, der, wie alle protestantischen Stände, an die Stelle der Kirche trat. In dem Bild des Himmlischen Jerusalem stellt sich der Staat – die Stadt Bremen – denn als Abbild des christlichen Staates dar. Der Rat von Bremen hat diese ihm in der Reformation zugefallene Rolle tatsächlich mit Ernst und Eifer wahrgenommen.

Im Inneren des Alten Rathauses konzentrieren sich die Darstellungen des Rates auf die *Obere Halle* (Farbt. 7). Man betritt für Besichtigungen das Rathaus durch das Westportal der Unteren Halle und erreicht die Obere Halle über die gewendelte Treppe von 1532, deren Spindel von der Gestalt eines römischen Kriegers gekrönt ist.

Der Anblick der großen Halle mit ihrem Schmuck beeindruckt jeden immer wieder aufs Neue. Es ist ein feierlich gestimmter Raum, gehüllt in gedämpftes Licht, das durch die Wappenscheiben scheint, geprägt von der Tradition fast 600jähriger Geschichte, die greifbar wird in wenigen Erinnerungsstücken und wenigen kostbaren Kunstwerken. Diese Halle ist zu *dem* Festsaal geworden, dem kein anderer an Rang oder Würde und auch an Festlichkeit nahekommt. Rudolf Alexander Schröder nannte sie zu Recht das »Heiligtum bremischen Bürgerstolzes«.

Der Raum von fast vierzig Meter Länge, dreizehn Meter Breite und acht Meter Höhe wird überspannt von einer bemalten Balkendecke (Farbt. 8). Die geometrisch ornamentale Bemalung der Zwischenfelder soll wohl als Kassettendecke erscheinen. In der Mitte sind 33 Kaiserbilder von Karl dem Großen bis Sigismund zu sehen. Mit dieser Darstellung des deutschen Kaisertums soll wieder an das unmittelbare Rechtsverhältnis Bremens zum Reich, wie es Bremen damals bereits über 200 Jahre propagiert hatte, erinnert werden. Die Thematik ist nicht neu. Wir finden die Bildnisse der Kaiser im Frankfurter Römer und im Lüneburger Rathaus. Die vergleichbare Decke in Lüneburg ist 1607 wohl von Daniel Frese gemalt und zeigt die Kaiserbildnisse von Augustus bis Rudolph II.; sie ist thematisch also weiter gespannt. Die bremische Decke kann erst nach 1609, dem Jahr der Fertigstellung des neuen Dachstuhls, gemalt worden sein, schließt sich zeitlich also an die Lüneburger Decke an.

Es soll aber nicht verschwiegen werden, daß die Kaiserbildnisse 1857 erneuert wurden, wie auch die gesamte Fassung der Decke damals neu entstand und das auch nicht nur in der Form restaurativer Überfassung. Die Decke hat seitdem einen nazarenischen Charakter.

Von der Decke hängen die Modelle von vier Orlogschiffen (Kriegsschiffen) herab. Das älteste wird auf 1545 datiert und ist ein Geschenk des Hauses Seefahrt an den Senat. Das nächste Modell, die ›Johann Schwarting‹ von 1650, stammt aus dem Schütting und ist ein Geschenk der Kaufleute. Bei diesem Modell können die kleinen Kanonen wirklich geladen werden und Salut schießen, wovon früher, zum Schaden der Scheiben und zur Freude der Gäste oft Gebrauch gemacht worden sein soll. Die beiden anderen Modelle stammen aus der zweiten Hälfte des 18. Jh. Prachtvoll sind auch die Leuchter, besonders jener gewaltige mit dem kaiserlichen Doppeladler und dem Bremer Schlüssel im Herzschild; er hat sechzig Flammen und ist wie das große Schiffsmodell ein Geschenk der Kaufleute des Schütting.

Wenden wir uns erst der Nordseite zu mit den Wandgemälden des Bartholomäus Bruyn, die der Rat 1532 in Auftrag gegeben hatte sowie der Reihe prachtvoller Portale.

Im östlichen Wandabschnitt befindet sich das ›Salomonische Urteil‹ (Abb. 3). Es ist das klassische Gerichtsbild und hat seinen Platz über dem einstigen Ratsstuhl. Die Texte auf dem Bild enthalten Mahnungen an die Richter zu gerechtem Handeln. Das gilt besonders für die Sprüche unter den Halbfigurenbildnissen zu beiden Seiten des Bildes, die auf der einen Seite alttestamentarische Gestalten und ihre Aussagen zu einer guten Rechtsprechung enthalten und auf der anderen römische.

Unter diesem Bild stand einst als wichtigstes Stück der Ausstattung des gotischen Rathauses der Ratsstuhl. Seine Zerstörung während der französischen Herrschaft über Bremen zählt zu den ganz großen Kunstverlusten. Vier Wangen sind aber der Zerstörung entgangen; sie befinden sich heute im Bremer Landesmuseum. Und die Sprüche, die auf den inneren und äußeren Seiten standen, wurden sowohl im 16. Jahrhundert als auch im 18. Jahrhundert abgeschrieben. Auch wenn diese beiden Fassungen voneinander abweichen, vermitteln sie uns doch den Inhalt der Aussagen.

Obwohl der Ratsstuhl nicht mehr besteht, sei kurz angedeutet, um was es sich dabei gehandelt hat: Der Ratsstuhl bestand aus vier Bänken, die vermutlich so zu einem Viereck zusammengestellt waren, daß es über zwei Ecken zwei Zugänge gab; der Ratsstuhl bildete also, da die Lehnen ja übermannshoch zu denken sind, ein geschlossenes Kastell in dem großen Raum. Er hatte 24 Sitze und vier zusätzliche für den 1433 erweiterten Rat. – Das Spruchwerk wies den Ratsstuhl nun als Gerichtsstuhl aus, er war nicht ›Parlament‹. Das Urteil des Salomon variierte mithin dieses Thema.

Auf der anderen Seite der Nordwand, nach Westen zu, ist das Bild, das Kaiser Karl den Großen und Bischof Willehad, zwischen denen der Dom in seiner Erscheinung von 1532 steht, zu sehen. Auch dieses Bild wurde von Bartholomäus Bruyn oder seiner Werkstatt geschaffen. Auf dem Bild, das viele rebusartig verschlüsselte Mitteilungen enthält, ist Karl der Große, wie schon auf dem zweiten Bremer Stadtsiegel von 1366 rechts vom Dom gesetzt, nimmt also den ranghöheren Platz ein. Ihm sind alle Reichsinsignien, bis hin zu seinem ›Amulett‹, der Bergkristallbrosche, die sich heute im Kirchenschatz zu Reims befindet, zugeordnet, während Willehad zu seinem Ornat nur den Bischofstab hat. Beide halten sie das Bild des Doms.

Von größerer politischer Bedeutung, wenn auch sinnenhaft weniger eingänglich, ist das große Textbild daneben. Auf sechs Spalten ist die Dichtung des Geistlichen Rates Herbord Schene und des Gert Rinesberch aus der Bremer Chronik von 1410, in der von Johann Hemeling ›überarbeiteten‹ Fassung, auf das ›Bild‹ niedergeschrieben. Der Text handelt von der Stadtgründung und der Teilnahme der Bremer an den Kreuzzügen und stellt, wenn man es so ausdrücken will, das Grundgesetz der bremischen Unabhängigkeit dar. Drei Jahre, nachdem der letzte Versuch Bremens, die Reichsunmittelbarkeit gewährt zu bekommen, 1529 auf dem Reichstag zu Speyer, gescheitert war, war es wohl opportun, diese Grundlagen der bremischen Ansprüche auf Reichsunmittelbarkeit jedermann sichtbar ins Gedächtnis zu rufen.

Wenden wir uns den reich verzierten Portalen der Nordwand zu. Nachdem der alte Zugang zur Oberen Halle 1532 vermauert wurde und die alte Verbindung zum Ratskeller nicht mehr besteht, ist das Portal neben dem ›Salomonischen Urteil‹ die älteste Pforte der Oberen Halle (Abb. 5). Sie wurde 1550 durchbrochen und führte in die Neue Wittheitsstube, die im Anbau zwischen Rathaus und Palatium lag. Heute betritt man durch dieses Portal die Halle vom Neuen Rathaus aus.

Es ist ein zierlich gestaltetes Renaissanceportal mit kelchblättrigen Halbsäulen, reich verziertem Sturz und einem Tympanon mit einer Muschelfüllung, in deren Mitte ein behelmter Männerkopf nach rechts blickt. Auf das Tympanon sind Putten gesetzt, die vier Wappen halten. Es sind die Wappen der regierenden Bürgermeister der Zeit, unter ihnen das des Daniel von Büren d. J., der in der zweiten Reformation der Stadt eine führende Rolle spielte (Wappen links oben) und entgegengesetzt, auf der rechten Ecke, das des Dirich Hoyer, aus einem Geschlecht, das die gemalten Decken im Haus Blomendal schuf.

In die Mitte des Sturzfeldes ist das Wappen der Stadt gesetzt. Es wird von geflügelten Putten, also Engeln, gehalten. Darüber ist der Kopf eines Kriegers zu sehen. Es könnte Johann Friedrich der Großmütige sein, der als einer der Führer der Protestanten seit 1547 Gefangener des Kaisers war. Ihm fühlte Bremen sich verbunden.

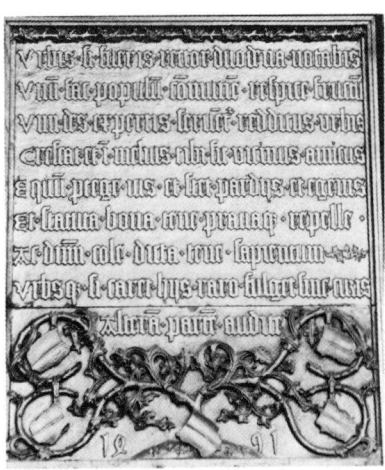

Bremen, Rathaus, Obere Halle, Steintafel über dem ehemaligen Portal zur Wittheitsstube, 1491

Das nächste Portal enthält die ›Tafel von 1491‹. Rahmenwerk und Tür sind Arbeiten Johann Georg Poppes vom Anfang unseres Jahrhunderts, die Tafel aber ist eine farbig gefaßte Steinplatte, auf der auf acht Zeilen und einer angefügten Halbzeile zwölf Regeln guter Regentschaft ›verkündet‹ werden, die jeder Ratsherr beherzigen soll. Die Halbzeile bildet einerseits eine Art Quintessenz des Gesagten und greift dazu einen in deutschen Rat- und Gerichtshäusern verbreiteten Spruch »audiatur et altera pars« – höre beide Teile – auf. Verdeutscht lautet die Inschrift etwa:

Bist Du erwählt zum Leiter der Stadt, zwölf Regeln Dir merke:
Einig mache das Volk, das gemeinsame Beste erstrebe,
Gib den Erfahrnen Gewalt, treu wahre der Stadt ihre Güter,
Stetig wach's ihre Macht, doch den Nachbarn halte zum Freunde,
Schütze das Recht, und gleich sei es stets den Armen und Reichen,
Gute Gesetze erhalte, den schlechten verschließe die Tore,
Ehre den Herrn und die Sprüche weiser Männer bewahre.
Beide Theile höret.
1491

Mit dieser Tafel hat sich der Rat von Bremen ein Gesetz gegeben, auf das die Ratsherren verpflichtet waren.

Es folgt das Löwenportal von 1662. Es führte in die Neue Rhederkammer (Finanzkammer). Über dem von Ohrmuschelwerk gerahmten Portal baut sich eine Gruppe aus drei Löwen auf. Die beiden unteren halten das Stadtwappen, der dritte ist über die das Wappen zierende Krone gesetzt und hält den Schlüssel, das Wahrzeichen der Stadt.

Das nächste Portal führte in die Collektenkammer (Steueramt). Es ist ein Geschenk von Herzog Julius von Braunschweig-Lüneburg an den Bremer Rat als Dank für eine dem Herzog 1573 gewährte Anleihe von 5000 Thalern. Als Meister des streng gestalteten Renaissanceportals ist der in jener Zeit wohl bedeutendste Bildhauer Norddeutschlands, Adam Liquier Beaumont, überliefert.

Das rundbogige Portal wird von korinthischen Säulen flankiert, die ein Gesims mit der Widmungsinschrift tragen. Darauf sitzt eine Relieftafel, gerahmt von Pilastern, an denen außen wappenhaltende Löwen lehnen. Das Türgericht wird von einem flachen Giebel abgeschlossen, in den sich der Künstler mit seinen Initialen verewigte.

Die große Reliefplatte zeigt drei weibliche Gestalten, die über den Wolken schweben und verschiedene Attribute halten: Buch und Tafel, Zweig und Lorbeerkranz, Schwert und Waage. Von rechts aus gelesen sind hier also Justitia, Victoria und, im Sinne protestantischer Ikonologie, wie sie von Lucas Cranach d. Ä. formuliert wurde, die Fides als protestantischer Glaube dargestellt.

Wendet man sich von der Nordwand ab, blickt man auf die *Güldenkammer* (Farbt. 7, rechts). Wie ein heiliger Schrein steht sie vor dem ganz in Glas aufgelösten Erker, zwei Geschosse hoch und auf das Reichste verziert mit Schnitzwerk und Malerei – ein Hauptwerk, für viele sogar die Krönung später Weserrenaissance.

Es spricht vieles dafür, daß Lüder von Bentheim und seine Auftraggeber den Einbau von Anfang an mit eingeplant hatten als Teil der großen Neugestaltung, die 1595 mit dem Umbau der Fenster begonnen hatte. Als Jahr der Fertigstellung ist 1616 an dem Gehäuse angegeben, das ist drei Jahre nach dem Tod Lüder von Bentheims; um 1620 wurde in dem unteren Raum die goldene Ledertapete angeschlagen, die dem Raum den Namen gab.

Einige der ausführenden Künstler sind bekannt: Das Gehäuse hat Ratszimmermeister Reineke Stolling geschaffen und mit seinem ›Knecht Ronnich‹ auch die Treppe, dieses ganz besondere Schmuckstück der Halle. Wegen dieses Ronnich, der ein Fremder war, gab es Ärger mit dem Snitkeramt – möglicherweise ist der Bruch in der Gestaltung des oberen Geschosses auf eine vom Snitkeramt verlangte Ablösung von Stolling zurückzuführen. Für das Portal sind die aus Bremen stammenden Holzbildschnitzer Evert Lange und Servas Hoppenstede genannt.

Wie die unter der Leitung von Lüder von Bentheim arbeitenden Steinbildhauer haben auch die Schnitzer nach Stichvorlagen, die so gut wie alle belegbar sind, gearbeitet. Hier begegnen wir aber in sich geschlossenen Bildfolgen zu bestimmten Themen; eine dieser Folgen sind die ›Offiziere und Soldaten der Leibwache Kaiser Rudolphs II.‹ von Jaques de Gheyn, entworfen von Hendrik Goltzius. Andere Vorlagen stammen von Pieter Brueghel d. Ä., Sebald Beham, Johann Vredeman de Vries, Jakob Floris – die Aufzählung ist nicht vollständig.

Betrachtet man das Gehäuse als Ganzes, so erkennt man, daß es aus mehreren gegeneinander abgesetzten Teilen besteht. Der Schwerpunkt liegt auf der östlichen Seite bei der Treppe, dann bei dem schon zum Raumkörper der Güldenkammer gehörenden Portal; der dritte Teil ist der in seiner Gliederung von dem Unterbau stark abweichende Teil mit dem durchlaufenden Fensterband und dem Bildfries. Es sieht so aus, als hätte es einen Planungsstand gegeben

Bremen, Rathaus, Obere Halle, Portal zur Güldenkammer nach einer Zeichnung von Carl Gildemeister, um 1860

mit einem Altan auf der Güldenkammer. Der aufwendige Portalbau als Abschluß der Treppe spricht nicht dagegen, dafür aber, daß die Bemalung der Decke den Kammereinbau nicht ausschließt, und auch die bessere Nutzbarkeit als eine für einen solchen Saal notwendige Musikbühne.

Die gewendelte Treppe steht frei neben dem Gehäuse (Abb. 6). Als Kern hat sie eine Holzspindel, an der sich ein Pflanzenstengel, der aus einer Vase am Boden herauskommt, zu der Figur des Herkules emporwindet. Das Geländer besteht aus Arkadenpfeilern, die so reich geschnitzt sind, daß sich ihre Grundform fast schon auflöst (Abb. 4). Die Treppe beginnt mit einem Anfänger in Gestalt eines Satyrs, dessen Leib in einer grotesken Maske ausläuft und endet oben an der Figur eines Weibes, das zur Kammer gewendet ist und deren Körper, mit einem Flügel als Arm, in Greifenklauen endet. Sie ist Sinnbild der ›Voluptas‹. Auf den Arkadenpfeilern sind sieben Planetengottheiten – Luna, Merkur, Venus, Sol, Mars, Jupiter und Saturn – dargestellt und zwölf Kriegergestalten. Auf den kleinen trapezförmigen Reliefs zwischen den Pfeilern sind Sinne, Musen und Tugenden zu erkennen.

Die Ausdeutung der Treppe ist vielschichtig. Das zentrale Thema scheint Herkules am Scheideweg zwischen Tugend und Laster zu sein – der steile Weg entlang der Ranke, die oben einen Fruchtansatz hat und die zum Tugendhelden führt und der bequeme, flach ansteigende Weg, der vom Satyr zur Voluptas führt und von da zur Fortuna auf der oberen Tür. Dieses Hauptthema würde dann überlagert von Nebenthemen wie den Soldaten, die möglicherweise einen Bezug gebildet haben zu einem Glasbild von Kaiser Rudolph II., das es hier gegeben hat.

Nicht weniger als die Treppe zieht das Portal die Blicke auf sich. Seine Ausdeutung leidet darunter, daß die Tür nicht mehr die alte ist. Sie ist eine Entwurfsarbeit von Johann Georg Poppe, der um die Jahrhundertwende ein neues Ratsgestühl, von dem nur noch die Sockelbalustrade und die mittlere Tischgruppe vorhanden ist, und das Paneel an den Wänden entworfen hat. Erhalten blieb das Türgericht, und da liegt das Zentrum in der Darstellung des Opfertodes des römischen Ritters Marcus Curtius. Das Relief ist bereits dadurch hervorgehoben, daß es aus Alabaster geschnitten ist. In diesem Thema stellten sich gern die von vielen Gefahren bedrohten Reichsstädte dar: Curtius stürzte sich der Sage nach mit seinem Pferd in einen auf dem Forum klaffenden, flammenden Schlund, um seine Vaterstadt vor dem prophezeiten Untergang zu retten; er ist also das Sinnbild aufopfernder Vaterlandsliebe.

Diese Szene wird flankiert von Kriegern in römischer Tracht und Bewaffnung und die wieder stehen, schwer erkennbar, vor Drachenungeheuern. Ein Geschoß darüber ist der bremische Wappenschlüssel, gleich einem Schmuckstück, in eine Kartusche gesetzt; sie wird von zwei Löwen gehalten. Darüber steht frei, mit hoch erhobener Waage und mit Schwert, Justitia.

Einen Bezug zu der Tätigkeit des Rates als Gericht und als Obrigkeit stellen die beiden Bildfriese dar, die den Kammereinbau umziehen. Die sechs unteren Bilder stellen Allegorien auf kluges Regentenhandeln dar. Jede dieser Ermahnungen trägt eine den Sinn erläuternde Bildzuschrift. Die obere Bildfolge, in den einzelnen Bildformaten breiter, spricht allgemeinere Mahnungen aus, in dem Sinn von CUM ERRARIS MUTA CONSILIUM (Hast du geirrt, ändere deinen Entschluß).

Die innere Güldenkammer war das kostbar ausgestattete ›nie gemahke‹, ein Beratungszimmer, das durch den Blick auf den Markt mit Roland, Schütting und den schönen Bürgerhäusern seinen besonderen Stimmungswert empfängt und bis heute nichts von seiner Wirkung auf den Besucher eingebüßt hat.

Bremen, Rathaus, Güldenkammer, Entwurf Heinrich Vogelers für eine der Türfüllungen, 1904

Die Kammer wurde zu Beginn unseres Jahrhunderts, als das alte Rathaus für die Stadt neu ›entdeckt‹ wurde, von Heinrich Vogeler ausgestaltet. Er gehörte zum Kreis der Worpsweder Künstler, bildete zeitweilig sogar ein eigenes Zentrum, zu dem auch Rainer Maria Rilke gehörte. Die von ihm geschaffene neue Einrichtung mit einer an historischen Vorlagen orientierten Holzvertäfelung, den feinen Intarsien darin, den Bronzeapplikationen und -beschlägen, der Ledertapete, den Kaminen, ja auch dem Mobiliar gehört zu den edelsten Ausformungen deutschen Jugendstils. Nicht so pflanzlich-dekorativ wie der belgisch-französische, nicht so streng geometrisch wie der Wiener, hält Vogeler sehr gefaßt die Mitte.

Neben diesen großen, aus dem Sinnzusammenhang der Oberen Halle als Rats- und Gerichtssaal ›gewachsenen‹ Werken gibt es auch nach einer ›Entrümpelung‹ Stücke, die mehr als Ausstattungsteile anzusehen sind, wie das Bild des Hansehofes in Antwerpen oder die riesige Standuhr des Ratsuhrmachers Georg Christoph Maybach von 1737. Auch in der unteren Halle kann man, sofern die Ausstellungen, die dort sehr häufig stattfinden, den Blick freilassen, eine Reihe schöner Portale des 16. und 17. Jahrhunderts wahrnehmen, bevor man das Haus wieder verläßt.

Einen Besuch im *Ratskeller* sollte man sich nicht versagen, dabei aber nicht vergessen, daß der Ratskeller ein gastronomischer Betrieb ist und es für die dort weilenden Gäste nicht schön ist, wenn Touristen nur ein- und ausgehen, ohne sich in Ruhe niederzulassen.

Bremen, Rathaus, im Ratskeller, Lithografie von F. H. Borchel, um 1860. Damals war der Faßkeller noch wirklich mit Fässern gefüllt und Sitzplätze gab es außer in den Priölken nur im hinteren Teil.

Der Bremer Ratskeller ist nicht irgendein Weinlokal, sondern eine Institution. Nicht nur, daß es ihn seit 1408 gibt, er ist auch der einzige Keller, in dem kein Bier ausgeschenkt wird; die Konzession an die Zeit besteht darin, daß es jetzt auch nichtalkoholische Getränke gibt. Und er ist der Weinkeller, der nur deutsche Weine ausschenken darf – Erbschaft eines ebenso bindenden wie begünstigenden Privilegs. Das hat dazu geführt, daß sich hier eine Erfahrung über die einheimischen Weine sammeln konnte wie nirgends sonst in deutschen Landen. Die durchschnittlich 600 Weintitel, die auf der jährlich wechselnden Weinkarte geführt werden, bilden eine Enzyklopädie des deutschen Weins, wie sie in dieser Breite nirgends anzutreffen ist.

Man taucht hinab in diesen »unterirdischen Bacchustempel«, wie ihn Freiherr von Knigge, der in Bremen lebte, nannte, über eine breite Treppe, die von der Westseite des Rathauses gleich in die dreischiffige Halle führt. Es ist der Faßkeller. Das älteste Faß stammt aus dem Jahr 1723, die anderen sind nur wenig jünger. Den Fässern gegenüber stehen kleine Kämmerchen mit ovalen Tischen – die Priölken –, in die man sich für vertrauliche Gespräche zurückziehen kann.

Die drei östlichen Joche waren immer vom großen Keller abgeteilt. Hier ist der Echosaal, der, seit jenem Septemberabend im Jahre 1826, als Wilhelm Hauff hier in erlauchtem Kreise zechte und daraus die ›Phantasien im Bremer Ratskeller‹ fabulierte, auch Hauff-Keller genannt wird. Hauffs Phantasien haben dann auch Max Slevogt zu den fröhlichen Fresken angeregt, die heute den Keller schmücken.

Vom Eingang nach Westen liegt, hinter einem Zwischenkeller und ein Stück tiefer als der Hauptkeller, der Bacchuskeller. Er wurde 1620 als Erweiterung des alten Kellers gebaut, hieß dann Börsenkeller, weil 1687 über ihm die Börse errichtet wurde, die 1888, die Neue Börse war längst in Betrieb, abbrannte. Da stand der Keller von 1620 wieder, wie ursprünglich, als ein Steh-im-Weg auf dem Platz, und da hat man ihn einfach versenkt. Im Hintergrund der dreischiffigen Halle sitzt der junge Gott des Kellers, Bacchus, fröhlich-keck rittlings auf einem prachtvoll verzierten Faß mit dem großen Bremer Wappen und dem Wappen der ›Weinherren‹ von 1660. Die Wände hat der Slevogt-Schüler Karl Dannemann mit bacchantischen Tanzszenen bemalt.

Die anderen Räume des Weinkellers sind nicht mehr ohne weiteres zu sehen. Senats- und Kaiserzimmer, die mit den Anbauten an der Nordseite 1545 hinzukamen, sind Räume für geschlossene Veranstaltungen; man muß aber nicht mehr dem Senat angehören, um dort im geselligen Kreise feiern zu dürfen. Von besonderem Reiz ist dabei das Kaiserzimmer mit reich geschnitzten Paneelen und mit zwei ganz herrlich-üppigen Huldigungen an den Gott des Weins, gemalt von Arthur Fitger (1840–1909), dem großen Historienmaler und Dichter Bremens. Da hat Fitger seiner ganzen Bildung und dichterischen Phantasie freien Lauf gelassen und zwei Bilder zum Wein gemalt, wie es sie kein zweites Mal gibt.

Und dann gibt es den Apostel- und den Rosekeller, das Allerheiligste des Ratskellers. In dem einen Keller stehen die zwölf Apostelfässer mit dem Rüdesheimer, Hochheimer und Johannesberger Weinen des 18. Jahrhunderts und ganz für sich allein das Rosefaß, ein Faß Rüdesheimer Rosé-Wein von 1653. Der älteste trinkbare Wein des Kellers ist übrigens ein 1727er Rüdesheimer Apostelwein. Über ihn schreibt Michael Broadbend: »... Vielleicht der am meisten Ehrfurcht erheischende alte Rheinwein im Ratskeller zu Bremen...« Er wird nicht mehr verkauft.

Diese letzten Keller und die großen Lagerkeller, die sich bis weit unter dem Domshof hinziehen und an deren Ende die Schatzkammer liegt, kann man nur im Rahmen einer

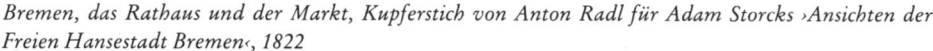

Bremen, das Rathaus und der Markt, Kupferstich von Anton Radl für Adam Storcks ›Ansichten der Freien Hansestadt Bremen‹, 1822

Führung des Ratskellermeisters erleben. Diese Führungen finden nicht zu regelmäßigen, festgesetzten Zeiten statt – man erkundige sich beim Stadtweinverkauf auf der Rückseite des Alten Rathauses.

Das *Neue Rathaus*, erbaut 1909–13 von dem Münchner Architekten Gabriel von Seidl, ist nicht für Besichtigungen freigegeben; man kann als Besucher aber die Treppenräume, die obere Diele und vielleicht noch den Festsaal erleben, wenn man an einer der vielen Veranstaltungen in der Oberen Halle oder im Festsaal des Neuen Rathauses teilnimmt. Dann nämlich betritt man das Rathaus durch den Haupteingang des Neuen Rathauses.

Der Bau zeigt den seltenen Fall, daß ein von seinem Zweck her ganz anders strukturierter Erweiterungsbau an einen Altbau von fast schon legendärer Bedeutung diesen nicht übertrumpft, sich aber auch nicht knechtisch unterordnet, sondern aus seiner eigenen Gestalt heraus den alten Bau in seiner Würde hebt und daraus für die eigene Bedeutung gewinnt. Seidls Werk ist, um einmal sehr persönlich zu urteilen, einfach schön. Daß das so gekommen ist, ist der Stadt nicht in den Schoß gefallen, es ist vielmehr das Ergebnis einer von ›oben‹, vom Rat und den ihm nahestehenden Kreisen, gesteuerten Architekturentwicklung, die sich am Markt vollzog und unter dem Motto stand ›Vom Historismus zum Regionalismus‹.

Der Marktplatz im Wandel

Um die Mitte des 17. Jahrhunderts muß der Platz das prachtvolle Bild bürgerlichen Wohlstands geboten haben, das wir am Markt von Brüssel bewundern. Diese anspruchsvolle Gestalt behielt der Platz bis zum Ende des 18. Jahrhunderts (s. Frontispiz S. 2).

Auf einem Stich des Jahres 1816 sieht man auf einmal, daß die beiden schönen Giebel von Lüder von Bentheim verschwunden sind und an ihrer Stelle ein Haus über zwei Grundstücke steht. Es war traufständig und versteckte das Dach hinter einer Attika. Dieser sparsamst gegliederte klassizistische Bau war 1814 errichtet worden – 1860 fiel die ganze Ostseite des Platzes und mit ihr der Gründungskern der Stadt dem neugotischen Bau der Börse zum Opfer. Von Heinrich Müller erbaut, war sie ein bedeutender historistischer Bau, doch kann das nichts daran ändern, daß er den Platz und das Rathaus erschlug. Zunächst sah man das aber anders; man fand nämlich, daß die Ostseite des Marktes »umgeben von den bedeutendsten historischen Baudenkmalen der Stadt, Dom, Rathaus und Schütting, ein Platz (sei), wie er kaum günstiger gedacht werden kann für die Errichtung eines so monumentalen Gebäudes und so recht als ein äußeres Merkmal für die Bedeutung des Handels im bremischen Gemeinwesen«.

Und das Zerstörungswerk am Markt ging weiter, aber nicht auf dem hohen Niveau der Börse: An der Westseite des Platzes fielen weitere alte Häuser und auch die Südseite wurde mehr und mehr aufgerissen. ›Gute Stube‹ war der Markt am Ausgang des Jahrhunderts eigentlich nur noch im Blick auf das Rathaus. Der Dom muß erbärmlich ausgesehen haben, der Schütting war keinesfalls mehr das stolze Haus der Kaufmannschaft, die letzten alten

Häuser waren verunziert und die Neubauten, mit Ausnahme der Börse, billige Kommerz-
bauten.

Da brannte 1893 die Ratsapotheke ab und der Senat untersagte den Wiederaufbau in der
alten Schlichtheit. Das muß man sich vorstellen: Jahre vor den ersten Verunstaltungsgeset-
zen, vor den ersten Denkmalschutzbestimmungen, untersagte der Senat ein Bauvorhaben,
weil er dem weiteren Formverfall am Markt Einhalt gebieten wollte. Natürlich geschah das
nicht von selbst; bestimmte Kreise standen dahinter und diese saßen im Senat und sorgten
dafür, daß die für eine aufwendige Werksteinfassade von Max Salzmann entstehenden Mehr-
kosten von der Stadt und einem privaten Gönner aufgebracht wurden. Der danach bis 1894
ausgeführte Bau hatte nur einen Giebel, dessen Stufen in der Art ›welscher Giebel‹ abgedeckt
waren; das Motiv war dem Ratsstubenbau entlehnt. Die heutige Zweigiebelfront entstand
im Zuge des Wiederaufbaus nach dem letzten Krieg (Farbt. 5).

Wenige Jahre später wurden die Häuser an der Ecke Markt/Unser-Lieben-Frauen-Kirch-
hof vom Staat erworben, um für die Verbreiterung der Obernstraße abgebrochen zu werden. Als es an den Wiederverkauf der umgelegten Grundstücke ging, damit private Bauherren dort bauen könnten, wünschte die Bremische Bürgerschaft, daß die Stadt das Grundstück behalte und selber bebaue, damit an dieser für das Gesicht der Stadt und für die
Erscheinung des Rathauses so wichigen Stelle keines der damals üblichen Geschäftshäuser,
die mit hoher Ausnutzung und Rendite rechneten, entstünde.

Es wurde ein Wettbewerb ausgeschrieben. Dessen Ergebnis, man schrieb das Jahr 1900,
erbrachte keine baureife Lösung; immer drohte das neue Gebäude, gedacht war an ein
›Ratscafé‹ wegen seiner Größe und seinem Formenreichtum, das Rathaus zu erschlagen.
Mittlerweile hatte sich in Bremen aber eine jener Gesellschaften gebildet, die überall im
Deutschen Reich für eine Verbesserung der Baukultur sorgen wollten; Lübeck und Hildesheim waren schon vorausgegangen. Die Gesellschaft nannte sich nach dem Erbauer des
Rathauses ›Bremische Gesellschaft Lüder von Bentheim‹. Diese Gesellschaft schrieb einen
eigenen Wettbewerb aus zur Erlangung von Vorschlägen zur ›Gestaltung neuer Fassaden in
der Altstadt von Bremen‹ – mehr oder minder versteckt handelte es sich also um eine
Konkurrenz zum Ratscafé-Wettbewerb. Der erbrachte so interessante Beiträge, daß man
bereit war, sich für das Ratscafé die Zeit für einen neuen Wettbewerb zu nehmen.

Derweil rückte das neue Rathaus in den Vordergrund. Ein Neubau an der Stelle des
1816–19 durch Umbau des Palatiums gewonnenen Stadthauses war schon lange geplant,
doch schien der Stadt das Vorhaben immer wieder zu aufwendig. Hier half der in Finanz-
transaktionen geradezu legendäre Franz Schütte, bremischer Ölmillionär und zeitweiliger
Partner von Rockefeller, durch ein Finanzierungsangebot, dem sich die Stadt nicht entziehen mochte: Die Stadt verkaufte ein großes Gelände hinter der Bahn an eine von Schütte
gegründete Parkland AG, die es der Bebauung zuführte, während die Stadt zusagte, die
Mittel dieser Transaktion für den Bau eines neuen Stadthauses zu verwenden.

Nun wurde 1903 ein reichsoffener Wettbewerb ausgeschrieben. Bei der Lösung der Aufgabe ging es nicht nur darum, einen repräsentativen Rahmen für die obersten Regierungs-
und Verwaltungsspitzen zu schaffen, sondern ebenso darum, einen Ausgleich zu finden

Rudolf Jacobs Projekt für das Ratscafé (Deutsches Haus), 1904

zwischen der Rücksicht auf das Alte Rathaus und der Selbstdarstellung des modernen Bremen.

Die eingereichten Projekte präsentierten noch einmal das ganze Spektrum an Formen, über die der Historismus für die Bauaufgabe ›Rathaus‹ verfügte. Zu den Hoheitsformen zählte etwa die hanseatische Schaufront in der Art des Lübecker Rathauses und der niederländisch-bürgerstädtische Belfried.

Alle Entwürfe der Konkurrenz wurden verworfen, weil die sich aus dem Raumprogramm ergebende Baumasse das Alte Rathaus in jedem Fall erdrücken mußte. Wenn man die Baumasse verkleinern wollte, mußte alles neu überdacht werden – und diese Zeit nahm man sich.

Jetzt konnte auch der zweite Wettbewerb um die Gestalt des Häuserblocks an der Ecke des Marktes entschieden werden. Die neuen Entwürfe entsprachen nun den Vorstellungen vom Nebeneinander historischer Bebauung und der Weiterentwicklung der Stadt. So hatten die beiden ersten Preisträger den Baukörper in jeweils drei Häuser gegliedert mit Giebeln zum Liebfrauenkirchhof und Erkervorsprüngen, die die Einmündung zum Markt einschnüren sollten.

Architekt Rudolph Jacobs, der Sieger der Ausschreibung, erhielt den Auftrag zum Bau der Häusergruppe und legte nach der Überarbeitung seines Projekts einen Entwurf vor, bei dem am Äußeren und im Inneren Bauteile aus Bremens Vergangenheit eine Verbindung zur Geschichte der Stadt herstellen.

Auf diesem Weg kamen die vielen echten historischen Bauteile des 17. und 18. Jahrhunderts an das Haus. Von den meisten Stücken, die der Bauhof und das Gewerbemuseum für den Bau hergaben, ist bekannt, von welchen Bauten sie stammen. Gleich nach der Fertigstellung im Jahre 1912 wurde das neue Haus, zusammen mit dem Marktensemble, unter Denkmalschutz gestellt – von Anfang an fehlte ihm das Odium eines Neubaues (Abb. 9).

Jetzt war auch die Zeit reif für den Rathausbau. Nachdem für Polizei und Staatsarchiv eigene Gebäude errichtet waren, sie entlasteten das Programm für das Rathaus, konnte ein neuer Wettbewerb ausgeschrieben werden. Es war aber kein öffentlicher mehr, sondern einer zwischen geladenen Architekten, unter ihnen Fritz Schumacher und Gabriel von Seidl. Letzterer war bei der ersten Konkurrenz als Preisrichter tätig gewesen und danach als Gutachter für das Bauprogramm. Keiner kannte also die Probleme besser als er. So hieß denn der Sieger dieser Konkurrenz Gabriel von Seidl. Die Materialzusammenstellung Backstein, Werkstein und Kupfer mußte aber auch ein Seidl mühsam durchsetzen – ein richtiger Werksteinbau mit vielen Stil- und Gliederungselementen wäre eben doch manchem lieber gewesen.

Das vollendete Werk erlebte Seidl nicht mehr; er starb 1913, als das Neue Rathaus, wie man von nun an sagte, bezogen werden konnte.

Mit Planung und Bau von Ratscafé und Neuem Rathaus hat Bremen am Beginn unseres Jahrhunderts zu einer Architektursprache gefunden, die ein halbes Jahrhundert lang das Fundament bildete für das gute Bauen in der Stadt. Den letzten Höhepunkt erfuhr diese Idee vom Bauen im Haus der *Sparkasse am Markt* (Abb. 7).

Es ist kein Wiederaufbau. Die herrliche Rokoko-Werksteinfassade, die dem lange Jahre in Bremen tätigen barocken Bildhauer Theophil Wilhelm Freese zugeschrieben wird, stand an der Schlachte. Bauherr war der Kauf- und Ratsherr Johann Georg Hoffschläger (1694–1763) und entstanden war das Haus 1755. 1902 wollte der damalige Eigentümer das Haus zugunsten eines Neubaus abreißen. Dieses Ansinnen löste einen solchen Sturm der Entrüstung, aber auch Hilfsangebote aus, daß das Haus schließlich gerettet werden konnte. Dann brannte es 1944 aus. Die Fassade aber blieb stehen, wurde von der Denkmalpflege geborgen und von der Sparkasse in Bremen als ihr Beitrag zur Vollendung des Marktkbildes neu errichtet.

Der Architekt des Hauses war Eberhard Gildemeister (1898–1978), Sohn eines Architekten jener Architektengeneration, die sich in dem Umbruch der Jahrhundertwende bewährt hatte und selber ein Architekt, der sich in der Aufgabe, ein Detail immer weiter zu verbessern, fast verzehrte. Man sollte sich das Haus genau ansehen: wie die Seitenfront an die Fassade anschließt, wie sie ganz leicht einschwingt, um dem Erkermotiv mit geringem Platzaufwand Raum zu geben, wie sowohl die Gestaltung der undankbaren stumpfen Ecke am Markt als auch des ebenso schwierigen spitzen Winkels an der hinteren Ecke gelöst wurde. Und man werfe einen Blick auf die Details, die von der Liebe des Architekten zu seinem Werk und einem hohen handwerklichen Können künden.

Das war 1957–58. Gleichzeitig begann der zeitweilig mit Erbitterung geführte Kampf um den Bau des *Parlaments,* dem *Haus der Bürgerschaft,* das an der Stelle der Börse, die 1944 ausgebrannt war, entstehen sollte. Um kein Haus am Markt wurde so hart, so unversöhnlich gerungen, wie um diesen modernen Bau von Wassili Luckhardt, der von den einen als Beispiel sensiblen Umgangs mit einem historischen Raum gepriesen wurde, von anderen aber als eine rücksichtslose Mißachtung bodenständiger Traditionen.

Die Wogen haben sich längst beruhigt, der Bau wird hingenommen. Eine gerechte Würdigung fällt aber immer noch schwer. Der Abstand zu der Zeit der Entstehung ist noch zu kurz, als daß man historisch über das Haus sprechen könnte und doch schon wieder durch den Umschwung der Architekturvorstellungen unserer Zeit so fern, daß das rechte Gleichmaß im Urteil nicht aufkommen will. Zu deuten gibt es an dieser Architektur und den Reliefs von Bernhard Heiliger auch nichts – nichts läge auch dem Architekten ferner. Als Ausdruck einer Architektur, die ihre Erfüllung in der Gewährleistung von Funktionsabläufen fand, ist das Haus aber zeittypisch und signifikant.

Im Rundgang und Rundblick über den Markt bleibt noch vom Schütting zu berichten. Der *Schütting* (Farbt. 5) ist ein Haus auf der Südseite des Marktes, und er ist eine Institution gegenüber dem Rathaus. Damit ist etwa das Spannungsfeld zwischen Rathaus und Schütting umrissen.

Der Name ›Schütting‹ wird abgeleitet von Schoß, schossen, d. i. zusammenschütten, beisteuern (zu den Aufgaben der Gemeinschaft). Er steht als Synonym aber auch für die bremische Kaufmannschaft und deren Repräsentanz, das Gremium der Elterleute, aus dem 1849 die Bremische Handelskammer hervorging.

Bedeutung und Selbsteinschätzung des Schütting wird deutlich an der Darstellung der Größenverhältnisse von Schütting und Rathaus auf Ansichten des Marktes im 17. Jahrhundert. Da steht zur Linken ein großmächtiger Schütting einem kleinen, schmalen Rathaus auf der Rechten gegenüber (s. Frontispiz S. 2). Die Ursache liegt auf der Hand: Die Besteller und Abnehmer der Darstellungen saßen auf der Schüttingseite und die hatte eben neben einem kräftigen Selbstbewußtsein auch ein reales Gewicht – in einer Handelsstadt kann auf Dauer keiner gegen die Kaufleute regieren.

Das Haus des Schütting ist das dritte Haus der Kaufmannschaft. Das erste stand in der Langenstraße; sein Aussehen kennen wir nicht. Als sich im frühen 15. Jahrhundert, veranlaßt durch den Bau des Rathauses, der Markt zu formen begann, wollte auch die Kaufmannschaft am Ort des Geschehens der politischen Handlung präsent sein und erwarb deshalb 1425 das Grundstück zwischen Balge und Markt, wo sie einen gotischen Schütting errichtete, von dem uns ebenfalls kein Bild überliefert ist.

Der heutige Schütting wurde 1537/38 gebaut. Die Kaufmannschaft hatte für diese anspruchsvolle Aufgabe den Antwerpener Baumeister Johann den Buschener mit Werkleuten eigens nach Bremen berufen. Auf diesen ersten Baumeister des Schütting geht das Gehäuse des heutigen Baues zurück, also seine Größe und die neunachsige Front, und vor allem ist der noch gotisch empfundene Westgiebel sein Werk. Spätgotik und Frührenaissance reichen sich die Hand in diesem sehr steil proportionierten, aber auch streng symmetrischen und horizontal geschichteten Giebel. Anders als am Rathaus war die ganze Giebel-

Bremen, der Schütting am Ende des 17. Jahrhunderts nach einem Aquarell in der Koster-Chronik – die einzige Darstellung der Lüder-von-Bentheimschen Marktfront

front mit Werkstein verkleidet, und war das figürliche Programm der Seitenfront auch bescheiden, es bestand aus acht schildhaltenden Löwen und einem römischen Krieger, zwischen dessen Beinen ein Ruderboot lag, so verfehlte der Bau doch nicht seine Wirkung auf Fremde.

Buschener hatte den Bau nicht fertig stellen können; 1565 wird, nun von dem Bremer Karsten Husmann, der Ostgiebel errichtet (Abb. 8). Dieser Giebel ist eines der reinsten Renaissancewerke in Bremen, dessen Baukunst gerade im 16. Jahrhundert viel mehr zu Spätgotik und Manierismus neigte. Der dreigeschossige Giebelaufbau ist ganz auf die Axialität des Wandaufbaues bezogen, die Achsen sind von Pilastern gerahmt, eine hinterlegte kleine Ordnung trägt die Bögen einer Blendarkade und in die Bogenfelder sind, ganz italienisch, Tondi eingesetzt, das obere mit dem Schlüsselwappen, die anderen vier mit Köpfen.

Wieder vergeht fast eine Generation, bevor die Marktfront gestaltet wird. Jetzt, 1594, holte man sich Lüder von Bentheim, der sich zu dieser Zeit schon mit dem Umbau des Rathauses – begonnen 1595 – trägt.

Auch diese Fassade ist uns im wesentlichen nur durch Abbildungen bekannt. Danach war die neunachsige Front so gegliedert, daß das Portal an der Stelle der zweiten Achse von Osten saß. Über den Fenstern beider Geschosse war die Front statt durch reiche Fensterverdachungen durch runde Reliefs gegliedert. Die Bildinhalte dieser Reliefs, deren Kenntnis gerade in der Stellung des Schütting zum Rathaus von größter Bedeutung wäre, sind nicht überliefert.

Erhalten blieb das Hauptgesims, darauf die Balustrade von runden, profilierten Balustern, wie sie später auch das Rathaus erhielt, und der figurenbesetzte Zwerchgiebel. Er sitzt auf einem Sockel auf, der von zwei Wappenfeldern mit den Wappen der Stadt und dem der

Elterleute gebildet wird. Flankiert wird er von zwei weiblichen Gestalten und über der Kielbogenform bekrönt von Neptun, Merkur und Diana. Das Kielbogentympanon wird ausgefüllt von dem Bild einer zweimastigen Hansekogge – ältestes Abbild eines Seeschiffes in Bremen. Ursprünglich hatte das Dach sechs gleichfalls kielbogenförmig geschlossene Dachgauben, denn der Dachraum war vermietbarer Speicherraum und mußte belichtet und belüftet sein.

1756 wurde der Schütting durch Theophil Wilhelm Freese barockisiert. Er versetzte das Portal in die Mitte und gab den Fenstern gekurvte Stürze. Im Zuge der Rückbesinnung auf die große Zeit des Marktes im 16. und 17. Jahrhundert erhielt am Ende des vorigen Jahrhunderts schließlich auch der Schütting ein neues Gewand. Dombaumeister Max Salzmann fertigte das Projekt. Freeses einteiliges Mittelportal wurde nun zu einem dreiachsigen Säulenportikus mit großer Wappenkartusche umgewandelt, die dreiteiligen Fenster erhielten wieder Bekrönungen, die über den Fenstern des Erdgeschosses die Wappen von Hamburg und Lübeck und der hansischen Kontore zu Bergen, Brügge, London und Nowgorod einschließen. Auch die vielzitierte Inschrift über dem Portal ›Buten un Binnen / Wagen un Winnen‹, verfaßt von Otto Gildemeister, ist ein Beitrag des Historismus zur Neugestaltung des Schütting. – In dieser Form blieb der Schütting, wenigstens äußerlich, erhalten.

Der Dom

Auf hoher Düne haben die von Karl dem Großen eingesetzten Gründer, Bischof Willehad († 789) und sein Nachfolger Willerich (805–838), ihre Domkirche errichtet. Das ist wörtlich zu nehmen: Der Dom steht auf einer Düne, deren ungestörter Horizont nur etwa 60 Zentimeter unter dem Fußboden des heutigen Baues lag. Am Südrand des Marktes waren dagegen sieben Meter Kulturschutt beiseite zu räumen, bevor man auf den ungestörten Horizont stieß. Unter Einschluß des noch vorhandenen Gefälles am Markt errechnet sich daraus ein Höhenunterschied von rund neun Metern. Das ist in einem so flachen Land, wie es die den Dünenzug umgebende Geest und die moorigen Flächen sind, schon viel.

Von 1973 bis 1976 konnten im Dom Grabungen durchgeführt werden. Durch sie kamen nicht nur schöne Funde zutage, sondern es wurde das Wissen um die frühe Baugeschichte des Domplatzes auf neue Grundlagen gestellt.

Den Überlieferungen nach soll Willehad 789 eine hölzerne Kirche errichtet haben, die 792 bereits wieder zerstört wurde. Von diesem frühesten Bau wurde nichts gefunden. Weiter wird berichtet, sein Nachfolger Willerich habe ab 805 einen neuen, steinernen Dom gebaut. Dieser scheint durch die Grabung gefunden: eine einschiffige Kirche mit eingezogenem Chorquadrat und einer Vorhalle, die etwa 24 Meter lang und 8,40 Meter breit war und die in der Mitte des Mittelschiffes des heutigen Domes lag.

Aber auch der Dom des Hl. Ansgar, von dem dieser erste in Bremen residierende Erzbischof selber berichtete und der im Jahre 860 geweiht worden sei, scheint gefunden: Es muß sich um einen dreischiffigen Bau gehandelt haben, dessen Chorquadrat und dessen Mittelschiffsbreite vom Willerichbau übernommen waren und dessen westlicher Abschluß in den

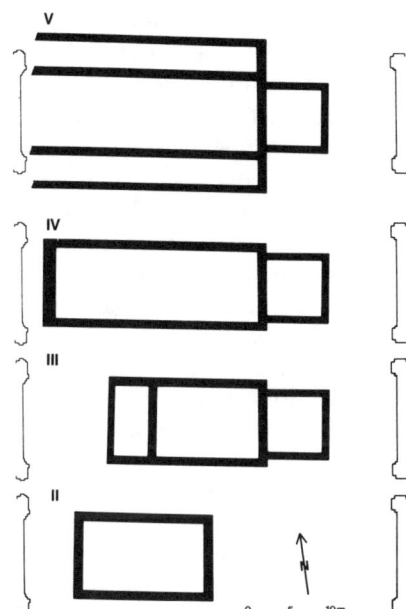

*Bremen, St. Petri-Dom, die romanischen Perioden
des 9. und 10. Jahrhunderts nach K. Brandt*

Bereich der ursprünglichen Lage der Westkrypta hineinreichte und so nicht mehr feststellbar ist. Nach Osten wurde gegen 900 eine langgestreckte Kapelle mit dem Dreierpatrozinium Veit, Michael und Stephan angebaut, die in den Bereich der Ostkrypta hineinreichte. Das bedeutet, daß der 1041 durch Brand zerstörte Dom etwa 45 Meter lang war. Er war dem Hl. Petrus mit Nebenweihen für Maria und Johannes d. T. geweiht.

Das Brandunglück traf Erzbischof Bezelin (1035–43), der vor seiner Berufung auf den Bremer Erzbischofsstuhl der Kölner Domgeistlichkeit angehört hatte. Er beschloß den Bau eines neuen Domes, der in ›Gestalt und Größe‹ dem in Köln entsprechen sollte (wobei es sich um den Vorgängerbau des heutigen Doms in Köln gehandelt hat). Da Bezelin ein Jahr nach Baubeginn starb, konnte sein Bau nicht weit gediehen sein. Doch darüber, wie groß und bindend seine baulichen Vorgaben für den Nachfolger Adalbert (1043–72) waren und wie groß schließlich der Anteil von dessen Nachfolger Liemar (1072–1101), auf dessen Grab-Bleiplatte die Worte ›constructor huius aecclesiae‹ (Erbauer dieser Kirche) eingeritzt sind, gehen die Meinungen unter Fachleuten auseinander. Dazu sorgt die Äußerung des Chronisten Adam von Bremen, Adalbert habe den von Bezelin begonnenen Bau nach dem Vorbild des Doms zu Benevent weitergeführt, zu nicht geringer Verwirrung, denn das Aussehen des Baues, den Adalbert nur von Ferne gesehen haben kann, ist nicht bekannt.

Am Anfang des 12. Jahrhunderts hatte der Dom nach unserer Kenntnis folgende Gestalt: dreischiffige Basilika im gebundenen System mit quadratischem, flachschließendem Chor, ausgeschiedener Vierung, quadratischen Querhausflügeln, achtjochigem (= vier Quadrate)

Hauptschiff und quadratischem, wieder gerade geschlossenem Westchor; beide Chöre und die Vierung lagen über halbversenkten, jeweils dreischiffigen und gewölbten Krypten, die Ostwände der Querhausarme besaßen Apsiden.

Die äußere Länge vom Ostchor bis zum Westchor (alter Abschluß) betrug etwas über 82 Meter und entsprach damit der Länge des alten Kölner Domes. Das spricht dafür, daß Bezelin die Größe des frühromanischen Doms vorgegeben und entsprechend der Idee von Köln auch die Krypten angelegt hatte.

Sein Nachfolger Adalbert, einer der glühendsten Anhänger des salischen Kaiserhauses, hatte ehrgeizige Pläne. Er wollte Bremen zu einer Metropole des Nordens erheben, um so die skandinavischen Suffraganbistümer und über sie die nordischen Königreiche fester an das Reich zu binden. Deshalb sollte der Dom zügig vollendet werden. Um in dem an Gestein armen Land schnell Baumaterial zu erhalten, ließ er die Mauern der Domimmunität und den ›Frankenturm‹, einen steinernen Torturm, der zur St. Veith-(Liebfrauen)Kirche blickte, abbrechen und nahm das so gewonnene Material für den Dombau – eine folgenschwere Tat, waren doch dadurch innerhalb der sich bildenden Stadt neue große Platzräume entstanden, die nur schwer auszufüllen waren und von nun an besaßen die Erzbischöfe in Bremen keine Verteidigungsposition mehr.

1049 konnte Adalbert den Ostchor der Muttergottes weihen, das Petruspatrozinium sollte zum Westchor verlegt werden. Erst 1066 wurde in der Westkrypta ein Andreasaltar geweiht und, so Adam von Bremen, sollten die Wände verputzt werden.

Der Hinweis auf Benevent, das Adalbert während eines Kriegszuges im Gefolge Kaiser Heinrich III. 1047 nur von Ferne gesehen haben kann – er wird sicher nicht in der Stadt gewesen sein –, bezieht sich vermutlich nur auf das Bild der Kirchenfront, auf den gedeckten Gang über der Portalzone, der für Heiltumsschauen von großer Bedeutung war, und vielleicht auf den Bau eines Turmes, eines ›campanile‹.

Der alte Dom mit der karolingisch-ottonischen Bischofsgrablege scheint während der Bauzeit in wesentlichen Teilen stehengeblieben zu sein und wurde mehr oder weniger provisorisch an das Neue angeschlossen, um als ›dritter Bauabschnitt‹ den Ostbau mit dem Westbau zu verbinden. Das hatte Adalbert nicht mehr geschafft, doch scheint er mit der

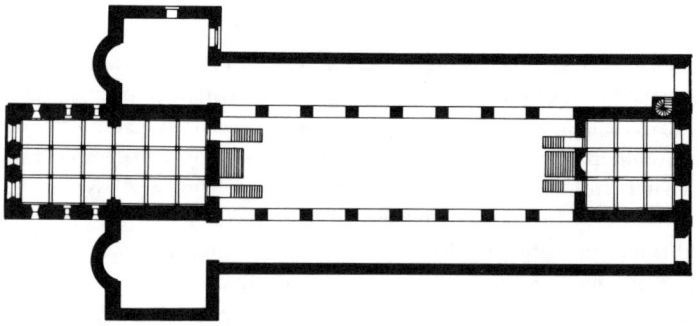

Bremen, St. Petri-Dom, der romanische Dom nach einer Rekonstruktion von Siegfried Fliedner

Zusammenlegung der vielen Grablegen zu einer ›tumba‹, die innerhalb des alten Baues und damit an geheiligter Stätte lag, eine wichtige Voraussetzung für den Neubau des Langhauses geschaffen zu haben. Dessen Bau mit der Arkadenfolge erfolgte während der Regierungszeit Liemars. Das Bauvolumen dieses Abschnitts und die Tatsache, daß dafür der alte Bau abgebrochen werden mußte, könnte den Ausdruck ›Erbauer dieser Kirche‹ erklären.

In seiner Grundsubstanz ist das der heutige Dom (Farbt. 9). Stellt man sich unter das Relief der Westempore und blickt nach Osten, so sieht man auf die Mittelschiffarkade, auf die erhöhte Vierung, den Chor; man nimmt das Querhaus wahr und endlich das südliche Seitenschiff. Alle diese Teile wurden, beginnend in der Gotik, zwar umgestaltet, aber sie sind durch ihre Stellung im Grundriß als Teile des im gebundenen System errichteten salischen Baues zu erkennen.

Die überragendsten Zeugnisse der frühromanischen Epoche sind jedoch die Krypten, vor allem die Ostkrypta, die mit sechs Jochen doppelt so lang ist wie die ihr eng verwandte Krypta in Limburg a. d. Haardt. Vom ›Urbau‹ gibt es schließlich auch ein Stück des aufgehenden Außenmauerwerks zu sehen und zwar, wenn man vom Glockenhof aus auf die Westwand des südlichen Querhauses blickt; jenes kleinteilige Quadermauerwerk mit dem Anschnitt eines romanischen Fensters gehört zum Adalbert-Liemar-Dom (Abb. 10).

Unter Erzbischof Gerhard II. (1219–58), dem letzten wirklich mächtigen Kirchenfürsten auf dem Bremer Erzstuhl, wurde der Dom gotisiert. Vorbereitet war dieses Werk von den Vorgängern, besonders von Hartwig II. Sie hatten bereits mit dem Bau einer Doppelturmfront vor dem salischen Bau begonnen und dazu Westkrypta und Westchor auf die neue Front vorgezogen. Als Gerhard mit der Gotisierung des Baues begann, waren vermutlich die beiden Westjoche gewölbt und mit der Wölbung der Seitenschiffe begonnen worden. Gerhard fuhr dann fort mit der Einwölbung der Seitenschiffe, des Chores, der Vierung, des Mittelschiffes und zuletzt der Querhausarme. Unter seiner Regentschaft wurden auch die unteren drei Geschosse der von jetzt an überlieferten Zweiturmfront gebaut.

Wenn die Erzbischöfe nach Gerhard auch keine bedeutende weltliche Macht mehr darstellten, ihr Wirken mehr und mehr auf die eigene Diözese beschränkt blieb, so erfuhr der Dom als die Hauptkirche Bremens dennoch immer neue Förderung: Beide Seitenschiffe wurden um Kapellenreihen erweitert und die Türme in mehreren Abschnitten im 13. und 14. Jahrhundert auf diejenige Höhe und zu den Abschlüssen gebracht, die von den frühesten Abbildungen der Stadt bekannt sind. Daran hatten die Bürger der Stadt, in deren Händen mehrmals die Leitung der Domfabrik lag, und die immer wieder Gelder für den Weiterbau aufbrachten, großen Anteil.

1502 begann Erzbischof Johann III. Rode (1497–1511), aus Bremer Geschlecht, mit der letzten mittelalterlichen Baumaßnahme am Dom: mit dem Bau der riesigen Nordschiffhalle. Ausgelöst wurde dieser gewaltige Eingriff in das bis dahin ebenmäßige mittelalterliche Bild des Domes durch einen Brand des Nordturms im Jahre 1482, der auch das Kirchendach vernichtet haben soll. Der Bau wurde fertig, bevor die Reformation einsetzte.

Damals besaß der Dom 51 Altäre. Auf dem hohen Chor stand das Chorgestühl, stand ein Altar mit silbernem Antependium (silberne Altartafel), stand der silberne Cosmas- und

›Die Heilung des Aussätzigen‹, eine Seite aus dem Evangelistar aus dem Kloster Echternach, entstanden um 1030–50. Die Pergamenthandschrift gehört heute der Bibliothèque Royale in Brüssel. Sie stammt aus dem Bestand der Bibliothek des St. Petri-Domes in Bremen, in der sie seit dem 13. Jahrhundert nachweisbar ist.

Damian-Schrein – heute in München –, war mit dem Bau eines prachtvollen Lettners begonnen worden. Die Bibliothek war reich an kostbaren Handschriften, die Paramentenkammer voll wertvoller Stoffe und die Zahl der Reliquien überstieg alle Vorstellung: So soll es dreizehn vollständige Heiligenleiber gegeben haben, außer vielen Partikeln.

Erzbischof Christoph von Braunschweig-Lüneburg (1511–58) blieb in der Reformation katholisch und mit ihm die meisten Kleriker; das veranlaßte den Rat 1532, den Bürgern der Stadt den Besuch des Doms bei Strafe zu untersagen – der Erzbischof mußte ohnmächtig zusehen. Erst als 1547 die Mehrheit des Domkapitels lutherisch geworden war und im Dom evangelisch gepredigt wurde, wurde der Dom wieder geöffnet. Dann ging vom Dom derjenige Kirchenstreit aus, der dazu führte, daß Bremen zu einer reformierten Insel wurde. Jetzt war aber der neue Erzbischof Georg, Herzog von Braunschweig-Lüneburg (1558–66), evangelisch-lutherisch, der Dom blieb also lutherisch. Das nahm bei sich bietender Gelegenheit der Rat zum Anlaß, den Dom abermals für seine Bürger zu sperren. Diese zweite Sperrung dauerte von 1561 bis 1638. In dieser langen Periode setzte ein starker baulicher Verfall und der Ausverkauf des Inventars ein. Geplündert wurde der Dom nicht.

Am 27. Januar 1638, bei ruhigem Wetter, stürzte der Südturm ein und begrub zwei Buden unter sich, Opfer waren zu beklagen. Ein Chronist schrieb die Schuld den »frechen, in aller Üppigkeit und mehrenteils in Unzucht lebenden Domherren, die nur ihrem Bauch dienten und die großen Pfründen fraßen« zu. Tatsächlich wurde wohl die bauliche Unterhaltung in der Zeit der Schließung vernachlässigt. Es kommt aber hinzu, daß schon im 15. Jahrhundert von Rissen im Südturm berichtet wurde, die nicht richtig behoben werden konnten. Als 1889 der Turm wieder aufgebaut werden sollte, entdeckte man, daß zwei große Risse bis in das Fundament reichten und das Fundament geborsten war.

Ob dieses Unglück für den letzten Erzbischof, Friedrich II., Prinz von Dänemark, Anlaß war, im selben Jahr in Bremen zu erscheinen, um die Öffnung des Domes für lutherische Gottesdienste zu erzwingen oder ob das aus einem Gefühl der Stärke heraus geschah, wird kaum zu klären sein. Tatsache bleibt, daß er die Öffnung durchsetzte, bevor Schweden das Erzbistum 1645 annektierte und ab 1647 als säkularisiertes Herzogtum übernahm. Der Dom und die einstige Domimmunität, das war fast der ganze östliche Bereich der Altstadt, waren von da an schwedisch, wurden 1719 hannoveranisch und erst 1803 bremisch.

Nach dem Übergang des Doms an Bremen wurde die Domgemeinde Eigentümerin des Doms und der zugehörigen Liegenschaften. Sie begann 1888 mit einer umfassenden Restaurierung. Ihr eifrigster Verfechter, die Seele eines Unternehmens, das ohne staatliche Zuwendungen, ohne die Hilfe einer großen Kirchenprovinz, nur aus der Kraft einer Gemeinde, durchgeführt werden mußte, war Franz Schütte.

Ursprünglich war nur daran gedacht, den eingestürzten Südturm wieder aufzubauen und mit dem Nordturm und dem zu restaurierenden Mittelgiebel wieder zu einem einheitlichen Bild zusammenzuschließen. Darüber wurde ein Wettbewerb ausgeschrieben, den Max Salz-

Bremen, St. Petri-Dom, nach einem Aquarell, um 1700. Dargestellt ist der Dom mit dem ruinösen Turmstumpf auf der Südseite und ohne die Spitze des Nordturms, die 1656 nach einem Blitzeinschlag abbrannte; die Uhr wurde 1676 angebracht

mann (1850–96) mit seinem am Dombild im Rathaus angelehnten Entwurf gewann. Notwendige Ergänzungen wollte er rheinischen Vorbildern entnehmen, während er mit dem Vierungsturm, den er als einen zusätzlichen Bauabschnitt ins Gespräch brachte, an die italienische Komponente anknüpfen und die Silhouette des Doms verbessern wollte.

Während der Bauarbeiten traten immer neue, schwere Schäden zutage, und der Rahmen der Restaurierung mußte immer weiter gezogen werden. Das führte aber nicht dazu, Wünsche, die zunächst im Hintergrund standen, aufzugeben. Im Gegenteil! Weil man schon soviel tun mußte und weil man gerade dabei war, wollte man die Dinge jetzt zu einem richtigen Abschluß bringen. Nach zwölfjähriger Bauzeit war darum der Dom baulich und künstlerisch vollständig erneuert. Davon ist manches, wie eine ikonologisch bedeutende Verglasung, durch Kriegseinwirkung zerstört worden, doch blieb genug, um der Restaurierung von 1972–81 eine Richtung zu geben.

Den schönsten Blick auf den Dom hat man vom Marktplatz aus (Umschlagvorderseite, Abb. 11). Die durch Gesimse in Geschosse geteilten, nur oben durch große Schallöffnungen durchbrochenen Türme mit Rhombendächern nach rheinischer Art verbinden sich mit der von ihnen eingeschlossenen Giebelfront des Mittelschiffs zu einem Bild von mächtiger Wirkung.

Wegen der Westkrypta besitzt der Dom kein Mittelportal, stattdessen gibt es zwei Portale in den Türmen mit Bronzetüren von Peter Fuchs (1829–98) aus Köln. Auf ihnen sind Szenen des Alten Testaments (Nordtür) solchen des Neuen Testaments (Südtür) gegenübergestellt. Darauf sind auch die Sandsteinfiguren neben den Portalen bezogen, mit Moses und David und Petrus und Paulus. In die Mitte aber wurde Karl der Große mit den Gesichtszügen Kaiser Wilhelm I. (des Großen!) als Sieger über die Heiden gesetzt. Die beiden Mosaikbilder in den Wandnischen zwischen den Portalen sind Arbeiten von Hermann Schaper aus Hannover, der an der Restaurierung großen Anteil hatte. Die Bilder greifen auf Darstellungen zurück, die auf dem Rathausbild zu erkennen sind, wobei in der ursprünglichen Version Malerei und Plastik vereint waren. Auch der Arkadengang über den vier Bögen des Erdgeschosses geht auf das Rathausbild zurück; er wurde nur im Sinne des ausgehenden 19. Jahrhunderts ›romanisch‹ gestaltet. So ist die neu geschaffene Westfront ganz in die Tradition des Doms eingebunden.

Links des Doms steht, auf hohem, schlanken Sockel, das Reiterdenkmal Bismarcks – einziges Reiterstandbild des Kanzlers! Nicht ohne Komik war die Suche nach dem richtigen oder genehmen Standort und genial der Zugriff des Bildhauers Adolf von Hildebrand und des Architekten Fritz Schumacher auf diesen Platz neben dem Dom, wo es 1910 enthüllt wurde. Der Bezug zu den Renaissance-Standbildern Donatellos und Verrocchios ist offensichtlich, tut der Entscheidung aber keinen Abbruch, weil der Standort des Denkmals an dieser Stelle städtebaulich nicht glücklicher gewählt werden konnte.

Eigentlich sollte man den Dom durch das Brautportal an der Nordseite betreten, das war nämlich der ursprüngliche Zugang für das Volk. So hat der Rat 1638, als Erzbischof Fried-

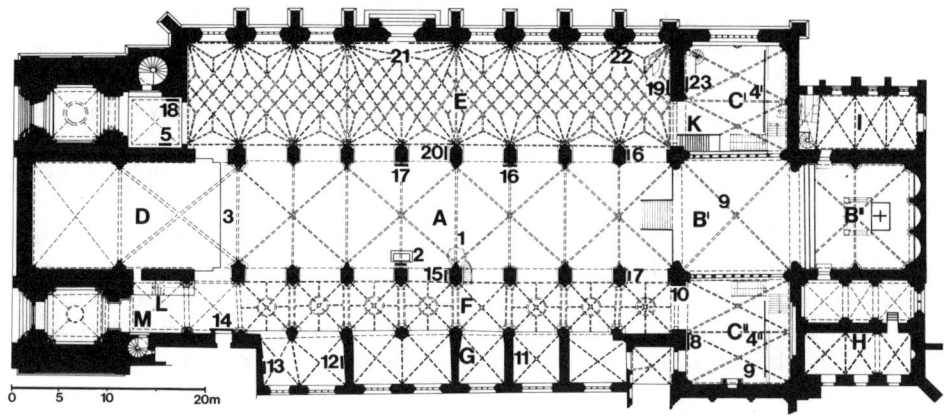

Bremen, St. Petri-Dom, Grundriß A Mittelschiff B', B'' Vierung und Ostchor, darunter Ost-krypta C', C'' Nördliches und Südliches Querhaus D Westchor, darunter Westkrypta E Nord-schiff F Südschiff G Fünf Südkapellen H Dommuseum I Sakristei K Zugang zur Ostkrypta L Zugang zur Westkrypta M Zugang zum Turm 1 Kanzel 2 Kreuztragender Christus 3 West-chorlettner 4', 4'' Galerien der Querhausarme 5 Hl. Sippe 6 Schöne Madonna 7 Hl. Rochus 8 Hl. Nikasius von Reims 9 Epitaph des Berthold Rantzau 10 Epitaph des Dr. Gerhard Brandis 11 Chorgestühlwangen 12 Epitaph des Hermann Klüver 13 Epitaph des Melchior von Lith 14 Epi-taph des Joachim Hincke 15 Epitaph des Asver von Langen 16 Epitaph des Albert von Hasbergen 17 Epitaph der Brüder von Galen 18 Epitaph des Segebade Clüver 19 Grabplatte des Ludolph von Varendorf 20 Epitaph des Ludolph von Varendorf 21 Jungfrauen vom ehem. Brautportal 22 Epi-taph des Henry Voguel 23 Grabstein von Erzbischof Johann Rode

rich II. in Bremen erschien, um die Öffnung des Domes zu erzwingen, den Zugang vom Domshof aus gesperrt. – Das Brautportal ist jetzt aber nur noch bei Gottesdiensten und Trauungen geöffnet, der allgemeine Zugang führt durch den Südturm. Das sollte nicht davon abhalten, zuerst zum Windfang des Brautportals zu gehen, um den Dom von dort aus zu erkunden. Wenn man so von der Seite an die große Arkade herantritt, dabei sich die gegenüberstehende Arkade breit entfalten sieht, wird man gewahr, wie dieses Mittelschiff, eingespannt zwischen den Chören im Osten und Westen, immer als ein diese Chöre und die Handlungen auf den Chören vermittelnder Raum verstanden werden wollte. Während des ganzen Mittelalters stand im Mittelschiff auch die Tumba mit den Gebeinen der von Adal-bert umgebetteten Erzbischöfe des alten Doms; sie war auch ein Altar und er wird im Mittelaltar sicher nicht der einzige im Mittelschiff gewesen sein. Auch nach der Gotisierung und der Umwandlung des Westchors in einen Sänger- und Taufchor war also das Mittel-schiff nie der nur nach Osten gerichtete Prozessionsraum, sondern ein Raum, den das Laienvolk – eine Domgemeinde gab es nicht – von der Seite her erlebte.

Aber auch unter den gegenüber der mittelalterlichen Kathedrale mit ihrem symmetrischen Aufbau ganz anderen räumlichen Verhältnissen der heutigen Domkirche vermittelt dieser

Standort ein überwältigendes Raumerlebnis, weil man von hier aus die Durchdringung der gewaltigen Nordschiffhalle mit dem Mittelschiff ganz auf sich wirken lassen kann. Wie diese Halle, die in ihren Maßen fast ebenso groß ist wie das Mittelschiff, mit diesem verbunden wurde, wie man es wagte, jegliche Wandfüllung aus dem Obergaden herauszuschälen und nur die konstruktiv notwendigen Pfeiler und Dienste stehen ließ, um den Blick ungehindert durch den Raum gleiten zu lassen, das gehört zum gewaltigsten, was es in diesem Dom an Raumbildern zu erleben gibt.

Beim Bau der Halle hat ›structuarius‹ Cord Poppelken spolienhaft die alten Basen, Kapitelle und Konsolen des nördlichen Seitenschiffes in neuer Anordnung wieder verwendet und dadurch seinen Bau mit dem Bau der ›Väter‹ verknüpft. Selbst den Blendbogenfries, der die frühromanische Arkade abschließt, hat er auf die neue Nordfront, die auch die Geschoßteilung der Mittelwand aufgreift, übertragen. Darüber spannt sich dann ein feingliedriges Netzgewölbe, dessen klares Linienbild durch die dekorative Rankenmalerei besonders schön zur Geltung kommt. – Unter dem Brautfenster haben die fünf Statuen der Jungfrauen, die im 13. Jahrhundert für ein Portal geschaffen wurden und dann jahrhundertelang den Westgiebel zierten, Platz gefunden.

Es wird oft beklagt, daß der Bremer Dom durch das ungleichgewichtige Nebeneinander der lichtdurchfluteten Nordschiffhalle, des kathedralen Hauptschiffs und dem immer in weiches Dämmer gehüllten Südschiff mit den Kapellen ungeordnet erscheine (Farbt. 9). Dem ist der Reichtum an Geschichte, Raum und Form entgegen zu halten, der in dieser Raumfolge zum Ausdruck gekommen ist. Letzlich dient auch die Ausmalung Hermann Schapers, auch sie oft kritisiert, der Zusammenführung der auseinanderstrebenden Kräfte unter der Idee eines idealen, gequaderten Innenraumes, dessen Gliederungselemente nach rheinischen Vorbildern farblich abgesetzt sind. Soweit möglich, hatte Schaper die spärlichen Reste mittelalterlicher und spätgotischer Ausmalung auch erhalten. So sind die Gewölbemalereien im Südschiff und im Nordschiff nur überfaßt worden und an Pfeilern und Arkadenbögen blieben bildhaft umrahmt Fragmente der mittelalterlichen Ausmalung, wie das Bildnis von Christus als Weltenrichter und das Schweißtuch der Veronika, stehen.

Der Dom besitzt immer noch viele Kunstwerke, die zu längerem Verweilen und Betrachten einladen. Von dem eingenommenen Standort aus rückt die Kanzel (Abb. 16), gefaßt von einem der romanischen Arkadenbögen, eindrucksvoll ins Bild. Sie ist ein Werk des für den dänischen Hof tätigen Bildhauers Jürgen Kriebel und kam 1641 als Stiftung des Erzbischofs an die sich wieder offen bekennende lutherische Gemeinde Bremens in den Dom. Mit ihrem vollplastischen Figurenschmuck war die Kanzel sicher als eine Demonstration der lutherischen Kirche gegen den strikt bilderfeindlichen Calvinismus gedacht, besonders die bekrönende Gestalt des Christus als Sieger. Die Figuren unterhalb des Christus stellen christliche Tugenden dar; am Kanzelkorb sind Propheten des Alten Bundes mit Abraham, Moses und Salomon dargestellt und am Kanzelaufgang die Evangelisten und David.

Über dem Altar neben der Kanzel hängt das Bildnis des kreuztragenden Christus, der bis zur Restaurierung an der Westfront, an der Stelle des einen Mosaiks, angebracht war. Er

32 BREMEN   Handelskrankenkasse, ehem. ›DDG HANSA‹, Martinistraße 26
◁ 31 BREMEN   Schnoor, Hinter der Holzpforte
33 BREMEN   Portal am Gewerbehaus   34 BREMEN   Haus Blomendal

35 BREMEN Bremer Häuser in der Mathildenstraße

36 BREMEN Im Bürgerpark

37 BREMEN Wallanlagen, Vase am Herdentor

39, 40   VERDEN   Dom, Levitenstuhl und Grabplatte des Bischofs Berthold
◁ 38   VERDEN   Dom, Blick gegen den Chor

41   VERDEN   St. Andreas, Blick nach Westen

42   VERDEN   St. Johannis, Kanzel

44   RIEDE   Pfarrkirche St. Andreas mit Ausmalung des 15. Jahrhunderts

◁ 43   VERDEN   St. Johannis, Detail des Reliefs der Chorwand

45 WORPSWEDE   Der Barkenhoff von Heinrich Vogeler

46 WORPSWEDE   Kaffee Worpswede

47 WORPSWEDE Der Niedersachsenstein von Bernhard Hoetger

48, 49 WORPSWEDE Grabmal der Paula-Becker-Modersohn und ›Bonze des Humors‹

50 HAGEN Amtshaus, ehem. festes Haus der Erzbischöfe von Bremen

53 SANDSTEDT Kirche und Kirchhof ▷

51 MEYENBURG Grabstein Wersebe-Issendorff   52 St. Jürgen

54 BEDERKESA   Die ehemals bremische Burg
55 BEXHÖVEDE   Pfarrkirche St. Johannis der Täufer

56   Im Ahlenmoor ▷

57   BREMERHAVEN   Alte Geestebrücke

58   BREMERHAVEN   Kaiserschleuse

59 BREMERHAVEN Blick in den Museumshafen
61 BREMERHAVEN Containerumschlag am Wilhelm-Kaisen-Terminal ▷
60 BREMERHAVEN Blick in den Kaiserhafen I

wird einer westfälischen Werkstatt zugeschrieben, die zwischen 1490 und etwa 1520 in großem Umfang im Dom tätig gewesen sein soll, als der Dom, kurz vor dem Verlöschen auch seiner geistlichen Macht, noch einmal das Programm ihres geistlichen und weltlichen Herrschaftsanspruchs darlegte. Dazu gehört vor allem am Westchor die Lettnerbrüstung (Abb. 12), die das Mittelschiff von dem um 1500 tiefer gelegten Westchor trennt.

Auch hier ist die Widmung des Doms in die Mitte gerückt mit Kaiser Karl und Bischof Willehad, die ein Schaumodell als ein im übertragenen Sinn ›Abbild der bremischen Kirche‹ halten (Abb. 13). Sie werden begleitet von den Heiligen der bremischen Kirche, ihren Förderern und Wohltätern, wobei eine hierarchisch höhere Schicht in den Nischen einer niederen, weltlichen in den Pfeilerfigürchen gegenübersteht. Unter den Pfeilerfiguren sind kniend die Stifter, Erzbischof Rode und Koadjutor Prinz Christoph von Braunschweig-Wolfenbüttel gesetzt.

Der enge Zusammenhang der westfälischen Arbeiten sollte bei einem Rundgang nicht auseinandergerissen werden, denn nur die Gesamtheit der Arbeiten dieser Epoche vermittelt einen Eindruck von dem Willen, wenigstens die geistliche Führungsrolle der Domkirche, die in Bremen längst keine weltliche Macht mehr besaß, zur Schau zu stellen. Zugleich mit dem Lettner am Westchor entstanden nämlich die säulengetragenen Galerien an den Ostwänden der Kreuzarme, Prunkstücke feinster dekorativer Bildhauerarbeit, die trotz aller Ergänzungen etwas von dem Reichtum der Ausstattung des Doms um 1500 ahnen lassen. Und es gehören hierzu einige jetzt im Dom verstreut angebrachte Bildwerke. Das sind das innige Relief der Hl. Sippe an der Nordwand des Westchores sowie die Standbilder einer besonders anmutigen Schönen Madonna, des Hl. Rochus, des Hl. Nikasius von Reims und das eines Erzbischofs – diese Teile befinden sich alle im östlichen Teil des Langhauses und im südlichen Kreuzflügel.

Das bedeutendste Kunstwerk des Doms sind die neun Chorgestühlwangen (Abb. 14, 15), die 1823 beim Abbruch des Gestühls gerettet werden konnten. Sie befinden sich heute in der zweiten Südkapelle von Osten. Das Gestühl bestand aus vier Sitzreihen und stand unter der Vierung. Seine Entstehungszeit von 1360 bis 1380 ist urkundlich gesichert. Als Meister der älteren Teile – Passion, Auferstehung, Himmelfahrt – wird der Meister des Magdeburger

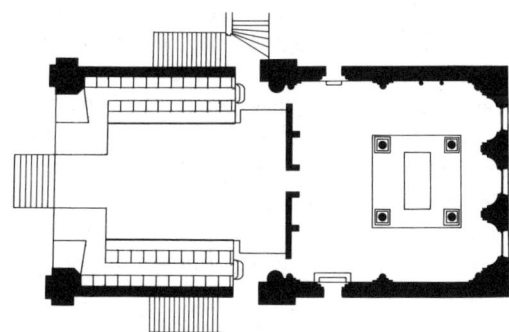

Plan des ehemaligen Chorgestühls nach Gerhard Meyers ›Denkwürdigkeiten der Domkirche zu Bremen‹, um 1820

Domchorgestühls oder doch eine ihm nahestehende Werkstatt, angenommen. Die Darstellungen auf den Gestühlswangen, die sich an die gemauerten Schranken zwischen Vierung und Kreuzflügeln lehnten, sind, soweit rekonstruierbar, dem Neuen Testament, die der niedrigen vorderen Reihen den Büchern Mose entnommen. Nur eine niedrige Wange mit Darstellungen aus der Geschichte der Makkabäer fällt aus diesem Rahmen. Sie ist als demonstrativer Hinweis auf die Auseinandersetzung zwischen Erzbischof und Stadt in der zweiten Hälfte des 14. Jahrhunderts zu verstehen, als 1366 der Erzbischof den alten Roland niederlegen ließ. Diese Demonstration bürgerlicher Ansprüche im Dom war möglich, weil die Leitung der Domfabrik damals in bürgerlichen Händen lag.

Was die fünfzig Altäre dem Dom über ihre liturgische Aufgabe hinaus im Mittelalter an Schmuck gaben, das geben im protestantischen Dom, der ja doch nur wenige liturgische Einrichtungen besitzt, die Epitaphien; der Dom besitzt, obwohl nur noch ein bescheidener Teil des einstigen Bestandes überliefert ist, noch so viele, daß ein Überblick über die Entwicklung des Epitaphs vom 15. bis zum 18. Jahrhundert erkennbar ist.

Die ältesten, meist wenig beachtet, sind schlichte Sandsteinreliefs mit Inschriften oder einfachen Bildthemen, wie einem Kruzifix; der Name dessen, dem der Stein gesetzt wurde, ist bei dem oft fragmentarischen Erhaltungszustand nicht immer bekannt. Vom Ende des 15. Jahrhunderts gibt es einige figurenreiche Bildwerke, deren Stifter genannt sind. Vom 16. Jahrhundert an entwickelt sich der Typ des Epitaphs, der aus immer wiederkehrenden Teilen besteht: der Gedächtnistafel mit den Angaben zum Verstorbenen, vielleicht auch einem Sinngedicht, der Genealogie des Verstorbenen, dargestellt durch die Wappen der Familien, einer Tafel mit einem auf Tod, Auferstehung und Ewiges Leben bezogenen Bild, auf dem anfangs auch der Stifter gezeigt ist. Verbreitete Bildthemen waren Auferstehung Christi, Auferweckung des Lazarus (Auferweckung des Jünglings von Naïn) und Himmelfahrt. Bei kirchlichen Würdenträgern kommen Hinweise auf die christlichen Tugenden hinzu. Aus den ursprünglich nur aus Sandstein gefertigten Reliefs entwickelten sich im Verlauf von hundert Jahren architektonisch wie dekorativ reiche Aufbauten aus vielen Materialien: Sandstein sichtbar und als Träger für Marmor, der poliert und rauh vorkommt, sogar als Kunstmarmor; für kostbare Figuren und Reliefs wurde Alabaster genommen. Eine wichtige Rolle spielte die Farbe; zunächst die natürliche Farbe verschiedener Materialien, sodann die heraldischen Wappenfarben und endlich viel Gold, und zwar an zentralen Stellen wie auch als Randlineatur. Vom Ende des 16. Jahrhunderts an darf eigentlich auch ein Kranz von auf Silber gelüsterten grünen oder roten Farbakzenten nicht fehlen.

Nur wenige Epitaphien können hervorgehoben werden. Im südlichen Querhausflügel, der die Grablege der Erzbischöfe aufgenommen hat, fällt neben dem romanischen Stufenportal (stark ergänzt) das kleinteilig realistische Epitaph für den 1489 verstorbenen Propst Berthold Rantzau mit einer Beweinung vor den Marterwerkzeugen ins Auge. Am südwestlichen Vierungspfeiler ist das Epitaph des Domherrn Dr. Gerhard Brandis von 1518 angebracht (Abb. 18). Dieses Epitaph mit einer besonders schönen Mutter-Kind-Gruppe steht an der Wende von später Gotik zur Renaissance.

Die Reliefs der beiden Epitaphien in der westlichsten Südkapelle – Hermann Klüver (†1570) an der Ostwand und Melchior v. d. Lith (†1581) an der Westwand – werden Ludwig Münstermann, dem genialen Bildschnitzer des Protestantismus im Bereich von Weser und Elbe, zugeschrieben. Er wird uns noch in Butjadingen und im Stedingerland begegnen; die Arbeiten hier sind wohl in der Werkstatt des Hans Winter entstanden.

Wenige Schritte weiter, am Durchgang zum Kreuzgang, ist das Epitaph des Joachim Hincke (†1583) aufgebaut. Ursprünglich war es mit dem Durchgang zum Domkloster im Südquerhaus verbunden, indem das Portal als Sockel für die Liegefigur des Verstorbenen benutzt wurde; darüber ist der übliche Aufbau eines Epitaphs mit einer Gedenktafel und einem Auferstehungsbild gesetzt.

An der Westseite des Kanzelpfeilers hängt das Epitaph des Ahasver von Langen von 1603, das einen klassischen Aufbau aufweist: umgeben von den Ahnen – 16 Wappen – und Tugendfiguren, ist in strenger Form das eigentliche Gedächtnismal mit Widmung und Auferstehungsbild gegeben. Im Mittelschiff sollte man das große Epitaph des Albert von Hasbergen (†1625) mit einem Auferstehungs- und einem Himmelfahrtsrelief und sieben Tugenden betrachten, weil es den Typ des überreich ornamentierten und prunkvollen Epitaphs besonders rein repräsentiert. An diesem Werk sind alle Register vom Materialwechsel, Materialbehandlung, Farben und Lüstrierung eingesetzt, um eine große Wirkung zu erzielen. – Ernster und gelehrter dagegen ist das am übernächsten Pfeiler hängende Doppelepitaph der Brüder Jodocus und Theodor von Galen (†1602); als Bild ist die Erhöhung der Schlange gewählt. Leider ist das Epitaph nur fragmentarisch erhalten.

Neben dem Aufgang zum Nordturm steht das eigenartige Epitaph des Segebade Clüver (†1547). Auf einerseits ganz bildhaft-naive, inhaltlich aber sehr spirituelle Weise ist hier die Erlösung des ersten Menschenpaares im Jungbrunnen, der das Blut Christi auffängt, dargestellt. Spruchbänder ›erklären‹ das Dargestellte – ein kleiner Katechismus des Glaubens (Abb. 17).

Im nördlichen Seitenschiff, unter der Bachorgel, ist eine Grabplatte mit Messingeinlage auf Schiefer erhalten. Die Platte war Propst Ludolph von Varendorp (†1571) auf das Grab gelegt, während das zugehörige Epitaph an dem der Kanzel gegenüberliegenden Pfeiler, symmetrisch zum Epitaph des Ahasver von Langen, angebracht ist. Neben dieser im bremischen Dom heute einmaligen Grabplatte ist an der Nordwand das späteste der hiesigen Epitaphien angebracht. Es ist dem 1746 verstorbenen Esquire Henry Voguel gesetzt und ist eine Arbeit von Theophil W. Freese. Das Epitaph, eine teilweise verhängte Stele aus Marmor mit einem Pelikan, der seine Jungen nährt, Sinnbild für das Opfer Christi, fällt auf durch den schwarz-weiß Effekt des Marmors und den Verzicht auf die den Epitaphien des 17. Jahrhunderts eigene Pathetik.

Die Anlage der *Ostkrypta* läßt, besonders in Verbindung mit dem Chor darüber und den Apsiden der Kreuzarme, eine enge Verwandtschaft zu der gleichzeitig erbauten Klosterkirche in Limburg a. d. Haardt erkennen. In beiden Fällen waren Chor und Krypta mit geraden Wänden geschlossen. Die Beziehungen reichen bis zum Wechsel der Fensterformen. Das machte es jetzt möglich, die Ostwand, die weit aufgebrochen war, als der Raum als Keller – hier war der erste Bleikeller – und sogar als mietbares Lager genutzt wurde, zu rekonstruieren.

Die Krypta in Bremen ist mit sechs Jochen doppelt so lang wie die Limburger – ihre Maße sind 23 Meter zu 10,70 Meter. Oft wurde darüber nachgedacht, ob die Krypta erst in einem zweiten Bauabschnitt nach 1100 (unter Hartwig II. 1187 eine Marienweihe in der Ostkrypta) erweitert wurde. Gegen eine zweistufige Ausführung sprechen neben stilistischen vor allem bautechnische Gründe – es hätte dann der ganze Ostbau erneuert werden müssen und das ist für die Zeit nach 1109 unwahrscheinlich. Die Krypta wird also wohl unter Adalbert oder unter Liemar, der den Dom nach einem Brand wieder aufbauen mußte, in einem Zuge so groß angelegt und auch von Anfang an gewölbt worden sein.

Besonders reich skulptiert sind die vier den Altar umstehenden Säulen. Die Kämpfer über den wuchtigen Würfelkapitellen sind schachbrettartig gemustert unter einer Platte mit Flechtmustern. Die Bildwelt der Würfelkapitelle wurzelt noch tief in der germanischen Glaubenswelt, sie verbindet die vorchristlichen Mythen mit der neuen Heilsbotschaft (Abb. 19). Da ist die Mitgardschlange, die die Welt umgürtet, da ist der Fenriswolf, Sinnbild des Bösen in der Welt, aber auch das Pentagramm, der Fünfstern, der abwehrend und bannend wirkt. Auch Lebensvogel und Menschenmaske sind da. Seit der letzten Restaurierung sind auch Vorritzungen für weitere Bilder zutage getreten. An diesen Bildern wird uns deutlich, wie stark das frühe Christentum der erst im 8. bis 10. Jahrhundert christianisierten Völker mit Urmythen verwoben war.

Auf alten Abbildungen erscheint die Ostkrypta als eine Mischung aus Dommuseum und Lapidarium. Seit sie in erster Linie wieder liturgischer Raum ist, hat man sie von den zu vielen Ausstellungsstücken befreit. Nur noch wenige Kunstwerke sind jetzt hier ausgestellt.

An der Westwand hängt das Fragment des Kruzifix von der Westfassade. Auch dieses Werk gilt als westfälische Arbeit. Dem Eingang gegenüber hat die Marienkrönung vom Westgiebel ihren Platz gefunden. Trotz schwerster Zerstörung ist noch etwas von der Schönheit dieser Plastik, die in der Zeit Gerhards II. – erste Hälfte 13. Jahrhundert – vermutlich als Portalplastik entstand, zu ahnen. Auch einige der namenlosen frühen Epitaphien des 15. Jahrhunderts sind, unauffällig, ausgestellt, darunter die Darstellung des Christus als Schmerzensmann zwischen Maria und Johannes und schöner Kielbogenbekrönung.

Die Entstehung der heutigen Anlage der *Westkrypta* ist immer noch nicht ganz klar. Die von Adalbert 1068 geweihte Andreaskrypta war, wie die Ostkrypta, dreischiffig, sie war aber nur dreijochig, also quadratisch. Gegenüber dem heutigen Raum reichte sie um ein Joch weiter nach Osten. Die Erweiterung nach Westen erfolgte im 12. Jahrhundert, als die Doppelturmfront vor dem salischen Dom errichtet wurde; um 1500 wurde das östliche Joch eingeebnet, der Westchor also zurückgenommen. Dazwischen muß es aber zu einem Umbau gekommen sein, bei dem nicht mehr alle Teile richtig zueinander gebracht wurden.

Die Bauplastik dieses Raumes ist wuchtiger als die der Ostkrypta, auch ist sie stark beeinflußt von den italienischen Bauleuten, die Adalbert von Italien mitgebracht haben soll. Da findet man ganz lombardisch gestaltete Löwen an einem Kapitell (Abb. 20), deren bildhafte Macht aber durch eine Knotenschlinge gebannt werden soll und andererseits Kapitele mit deutlich antikisierenden Schmuckformen.

Auch in dieser Krypta befanden sich wertvolle Kunstwerke. An der Ostwand hängt das älteste Steinbildwerk, das für den Dom bezeugt ist: der thronende Christus als Weltenrichter (Abb. 22). In der einen Hand hält er ein aufgeschlagenes Buch, in der anderen einen Schlüssel mit Doppelbart, hinter seinem Kopf ist der Kreuznimbus zu erkennen. Zu Füßen des Thrones steht oder kniet eine kleine Figur – der Stifter? – mit einem Spruchband in den Händen. In dem Werk vermutet man ein Fragment eines Portaltympanons des Adalbert-Domes von etwa 1050. Etwas früher ist die schlichte Grabplatte für drei Bischofe anzusehen. Sie hat Erzbischof Hermann, Vorgänger Bezelins, für die Gebeine von drei Vorgängern, die er umbetten ließ, geschaffen.

Seit 1958 dient die Westkrypta als Taufkapelle. Seitdem hat das erzene Taufbecken (Abb. 21), das um 1230, also unter Gerhard II. gegossen wurde, hier Aufstellung gefunden. Vier Löwenreiter, deren Gesichtszüge durch den durchdringenden Blick Lebendigkeit gewinnen, tragen das Becken. Seine Wandung zeigt einen feingliedrigen Dekor aus Rundbogenarkaden und Ornamentbändern. In der oberen Arkade sind flachreliefierte Figuren eingestellt, die, das zeigt ihr Nimbus, alle der Welt der Heiligen entnommen sind. Nur wenige lassen sich so deuten wie Christus und Petrus. In der unteren Arkade halten ebenso flach reliefierte Halbfigürchen Spruchbänder.

An dem Becken müssen mehrere Mitarbeiter tätig gewesen sein, auch ist anzunehmen, daß es unter Gerhard II., der durchdrungen war von dem Wunsch, die Herrlichkeit der Kirche auf das Prächtigste darzustellen und dem auch die dazu notwendigen Mittel zur Verfügung standen, in Bremen eine Bronzegußwerkstatt gab, die für den großen Bedarf an liturgischem Gerät arbeitete und dann wohl auch ein solches Werk zu schaffen imstande war.

Früher lag der Bleikeller in einem Raum hinter dem südlichen Kreuzarm. Nun wurde er in einen Anbau des Domes verlegt, der vom Glockenhof aus zugänglich ist. Hier sind jetzt die mumifizierten Leichen ausgestellt, die ursprünglich in der Ostkrypta – ›im Keller unter dem Hohen Chor‹ – lagen und 1823 in den Raum am Südquerhaus kamen. – Wie es zu der Mumifizierung kam, ist noch nicht festgestellt, es hat aber weder etwas mit Blei noch mit radioaktiven Strahlungen noch mit einer irgendwie mystischen Quelle zu tun.

Seit der Verlegung des Bleikellers sind auch hier bedeutende Kunstwerke sichtbar ausgestellt. Sie lohnen den Besuch des Bleikellers auch dann, wenn man wenig Neigung verspürt, sich die Leichen anzuschauen. Genannt seien besonders die beiden Reliefs mit Szenen der ›biblia pauperum‹. Sie befanden sich lange im ehemaligen Kreuzgang des Domklosters. Die Darstellungen der Armenbibel sind durch Holzschnitte verbreitet worden und sind von daher bekannt; ihre Umsetzung in plastische Bildwerke ist dagegen selten.

Die Räume des ehemaligen Bleikellers, zugänglich vom südlichen Querschiff, wurden dagegen zu einem Dom-Museum ausgebaut, wobei Reste einer Apside des 11. Jahrhunderts und eine Kapellenausmalung der Zeit um 1400 freigelegt wurden; neben anderem sind hier Funde der Grabung im Mittelschiff ausgestellt.

Unser-Lieben-Frauen und die altstädtischen Pfarrkirchen St. Ansgari, St. Stephani und St. Martini

Leven Froen – de Raad / Sunt Scharjes – de Staat / Sunt Steffen – de Eerbarkeit / Sunt Marten – wo de Wind duer weit – so ordnete man früher die Kirchen in Bremen.

Unser-Lieben-Frauen (Abb. 23), die Kirche des Rats, am Markt, zuerst sogar auf dem Markt und beim alten, wie beim neuen Rathaus gelegen, ist die älteste Pfarrkirche Bremens. Sie wurde von Erzbischof Unwan (1012–29) gegründet und war dem Patron von Corvey, dem Hl. Veith, geweiht.

Von dieser ersten Pfarrkirche der Stadt hat sich, merkwürdig genug, ein Raum erhalten, der damit der älteste begehbare Raum Bremens ist. Er liegt unter dem Nordschiff und ist von quadratischer Gestalt mit vier tief ansetzenden Kreuzgewölben über einer Mittelstütze. Auch vom Mauerwerk des darüber gelegenen Bauteiles – dem Chor? – sind in der Nordwand Reste erhalten. Der Raum, in dem jüngst bedeutende Fresken des 14. und 15. Jahrhunderts entdeckt und restauriert wurden, wird zugänglich gemacht.

Im 12. Jahrhundert wurde, nach Süden versetzt, eine neue Kirche gebaut. Von ihr steht noch der Turm: der niedrige, romanische Südturm mit Blendbogenfriesen an den oberen Geschossen und zu zweien und dreien gekoppelte Fensteröffnungen. Der Turm war zur Kirche hin geöffnet (Abb. 23).

Dieser Bau wurde 1220 urkundlich als Kirche ›Zu-Unser-Lieben-Frauen‹ bezeichnet. Der Wechsel des Patroziniums muß also im 12. Jahrhundert geschehen sein und wird mit dem Neubau der Kirche zusammenhängen. Der wird in Dilichs Chronik von 1604 angesprochen. Dort heißt es, die erste Liebfrauenkirche sei im Jahre 1160, das wäre unter Hartwig I., erbaut. Dieses Datum wird von den Formen des romanischen Turms bestätigt.

Siebzig Jahre später wurde abermals neu gebaut. Nachdem man außer dem Turm und geringen Resten beider Vorgängerbauten alles abgerissen hatte, errichtete man eine Hallenkirche nach westfälischem Typus mit drei gleichhohen Schiffen zu drei Jochen, also über quadratischem Grundriß. Dieser dritte Bau erhielt auch eine anspruchsvolle Doppelturmfront.

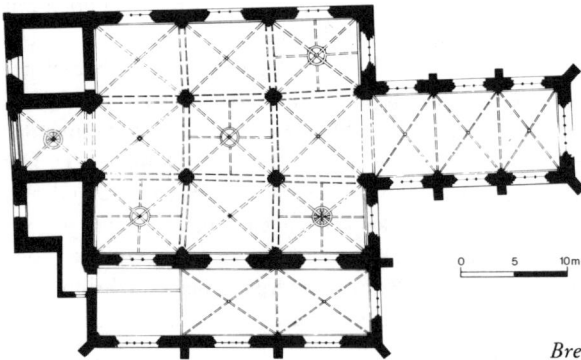

Bremen, Unser-Lieben-Frauen, Grundriß

Eine solche Pfarrkirche konnte nicht ohne aufopferndes Zutun der Gemeinde entstehen; dennoch wird man hier, wie beim Bau der Kirche in Berne (s. S. 352 ff.), den immer wieder zu nennenden Erzbischof Gerhard II. aus dem Hause der Grafen zu Lippe als treibende Kraft ansehen dürfen. Diesen Gedanken legt jedenfalls die Formbeziehung der Seitenschiffgewölbe im Dom, der Liebfrauenkirche und der Aegidiuskirche in Berne mit der großen Marienkirche zu Lippstadt nahe. Folgendes Bild ergibt sich: Gerhard II. holte Bauleute, die an der 1222 geweihten Großen Marienkirche zu Lippstadt tätig waren, nach Bremen, wo sie die Seitenschiffe des Domes mit achtteiligen Rippengewölben mit Schlußring und zapfenförmigen Schlußsteinen wölbten; anschließend setzte er dieselben Leute für den Bau der Liebfrauenkirche ein, bevor sie um die Mitte des 13. Jahrhunderts die Aegidienkirche in Berne erweiterten. Die Liebfrauenkirche in Bremen hat innerhalb dieser Kirchenfamilie die schlankesten Proportionen, auch sind hier alle Kapitelle skulptiert, während in Lippstadt nur die der östlichen Pfeiler so reich bearbeitet wurden.

Am Ende des 14. Jahrhunderts wurde dann der langrechteckige, lichtdurchflutete Chor angebaut und, die Symmetrie des Baues noch willkürlicher verschiebend als das hundert Jahre später am Dom geschah, ein viertes Kirchenschiff auf der Südseite, also zum Rathaus hin. Dieser Eingriff wurde nach der Mitte des vorigen Jahrhunderts zwar durch die Abmauerung dieses Schiffes für den Innenraum annähernd rückgängig gemacht, doch blieb eine spürbare Einseitigkeit der Belichtung. Nach außen hin prägt dieser Anbau indes seither das Bild der Kirche: Noch vor dem Bau des Rathauses entstand die Folge der prachtvollen, mit Blendengliederung und Glasursteinen gestalteten Giebel über der schweren aus Werksteinen gefügten Wand. Sie bestimmen mit der Stellung der Dächer mehr als irgendein anderes Detail das Bild dieser Kirche (Abb. 23).

Wer die evangelische Große Marienkirche zu Lippstadt im Schmuck ihrer Malerei kennt, der ist dann allerdings überrascht, wie herb der Raum der Liebfrauenkirche ist. Das ist eine Folge der Instandsetzung von 1960. Damals wurde von Wänden und Gewölben der Putz abgenommen, um die Akustik des Raumes zu verbessern. Bescheidene Reste von Bemalung in den Gewölben des Nordschiffs bezeugen, daß der heute in rohem Backstein stehende Raum ursprünglich seine Einheitlichkeit von einem dünnen Putzüberzug mit farbiger Fassung empfing.

Dieser Eingriff war der letzte Schritt einer Reihe von Purifizierungen, die die bremischen Kirchen nach der Reformation erfuhren. Unsere Vorstellungskraft reicht ja nicht aus, um sich den Reichtum an Altären, Bildern, Leuchtern und Textilien, die es vor der Reformation in dieser Kirche eines Rates, der zielstrebig auf die Selbständigkeit und die Freiheit der Stadt hinarbeitete, gegeben haben wird, vorzustellen. Nur weniges kam später wieder hinzu, und von dem hat sich wieder nur ein geringer Teil erhalten.

Nur ein Epitaph an der Westwand des nördlichen Seitenschiffes zeugt noch von dem bürgerlichen Geltungsanspruch, dem wir in anderen Kirchen so viele schöne Arbeiten verdanken. Aber es ist ein besonders schönes Beispiel des Hochbarock, gesetzt dem 1686 verstorbenen Dietrich von Büren und es ergänzt auf das Schönste die ›Stilfibel‹ der Domepitaphien. Es wurde gearbeitet von einem von auswärts zugezogenen Gesellen der Werkstatt des Jürgen Jüngeling Wwe., der in der flämisch-barocken Formenwelt der Quellinus-Nachfolge geschult war. So sehr der formale Aufbau von den Epitaphien im Dom auch abweicht, die ›Bausteine‹ – Widmung, Ahnentafel (Wappen), Auferstehung und die Zeichen und Figuren christlichen Erdenwandels – sind alle anzutreffen.

Hochbarock ist auch die 1709 von dem Bauherrn Simon Post gestiftete Kanzel (Abb. 24), die von dem bremischen Bildschnitzer Gerd Rode gearbeitet sein soll und neben den für einen Kanzelkorb typischen Evangelisten Darstellungen christlicher Tugenden zeigt.

Nach dem letzten Krieg hat sich die Gemeinde von Liebfrauen mit der farbkräftigen Verglasung der Fenster durch den französischen Glaskünstler Alfred Manessier mutig ein Denkmal des Glaubens unserer Zeit gesetzt. Die abstrakten Farbkompositionen, denen theologisch begründete Inhalte zugrunde liegen, ordnen sich um eine Deutung des Pfingstwunders im Ostfenster des Chores.

Die Ratskirche war im vorigen Jahrhundert auch die Kirche der bremischen Garnison. Aus dieser Verbindung fand das Reiterdenkmal des Generalfeldmarschalls Helmuth von Moltke, 1909 von Hermann Hahn geschaffen, an der Westfront des Nordturms seinen Platz. Die Inschrift dieses in jeder Weise abgehobenen Denkmals stammt von dem bremischen Dichter Rudolf Alexander Schröder (1878–1962).

Von den drei anderen Pfarrkirchen der Stadt ist nur noch die Martinikirche in alter Gestalt erhalten. *St. Stephani*, am westlichen Ende der Altstadt gelegen, von Erzbischof Adalbert um 1050 gegründet, in der Mitte des 12. Jahrhunderts ein erstes Mal neu erbaut, nach einem Brand unter Gerhard II. abermals erneuert und im späten 14. Jahrhundert zur Hallenkirche umgebaut, wurde im letzten Krieg so stark zerstört, daß der Aufbau des südlichen Hallenschiffs unterblieb und das nördliche vom Mittelschiff abgetrennt wurde. Die Kirche besteht heute nur noch aus dem Mittelschiff, den zum Querhaus zurückgewandelten östlichen

St. Stephani, Ansicht von der Weser, nach Stephan Messerer, 1833

Seitenschiffjochen und dem gerade geschlossenen Chor. Dieser und die beiden Querhausräume sind noch gewölbt, während das Mittelschiff flach gedeckt wurde. Der spitze Nordturm ist für die Silhouette der Stadt nach wie vor aber von großer Bedeutung.

Diese Silhouette verlor mit dem Turm von *St. Ansgari* ihr markantestes Zeichen. Der Besucher sucht die Kirche, die ebenfalls unter Gerhard II. erbaut und im 14. Jahrhundert wie die anderen Pfarrkirchen zur Hallenkirche gewandelt wurde, vergeblich an ihrem alten Standort: Nachdem am 1. September 1944 der mit 97 Metern höchste Turm der Stadt einstürzte und in nachfolgenden Bombenangriffen die Kirche weiter zerstört wurde, gab die Gemeinde nach dem Krieg den traditionsreichen Ort im Herzen der Stadt, von dem die Reformation in Bremen ihren Anfang nahm, auf. Sie baute stattdessen in Schwachhausen, an der Ecke Schwachhauser Heerstraße und Hollerallee, eine neue Kirche, in die einige Ausstattungsstücke übertragen werden konnten, wie die 1592 von Hermen Wulff geschnitzte Kanzel, der Orgelprospekt von 1611 mit den Erweiterungen von Arp Schnitger von 1714–18, die holländischen Messingkronen aus der Mitte des 17. Jahrhunderts und einige Epitaphien aus der zweiten Hälfte des 16. Jahrhunderts, die für den, der an dieser Kunstform interessiert ist, besonders als Ergänzung zu den Dombeständen, den Besuch lohnen.

Die kleinste, jüngste und malerischste der vier altbremischen Pfarrkirchen ist die zu *St. Martini* an der Weser (Abb. 26). Ihre Gründung geht ebenso wie die von St. Ansgari zurück auf die 1229 verfügte Teilung des Pfarrbezirks von Unser-Lieben-Frauen in drei Pfarrsprengel.

Der Gründungsbau um 1230 war eine Basilika gebundener Ordnung mit zwei Mittelschiffjochen, apsidial geschlossenem Chorquadrat und Nebenschiffapsiden. Der Urgrundriß erinnert an St. Cäcilien in Köln, erbaut nach 1150. Der aufgeworfene Baugrund an der Weser ließ aber nur den Bau eines Turmes zu, und der mußte außermittig vor das nördliche Seitenschiff gestellt werden.

Die Kriegsschäden brachten ans Licht, daß bis in die Details von Wölbung, Rippen und Kapitellen Beziehungen zwischen dieser bescheidenen Bauunternehmung und der gleichzeitigen Wölbung des Dommittelschiffs nach rheinischer Art bestanden. Diese Details verschwanden so schnell wieder, weil der aufgeschüttete Baugrund, vielleicht noch in der Bauzeit, nachgab und Verstärkungen eingezogen werden mußten. Dieser Kampf mit dem Baugrund an der Weser, die wiederholt Kirche und Kirchhof überschwemmte – der Volksmund sprach von ›Sunt Marten – wo't Water dör geit‹ – und die Fundamente in Bewegung hielt, währte bis in unser Jahrhundert.

Eine Uferbefestigung, bei der eine Mauer um die Kirche gezogen wurde, brachte 1371 soviel Sicherheit, daß man daran denken konnte, auch diese Kirche, gleich den anderen Pfarrkirchen, in eine Hallenkirche umzubauen. Durch den Einbau großer Arkaden über Pfeilern, die als Wandscheiben erscheinen, durch die Erhöhung der Seitenschiffe und ihre Verlängerung um das vormalige Chorjoch, entstand jener gerichtete Hallenraum, der auch durch den polygonalen lichten Chorschluß nichts Überirdisches an sich hat, sondern in seiner Schwere die bremische Kirchenkunst provinzieller erscheinen läßt, als sie ursprünglich war. Nur die vor die quergestellten Dächer gesetzte Reihe von Backsteingiebeln mit aufsteigenden Blendnischengliederungen zeugt von der in dieser reichen Stadt gepflegten Baukultur – sie war nur eben von bürgerlicher Art.

Spätestens hier wird deutlich, daß, so wie im zweiten Viertel des 13. Jahrhunderts der Bau der Pfarrkirchen, nun ihr Umbau zu Hallenkirchen nicht ohne zentrale Lenkung denkbar ist, wobei jetzt das Wirken eines bürgerlichen Rates den Einfluß der Erzbischöfe überwog.

Zu diesem Umbau gehörte auch, daß das Mittel- und das südliche Seitenschiff vorgezogen wurden, so daß sie mit der Westfront des Turmes fluchten. Innerhalb der Kirche wurde dieses Joch später wieder abgeteilt und, wie der Aufriß zeigt, in Geschosse unterteilt.

Das stimmungsvolle, von einer engen Reihung der Strebepfeiler, von den fein gegliederten Giebeln, von dem spitzbehelmten Turm und nicht zuletzt von der Lage über dem Fluß

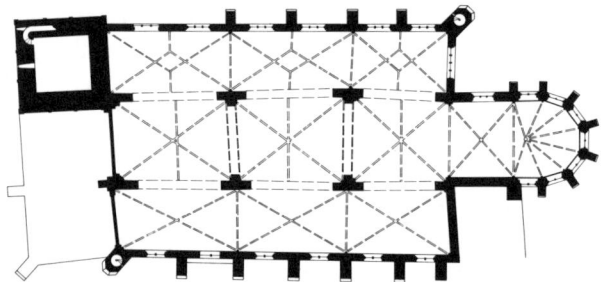

Bremen, St. Martini, Grundriß

geprägte Bild von St. Martin erfuhr im 16. Jahrhundert eine letzte Ergänzung durch den Bau des Pfarrhauses in der Ecke zwischen Chor und südlichem Seitenschiff. Das Haus heißt nach dem Prediger an St. Martini, Joachim Neander, der 1679–80 in diesem Haus lebte und hier das vielgesungene Lied ›Lobe den Herrn‹ dichtete, ›*Neanderhaus*‹. Er ist übrigens derselbe, nach ein einst stilles Tal bei Düsseldorf den Namen ›Neandertal‹ erhielt und in welchem fast zweihundert Jahre später die Reste eines Urmenschen gefunden wurden, der nach dem Fundort ›Neandertaler‹ genannt wurde.

In St. Martini hat sich mancher bildnerischer Schmuck erhalten. Er reicht zwar nicht an den Reichtum vorreformatorischer Zeit heran, läßt aber die einstige ›Ollermannskarken‹, die Kirche der Elterleute der Kaufleute, von denen immer eine große Zahl in diesem Sprengel wohnten, immer noch kostbarer erscheinen, als man das sonst in Bremen kennt.

Noch vom ersten Bau stammt das Tympanon an der Südporte mit der in einem Kleeblatt-bogen eingepaßten Darstellung des Christus als ›Bischof der Seelen‹, der Buch und Bischofs-stab hält und von Engeln begleitet wird. Neben dem Weltrichter in der Westkrypta des Domes gehört das Relief zu den ältesten Bildwerken in Bremen.

In vorreformatorische Zeit gehören auch die schönen Schlußsteine, Konsolen und Kapi-telle, die in dieser Kirche noch zahlreich erhalten sind. So erscheint auf dem Schlußstein des Chorgewölbes das Bild von Christus als Weltrichter mit dem Segensgestus; ein anderer

*Joachim Neander, 1650–1680, der Dichter des Liedes ›Lobe den Herrn,
den mächtigen König der Ehren‹*

Schlußstein zeigt eine Blattmaske. – Ein kleiner Rest alter Ausmalung ist an der Nordwand neben dem Eingang mit der Darstellung der Kreuzigung mit Maria und Johannes zu sehen.

Unter den nachreformatorischen Werken ist zunächst die Kanzel, ein Werk des bremischen Bildschnitzers Hermen Wulff von 1597, zu nennen (Abb. 25). Sie zeigt am Corpus Füllungen, auf denen unter diamantierten Bögen und in Ädikulen christliche Tugenden dargestellt sind. Die Ecken sind besetzt mit üppig ausgestalteten korinthischen Säulen, an allen Bändern und Füllungen ist der Reichtum manieristischer Schnitzkunst ausgebreitet, die, wie am Beispiel der Güldenkammer gezeigt wurde, nicht ohne Sinngehalt ist.

Die Westwand des Mittelschiffs wird ausgefüllt vom prächtigen Orgelprospekt (Abb. 27). Auch er ist, wenigstens in den älteren Teilen – oberes Werk, Teile des Rückpositivs – ein Werk des Hermen Wulff von 1603. Schon 1615–18 wurde die Orgel durch den Lüneburger Orgelbauer Christian Bockelmann erweitert; unter anderem fügte er die Baßtürme an.

Von den Epitaphien sind nur zwei erhalten: das des 1578 verstorbenen Ratsherrn Johann Havemann, das schon 1565 aufgerichtet wurde – es zeigt eine Auferstehung und wird Karsten Husmann, dem Meister des Schütting-Ostgiebels zugeschrieben –, und das des 1615 verstorbenen Bürgermeisters Hinrich Zobel. Dieses Epitaph ist wie das des Joachim Hincke im Dom mit einem Portal verbunden und als Triptychon ausgebildet, das im Mittelfeld eine Darstellung des Jüngsten Gerichts zeigt. Auch dieses Denkmal wurde schon zu Lebzeiten, 1598, errichtet.

Neben anderen schönen Ausstattungsstücken dieser Kirche, wie dem Opferstock an dem dem Eingang gegenüberliegenden Pfeiler, dem ›Martinsleuchter‹ vor dem Chor oder den neuen Fenstern von Elisabeth Steineke von 1960, Werke, die jedem Besucher ins Auge springen, muß eine Arbeit, die in der alten Westvorhalle ihren Platz hat, genannt werden: ein volkstümlich realistisches Relief des Hl. Martin. Es ist auf 1626 datiert und zeigt den Hl. Martin mit dem Bettler in der Tracht der Zeit.

Diese Arbeiten zeigen uns, daß es auch innerhalb der reformierten Kirche immer wieder Tendenzen gegeben hat, die Gotteshäuser auszuschmücken.

Die Böttcherstraße

Vom Markt führt ein kleines Gäßchen in Richtung Weser. Tritt man in dieses Gäßchen, sieht man eine reliefierte Backsteinwand vor sich, in die ein goldenes Relief, der ›Lichtbringer‹ von Bernhard Hoetger, eingelassen ist (Farbt. 10). Die Straße, die sich hinter dem Durchgang auftut, ist die Böttcherstraße. Sie ist etwas durchaus Besonderes.

Die Geschichte: 1317 wird die Straße ›Hellinchstrate‹ (= Hellingstraße) genannt. Das weist darauf hin, daß hier, am flachen Weserufer, ein Schiffbauplatz war. Wann die Straße in ›Bodekerstrate‹ (= Böttcherstraße) umbenannt wurde, ist nicht bekannt. Es wird das aber schon im Mittelalter gewesen sein, vermutlich, nachdem die Schiffbauplätze wegen der von ihnen ausgehenden Brandgefahr vor die Stadt verlegt wurden.

Mittelalterliche Böttcher waren keine armen Handwerker. Jedes Gut, das auf Schiffen transportiert werden sollte, mußte in Fässer verpackt werden. Das gab Arbeit, und die Bilder der baufälligen, heruntergekommenen Straße verraten dem Kenner, daß die Straße noch im 18. Jahrhundert gute Zeiten gesehen haben muß und auch, daß der Verfall sehr schnell eingetreten ist, sonst wäre mehr umgebaut, verändert, entstellt worden als die Bilder zeigen. Der Verfall hängt wiederum zusammen mit der Verlagerung des Hafens und aller Zulieferbetriebe.

Die neue *Böttcherstraße* ist das Werk eines einzigartigen Mannes: des Kaufmanns und Industriellen Ludwig Roselius (1874–1943). Es ist schwer zu sagen, welches seine bedeutendste Leistung war, ob die Erfindung des koffeinfreien Kaffees, die Auswertung des auf ihn ausgestellten Patentes durch ein nach modernsten Gesichtspunkten ausgebautes und geführtes Industrieunternehmen, ob die Erkenntnis der Bedeutung der ›Propaganda‹ (Reklame) auf die Massen und ihr Einsatz für kaufmännische, kulturelle und politische Zwecke oder schließlich die Idee und der Bau der Böttcherstraße.

1902 erwarb Roselius das Haus Nr. 6, das heutige *Roseliushaus*. Die Geschichte, wie es dazu kam, hat Roselius in aller Breite in seinen Schriften* erzählt. ›Es ist viele Jahre her...‹ – man muß es dort nachlesen.

Er kaufte also das Haus und ließ es von Ernst Müller-Scheeßel, einem der Pioniere der deutschen Heimatbundbewegung, instandsetzen; die heutige Front des Hauses mit dem Treppengiebel schuf Carl Eeg, ein hochbefähigter Architekt, erst 1928. Zuerst etablierte Roselius hier ein ›Zentralbüro‹ seiner Firma, Ateliers und den ›Niedersachsen-Club‹. Später hatte der Angelsachsen-Verlag, auch ein Kind seiner Sehnsüchte, in dem Haus sein Domizil und endlich die eigens für dieses Haus zusammengetragene Sammlung Roselius; die ist nicht nur als Kunstsammlung mit dem Schwerpunkt Niederdeutsche Kunst bedeutend, sondern ebenso als ein zeitgeschichtliches Dokument einer unter dem Versailler Diktat leidenden (!) Nation – auch das kann man in den Schriften von Roselius nachlesen.

Für die Straße bestand ein Fluchtlinienplan, das heißt, sie sollte abgebrochen, verbreitert und neu bebaut werden. Die Stadt kaufte deshalb die Häuser der westlichen Seite auf und legte sie nach und nach nieder. Diese Planung war für Roselius der Anlaß, den Bau eines

---

* Ludwig Roselius, Reden und Schriften zur Böttcherstraße in Bremen, Bremen 1932

größeren Kontorhauses, das um das Haus Nr. 6 herumgebaut werden sollte, ins Auge zu fassen. Darum erwarb er die Häuser der Ostseite. Dann kam der Erste Weltkrieg. Die Stadt ließ ihre Ausbaupläne fallen. Roselius nutzte die Situation und übernahm in Erbpacht die Westseite der Straße.

Nach Jahren des Planens begann Roselius 1924 auf den gepachteten Grundstücken mit dem Neuaufbau der Straße. Seine Architekten waren Runge & Scotland (Alfred Runge, 1881–1946, und Eduard Scotland, 1885–1945), die schon die Häuser 4 und 5, das ist das Haus des Glockenspiels, damals Bremen-Amerika-Bank, für ihn umgebaut hatten. Auf der Westseite entstanden das HAG-Haus mit dem Sieben-Faulen-Giebel zur Straße Hinter-dem-Schütting und der urtümlich wirkenden Arkade und das Haus St. Petrus mit dem Spitzbogen, auf den man vom Markt kommend zuläuft, mit der schönen, aufsteigenden Blendbogengliederung des Giebels und dem altertümelnd fallenden Dach.

Diese Seite der Böttcherstraße ist einer der bedeutendsten Beiträge des Heimatstils zur Architekturentwicklung Deutschlands in der ersten Jahrhunderthälfte. Die Backsteine im alten Klosterformat im Wechsel mit Werksteinen, die wuchtig stehende Arkade, die Gliede-

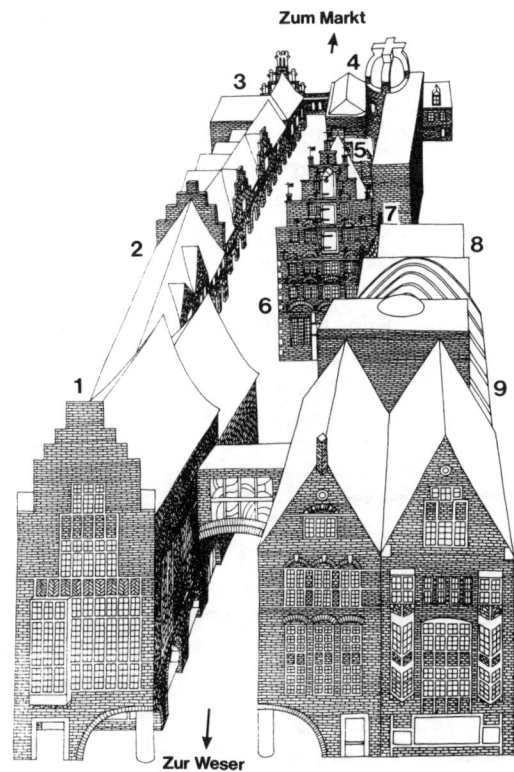

Die Böttcherstraße
1 Robinson-Crusoe-Haus 2 Haus St. Petrus mit Flett 3 HAG-Haus mit Giebel ›Zu den Sieben Faulen‹ 4 Paula-Becker-Modersohn-Haus 5 Werkstättenhof mit Sieben-Faulen-Brunnen und Stadtmusikanten 6 Roselius-Haus 7 Hoetger-Hof 8 Haus des Glockenspiels 9 Haus Atlantis

rung der Wand darüber mit Geschoßfenstern und kleinen Arkaden, die verschiedenen Formen und Ausfüllungen der Giebel, die Feinheit des dekorativen Details, egal ob am Ziegel oder am Werkstein, all das gehört zum besten, was der traditionalistische Zweig der deutschen Architektur der zwanziger Jahre hervorgebracht hat. Nicht weniger kultiviert war auch die Ausstattung der Innenräume, die mehr noch als das Äußere ein Opfer von Krieg und Wiederaufbau wurde.

Zur Eröffnung schrieb Roselius: »Und so glaube ich heute, daß ich Vollstrecker der unerfüllten Wünsche der vielen bin, die am alten Bremen hängen, die ehrbares Handwerk und solide Arbeit zurückwünschten, vielleicht auch der Alten in der Böttcherstraße, die mit Trauer den Verfall sahen und die Zeiten des Glanzes und der Gebäudepracht zurückersehnten...« Diese Worte galten in erster Linie den Häusern der Westseite.

Noch während am HAG-Haus gebaut wurde, begann Roselius mit dem Bau des gegenüberliegenden Hauses. Hier entstand im Anschluß an das Roseliushaus (Nr. 6) ein Werkhof für sieben Künstler und daran anschließend das *Paula-Becker-Modersohn-Haus* (Abb. 29). Diesen Komplex schuf Bernhard Hoetger.

Hoetger war Bildhauer. Als Architekt war er nicht nur Autodidakt, er hatte vor allem bis zu diesem Werk keine Gelegenheit gehabt, ein so großes Projekt in gebaute Realität umzusetzen. Und als Bildhauer ging er auch an die Arbeit: Er knetete die Mauern und Wände, als ginge er nicht mit Steinen, sondern mit weichem Ton um. Der Gegensatz zwischen der West- und der Ostseite hätte kaum größer sein können – nur das beiden Seiten gemeinsame Material, der in Norddeutschland so verbreitete Backstein, bildet eine Brücke. Wo hat es auch eine derart expressive Architektur in Deutschland zuvor gegeben, zumal in der Größe und Komplexität, die auf diesem Stück der Böttcherstraße ihm zu gestalten aufgegeben war?

Es war Roselius' ureigenste Entscheidung, die Straße dieser Spannung auszusetzen, ein kraftvolles Gewicht gegen die manchem doch etwas zu heimattümelnde historische Form der Runge & Scotland zu setzen und sicher war Bernhard Hoetger der diesem Bauherrn kongeniale Künstler: stets suchend, stets bereit, zu neuen Ufern aufzubrechen, in Mythen denkend, aber realistisch im Umgang mit formbarer Materie.

Roselius hat Werk und Wirken der Paula-Becker-Modersohn erst nach ihrem Tod kennengelernt, war aber durch das, was er sah und erfuhr, so fasziniert von dieser bedeutendsten

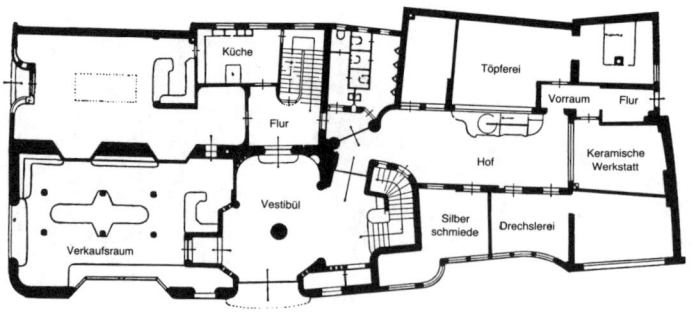

Bremen, Böttcherstraße, Grundriß des Paula-Becker-Modersohn-Hauses in der ursprünglichen, von Bernhard Hoetger ausgeführten Form. Der ›Hof‹ ist heute zur Straße hin offen.

Persönlichkeit des Worpsweder Kreises, daß er in kurzer Zeit nicht nur die vollständigste Sammlung von Werken der Künstlerin zusammentrug, sondern ihr schließlich diesen Baukomplex mit einer ständigen Ausstellung widmete.

Am Eingang zur Böttcherstraße ließ er verkünden:

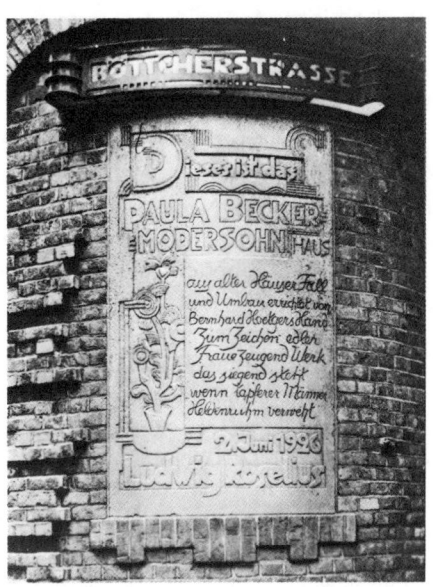

Dieses ist das Paula-Becker-Modersohn-Haus.
Aus alter Häuser Fall und Umbau
errichtet von Bernhard Hoetgers Hand.
Zum Zeichen edler Fraue zeugend Werk,
das siegend steht, wenn tapferer Männer
Heldenruhm verweht.

2. Juni 1926
Ludwig Roselius

Im Gegensatz zu der ganz neu erbauten Westseite mußte Hoetger alte Bauteile einbinden. So geht die gerundete Ecke vorn zurück auf ein Haus des 18. Jahrhunderts. Doch hinderte diese Bindung Hoetger nicht daran, seinen Vorstellungen vom plastischen Bauen zu folgen. Das wird deutlich in der Art, wie er den Eingang vorzog und zugleich grottenartig ins Innere öffnete, oder wie er die Baumassen des Kunstschau-Hauses überleitete zu dem niedrigen Werkstattflügel, der früher den Handwerkshof von der Straße abschirmte, wie er im Hintergrund mit dem Treppenturm als Gelenk den hochaufragenden, die profane Rückfront der benachbarten Bebauung abdeckenden Hofflügel einfügte, schließlich, wie er eine Backsteinwand gliederte und belebte. Und auch hier, wie bei den Häusern von Runge und Scotland, gab es die vollständige Durchdringung von Architektur, Kunstgewerbe und innerem Ausbau – an Geländergittern und Lampen ist das noch zu ahnen.
Zwei Jahre später baute Hoetger das *Haus Atlantis* zwischen dem Haus des Glockenspiels und dem wieder von Runge und Scotland erbauten ›Auswärtigen Amt‹ an der Martinistraße, das von Hoetger aber überfaßt wurde.

Das Haus Atlantis ist einerseits am stärksten verändert worden und heute so wenig vergleichbar mit dem Gewesenen, daß es schwer fällt, vor dem gegenwärtigen Bau über den ursprünglichen zu sprechen, andererseits spielte dieses Haus und seine Gestalt eine so besondere Rolle in der jüngeren Geschichte der Straße, daß es doch ins Gedächtnis zurückgerufen werden muß.

Der Hauptteil bestand aus einem Stahl- bzw. Stahlbeton-Skelettbau, dessen Stützen und Binder mit Kupfer umkleidet waren und als Parabolbinder auch die Dachform bildeten; die Horizontalen bestanden aus reliefierten Brüstungstafeln aus Holz und waagerecht geteilten Fenstern und Bändern aus Glasbausteinen, die auch das Gewölbe des Himmelssaales bildeten. Bei allem Reichtum im Dekorativen war dieser Bauteil also unerhört funktional. Dem entsprach auch die Nutzung durch ein ›Institut für Gesundheit und Leistung‹ (in unserer heutigen Sprache hieße es Fitness-Center, aber gegenüber einem solchen war es um soviel kultivierter als der Name) und durch den traditionsreichen ›Club zu Bremen‹, der einen Lesesaal, einen großen Clubraum und einen Vortragssaal im Hause hatte.

Von diesem Funktionsbau war das Treppenhaus abgesetzt (Abb. 28). Es enthält eine in drei innenliegenden Stützen angehängte gewendelte Stahlbetontreppe. Der Raum, der durch diese Treppe gebildet wird, gehört zu den schönsten expressionistischen Räumen, die in der Nachfolge von Bruno Tauts Glashaus auf der Weltbundausstellung in Köln 1914 entstanden waren. – Und dann kam der nie ganz begreifbare Bruch: Vor der Wand des Treppenhauses, das ebenfalls durch Glasbausteine sein Licht empfängt, war eine hölzerne Figur befestigt, die vom Eingang bis zu einer Sonnenscheibe über dem Haus aufstieg. Die Grundfigur bildete einen Lebensbaum, der sich aus drei Lebenswurzeln erhob. Im Zentrum war der gekreuzigte Odin mit dem Jahresrad dargestellt; auf dem standen runenartig eingeschrieben die Worte: »Ich weiß, daß ich hing am windigen Baum. Neun Nächte lang. Vom Ger verwundet, dem Odin geweiht, Ich selber mir selbst.« Odin war dargestellt, wie in der abendländischen Kunst Christus am Kreuz dargestellt wurde; es wurden also verschiedenen Quellen entsprungene Mythen im Bild zur Deckung gebracht.

Das war für die Zeitgenossen zuviel. Sie hatten sich schon schwer getan mit dem Expressionismus des Paula-Becker-Modersohn-Hauses. Das hier war ihnen aber nicht nur gänzlich unverständlich, es schockierte offensichtlich die Menschen von damals. Für die, die für das Neue Bauen stritten – die heftig umstrittene Weißenhof-Siedlung in Stuttgart war ja noch neu und aktuell –, war das trotz der funktionalen Teile an diesem Bau ein Rückfall ins finsterste Mittelalter, für die konservativen Kräfte aber ein Verrat an den hehren Zielen deutscher Kunst und Kultur.

Zum Wortführer gegen dieses 1931 fertiggestellte Werk machte sich die nationalsozialistische Presse, allen voran ›Das Schwarze Korps‹. Bernhard Hoetgers Schaffen war, zunächst wegen einiger unmittelbar politisch motivierter Bildwerke – er hatte ein Ehrenmal für die Revolutionäre von 1919 geschaffen – sofort nach der Machtergreifung der Nationalsozialisten 1933 als entartet erklärt worden und was von diesem Werk öffentlich war, zerstört. Damit war auch über die umstrittenen Werke Hoetgers in der Böttcherstraße praktisch der Stab gebrochen.

Bremen, Böttcherstraße, Haus Atlantis. Im Hintergrund links das Roselius-Haus in der Gestalt, die Carl Eeg ihm gab, rechts der gekreuzigte Odin.

Nachdem sich die Angriffe gegen die Böttcherstraße und gegen Roselius als ihren Bauherrn immer mehr steigerten, besonders, nachdem Hitler 1935 auf dem Parteitag in Nürnberg erklärt hatte: »Wir haben nichts zu tun mit jenen Elementen, die den Nationalsozialismus nur vom Hören und Sagen her kennen und ihn daher nur zu leicht verwechseln mit
undefinierbaren nordischen Phrasen und die nun in irgendeinem sagenhaften atlantischen
Kulturkreis ihre Motivforschung beginnen. Der Nationalsozialismus lehnt diese Art von
›Böttcherstraße-Kultur‹ schärfstens ab«, mußte Roselius, der ja auch an seine Firma denken
mußte, handeln. Um seine vaterländische Gesinnung unter Beweis zu stellen, tauschte er
zunächst die Mauerwerksplastik der Brücke über dem Zugang zur Straße gegen den ›Lichtbringer‹, ein Werk Hoetgers von 1920. Das Bild stellt den Kampf eines bewaffneten Jünglings – Erzengel Michael – mit dem Drachen als Sinnbild für die Mächte der Finsternis dar
(Farbt. 10). Außerdem war Roselius bereit, am Haus Atlantis größere Umbauten vorzuneh-
men. Der Vertreter Bremens beim Deutschen Reich sondierte deshalb, was gewünscht wird:
Umbau oder, und dieser Gedanke tauchte bereits 1935 im ›Schwarzen Korps‹ auf, unverän-
derte Erhaltung der Hoetgerschen Bauten, um »als Denkmal des Kulturbolschewismus der
Nachkriegszeit kommenden Geschlechtern als warnendes Beispiel vor Augen geführt« zu
werden. – Die Angelegenheit wurde bis zu Hitler vorgetragen, der im Sinne dieses Vorschla-
ges entschied; die Böttcherstraße wurde daraufhin in die Liste der bremischen Denkmäler
aufgenommen.

Wenige Jahre später wurde diese schöne Straße ein Opfer des Krieges; die kostbaren
Sammlungen waren aber geborgen und gerettet. Der Wiederaufbau erfolgte im wesentlichen
im Geiste der alten Böttcherstraße mit ihrer funktionalen Mischung aus Gastronomie mit
Räumen für festliche Anlässe, kunstgewerbliche Werkstätten und Läden und den museal
präsentierten Sammlungen. Über allem, alles einhüllend, aber stand der architektonische
Rahmen. Bei dessen Wiederherstellung ging es nicht ohne Vereinfachungen im Zeitgeist ab.
Das war einerseits eine Folge der Tatsache, daß die Ressourcen, über die der Bauherr der
alten Straße frei verfügen konnte, beim Wiederaufbau nicht im selben Maße zur Verfügung
stehen konnten, dann aber auch, weil Bernhard Hoetgers Architektur, weder traditionell
noch modern, ohne Freunde war. So wurde das Haus Atlantis völlig entfremdet, obwohl es,
einschließlich des Interieurs, am besten über den Krieg gekommen war. Die neue Fassade,
die vor die alte Konstruktion gehängt wurde, schuf Ewald Mataré als sein letztes Werk 1965.
Man sollte aber auf keinen Fall versäumen, einen Blick in Hoetgers Treppenhaus zu werfen,
mit der schönen Bewegung des Treppenlaufs, der ›gotischen‹ Wirkung der drei Stützen, den
sanften, wechselnden Lichteinwirkungen, die zu einer Zeit, als die Glasbausteine noch heil
waren, märchenhaft gewesen sein muß. Demnächst wird auch der Himmelssaal, dieses
Glasbausteingewölbe, das Hoetger als Dach gebaut hatte, und das mit den blauen Lebens-
baumornamenten, den Stuckformen und den Beleuchtungskörpern eigentlich nur die Aufgabe hatte, zum Träumen schön zu sein, wieder zu besichtigen sein.
Und dann muß man sich die Zeit nehmen, das *Roselius-Haus* zu besichtigen. Das Konzept,
das der Ausstellung von Anfang an zugrunde lag, war, die »Wohnstätte der Vorfahren zu
einem charaktervollen, eindrucksvollen Ganzen auszubauen...«. Der Charakter des Hau-

ses ist also der eines Patrizierhauses, das seine Gäste im Rahmen eines in Jahrhunderten zugewachsenen Besitzes empfängt.

Man durchschreitet zuerst eine Diele, blickt in die Küche neben dem Eingang, gelangt durch ein kleines Damenzimmer in das Eßzimmer; an dieses ist ein Oberlichtsaal angebaut worden, der die erlesensten Kunstwerke der Sammlung aufnimmt, darunter viele Werke aus dem Bereich der sakralen Kunst, die sich in so breiter Darstellung dem Konzept des Hauses entziehen würden und deshalb in diesem musealen Rahmen besser ausgestellt sind. Ein Zwischengeschoß, erreichbar über eine barocke Treppe, birgt ein Cranach-Kabinett mit sechs Bildern von Lucas Cranach d. Ä. aus allen Schaffensperioden des Künstlers. In Schrankvitrinen auf der Galerie und im Vitrinenzimmer sind kleine Kostbarkeiten der Buch-, Glas-, Silberkunst und anderer kunstgewerblicher Fertigkeiten ausgestellt. Über eine Renaissancetreppe erreicht man endlich den sogenannten Treppensaal, von dem aus man zu den ›Paulas‹, den Bildern der Paula Becker-Modersohn gelangt. Zu der erlesenen Sammlung gehört ferner eine Waffensammlung mit gotischen Schwertern, Landsknechtwaffen, Pistolen und Rüstungen. Mittlerweile ist die Paula-Becker-Modersohn-Sammlung an das Roselius-Haus angeschlossen.

Die Sammlungen und Kunstschätze der Straße gingen jetzt in den Besitz der Stadt über, während die Gebäude von der Sparkasse in Bremen erworben wurden. Löst man sich aus dem Bannkreis dieser Straße – für den, der ein Empfinden für stadträumliche Atmosphäre hat, ist ein solcher real spürbar –, sollte man sich aber doch in Erinnerung rufen, daß der Bau der Straße zwischen den Kriegen, die Öffnung der privaten Sammlungen für die Öffentlichkeit, schließlich der Kampf um die Böttcherstraße und ihr Wiederaufbau ausschließlich privatem Wollen entsprungen sind.

Und dann sei hier schon einmal das Stichwort Worpswede gegeben, wo man dem architektonischen Werk Hoetgers wieder begegnet und wo die ›Väterkunde-Sammlung‹ von Roselius wissenschaftlich-modern präsentiert wird (S. 208).

Der Schnoor und St. Johannis

Wie anders liegen da die Dinge im Schnoor. Ihn erreichen wir, wenn man den Markt in Richtung zur Baumwollbörse verläßt, auf der Marktstraße bis zur Balgebrückstraße geht und in der gegenüberliegenden Dechanatstraße die wenigen Schritte bis zu dem kleinen Plätzchen vor dem Landherrenamt geht. Den hoch aufsteigenden Bau der Post im Rücken und das Alte Gymnasium zur Linken, erkennt man beim ersten Blick in das Gäßchen im Hintergrund, daß man es mit einem ganz anders gearteten Stadtviertel zu tun hat.

Das *Landherrenamt,* an dem wir zum Schnoor einbiegen, war das Verwaltungsamt der bremischen Landgebiete, für deren Verwaltung jeweils zwei Landherren, Mitglieder des Senats, zuständig waren. Der romantisch-klassizistische Putzbau wurde 1856–57 von dem bremischen Baudirektor Alexander Schröder erbaut, der den ersten, den Hannoverschen Bahnhof, Vorgänger des heutigen Hauptbahnhofs, errichtete und das Alte Gymnasium, das direkt neben dem Landherrenamt steht.

Wenige Schritte weiter taucht man ein in eine zeitlos nostalgische Welt aus Altstadt, allgegenwärtiger Neuzeit und anheimelnder Gemütlichkeit (Farbt. 11, Abb. 31). Die Revitalisierung dieses Viertels – weder Sanierung noch Restaurierung trifft den Sachverhalt so gut wie der Begriff der Revitalisierung, der Wiederbelebung – ist sicher eine der bedeutenden Leistungen der bremischen Bau- und Denkmalpflege von 1955–75.

Lassen wir uns aber erst einmal durch das Viertel treiben. ›Zum Kaiser Friedrich‹, ein Haus, das älter ist, als das Äußere verrät, erinnert an die Verehrung, die dieser zweite Kaiser des Deutschen Reiches in Bremen genoß. In dem Kramladen daneben gibt es ein Fragment einer um 1730 bemalten Holzdecke. Die Häuser am Landherrenamt sind, soweit es nicht erkennbare Neubauten sind, auch wieder älter, als das klassizistische Air kundtun will.

Die Straße öffnet sich zum *Stavendamm*. Der gehört, das Wort ›-damm‹ deutet darauf hin, zu den ältesten künstlich angelegten Straßen der Stadt, die durch tiefliegendes, schlecht begehbares Gelände geführt haben muß. Der Name ›staven‹, der auf Badestuben hinweist, ist aber erst seit etwa 1500 genannt: Es hat möglicherweise also eine späte Umbenennung gegeben. Der Stavendamm führte vom Domgebiet über einen kleinen Balgearm, der innerhalb der Altstadt neben dem von der großen Balge umflossenen Martinsviertel eine kleine Insel abtrennte, zur Weser. Der Damm war danach die Erschließungsstraße für die Insel, und das Plätzchen, das sich inselseitig an die Balge anlehnte, mag ein kleiner Markt, ein Umschlagplatz an diesem schiffbaren Flußlauf gewesen sein.

Hier beginnt die Straße, die dem Viertel den Namen gab: der ›*Schnoor*‹. Der Name, im Mittelalter ›de Snore‹, soll nach Meinung einiger von ›Schnur‹ abgeleitet sein, weil die Häuser wie an einer Schnur aufgereiht seien – man mag es glauben . . .

Die Häuser im vorderen Teil bis zur Süsterstraße sind einfacher und weniger alt als die im hinteren Teil, auch haben einige Kriegsschäden zu Neubauten geführt. Gerade darum läßt sich hier erklären, warum der Schnoor so beliebt ist: Es ist das ganz beiläufige, unprätentiöse Altstadtbild, das hier dem Besucher entgegentritt. Es gibt hier nicht die Reihung bauhistorisch bedeutender Kleinodien, aus denen nur wenige heutige Altstädte bestehen, sondern das einfache kleine Haus, das zu besitzen sich jedermann vorstellen kann.

Solche Betrachtung sollte indes nicht den Blick für das bauhistorische Erbe verschließen; folgender Rundgang sei deshalb empfohlen: im ›Schnoor‹ bis zur Nr. 8, dort durch den Gang zur Straße ›Hinter der Balge‹ und zur ›Marterburg‹, wo wir nach rechts abbiegen; die ›Marterburg‹ geht über in ›Hinter der Holzpforte‹, von der wir in die ›Wüstestätte‹ gelangen, mit einem Abstecher zum ›Katzenhöfchen‹. Zuletzt gelangen wir wieder auf den ›Schnoor‹. Den gehen wir zurück, überqueren den ›Stavendamm‹ und sind nach wenigen Schritten auf der ›Hohen Straße‹ an der ehemaligen Franziskanerkirche, der heutigen Propsteikirche St. Johannis.

Mit Schnoor 15 beginnt die Reihe schöner alter Häuser mit baugeschichtlich interessanten Details. Dieses Haus ist wohl das Älteste des Viertels. Zwar wurde nach einer Inschrift im Inneren das Haus ›erst‹ 1512 erbaut (die Jahreszahl auf dem Türsturz ist jüngeren Datums), doch gibt es im Keller des Hauses einen Befund, der in die früheste Besiedlungszeit des Schnoor im 13. Jahrhundert zurückreichen könnte. Das Haus gehört zu den wenigen in

Bremen, Plan des Schnoorviertels

Bremen, in denen sich noch typische Einrichtungsdetails, wie eine bemalte Renaissance-Holzdecke und Kammereinbauten des 18. Jahrhunderts, erhalten haben.

Schräg gegenüber hat der Giebel des ›Amtsfischerhauses‹ von 1759 einen neuen Platz gefunden. Er stand vormals in der Großenstraße am Zunfthaus des Fischeramtes, mußte aber schon vor dem Krieg seinen angestammten Platz räumen. Auf einem Lagerplatz über-dauerten die Werksteine die Zerstörung der Stadt und wurden schließlich in diesen Neubau-komplex eingebunden.

Wenige Häuser weiter beweist ein Haus mit Rokoko-Utlucht, daß es auch in diesem kleinbürgerlichen Quartier Wohlstand gab. An den Schmuckspiegeln der Utlucht erkennen wir auch, wie stark das Straßenniveau seither angehoben wurde. Besonders hübsch ist dann das Haus Nr. 9 mit einer strenger gestalteten Utlucht, zwei lisenenartigen Steinbändern über dem Türgericht mit zauberhaften Blütengehängen, die um 1730 anzusetzen sind und mit einem Giebelfensterchen im Ohrmuschelstil, der die Erbauung des Hauses auf etwa 1620 zu datieren erlaubt. Die Sonnenuhr ist wie die Utlucht und die Zierpforten eine Zutat des 18. Jahrhunderts. Eine Besonderheit des Hauses ist, daß es auch an der Rückseite eine Utlucht hat, die man sieht, wenn man durch den Gang im neuerbauten Nebenhaus geht – vorher sollte man sich umdrehen und auf der gegenüberliegenden Seite auf die letzten Fachwerkhäuser der Stadt einen Blick werfen. Das große Haus mit dem zweigeschossigen Erker und der Ladeluke im Giebel wird ins 16. Jahrhundert zu datieren sein. Es trägt eine Wetterfahne mit einem großen ›R‹. Die wurde zur Erinnerung an den Bremer Kaufmann J. Rohland gesetzt, der 1875 testamentarisch ein Vermögen von 231 000 Goldmark für die Erhaltung von Baudenkmalen stiftete; als nach zwei Geldentwertungen dieses Vermögen bis auf wenige hundert Mark zusammengeschmolzen war, löste man 1955 die Stiftung auf und schuf für den Rest die Wetterfahne.

Gehen wir durch den Gang zu dem Gäßchen ›Hinter der Balge‹; die war früher eine von der Marterburg aus zugängliche Sackgasse mit kleinsten Häusern. Die Häuser sind alle neu erbaut und vergrößert, nur das Haus, auf das man vom Durchgang aus zukommt, blieb in seiner originalen Substanz erhalten und vermittelt einen Eindruck von den Wohn- und Hausverhältnissen von einst. Von hier aus hat man auch den Blick auf die Rückseite der Häuser im ›Schnoor‹.

Gehen wir zur ›Marterburg‹. Das Eckhaus zum ›Schnoor‹, das sogenannte Hochzeitshaus, ist ein Neubau, an dem alte Bauteile verwandt wurden; auch die räumliche Situation ist neu – ein Beispiel, wie man im Schnoor neue Planungsvorstellungen ohne Maßstabbrüche verwirklicht hat.

Marterburg Nr. 28 (Farbt. 19) ist wieder ein bauhistorisch interessantes Haus. Es wurde 1629 erbaut und hundert Jahre später umgebaut und erweitert. Aus dieser Zeit stammen das Portal und der in Bremen mittlerweile seltene Kücheneinbau. Das Haus birgt noch Teile eines Vorgängerbaues aus dem 15. Jahrhundert, so daß es zum älteren Baubestand im Schnoor gehört.

Im Weitergehen sollte man die schöne Dachlandschaft betrachten und die Staffelung der ersten Häuser der Straße ›Hinter der Holzpforte‹, von denen die Nr. 2 ursprünglich ein Kontor- und Packhaus von 1630 war (Abb. 31). Es wurde 1960 umgebaut. Ein ausgesprochen elegantes Haus an dieser Stelle ist die Nr. 20. Es war das ›Haus des Aufsehers der Bastion auf dem Wall‹. In die um 1700 errichtete Fassade wurde gegen 1750 die zweigeschossige Sandsteinfront mit Utlucht und zierlichem Portal eingestellt, eine im barocken Bremen verbreitete Form der ›Modernisierung‹.

Nun biegen wir ein in die ›Wüstestätte‹, einem der winzigen Plätzchen, die dem Viertel seinen besonderen Charme verleihen. Der Name wird nach 1659 entstanden sein. Damals brannte hier das St. Jakobi-Witwenhaus mit sieben Nachbarhäusern ab, und die Brandstätte lag für lange Zeit wüst. Auch war der Platz größer, denn sowohl die beiden Häuser zum Schnoor – Nr. 36 und 37 – als auch die Reihe der teilweise winzigen Häuser der rechten Seite – Nummern 2 bis 4 der Wüstestätte – sind erst nach 1800 hineingezwängt worden. Hinter diesen kleinen Häuschen liegt übrigens der ›Katzenhof‹, dem man einen Blick schenken sollte (Durchgang neben Nr. 37).

An der ›Wüstestätte‹ stehen auch noch zwei ehemalige Packhäuser. Solche Pack- oder Stapelhäuser haben seit dem 18. Jahrhundert das Bild der Stadt nachhaltig mitgeprägt, besonders in der Stephanistadt und auf dem westlichen Teil des Teerhofs reihten sich Packhausgiebel an Packhausgiebel. Sie sind alle verschwunden, einzig die beiden im Schnoor blieben erhalten, wobei der eine unter Aufgabe der charakteristischen Speicherkonstruktion – die besteht aus Hunderten von Kubikmetern Holz, die in Konstruktionen eingebunden sind, die einen Funktionswandel sehr erschweren – zu einem kulturellen Mehrzweckbau, dem Packhaustheater, umgebaut wurde, während im anderen, weil er noch als Speicher genutzt wird, die alte Konstruktion erhalten blieb.

Am Giebel des zweiten Packhauses steht eine Holzstatue des Jacobus Major aus dem 17. Jahrhundert – der Volksmund nennt sie den ›Juxmajor‹.
Wir treten nun wieder auf den ›Schnoor‹ und kehren zurück zum Stavendamm.

Was ist nun eigentlich das Besondere am Schnoor? Zunächst ist er, nachdem er die Zeiten heil überdauert hat, im baulichen Sinne das letzte Stück Altstadt in Bremen. Ungunst der Lage und eine Portion Zufall haben dies bewirkt.

Der Schnoor liegt abseits, fast versteckt hinter den großen öffentlichen Bauten – Post und Gymnasium –, die die Kurienhöfe mit ihren Gärten abgelöst hatten. So blieb das Quartier verschont von den Eingriffen in das mittelalterliche Bild, die die anderen Plätze der Stadt bis zur Unkenntlichkeit verändert hatten – wer hätte hier schließlich ein Kaufhaus bauen wollen. Die Folge war aber auch, daß das kleinbürgerliche Baugefüge mehr und mehr überalterte und das soziale Gefüge der Bewohner absank, was sich wieder auf die Pflege der Häuser auswirkte. 1904 sah sich die Bürgerschaft schließlich veranlaßt, den Senat zu beauftragen, »zum Zwecke der Sanierung Gebäude der oberen und unteren Altstadt, namentlich zwischen Stavendamm und Marterburg, niederzulegen«. Der Auftrag geriet auf die lange Bank, bis zehn Jahre später der Ausbruch des Ersten Weltkriegs allem Planen ein Ende bereitete. Danach gab es andere Sorgen als die Sanierung eines Arme-Leute-Viertels. Die Planungen, die in den dreißiger Jahren ausgearbeitet wurden, hätten allerdings das Ende des Schnoor, wie auch das anderer altstädtischer Quartiere bedeutet, wären sie verwirklicht worden.

Und wieder gab es Krieg, und jetzt verlor Bremen, mit Ausnahme des Schnoor, alle Quartiere, die noch ein altstädtisches Gefüge aufwiesen. Daß die Bomben dieses kleine Stückchen Altstadt am Ende verschont hatten, war reiner Zufall.

Glücklicherweise erkannte man Wert und Bedeutung dieses Zufalls für die Stadt, bevor die Euphorie der Aufbaujahre auch hier zerstörend eingreifen konnte. Von Flächensanierung war nicht mehr die Rede, behutsame Sanierung und Wiederbelebung – Revitalisierung genannt – waren die neuen Planungsziele, die 1959, die Sanierung war längst in Gang gekommen, mit dem ›Schnoorstatut‹, einer einfachen Orts- und Gestaltungssatzung, baurechtlich abgesichert wurden. Geld für diese Sanierung kam von der Denkmalpflege, von privaten Spendern und Vereinen, von privaten und öffentlichen Eigentümern.

Zwanzig Jahre später war das kleine Quartier saniert. Künstler, Kunsthandwerker, Antiquitätenhändler, Kneipen und Restaurants der ›gehobenen‹ Klassen bestimmen heute das Bild des Schnoor; Touristen und der Dienst am Touristen prägen das Leben im Schnoor.

Ein anderer Grund, weshalb der Schnoor bei Einheimischen und Touristen so beliebt ist, klang schon an: In einer so durch und durch versachlichten Welt wie der unsrigen, die mit dem bildhaften, baulichen Erbe so wenig zimperlich umgegangen ist, sehnen wir uns alle doch ab und zu zurück in eine kleine Welt, die sich als heile Welt von Gestern darstellt. Und wenn man in dieser kleinen Welt auf Schritt und Tritt dem Anderen bei seinem handwerklichen Tun, das so nach erfüllter Tätigkeit aussieht, zusehen kann, dann sich eingeladen sieht zu schönem Essen in eines der stilvoll gestalteten Lokale, dann kommt ein Gefühl der Heimeligkeit auf, das für einen Moment das Draußen vergessen läßt. Es ist sicher nicht so sehr die Begegnung mit dem historischen Ort, die die Besucher erwarten, sondern die Erfüllung nostalgischen Sehnens.

Vom Stavendamm sind es nur wenige Schritte bis zur Propsteikirche *St. Johannis*. Die einstige Franziskanerklosterkirche St. Johannis ist die einzige Klosterkirche der Stadt, die erhalten blieb: Das Dominikanerkloster mit der Kirche St. Katharinen verschwand in den Jahrhunderten seit der Reformation, und das St. Pauls-Kloster wurde schon 1546 vor den heranrückenden kaiserlichen Heeren dem Erdboden gleichgemacht. Aber auch von der Niederlassung der Franziskaner blieb nur die Kirche erhalten, die Klostergebäude wurden 1834 abgetragen.

1241 wurden die Franziskaner zum ersten Mal in Bremen erwähnt – vermutlich hatten sie sich aber gleichzeitig mit den Dominikanern um 1225 hier niedergelassen. Von den ersten Bauten ist nichts erhalten. Die heute bestehende dreischiffige Hallenkirche wurde im 14. Jahrhundert neu erbaut, die Erneuerung der Klosterbauten schloß sich an.

Bis zur Reformation verlief die Geschichte des Klosters in ruhigen Bahnen. Durch die Reformation versiegten zunächst die Einnahmen der Mönche, dann wurden die Liegenschaften von der Stadt übernommen, endlich die Ausübung des Kultus untersagt. Einzig freie Wohnung und freien Lebensunterhalt waren den letzten Mönchen vom Rat zugebilligt, dazu kamen Alte und Kranke, denen das Kloster als Herberge zugewiesen wurde.

Die Kirche blieb erhalten, weil sie immer als Kirche genutzt blieb: als Kirche des Armenhauses, als Ausweichunterkunft der Gemeinden, deren Kirchen renoviert wurden oder, was in Kriegszeiten auch vorkam, deren Häuser als Lazarette und Magazine benutzt wurden;

Bremen, das ehemalige St. Johannis-Kloster um 1830

St. Johannis, gesehen von der Langewieren,
1849, Lithografie nach F. W. Kohl

lange Zeit war sie auch die Kirche der französischen reformierten Gemeinde und 1816 wurde sie der katholischen Gemeinde als Pfarrkirche übereignet, die aber erst nach siebenjährigem Umbau einziehen konnte.

Es gab im reformierten Bremen immer eine kleine katholische Gemeinde. Sie stand unter dem Schutz des kaiserlichen Residenten in Bremen und traf sich in dessen Haus zum Gottesdienst. Es war eine Gemeinde, die man dulden mußte, um sich nicht die Gunst des Kaisers zu verscherzen; ihre Mitglieder konnten aber nicht das Bürgerrecht erwerben und die Kinder kein Handwerk erlernen. Erst als die politischen Verhältnisse nach dem Verzicht von Kaiser Franz II. auf die Kaiserwürde und die absolute Vormachtstellung Frankreichs eine Revision der bis auf die Reformation zurückreichenden engen Bestimmungen nahelegten, kam es 1806 zur Anerkennung der katholischen Gemeinde durch den Senat und die rechtliche Gleichstellung ihrer Mitglieder mit den übrigen Bewohnern der Stadt.

Der bauliche Zustand der St. Johanniskirche muß zu dieser Zeit aber schon lange beklagenswert gewesen sein. Ab 1801 wurde sie gar nicht mehr benutzt, und so sann man darüber nach, was man wohl mit dem Bau tun könne. Eine der Überlegungen stammt von dem Bremer Bauunternehmer C. A. Deetjen, der den Umbau der Kirche zu einem Packhaus vorschlug, entsprechend der St. Katharinenkirche und der Hl. Geist-Kirche. Der tiefe Chor sollte dabei vom Kirchenschiff abgetrennt und weiterhin kirchlich benutzt werden.

Eine sehr lästige Ursache der Schäden war, daß der Schnoor fast jedes Jahr überschwemmt wurde. Das traf dann jedesmal auch die Kirche. Um das künftig zu verhindern, erhöhte man das Niveau der Straßen – das der ›Langewieren‹, der Straße neben St. Johann, immerhin um einen Klafter, das sind 1,90 Meter! Da dieses Maß aber keine brauchbare Raumhöhe abgibt, erhöhte man den Fußboden in der Kirche gleich um rund drei Meter und erhielt so einen schönen Keller unter der Kirche. Diese Höhe fehlt nun in dem für eine Minoritenkirche des 14. Jahrhunderts typischen Raumbild.

Die Halle hat drei Schiffe zu fünf Jochen, von denen das östliche breiter ist als die vorhergehenden. Das Mittelschiff ist gegenüber den Seitenschiffen hervorgehoben durch seine große Breite und durch die betonte Ausbildung der Schildbögen. Jenseits eines kaum abgesetzten Triumphbogens setzt sich das Mittelschiff fort in dem einstigen Mönchschor mit zwei Chorjochen und einem 7/10-Chorabschluß. So ergibt sich im Mittelraum eine Folge von sieben queroblongen Kreuzgewölbejochen auf Rippen, die bis zum Chorschluß über den Kapitellen der Dienste emporsteigen und in ornamentierten Schlußsteinen münden.

Eindrucksvoll ist der Westgiebel (Abb. 30). Mit Ausnahme einiger konstruktiver Elemente ist er ganz aus Backstein aufgeführt. Den Ordensregeln der Franziskaner entsprechend hat der Bau keinen Turm, dafür ließ ein alle drei Schiffe überdeckendes großes Satteldach die Ausbildung eines gewaltigen Giebels zu. Er ist in drei Geschosse, die durch Stromschichten voneinander geschieden sind, unterteilt. Die einzelnen Geschosse wieder sind durch paarweise angeordnete Spitzbogenblenden gegliedert, deren Grund ornamental ausgemauert ist und deren Spitzbogenfelder verputzt sind. In die Giebelspitze ist eine Kreisblende mit einem Sechseckstern eingepaßt. – Dieser Westgiebel ist das schönste Beispiel norddeutscher Backsteinbaukunst in Bremen.

Die letzten Zeugnisse der Weserrenaissance

Bis in das vorige Jahrhundert hinein gab es in Bremen, neben den sakralen Bauwerken, noch viele gotische Bürgerhäuser, auch war die Entwicklung bürgerlicher Baukunst von der Frührenaissance über die Renaissance mit ihrer üppigen Spätform der Weserrenaissance bis zum Barock in wirklich allen Spielarten an den Fassaden, oft aber auch noch im Inneren, ablesbar.

Die Erneuerung der bremischen Altstadt – oder direkt gesagt: die Citybildung – setzte dann bereits um die Mitte des vorigen Jahrhunderts ein, zu einer Zeit, als es hier noch keine archäologisch-konservatorischen Interessen gab, und sie erlebte einen ersten Höhepunkt, aber nicht ihr Ende, in den neunziger Jahren – in diese Zeit reichen denn auch die ersten Überlegungen zum Schutz der Baudenkmäler. Dennoch gab es 1940 in einigen Bereichen der Altstadt – außer Schnoor und Stephani im Buchtstraßenviertel, im Bereich Faulenstraße/ Abbentorswallstraße oder im Bereich Martinistraße/Schlachte – noch eindrucksvoll geschlossene Altstadtbilder. Bis auf den Schnoor und Teile des Buchtstraßenviertels wurden sie alle ein Opfer des Krieges. Schließlich forderte der Wiederaufbau und die Verwirklichung eines in seinen Ansätzen schon vor dem Krieg geplanten Verkehrskonzeptes bedeutende Opfer unter den Resten. Heute gibt es in der Altstadt von Bremen keinen der für diese Stadt einst so charakeristischen barocken Bürgerhäuser mehr, für die Gotik steht einzig das kleine, wiederaufgebaute Haus zum ›Spitzen *Giebel*‹ hinterm Schütting, und was von dem einstigen Reichtum der Weserrenaissance blieb, ist schnell vorgestellt.

Beginnen wir den Rundgang wieder am Markt, verlassen ihn aber zur Langenstraße. Dort steht die ehemalige *Stadtwaage* (Farbt. 4). Sie wurde 1586/87 von Lüder von Bentheim, dem wir schon an Rathaus und Schütting begegnet sind, gebaut. Man nimmt an, daß sie an der Stelle eines älteren Waagebaus stand, denn auf dem Hogenbergplan von 1580 ist hier ein auffallend großer Bau mit drei Torbögen und einem Staffelgiebel eingetragen – Torbögen sind auch das Merkmal der neuen Waage. Zur Langenstraße sind es zwei, übrigens ungleich große Rundbogenportale, dazu gibt es nach jeder der beiden Seitengassen ein ebenso großes Tor, so daß der Umschlag der Waren durch vier Öffnungen möglich war. Die Schlußsteine der der Langenstraße zugewandten Bögen tragen das Schlüsselwappen und weisen damit auf den öffentlichen Charakter der Waage hin.

Die Stadtwaage ist der älteste Schwesterbau des 1944 total zerstörten Kornhauses, das Lüder von Bentheim 1591 am anderen Ende der Langenstraße erbaut hatte. Sie wurde 1944 so zerstört, daß um den Wiederaufbau hart gerungen werden mußte.

Das Prunkstück des Baues ist der mit vier Geschossen hoch aufragende Giebel. Die als Packhausböden genutzten niedrigen Giebelgeschosse sind durch Gesimsbänder, auf denen die Fenster aufsitzen und die jeweils andere Gestalt haben, voneinander geschieden. Die Giebelkontur wird von Rollbändern und Schnecken begrenzt. Einzig in seiner Zeit ist die seitliche Abgrenzung der Giebelgeschosse durch paarweise angeordnete Pilaster, von denen der innere die Schnecke trägt und der äußere einen Obelisken. Wie neuartig diese Anordnung der Pilaster war, wird einem deutlich, wenn man sich die Gestalt des Ostgiebels vom Schütting (1565, Carsten Husmann) in Erinnerung ruft: dort gliedern die Pilaster die Giebelgeschosse, sind sie Teil einer vorgeblendeten Bogenarchitektur, hier dagegen sind sie Teil einer von tektonischen Regeln – Pilaster über Fenstern! – befreiten Ästhetik. Der Manierismus hielt Einzug in Bremen.

Man sollte das Haus umschreiten und die Rückfront ansehen. Sie mußte neu entworfen werden, weil die alte Waage an der Rückseite eingebaut war. Die ganz vom Geist Lüder von Bentheims durchdrungene Lösung stammt von dem damaligen bremischen Denkmalpfleger Dr. Rudolf Stein. Er veranlaßte auch, daß der Wappenstein von 1615, der einst ein Portal an der Nordseite des Rates krönte, dann an anderer Stelle eingebaut war, hierher kam, wie auch eine Kopie der schönen ›Samson und Dalila‹-Platte. Der Brunnenstein um die Ecke herum mit dem Löwenaufsatz gehört zur alten Waage.

Die beiden Utluchten am Nachbarhaus sind die traurigen Reste des Esichhauses von 1618, nach einer alten Essigfabrik auch ›Essighaus‹ genannt, dem bedeutendsten Bürgerhaus des Manierismus in Bremen, vergleichbar mit dem Leibnizhaus in Hannover.

An der Ecke Langenstraße/Martinistraße überqueren wir letztere und wenden uns zurück zum Haus *Martinistraße 26*, vorm. 33/35 (Abb. 32). Das Haus wurde 1913–15 von den Architekten Behrens und Neumark für die ehemalige DDG ›Hansa‹, eine Reederei, an der Stelle alter Bürgerhäuser errichtet. Teile dieser Häuser, besonders die Giebel, wurden in den Neubau eingebunden. So stammt der linke Giebel von 1580, während der rechte in den

*Bremen, das Gewerbe-
haus (Krameramts-
haus), Lithografie von
Friedrich Wilhelm
Koch, um 1850. Auf
diesem Bild befindet
sich das Prunkportal
im rechten Haus, wäh-
rend zum linken Haus
eine kleine Tür führt.
Der eingegrenzte freie
Platz links war der
1812 aufgehobene
Ansgarikirchhof.*

ersten Jahren des 17. Jahrhunderts geschaffen wurde. An der Rückseite ist mit dem Erker des
›Ulenstein‹ ein dritter Gebäuderest dieser Zeit erhalten.

Wenn wir vom Hansahaus die Martinistraße nach Westen – also vom Markt weg – gehen,
kommen wir fast unmerklich in einen zweiten Abschnitt der Langenstraße, die durch den
großen Durchbruch der Martinistraße ›abgeklemmt‹ wurde. Hier finden wir das Haus
Langenstraße 28 (Farbt. 3), früher 112 und bekannt unter dem Namen ›Suding & Soeken‹.
Es ist in Bremen das letzte Kaufmannshaus mit einer Handelsdiele von etwa 1730. Das Haus
stammt indes schon aus dem Anfang des 17. Jahrhunderts und nur die ›eingelassene‹ Roko-
kofassade wie die Diele aus dem 18. Jahrhundert erwecken den Eindruck, der ganze Bau sei
nach 1700 erbaut. Hier kann man sich noch eine Vorstellung machen, wie der Dielenraum in
großen Kaufmannshäusern aufgeteilt war. Auch kann man sehen, wie die Treppen- und
Galeriebrüstungen, denen man in Museen häufig begegnet, eingebaut waren. – Leider ist der
Keller aus der Erbauungszeit des Hauses nicht zu besichtigen.

Zum *Gewerbehaus* am Ansgarikirchhof müssen wir die Martinistraße wieder überqueren,
die Piperstraße hoch, und auf der Obernstraße einen Gebäudeblock nach links gehen. Wir
stehen dann vor dem 1618–21 als ›Kost- und Hochzeitshaus‹ der Wandschneidergilde erbauten Zunfthaus, das 1685 vom Krameramt übernommen wurde, 1861 an die Stadt fiel, die es
nach einem Umbau als Gewerbehaus nutzte. Nachdem es im Krieg schwer zerstört wurde,
fiel es an die Handwerkerschaft zurück, die es wieder aufbaute und als Handwerkskammer
nutzt.

Trotz des Umbaus im vorigen Jahrhundert und dem Wiederaufbau nach dem Krieg blieb
erkennbar, daß hier zwei Häuser zusammengewachsen waren: ein Haus mit drei breiten

Fensterachsen (hier war ursprünglich das Portal) und einem sich über die ganze Hausbreite erhebenden Giebel und ein ursprünglich wohl quer dazu stehender Bau mit fünf Achsen und einem kleineren, nicht axial ausgerichteten Giebel. Der Hauptgiebel dieser Häuser war immer zur Südseite gerichtet.

Der Baubeginn ist verbunden mit dem Namen des Steinhauers Johann Nacke († 1620), der auch am Rathaus tätig war; sein Nachfolger Ernst Kroßmann aus Lemgo vollendete den Bau mit den reich gestalteten Giebeln und dem großen Portal (Abb. 33), das der bedeutendste Schmuck des Hauses ist. Er wird bekrönt von Justitia, Herkules und Minerva. Zwei prachtvolle, heraldische Löwen halten als Hinweis auf das Krameramt einen Schild mit einer Waage. Fanfarenblasende Engel in den Zwickeln über dem Rundbogen des Portals wie auch die Embleme an den Sockeln der korinthischen Vollsäulen weisen auf den festlichen Rahmen des Hauses. – Im Zuge des Wiederaufbaus wurden die beiden Platzgiebel rekonstruiert, an die Stelle des Südgiebels trat jedoch der sogenannte ›Wrissenbergsche Giebel‹, der aus den Trümmern des Hauses Langenstraße 34 geborgen wurde.

Die Wallanlagen

Den Spaziergang durch die Wallanlagen beginnen wir am Herdentor an der ›Vase‹ und gehen auf der Stadtseite bis zur Kunsthalle.

Im 17. Jahrhundert konnte Bremen seine Selbständigkeit selbst gegenüber einer Großmacht wie Schweden noch durch die Stärke seiner Befestigung verteidigen; im 18. Jahrhundert konnte es das nur noch mit diplomatischen Mitteln, zu denen Kontributionsleistungen nach beiden Seiten ebenso gehörten wie die Duldung wechselnder Besetzungen. Dabei mußte der Rat die Erfahrung machen, daß in einer solchen Lage eine noch intakte Befestigung von dem, der sie besetzt hält, ebenso gegen die Stadt zur Bedrohung werden kann, wie sie befreundete Mächte nach außen behindert.

Dennoch beschlossen Senat und Bürgerkonvent erst 1802 den Abbruch der Wälle und ihre Umwandlung in Gartenanlagen. Im Ratsbeschluß hieß es dazu, »die Wälle und Brustwehren der alten Befestigungswerke [seien] abzutragen und diese, so wie die ganze breite und geräumige Umgebung des Stadtgrabens in freundliche Gartenanlagen und terrassenartige Spaziergänge mit schattigen Ruheplätzen und Lauben umzuwandeln und dieselben in einen dem Auge gefälligen Zusammenhang zu bringen«. Senat und Bürgerschaft setzten, wie das in Bremen üblich ist, eine ›Deputation‹, ein Beratungsgremium, ein, das eigene und fremde Vorschläge aufgriff und auswertete. Erste Anregungen für die Anlage des Parks gab der oldenburgische Hofgärtner Christian Ludwig Bosse. Sein Projekt faßte Wall, Stadtgraben und Contrescarpe zu einer großen gestalterischen Einheit zusammen, deren Verlauf von dem Zickzack der Bastionen bestimmt wurde. Bei der Durchführung gewann der bremische Gärtner Isaak Hermann Albert Altmann aber bald so großen Einfluß, daß die Wallanlagen meist als sein alleiniges Werk angesehen werden. Er hatte in der väterlichen Gärtnerei gelernt und war auf seiner Wanderschaft in Potsdam, in Wien und in Oldenburg gewesen, bevor er sich in Bremen niederließ. Bis 1809 waren die großen gärtnerischen Arbeiten durchgeführt und bis 1822 hatten die Anlagen eine Gestalt erlangt, die ein Zeitgenosse mit den Worten rühmte: »Wie aber überhaupt diese Wallanlagen zärtlich gehegt und gepflegt sind, wie sie mit Geschmack und malerischem Sinn geordnet, wie mit Bedacht der Ausblick in die Ferne noch ferner, die Verschlossenheit der Nähe noch verschlossener erscheint, wie das Wasser bald als Fluß, bald als See sich zeigt, bald als städtischer Kanal, in welchem sich Häuser und Brücken spiegeln, bald als ein Waldsee, in welchem wildes Gebüsch und hohe Waldbäume sich einsam und still beschauen, und wie, wenn auch wegen des flachen Terrains nicht bewirkt werden konnte, daß das Wasser bald nur gehört, bald nur gesehen werde, doch in anderer Art Alles geschehen ist, das läßt sich nicht ohne Ruhm erwähnen...«

Es war nicht immer leicht, die Wallanlagen von Bebauung frei zu halten; die Versuchung, in einem solchen Gelände eine Baulandreserve für öffentliche Gebäude zu sehen, war immer groß. Meist aber wurde der Versuchung widerstanden und in einigen Fällen gelang es, Bebauungen zu verdrängen. Der Abbruch der Ruine des Stadttheaters in den Wallanlagen – oder anders gesagt: der Verzicht auf den Wiederaufbau – stellt für die Wallanlagen einen Gewinn dar, während der Verlust von elf der zwölf Mühlen, die 1796 noch auf den Wällen standen, heute bedauert wird. Nur noch die *Mühle* auf der Gießhausbastion am Herdentor ziert die Wallanlagen und auch das nur, weil schon 1898 die Bürgerschaft, nachdem die Mühle abgebrannt war, beschloß, die Mühle »im Interesse der landschaftlichen Eigenart unserer Wallanlagen« aus öffentlichen Mitteln neu zu errichten. Seither ist sie neben dem Roland und neuerdings den Bremer Stadtmusikanten eines der Wahrzeichen der Stadt.

Ganz anders sehen die Wallanlagen der Neustadt aus. Sie wurden nie so gepflegt und vielgestaltig ausgebaut wie die Anlagen der Altstadt und galten den Planern immer als ein Freiraum für Zweckbauten wie Kasernen und Exerzierplätze, Schulen und Technikum. Nach dem Krieg wurde zwar manches besser, aber die Weite, Breite und Bildhaftigkeit der Anlagen der Altstadtseite findet man hier nicht.

Der Wallabschnitt, der im folgenden beschrieben wird, umfaßt zwar nur einen Teil der altstädtischen Wallanlagen, sicher aber den interessantesten.

Gleich am Eingang am Herdentor steht die ›Vase‹ aus weißem Marmor (Abb. 37). Sie ist ein Werk des aus Bremen gebürtigen Carl Steinhäuser (1813–79), der lange in Rom lebte und arbeitete. Dennoch blieb er seiner Heimatstadt, und diese mit ihm, verbunden und manches Denkmal, manche Skulptur in Bremen zeugen von der großen Wertschätzung, die er hier genoß. Die ›Vase‹ – mit Sockel etwa 5,5 Meter hoch – war eine Stiftung ›hiesiger Kunstfreunde‹, die 1855 etwas für die Verschönerung der Wallanlagen tun wollten. Der Bildfries auf der ›Vase‹ stellt aber nicht etwa einen antiken Opferzug dar, sondern, idealistisch überhöht, den bremischen Klosterochsenzug. Das war ein Festzug, der jedes Jahr am Freimarkt, dem großen Markt- und Volksfest im Herbst, stattfand und bei dem einige fette Ochsen zugunsten des Krankenhauses im Johanniskloster aufgetrieben und verlost wurden. Den Brauch gab es bis 1871. Wie die Signatur erkennen läßt, hatte Steinhäuser das Denkmal 1833 im Atelier seines Lehrers Rauch in Berlin entworfen, und zwar noch in einem ganz antikischen Geist, wie die Form des Zuges oder ein Detail wie die verschlungenen Henkel deutlich machen.

Ansicht des Ostertor-Walls mit dem Bischofstor, um 1850, von A. von Lowtzow

Wir gehen den Weg am Wasser. Einige große Solitärbäume aus den ersten Pflanzepochen zeugen von der Bildkraft, mit der Altmann die Bäume setzte. Der Weg führt zum Bischofstor – hier gab es in der mittelalterlichen Befestigung eine kleine Pforte – mit dem Theaterberg zur Rechten. Auf der Höhe der Wallstraße stand das 1843 erbaute, 1944 zerstörte Stadttheater.

Am Fuß der bastionhaften Erhebung des Theaterberges steht der ›Rosselenker‹ von Louis Tuaillon. Die Gruppe des Jünglings mit dem Pferd, die Tuaillon 1900 in Rom geschaffen hatte, gehört in ihrer klassischen Einfachheit zu den Werken, mit denen die Kunst des Historismus überwunden und die Plastik auf den Weg eines idealistischen Naturalismus geführt wurde.

Diese Erkenntnis war, als die Gruppe aufgestellt wurde, indes nicht sehr weit verbreitet; für breite Kreise war in erster Linie ein sehr nackter Jüngling, der ein Pferd führt, dargestellt, und das war »ein Gürtel oder eine Schärpe oder dergleichen Nebenkram« zu wenig, zumindest in den Augen eines Kritikers, der die Gruppe als Künstler zu bewerten vermochte: »Unser nordisches, durch Witterung, Moral und Polizei zur Kleidung gezwungenes Volk kann sich nicht, beim besten Willen nicht zu jener naiven Betrachtung der Nacktheit erheben, die den Völkern des Südens ... so selbstverständlich war.« Und weiter schreibt er: »Alle Achtung vor der unberührten Schönheit des menschlichen Körpers, es ist jedoch nicht unmöglich, ein bißchen Gürtel oder Schärpe oder dergleichen Nebenkram so zu arrangieren, daß der anatomische Reiz nirgends eine nennenswerte Einbuße leidet und dennoch das gutbürgliche Gefühl einer norddeutschen Stadt geschont bleibt ...« (Fitger).

143

Bremen, das Ostertor um 1840. Der Blick geht von außen in die Stadt. Vom Betrachter aus stand links das Akzise-(Zoll)haus und rechts das Polizeigefängnis. Die Torsperren fielen erst 1848/49.

Der Weg, wieder entlang dem Wallgraben mit dem Blick auf die hinter Bäumen versteckten, zum Teil prachtvollen Häuser der Contrescarpe 21–36, führt am Ende auf die Höhe einer ehemaligen Bastion. Dort steht ein anderes Freidenkmal, das Carl Steinhäuser für Bremen geschaffen hat: Das *Denkmal* für den Arzt und Astronomen Heinrich Wilhelm Matthias *Olbers* (1758–1840), errichtet 1850.

Olbers ist nicht als Arzt dargestellt, sondern als der gelehrte, der Zeit(-tracht) enthobene Astronom, der die Planetoiden Ceres, Pallas und Vesta entdeckte. Ihre Personifizierungen sind denn auch am Sockel dargestellt, dazu an der vorderen Seite Olbers, die Sterne beobachtend, und nur auf der Rückseite weist ein Relief auf den eigentlichen erlernten und ausgeübten Beruf des Arztes.

Wir erreichen nun am ehemaligen Ostertor den Abschnitt der Wallanlagen, der am meisten die Begehrlichkeit der nach schönen Bauflächen Ausschau haltenden Planer weckte. Zuerst entstanden hier, wie vorher an den anderen Stadtzugängen Herdentor, Ansgaritor, Doventor, *die Ostertorswachhäuser,* zwischen denen bis 1848 ein Gitter die Grenze des Stadtgebietes markierte. Das südliche Wachhaus, das heutige *Gerhard-Marcks-Haus,* war das Haus des Akzisemeisters – die Akzise war eine Abgabe, die auf die meisten Waren, die das Tor passierten, erhoben wurde –, das andere nach außen in gleicher Gestalt, war und ist das Polizeigefängnis.

Während alle anderen, heute zerstörten, Wachhäuser in sparsamsten klassizistischen Formen errichtet wurden, vor allen Dingen ohne jeglichen kostenerhöhenden Aufwand, erhielten die Ostertorswachhäuser künstlerischen Schmuck, der auf die Nutzung und die gesellschaftliche Bedeutung der Häuser hinweisen soll: Helme und Waffengehänge, Löwen- und

Medusenhäupter, und das bremische Hoheitszeichen am Polizeigefängnis und Zeichen des Handels, des Wohlstands, des Glücks, der Geschicklichkeit und der Klugheit am Akzisehaus. Die Reliefs wurden von Heinrich Frese geschaffen.

Daneben, nun schon inmitten des Grünzuges der Wallanlagen, durfte der Kunstverein 1847 durch den Architekten und Baumeister Lüder Rutenberg sein Haus bauen. Dieser erste Kunsthallenbau bildet den Kern der heutigen, um die Jahrhundertwende durch die Architekten Eduard Gildemeister und Albert Dunkel erweiterten und umgestalteten *Kunsthalle* (s. S. 157), der in jüngster Zeit durch Werner Düttmann ein weiterer Anbau angefügt wurde.

Wenige Schritte stadtauswärts erreichen wir den Goetheplatz mit dem *Theater,* das auf ein 1912 erbautes Schauspielhaus zurückgeht.

Das ›Bremer Haus‹ – ein Bummel durch Ostertor und Fesenfeld

Die nächste Besichtigungsroute kann man, wenn man nicht gerade in der Kunsthalle oder im Gerhard-Marcks-Haus ›hängenbleibt‹, leicht an den Spaziergang durch die Wallanlagen anschließen: eine Führung durch einige der für Bremen charakteristischen alten Wohnstraßen. Es kann auch heute noch vorkommen, daß man sich ein wenig als Eindringling empfindet; will man aber diese Stadt kennenlernen und etwas vom Geist ihrer Bewohner, sollte man sich nicht scheuen, mitzukommen.

Der Weg kann nur zu Fuß gemacht werden. Man muß in Muße schauen, die Seite wechseln, unabhängig von vorgeschriebenen Fahrtrichtungen sich bewegen können. Der vorgeschlagene Weg kann in aller Ruhe in einer dreiviertel Stunde geschafft werden – es kann natürlich mehr werden, wenn der Rahmen der Erkundungen auf eigene Faust weiter gesteckt wird.

Worum geht es? Es geht um das ›Bremer Haus‹, ein Einfamilienreihenhaus, das das Bild der Vorstädte seit ihrer Entstehungszeit in der zweiten Hälfte des vorigen Jahrhunderts auf besondere Weise prägte.

Zur Einstimmung soll einer, der Bremen nur ›Zwischen zwei Zügen‹ erlebte, Christian Ferber*, zu Wort kommen: »Ich kenne keine andere Stadt, darin die überkommene schöne bürgerliche Form sich die elektronische Gegenwart konsequent und so unauffällig eingemeindet hat, wie in Bremen. Dieses doch mittlerweile recht umfangreiche Gemeinwesen, ein Bundesland gar, hat sich bürgerliche Übersichtlichkeit bewahrt – eine menschliche Großstadt, keine gefräßige. Hier möchte man, wenn schon nicht in der Hauptstadt Berlin oder in der Metropole Hamburg – hier also möchte man... Ja, also leben oder doch wenigstens wohnen.

Vielleicht sieht der landfremde Spaziergänger einiges dabei zu rosig, das haben Landfremde so an sich. Und es erhebt sich dann ja auch die Frage, wo er wohnen möchte. Nicht,

---

* Christian Ferber, in: Zwischen zwei Zügen in Bremen, Begegnungen mit einer Hansestadt, Bremen bei F. Röver, 1968, S. 80–81

bei allem Lobpreis der äußeren Gestalt und der Einwohner, in den großen neu gebauten Vierteln. Die dünnen Wände, nicht wahr, und mancherlei in dieser Art. Aber wohl auch nicht in der ehrwürdigen Altstadt, so weit in ihr noch gewohnt wird. Es ist hübsch, dort zu schlendern und zu speisen – doch wenn des Bohemiens Eierschalen (jeder hat sie einmal) so langsam abfallen, dann verlockt als Domizil nicht einmal das originelle Sträßchen Schnoor, auch nicht die solide verspielte Böttcherstraße. Und die anderen alten Straßenzüge... je nun, herumstreichen dort, das ist ein hohes Vergnügen. Doch siedeln – ein ander Ding.

Also? Also. Wer Bremen zu Fuß durchstreift, zwischen zwei Zügen, der hat noch eine dritte Möglichkeit; die am wenigsten attraktive, aber vielleicht die faszinierendste. Nicht von den köstlichen Vororten am Strom ist hier die Rede, sondern vom eigentlichen Stadtgebiet, von den Straßen mit verhältnismäßig bescheidenen, doch soliden Häusern. Anmutig und zurückhaltend sind sie, wie das neunzehnte Jahrhundert in seinen besten Augenblicken, und damals wurden sie denn auch gebaut, diese gut- oder großbürgerlichen Behausungen, einfach und darum vertrauenerweckend. Hier wohnen, so denke ich mir, die Leute, die Bremen zu Bremen machen, ohne allen Überschwang, nicht gerade das, was man übermäßig kontaktfreudig nennen könnte, mit zartem Aufwand, doch genügsam, unaufdringlich selbstsicher. Hier wäre, so meine ich, gut sein...«

Die »verhältnismäßig bescheidenen, doch soliden Häuser« sind Einfamilienreihenhäuser von einer Bauart, die sie gegenüber anderen Reihenhaustypen in Bremen und anderswo, etwa dem Haus in Bonn, abgrenzen. Die Besonderheit ist die lange Zeit aufrecht erhaltene Funktionstrennung innerhalb des Hauses und die Ausbildung des Kellergeschosses zu einem straßenseitig halb aus der Erde herausragenden Souterrain, das zum abgesenkten Garten hin als Vollgeschoß auftritt. Das normale Haus hat nur drei Achsen, wobei zwei Achsen motivisch zusammengefaßt sein können; im Durchschnitt ist dieses Haus sieben bis acht Meter breit, doch gibt es Varianten bis auf sechs Meter herunter und auf vierzehn

Ein typisches ›Bremer Haus‹ um 1850 in der Adlerstraße: Souterrain, Parterre und Obergeschoß

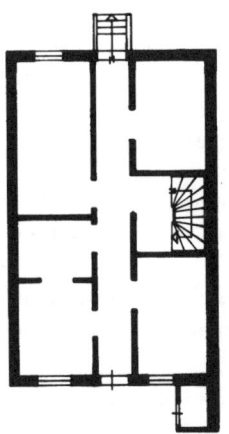 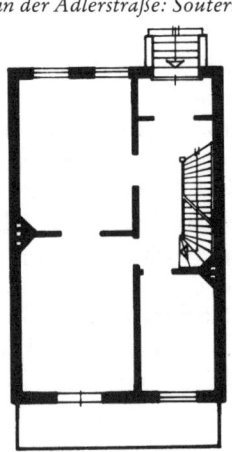 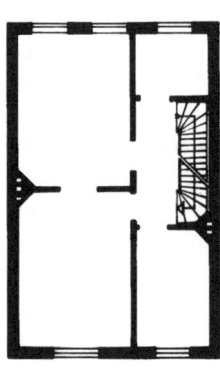

herauf. Es besteht aus dem schon genannten Souterrain – spricht ›soutträng‹ –, zwei Vollge-schossen und einem meist voll ausgebauten Dachgeschoß.

Im Souterrain findet man die Wirtschaftsräume. Die Küche liegt zur Straße neben einem Dienstboten- und Lieferanteneingang, zu dem einige Stufen herabführen, denn das Souter-rain liegt einen bis anderthalb Meter unter dem Straßenniveau. Waschküche und Gartenzim-mer, die beide nach dem Garten zu gehen, liegen auf der Höhe des Gartenniveaus, das gegenüber der Straße tiefer liegt. Diese Differenz zwischen Straßen- und Gartenniveau ist darauf zurückzuführen, daß die Häuser auf dem meist sehr feuchten Gelände so flach wie möglich gegründet wurden. Das erinnert an die Londoner Wohnvorstädte des vorigen Jahrhunderts, bei denen bei Anlage eines ganzen Straßenblocks vom inneren Gelände gerade so viel abgehoben wurde, wie nötig war, um eine um ein volles Geschoß erhöhte Straße zu erhalten, wobei dort die Straßen durch den Bau der Kellergewölbe für die später zu errich-tenden Häuser zusammengehalten wurden. So ingeniös ging es in Bremen allerdings nicht zu ...

Das Erdgeschoß oder Hochparterre lag gegenüber der Straße um einige Stufen erhöht. Es hatte zwei hintereinanderliegende Räume und ein weiteres Zimmer hinter der steilen Treppe, vor der ein kleines Vestibül lag. Die Raumfolge im Obergeschoß entsprach der des Hochparterres und im Dachgeschoß lagen, wenn es ausgebaut war, die Kinderzimmer und die Dienstbotenräume.

Diese Funktionsteilung über vier Geschosse war praktisch abhängig von der Bewirtschaf-tung des Haushalts durch Hilfspersonal, womit sich dieses Haus als ein in seiner Grunddis-position ›gutbürgerliches‹ Haus ausweist, dessen Übernahme durch sozial niedrigere Schichten nicht problemlos war und das, als man sich nicht mehr so viel Hauspersonal halten konnte, mit der Verlegung der Küche in das Erdgeschoß – was natürlich praktischer ist – Veränderungen erfuhr, die das Ende der bremischen Variante des Reihenhauses bedeutete. Das war am Anfang unseres Jahrhunderts. Gleichzeitig entwickelte sich auch in Bremen ein Mietwohnungsbau (nach 1900!).

Der Standardtyp des ›Bremer Hauses‹ wurde verschiedensten sozialen Bedürfnissen ange-paßt, hauptsächlich aber denen höherer Schichten, und zwar so vielfältig, daß es nicht immer leicht fällt, zwischen den extremsten Ausbildungen noch den gemeinsamen Nenner zu erkennen. Dabei spielt die Entwicklung des Wohnens im Sinne bürgerlicher Kommodität eine große Rolle. Sie vollzog sich mit der Einführung neuer Haustechniken und der Durch-setzung gestiegener Wohnansprüche und erfaßte dabei auch bestehende Häuser, die durch Umbauten den neuen Erfordernissen angepaßt wurden. Das gilt besonders für das größere Haus mit einem Vierzimmergrundriß und mit sehr großer Treppenanlage. Diese Variante des Bremer Hauses war fast immer voll dreigeschossig und wies pro Etage Nettowohnflä-chen von 100 Quadratmeter und mehr auf – ein Haus mit 500 Quadratmetern zum Wohnen, aber noch keine Villa!

Schließlich gab es eine Sonderform, die vor allem in den ersten Jahren der Entwicklung des Bremer Hauses verbreitet war: das Haus mit einem Mitteleingang und vier Zimmern pro Etage und einer meist im Halbrund geführten Treppe mit weitem Treppenauge.

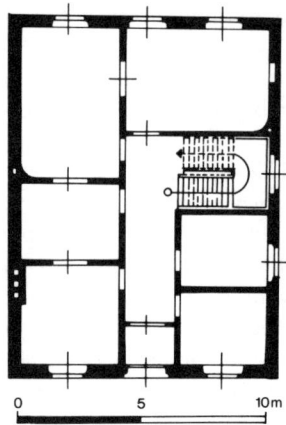

Kohlhökerstraße 40, um 1840, Parterre

0   5   10m

Dieser Haustyp bietet Gelegenheit, das Thema ›Ableitung‹, ›Vorformen‹ wenigstens anzureißen: Im Bereich bürgerlichen Wohnens gab es im frühen 19. Jahrhundert in Bremen, noch aus dem 18. übernommen, den schmaltiefen Haustyp mit seitlich gesetztem Hauseingang und seitlich liegender Treppe. Und es gab, ebenfalls aus dem 18. Jahrhundert kommend, das breitere, bis zu fünfachsige Haus mit Mitteleingang. Dieser breitere Haustyp, allerdings nur mit drei Achsen, wurde der tragende Typ an der in den zwanziger und dreißiger Jahren gebauten Wallstraße und an der Contrescarpe. Für die auffallende Typprägung des Bremer Hauses waren schließlich von großer Bedeutung Projekte für Reihenhausbebauungen für minderbemittelte Schichten und das gehobene Bürgertum aus dem frühen 19. Jahrhundert.

Man findet das Bremer Haus nicht in der Altstadt oder der alten Neustadt, nicht in den Dörfern des ehemaligen bremischen Landgebietes und auch nicht in den seinerzeit noch gar nicht zu Bremen gehörenden Gemeinden wie Hemelingen, Lesum oder Blumenthal. Es gab das klassische Bremer Haus nur in den nach 1848 systematisch erschlossenen Vorstadtgebieten, wo es vielfach eine lockere ältere Bebauung ablöste. Heute gibt es das Bremer Haus in ungestörten Stadtbereichen nur noch in der östlichen Vorstadt, im vorderen Schwachhausen und in den neustädtischen Vorstadtbezirken. Dagegen findet man es nicht mehr in den vom Krieg vollständig zerstörten westlichen Stadtteilen.

Die tausendfache Wiederholung eines Hauses, das, trotz vieler Varianten, sehr einheitlich angelegt war, mußte zwangsläufig zu einem sehr gleichartigen, mitunter monotonen Stadtbild führen. Das um so mehr, als sich die bremischen Baumeister nicht gerade in phantasiereichen Kunstwerken ergingen und jede Extravaganz, jede offenkundige Verteuerung vermieden.

Diese Beschränkung auf künstlerischem Gebiet, verbunden mit technischen Mängeln bei der Baudurchführung und mit der serienmäßigen Herstellung der Gestaltungselemente, wurde schon von den Zeitgenossen hart gerügt: »Was bei den Bauunternehmern der gute Geschmack vorstellt, dreht sich um weiter nichts als darum, daß sie zu erforschen suchen, durch welche äußeren, wenig Kosten verursachenden Verzierungen sich ihre Häuser wohl den meisten empfehlen möchte« oder »Der jetzige hoffärtige Fassadenflitter von Steinguß würdige Kunst und Handwerk herab, und mache dieses zu einem Anhängsel des Fabrikwesens.« Beide Zitate stammen aus bremischen Zeitungen der sechziger Jahre des vorigen Jahrhunderts. Die Kritik richtete sich dabei vor allem gegen die Ärmlichkeit der Motive und des Materials. Die Verwendung von Sandstein war zum Beispiel auf die Vortreppe beschränkt, dagegen waren sowohl die Gliederungselemente als auch Karyatiden oder Schmuckmedaillone schablonisierte Katalogware aus Steinguß.

Eine weitere Besonderheit des Bremer Hauses waren die Freisitze vor dem Haus. Ursprünglich offen, in der Art norddeutscher – Stichwort ›Danziger‹ – Beischläge neben dem Hauseingang gelegen, bürgerte es sich in den achtziger Jahren ein, diese ganz oder teilweise zu verglasen. In diesem Zustand, bei allem Reiz des Filigranwerks der Eisen-Glas-Konstruktion, nicht unbedingt praktisch – im Sommer zu heiß, im Winter zu kalt – bereiteten sie dem Straßenerker den Weg. In der Innenstadt mußten die in den Straßenraum reichenden Rokoko-Utluchten dem Verkehr weichen; hier in den Vorstädten, wo sie durch die gesetzlich vorgeschriebenen Vorgärten vom Straßenraum abgesetzt waren, entwickelten sich diese Utluchten durch ein oder zwei Geschosse reichend, wieder zu einem nicht uninteressanten Gliederungselement des Straßenraums.

Für den Spaziergang sei folgender Weg empfohlen: Von der Ostertorwache, die dem Gerhard-Marcks-Haus gegenüberliegt, gehe man etwa 100 Meter stadtauswärts über den Wallgraben und biege nach links in die Contrescarpe ein. Diese gehe man einige Windungen entlang bis zur Meinkenstraße. Durch die Bäume schimmert zur Linken die Silhouette der altstädtischen Wallhäuser hindurch, während zur Rechten Stadtvillen vom einstigen Glanz dieser ersten Adresse Bremens künden. Besonders die Ecke Meinkenstraße fällt wegen der zwei klassizistischen Villen, die der Architekt der Börse, Heinrich Müller, für die Brüder Lürmann gebaut hatte, auf.

Die Meinkenstraße gehen wir nur die wenigen Schritte bis zur Kohlhökerstraße, wo wir nach rechts einbiegen. Hier beginnt die vorgeschlagene ›Bremer-Haus-Route‹. Die ersten Häuser, Nr. 52 bis 54, gehören zu den größten dieses Typs. Von dieser Größe an war es sicher keine materielle Frage, ob man sich für den Bau oder Kauf einer Stadtvilla, wie sie auf der gegenüberliegenden Seite zu sehen sind, entschied oder für ein solches Haus. Um so deutlicher wird einem, daß die Kohlhökerstraße neben der Contrescarpe und dem Osterdeich zu den besten Wohnstraßen gehörte.

Doch schon wenige Schritte weiter, begegnen wir dem typischen Haus bremischer Prägung: klassizistisch zurückhaltend und um Gottes Willen nicht verratend, wie es um das Innere bestellt war – das war nämlich weit zeitgemäßer und diszipliniert luxuriös, wie man die in diesen Häusern häufig anzutreffende Mischung aus technischem Komfort und solider, durabler Häuslichkeit wohl bezeichnen kann.

Die Kohlhökerstraße endet an der Kreuzung mit der Albrechtstraße und der Wulwesstraße mit zwei schönen Häusern: einem der seltenen dreigeschossigen Vierfensterhäusern, romantisch historisierend gegliedert und einer interessanten Ecklösung, der ein freundlich abstrahierendes Auge viele Reize abgewinnen kann.

Wir gehen weiter in die Straße ›Beim Steinernen Kreuz‹. Das steinerne Kreuz vor dem Haus Nr. 12A ist ein Sühnezeichen für den am 20. Juni 1430 enthaupteten Bürgermeister Johann Vasmer. Er war ein Opfer der inneren Unruhen, die mit der 1433 verkündeten ›Neuen Eintracht‹ ihr Ende gefunden hatten. Die Familie des Enthaupteten erreichte indes beim Kaiser die Rehabilitierung des Hingerichteten, worauf ihm 1435 dieses Kreuz gesetzt wurde (hier am Ort eine Kopie, das Original im Bremer Landesmuseum).

Die Straße wurde 1860 angelegt. Dabei wurden die Häuser, man erkennt das an vielen Details, in Gruppen geplant und gebaut. Dennoch findet sich, zumal im Vergleich mit anderen Straßenbildern, eine erstaunliche Formenvielfalt. Sie ist durchaus geeignet, die einheitliche Ausführung zu überspielen. Noch mehr fällt dieser Formenreichtum auf, wenn wir in die Kreftingstraße einbiegen. Sie ist benannt nach Bürgermeister Heinrich Krefting (1562–1611) und wurde gleichfalls ab 1860 als Straße erschlossen. Bereits 1861 taucht die Straße im Adreßbuch auf, 1863 ist sie voll bebaut. Wie die vorigen Straßen war auch die Kreftingstraße eine gute Adresse für gewerbliche Unternehmer, Kaufleute und höhere Beamte.

Abwicklung der nach 1860 entstandenen Kreftingstraße

Fast jede Spielart des Bremer Hauses ist hier vertreten: das Haus mit mittlerem Eingang und das mit seitlich liegendem, das zwei- und das dreigeschossige, das mit langgezogener steiler Treppe und das mit gewendelter mit großem Treppenauge. Der Aufrißplan der Straße gibt auch zu erkennen, daß die Abwicklung der Straße ursprünglich symmetrisch angelegt war, doch haben schon im vorigen Jahrhundert die Veränderungen begonnen, die das heutige Bild prägen. Doch trotz mancher Veränderungen ist diese Straße eine der typischsten und am besten erhaltenen der alten bremischen Vorstadtstraßen.

Die Kreftingstraße führt auf den Dobben zu, einem zugeschütteten Entwässerungsgraben, und auf ein im allgemeinen Verständnis nicht unbedingt schönes Backsteinhaus. Das war die Vorstadtvilla Lüder Rutenbergs, des Bauunternehmers der Zeit 1840–1880, der, erfolgreich wie kein anderer, das Bild der östlichen Vorstadt prägte, indem er aus den verschiedensten Vorgaben – baurechtlicher, baufinanzieller, allgemeinwirtschaftlicher, aber auch bevölkerungssoziologischer Art – die er als junger Unternehmer vorfand, das Bremer Haus zu einer Reife entwickelte, die dieses Haus in Bremen zum dominierenden Bautyp werden ließ. Er baute sein Haus auf freiem Feld mit einem, wie er selber schrieb, schönen Blick auf die Silhouette der Stadt und baute sogleich nach rechts und nach links weiter, damit seine Frau Mathilde nicht allein auf grüner Wiese sitze ... das kommt einem doch irgendwie vertraut vor.

Rutenberg war der möglicherweise tatkräftigste Bauunternehmer seiner Zeit in Bremen, aber er war auch fachlich gebildet, belesen, was man an seinen Häusern genau ablesen kann. So hatte er in dieser Villa im Obergeschoß einen Ballsaal mit Empore – daher das große Fenster im ersten Stock –, wie er in vergleichbarer Form auch in der bautechnischen Literatur der Nachschinkelzeit der Berliner Bauakademie anzutreffen ist. – Er war aber auch sonst ein erfolgreicher Unternehmer, denn als nach dem ersten Gründerboom der Immobilienmarkt zusammenbrach, da hatte er sich längst mit Bier ein zweites Standbein geschaffen, und während seine Konkurrenten ›fallierten‹, nahm er weiter zu; seine Brauerei-Gründung Beck & Co. ist die einzige Brauerei, die sich in Bremen hat halten können und ist heute eine der größten selbständigen Brauereien Deutschlands.

Und um nach all diesen Erfolgen »für Gottes Segen zu danken«, mit dem sein von reichen Erfolgen gekröntes Leben begnadet ward, stiftete er 1864 das ›Rutenbergstift‹, einen um eine kleine Anlage gruppierten Wohnhof mit zwanzig zweigeschossigen Häusern für minderbemittelte Familien (nicht erhalten). – Dies nur zur Charakterisierung eines erfolgreichen bremischen Unternehmers jener Epoche, der dabei wirklich nur von lokaler Bedeutung war.

Am Dobben halten wir uns einige Schritte nach links bis zur Humboldtstraße und diese bis zur abermals nach links abbiegenden Mathildenstraße (Abb. 35), der letzten Straße des hier empfohlenen Weges. Sie also wurde ab 1870 von Lüder Rutenberg angelegt und trägt den Namen seiner Frau Mathilde.

Es ist die formenreichste und schönste unter den erhaltenen Vorstadtstraßen. Die Häuser sind durchweg größer und reicher gestaltet als die spekulative Dutzendware anderer Straßen, auch begegnet man hier nicht nur dem nachschinkelschen Baumeisterdekor, sondern der Reichtum italienischer und französischer Kultur kam, nicht protzig, sondern mit einem Blick für das Mögliche und das Schickliche an einer Zehnmeter-Fassade, an diesen Häusern zur Entfaltung. Und dann ist (zumindest war) keines dieser Häuser ohne eine reiche Innenausstattung. Fenster, Türen, Türbekleidungen und Treppen wurden aus besten Hölzern gearbeitet, wobei Mahagoni, das als Ballastholz viel nach Bremen eingeführt wurde, nicht selten anzutreffen ist. Die Hauptwohnräume im Hochparterre hatten schöne Stuckdecken, die farbig gefaßt waren, die Wände in Wohnzimmer und Salon waren häufig mit Textilien bespannt, die Wände in Treppenhaus und Diele bemalt, die Glasdecken der Treppenoberlichte und der Wintergärten waren ebenfalls farbig. Großen Liebhaberwert haben mittlerweile auch die reichbemusterten Fliesen, die im Entree, im Wintergarten, mitunter sogar in der Souterraindiele ausgelegt waren. Insgesamt zeigt sich die Wohnkultur des späten 19. Jh. in diesen Häusern auf einem viel höheren Stand, als man bis heute wahrhaben will.

Zum Bild einer solchen Straße gehörte schließlich auch, daß sie nicht vollgestellt war mit Autos, die das Straßenprofil heute sehr stark einengen und daß die Straßen dafür oft mit Straßenbäumen bestanden waren ...

Die kleine ›Bremer-Haus-Tour‹ soll an der Bismarckstraße enden; zur Straßenbahnlinie 1, die einen zum Bahnhof und auch wieder zurück in die Innenstadt führt, halte man sich ganz nach links, den Dobbenweg einige Schritte zurück.

Der Bürgerpark

Der letzte Spaziergang in Bremen soll uns nun in den Bürgerpark führen, einen Park, der von den Bürgern angelegt wurde und der noch heute, 1986, von den Bürgern unterhalten wird. Es ist kein staatlicher, kein städtischer Park.

Der Bürgerpark liegt hinter dem Bahnhof. Zu Fuß benutzt man am besten den Lloydtunnel neben dem Hauptbahnhof und halte sich nach links an die Gustav-Detjen-Allee; sie führt direkt auf das erste Hauptstück des Parkes, den Holler-See, zu. Fährt man mit dem Auto, sollte man den Wagen vor der Stadthalle parken und das letzte Stück Weges ebenfalls auf der Gustav-Detjen-Allee gehen – im Bürgerpark gibt es jedenfalls keine öffentlichen Parkplätze.

Am ›Emma-See‹ steht die ›Emma-Bank‹, in die die Gründungssage der alten Bremer Bürgerweide und die Gründungsgeschichte des Parks eingemeißelt sind:

Bremens Bürgerpark ward am 23. Juni 1866
begonnen von Bremischen Bürgern
Für Herr und Gesind,
Mann Weib und Kind
Zu Nutz und Freud'
Auf alle Zeit

Die Sage erzählt:	Die Geschichte lehrt
Im Jahre 1032 hat den Bremern	Im Jahre 1159 hat den Bremern
die Bürgerweide geschenkt	den Besitz der Weide bestätigt
Gräfin Emma von Lesum	Erzbischof Hartwig I. von Bremen

Wie so oft, sieht die historische Wirklichkeit weniger heroisch aus. Im Falle des Bürgerparks ist sie ein recht kompliziertes Geflecht aus gewachsenen, verliehenen und errungenen Rechtspositionen, die sich vereinfacht auf den Nenner bringen lassen, daß die Bürgerweide diejenige Weide war, auf die die Bürger der Stadt ihr Vieh zum Weiden treiben durften – beileibe natürlich nicht *jeder*, aber das ist dann ja schon das trockene Geflecht von Rechtspositionen... Und welcher Stadtbürger hatte nach 1800 überhaupt noch Vieh, um es auf die Bürgerweide zu treiben. So sahen die Jahrzehnte vor dem Entschluß, aus der irgendwie ja doch allen Bremern eigenen Weide einen Park zu machen, noch prosaischer aus: Die wachsende Stadt griff gierig nach dem großen, immer weniger genutzten Gelände – Bahnhof und Stadthalle stehen auf Boden, der einst zur Bürgerweide gehörte – und, wie das nicht selten am Ende langer Traditionen ist, drohte die Auszehrung öffentlicher Rechte durch ›ersessene‹ private Nutzungen. Da war der Gedanke, die Bürgerweide für Spaziergänge nutzbar zu machen, einen Volkspark im Stil des den Münchnern 1789 von Kurfürst Karl Theodor gestifteten Englischen Gartens anzulegen, schon verlockend, nur war der Senat nicht in der Lage, sich finanziell in irgendeiner Weise zu engagieren. Das taten dann die Bürger selber.

Bremen, Blick auf die Bürger-Viehweide bei Bremen, Kupferstich von Anton Radl für Adam Storcks
›Ansichten der Freien Hansestadt Bremen‹, 1822

Den entscheidenden Anstoß, sich der Anlegung eines so großen Gartens anzunehmen, gaben die Ereignisse um das Zweite Deutsche Bundesschießen, das 1865 in Bremen ausgerichtet wurde. Das Fest fand bei ungewöhnlich großer Hitze auf der baum- und schattenlosen Bürgerweide statt, so daß die Teilnehmer ärger litten, als hätte es geregnet. In dem Aufruf des bald nach jenem Fest einberufenen ›Comité zur Bewaldung der Bürgerweide‹ versprach man, daß »ein würdiges Gegenstück zu den Wallanlagen entstehen sollte, . . . eine Annehmlichkeit und Zierde der ganzen Stadt, . . . eine Schöpfung zum leiblichen und geistigen Gedeihen der gesamten Bevölkerung, zu Wohlfahrt und Segen für Jedermann«.

Als dieser von dem Kaufmann Hermann Holler, der in einem ersten Anlauf schon die Eichen-Alleen der heutigen Holler- und Park-Allee gestiftet hatte, initiierte Gründungskreis die Mittel beisammen hatte, um den Worten Taten folgen zu lassen, sich auch ein Verein etabliert hatte, der bereit war, den Park nicht nur anzulegen, sondern ihn auch dauernd zu unterhalten, übertrugen Senat und Bürgerschaft dem Verein zunächst ein Areal von 76 Hektar Größe, zu dem schon nach sieben Jahren weitere 60 Hektar hinzukamen.

Nun wurde eine Konkurrenz zwischen den bedeutendsten Landschaftsgärtnern der Zeit ausgeschrieben. Aus den eingereichten Entwürfen wählte man sich den des Landschaftsgärtners Franz Wilhelm Benque (1814–1895). Der war Mecklenburger, hatte sich nach seiner Ausbildung am Hofe des Großherzogs von Mecklenburg-Schwerin in Berlin weitergebildet, war dann wieder im Hofdienst in Schwerin tätig, in welcher Zeit er zusammen mit dem

Bremen, der Bürgerpark. Wilhelm Benques Entwurf von 1865 läßt schon das geometrische Zentrum, das sich zu einem Landschaftsgarten hin öffnet, erkennen

Hofarchitekten Demmler in die Ereignisse von 1848 verwickelt wurde und Deutschland verlassen mußte. Er kam nach Amerika, wo er angeblich an der Anlage des Central-Park in New York von Frederic Law Olmsted mitgewirkt haben soll.

Der Bürgerpark, so wie er ab 1866 angelegt wurde, ist, trotz aller Rückschläge, die er und der Verein erfahren mußten, weil der nasse Weideboden das Pflanzgut nicht annehmen wollte, weil es immer wieder zu Mißstimmungen zwischen ihm, dem weitsichtigen Land-schaftsgestalter, und den Vertretern des Vereins kam, das Werk Benques. In seinen Grund-zügen blieb es bis heute erhalten: Am (Haupt-) Eingang ein regelmäßig gestalteter Bereich, in dessen Mitte der Holler-See und das Parkhotel, das dritte Haus an diesem Platze, liegen und außen und in die Tiefe gestaffelt vielfältig gegliederte Wald- und Wiesenanlagen mit malerisch angelegten Blickachsen, die von Baumgruppen gerahmt und gelenkt werden (Farbt. 12, Abb. 36).

Charakteristisch für den Park ist die Öffnung der Geländemitte, die eine breite Sichtachse zwischen dem Parkhaus im vorderen Abschnitt und der Meierei ganz im Hintergrund bildet. Diese Sichtachse hat in der Melchers-Brücke eine bewußt geschaffene Zäsur: Nicht die Korrespondenz zwischen zwei Gebäuden sollte im Mittelpunkt des Erlebens stehen, son-dern die Landschaft. Der freie Mittelraum wird deutlich akzentuiert eingefaßt von den großen Baumkulissen in den Randbereichen. Kennzeichnend für diesen Park ist auch, daß der vordere Teil bis zur Ringstraße im Wechsel von Wiesen und Baumgruppen durchlichtet ist, während im hinteren Teil der Waldcharakter betont ist. Er ist aufgelockert durch die Wasserläufe, die sich still unter den Bäumen dahinschlängeln.

Bei der Auswahl der Bäume war man anfangs darauf bedacht, solche Sorten zu nehmen, die sich den vorherrschenden Boden- und Klimaverhältnissen anpassen, also unter den Laubbäumen Eichen, Buchen, Linden, Eschen, Erlen, Ahorn, unter den Nadelbäumen Kiefern, Fichten, Tannen und Lärchen. Als aber schöne ausländische Pflanzen gestiftet wurden, Atlaszedern und Sumpfzypressen etwa, gab man diese Beschränkung auf, die Exoten fanden Eingang in den Park. – Insgesamt haben etwa 50 verschiedene Arten und Sorten im Laufe der Zeit einen Standort im Bürgerpark gefunden.

Die Anpflanzungen geschahen entweder in der Form, daß zusammenhängende Gehölze entstanden, wie der 1884 angelegte Eichenhain mit ursprünglich um die 40, heute noch etwa 20 Eichensorten oder in der Form von Baumgruppen, die besonders im Randbereich zur mittleren Wiese nach malerischen Gesichtspunkten als Form- und Farbkontraste gesetzt wurden. Hier erwies sich Benque als der weit vorausblickende Landschaftsgärtner, denn er hatte wirklich das Volumen solcher Baumgruppen vor Augen, als er die jungen Bäumchen anpflanzen ließ.

Wie zu jedem Volkspark gehören auch zum Bürgerpark Baulichkeiten, die dem Vergnügen und der Erholung der Besucher dienen oder die für die Pflege des Parks notwendig sind, dazu Parkmöbel – eine Fülle schöner Bänke etwa! (Abb. 36) – und Denkmäler. Das alles wurde gestiftet; selbst die Brücken wurden nicht etwa aus den Mitteln, die der Verein für die Unterhaltung des Parks braucht, gebaut, sondern jeweils eigens gestiftet. Natürlich unterliegen diese Ausstattungsstücke in Auswahl und Gestaltung großem und oft schnellem Wandel. Wer wollte sie deshalb aber missen, diese schnörkeligen, oft unbequemen Bänke, jene Unterstände, die höchstens bei einem Platzregen benutzt werden, die Brunnen, die Denkmäler und Plastiken endlich.

Bestimmte *Spazierwege,* womöglich mit zeitlicher Begrenzung, anzuempfehlen, fällt schwer. Jeder bewegt sich in einem solchen Park anders und die Wege sind nicht ausgeschildert – die präzise Beschreibung einer Route könnte sich da leicht wie eine Rallye-Weisung lesen. Es sind deshalb nur zwei Wege verschiedener Länge beschrieben, die so geführt sind, daß jeder verschiedene Eindrücke von dem Park empfangen und mitnehmen kann.

Beide Wege führen von der Gustav-Detjen-Allee zunächst am Holler-See vorbei und vor das Park-Hotel, wo man den Blick in die Tiefe des Parkraumes, über die Melchers-Brücke hinweg, bis zur Meierei hat. Von hier führt der Weg zum Marcusbrunnen, gestiftet 1889 und nur mehr ein bescheidener Rest einst üppiger Prächtigkeit. Weiter gehts zur Schutzhütte, von der aus man einen ruhigen Waldweg nach links zum Emma-See und zu den kunstvoll gestalteten Aselmeyer-Brücken, zwischen denen die Bootsstation liegt, wählt. Nach einem Viertelbogen um den Emma-See stehen wir vor der Emma-Bank, einem Kastell ähnlicher als einer Bank. Sie wurde bereits 1866 gesetzt.

Hier trennen sich die Wege. Der weitere führt durch ein kleines Waldstück über die den Park leider zerschneidende Ringstraße, während der kurze Weg weiter am Wasser bleibt und zur Melchers-Brücke führt. Sie wurde 1881 gestiftet und von dem Architekten Heinrich Müller (Börsenbau) entworfen. Von dieser hochgelegenen Brücke aus hat man einen herrli-

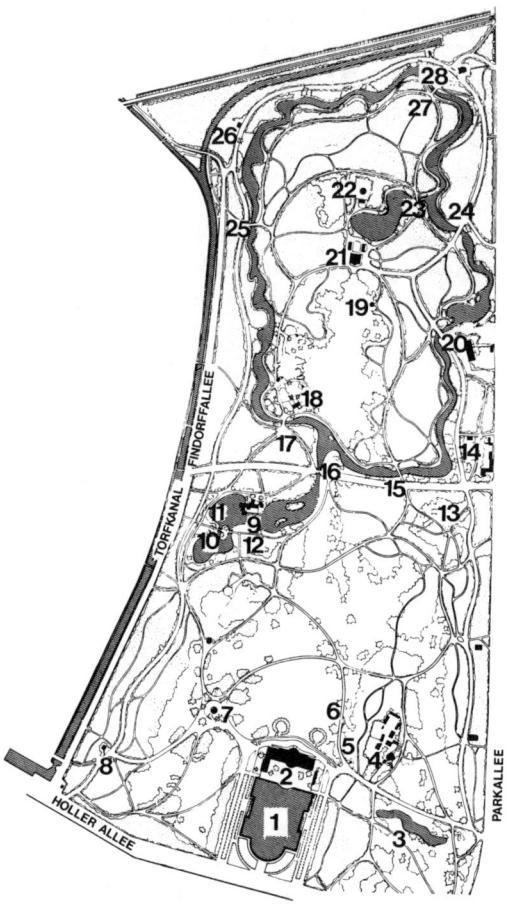

Bremen, Bürgerpark
1 Hollersee
2 Parkhotel
3 Fichtenhain mit Schwanenteich
4 Schweizerhaus und Parkverwaltung mit Wirtschaftshof
5 Niemitzbrunnen
6 Schütte-Denkmal
7 Marcusbrunnen
8 Elisenstiftturm
9 Kaffeehaus am Emmasee
10 Aselmeyerbrücken, Bootsstation
11 Emmabank
12 Kleingolfplatz
13 Eichenhain mit Benquestein
14 Altes Schießhaus
15 Marie-Bergmann-Brücke
16 Melchersbrücke
17 Hoffmannbrücke
18 Tiergehege
19 Gerdespavillon
20 Hachezbrücke
21 Meierei
22 Meiereivilla und Wirtschaftshof
23 Lambert-Leisewitz-Brücke
24 Carl-Schütte-Brücke
25 Wiegandbrücke
26 Wätjenhaus
27 Alfred-Hoffmann-Brücke
28 Waldschlößchen (Waldbühne)

chen Blick auf die Parkkulisse um die Meierei einerseits und das Park-Hotel andererseits. Der früher berühmte Blick auf die Türme der Stadt ist leider verstellt worden.

Auf vielfach verschlungenen Wegen gelangen wir fast zum Ausgangspunkt des Weges am Park-Hotel, halten uns jetzt aber nach rechts zum Schwanenteich (Farbt. 12) und verlassen den Park am ›Stern‹. Von hier aus sollte man auf der Hermann-Böse-Straße zur Stadt zurückkehren. Auf diesem Weg kreuzen wir nämlich den ehemaligen Kaiser-Freidrich-Platz (heute Hermann-Böse-Straße, Parkstraße, Slevogtstraße) mit dem Denkmal des zweiten Deutschen Kaisers von Louis Tuaillon, errichtet 1905 und, wie der Rosselenker in den Wallanlagen, gestiftet von Franz Schütte. Derselbe war mittelbar auch der Initiator für die Bebauung dieses Viertels durch Schüttes Parkland AG, wobei die Erlöse bei diesem Geschäft für den Bau des Neuen Rathauses verwendet wurden. Die Straßenbilder, in die man von der Hermann-Böse-Straße aus hineinblicken kann, sind in ihrer Beschränkung auf das Bremer Haus und der vielfältigen Variationen dieses Haustyps besonders schöne und gut erhaltene Beispiele des bremischen Bauens um die Jahrhundertwende.

Doch zurück zu denen, die den größeren Spaziergang durch den Park machen. Hat man die Ringstraße überquert und abermals ein kleines Waldstück passiert, gelangt man zu den Tiergehegen, die besonders für Kinder eine ständige Freude sind. Halten wir uns nun ruhig ein Stück Weges am Wasser, an einem Weg, der nicht nur im Sommer zu den reizvollsten Partien des Parks zählt, sondern auch an einem richtig kalten Wintertag die Schlittschuhläufer magisch anzieht. Bald müssen wir uns aber vom Wasser ab- und der Meierei zuwenden, soll der Weg nicht zu weitläufig werden.

Die Meierei, gestiftet von Franz Schütte und erbaut von Heinrich Müller, war eine richtige Milchwirtschaft, in der, zum Wohle der Bevölkerung, frische Milch ausgeschenkt wurde – der gesundheitspädagogische Aspekt stand tatsächlich Pate bei der Anlage der Meierei.

Es gibt viele Wege zurück. Ich schlage vor, wieder zum Wasser zu gehen, aber auf der inneren Seite zu bleiben, also nicht den Wasserzug zu queren. Wenn man sich so ganz am Wasser hält, kommt man durch den Kulenkampschen Laubengang mit seinen schönen Durchblicken und Bänken. Die nächste Brücke müssen wir überqueren, und haben, nachdem wir abermals ein kurzes Waldstück passieren, den Anschluß an den >kurzen< Parkweg, auf dem wir zum >Stern< und von da zum Bahnhof zurückkehren, gewonnen.

Die Museen der Stadt und was es sonst zu besichtigen gibt

Die *Kunsthalle* ist das älteste >Institut< am Platz. Ihre Entstehung und rechtliche Gestalt entspringen hanseatischem Bürgersinn in seiner edelsten Vollkommenheit: Gegründet 1823 durch fünf Kunstfreunde, setzte sich der >Kunstverein< die Aufgabe, »...Kunstsachen zu sammeln und diese Sammlung zugänglich zu machen...«; dieser Aufgabe kommt der Kunstverein heute noch nach, denn er ist, trotz einzelner gegenteiliger Bestrebungen in der Vergangenheit, immer noch Eigentümer und Träger der Kunsthalle, heute allerdings unterstützt von der Stadt.

Besonderen Ruhm hat die Kunsthalle errungen durch ihre Sammlung französischer Kunst des 19. und 20. Jahrhunderts, durch ihre Handzeichnungssammlung und das Kupferstichkabinett und auch wieder durch eine breit angelegte Sammlung zeitgenössischer Kunst.

Neben der Präsentation der eigenen Bestände zeigt die Kunsthalle ständig Wechselausstellungen, die vor allem dem gegenwärtigen Kunstschaffen gewidmet sind. (Anschriften und Öffnungszeiten der Museen s. unter >Praktische Reisehinweise<.)

Die *Gerhard-Marcks-Stiftung* in dem Ostertorwachhaus neben der Kunsthalle ist ein eigenständiges Institut, das sich der Pflege und der Erforschung des Werkes des Bildhauers und Grafikers Gerhard Marcks (1889–1981) zur Aufgabe gestellt hat. Das geschieht nicht nur durch die Präsentation der Werke des Künstlers, von dem die Stiftung etwa 400 Skulpturen, 5000 Handschriften und 600 Blatt Druckgrafik besitzt, sondern auch dadurch, daß durch Sonderausstellungen zum Thema Plastik, Vortragsreihen und Exkursionen der breiten Öffentlichkeit die Bildhauerei als Kunstform nahegebracht wird.

Das *Übersee-Museum* hat eine bewegte Geschichte hinter sich, die sich nicht zuletzt in dem Namen des Hauses niedergeschlagen hat: Am Anfang dieser Geschichte standen das Naturalienkabinett der ›Gesellschaft Museum‹ und die Städtischen Sammlungen für Naturgeschichte und Ethnographie, ab 1891 war es das Städtische (später Staatliche) Museum für Natur-, Völker- und Handelskunde, ab 1935 Deutsches Kolonial- und Übersee-Museum und nach dem Krieg schlicht Übersee-Museum.

Die Sammlungsgebiete sind, wie es lange Zeit im Namen anklang, Naturkunde, Völkerkunde und Handelskunde. Daran hat sich bis heute nichts geändert, wohl aber an der Art der Präsentation, die sich nicht mehr damit begnügt, das ›schöne‹ oder ›interessante‹ Objekt vorzuzeigen, sondern die Dinge in Beziehung setzen will zu den historischen, wirtschaftlichen, gesellschaftlichen und aktuell-politischen Verhältnissen der Kulturen, denen die Dinge entstammen. Zugleich übernimmt das Museum heute die Aufgabe einer Informationsstelle für Ökologie und ›Dritte Welt‹.

Das *Bremer Landesmuseum für Kunst- und Kulturgeschichte – Focke-Museum –* hat zwei Wurzeln: Die eine ist das im Jahre 1900 eröffnete ›Historische Museum‹, das seine Entstehung der unermüdlichen Sammlungstätigkeit des Senatssyndikus Dr. Johann Focke verdankt, die andere ist das 1873 gegründete Gewerbemuseum, das sich besonders im ersten Jahrzehnt unseres Jahrhunderts von einer Vorbildsammlung für die Ausbildung von Künstlern und Kunsthandwerkern zu einer kunst- und kulturgeschichtlichen Sammlung für den norddeutschen Raum entwickelt hatte. Beide Sammlungen wurden schließlich zu einem Museum vereint, das seit 1918 den Namen ›Focke-Museum‹ trägt.

Dieses Museum war in dem spätbarocken Gebäudekomplex des ehemaligen Armen- und Altenhauses am westlichen Ende der Altstadt untergebracht. Im Krieg wurde es dort aber total zerstört, so daß an einen Wiederaufbau nicht zu denken war. Während Kunsthalle und Übersee-Museum in ihren alten, wiederhergestellten Häusern bleiben konnten, mußte das Focke-Museum darum an einem anderen Platz, außerhalb der inneren Stadt, neu beginnen. Für diesen Neuanfang stand das schöne, weitläufige Gelände des ehemaligen Gutes Riensberg mit dem Herrenhaus von 1768 zur Verfügung. Dort entstand bis 1964 das neue Museum inmitten des Parkes, in dem auch zwei Gebäude der ländlichen Baukultur, ein um 1700 gebautes Bauernhaus und eine Scheune von 1803, Platz fanden.

Als Außenstelle gehört die 1848 erbaute *Turmwindmühle* in Oberneuland zu diesem Museum. In der Mühle ist eine Ausstellung zum Thema ›Korn und Brot im alten Bremen‹ aufgebaut und man kann die alte Mühlentechnik besichtigen.

Das Museum präsentiert in großer Breite die städtische Kunst und Kultur vom Mittelalter bis in die Zeit unserer Väter, dazu die bäuerliche Arbeitswelt und Wohnkultur und die Vor-

und Frühgeschichte des bremischen Raumes. Das klingt sehr allgemein und trifft für manches andere Museum auch zu, aber zur bremischen Kultur gehört der weite Komplex Seefahrt, der auf eine besonders anziehende Weise präsentiert wird und kleine wie große Besucher immer wieder aufs Neue begeistert, und es gehört auch dazu der Umgang mit dem Tabak, dem ein eigenes Kabinett gewidmet ist. Das sind nur zwei Beispiele aus dem Sammlungsschatz des Hauses, die aber verständlich machen, warum sich dieses Museum so tief im Bewußtsein der Bremer verankern konnte wie sonst nur der Bürgerpark.

Die Museen der Böttcherstraße wurden schon vorgestellt (s. S. 131)

Auch wenn dies kein naturkundlicher Führer ist, sei neben dem Bürgerpark auf einen Park hingewiesen, der – Guiness hin, Guiness her – wenn nicht der bedeutendste seiner Art in der Welt, so doch wenigstens in Europa ist: der *Rhododendronpark* (Hauptzugang mit Parkplätzen von der Marcusallee). Über 1600 Rhododendronarten und -sorten verwandeln von Ende April bis Anfang Juni den Park in eine Zauberwelt, die für Laien wie auch für Fachleute gleich phantastisch ist, und weitere 400 Arten blühen im *Wilhelm-Kaisen-Gewächshaus*, das täglich von 10–16 Uhr (sonnabends 12–16 Uhr) geöffnet ist.

Ein gern besuchtes Heimatmuseum ist im **Schloß Schönebeck** eingerichtet worden. Schönebeck liegt 24 Kilometer außerhalb des Stadtkerns im Tal der Schönebecker Aue und ist am besten zu erreichen über die Autobahn A 27 in Richtung Bremerhaven bis zur Abfahrt Bremen-Nord, dann auf der B 74 in Richtung Fähre Motzen – Berne bis zur Abfahrt Vegesack/Schönebeck; dort die Straße ›Auf dem Krümpel‹ nach links (nordwärts) bis zur Kreuzung mit der ›Schafgegend‹ (Ampel), wo man wieder nach links einbiegt und sofort vor dem Schloß steht. (Natürlich kann man auch durch die Stadt fahren, der Weg ist mühsam, aber man sieht viel von der Stadt und schließlich kann man mit einem Nahverkehrszug ab Hauptbahnhof in Richtung Vegesack fahren – halbstündiger Verkehr – und ab Station Schönebeck zum Schloß gehen.)

Das stattliche Fachwerk-Herrenhaus steht, an drei Seiten von Wasser umgeben, im Tal der Schönebecker Aue, die fast den Eindruck unberührter Natur macht. Hier gibt es schöne Spazierwege und im Winter werden die Wiesen zum Schlittschuhlaufen geflutet.

Das Gebäude stammt aus der ersten Hälfte des 17. Jahrhunderts und erfuhr, bald nachdem die Herrschaft Schönebeck 1682 an die Familie von der Borch überging, den Umbau der Südseite. Sie wurde mit Lisenengliederung und klassizistisch-barocker Fensterausbildung erneuert, weil, wie der Bauherr »ICH FRIEDRICH V. DER BORCH, OBRIST Z. FUS...« auf einer Tafel kundtat, das Holzwerk morsch war. Der Umbau läßt vermuten, daß er noch viel vorhatte, aber schließlich blieb auf drei Seiten doch der schlichte Fachwerkbau mit seiner Backsteinausmauerung, dessen einzige Gliederung ein leicht vorgezogener Risalit auf der Südseite ist, erhalten. Gewaltig wirkt auch das geschlossene Mansarddach mit den beiden großen Kaminen.

Die großzügige Raumaufteilung im Inneren ist, mit Ausnahme der etwas zu prunkvollen Treppe aus Museumsbeständen, noch gut erhalten und bildet einen stimmungsvollen Rahmen für das *Heimatmuseum,* das sich besonders der Kultur und Technik der im nordbremischen Raum immer heimischen Seefahrt gewidmet hat. Als Besonderheit findet sich hier auch der Nachlaß des Afrikaforschers Gerhard Rohlfs (1831–96); er stammte aus Vegesack.

Ganz in der Nähe sollte man sich die evangelische *Kirche* in *Grohn,* Ecke Grohner Bergstraße und Friedrich-Humbert-Straße, und auch den alten Hafen von Vegesack ansehen. Wir fahren dazu ›Schafgegend‹ und Schönebecker Straße bis zur quer dazu verlaufenden Friedrich-Humbert-Straße, in die wir rechts einbiegen.

Die Kirche wurde 1906/07 von dem hannoveranischen Architekten Karl Heinrich Mohrmann erbaut und ist ein sehr gutes Beispiel für die imperiale Architektur am Anfang unseres Jahrhunderts. Das gibt es, zumal in solcher Qualität, nicht oft. Der durch die Bossierung der Quader stark strukturierte Kirchenbau über kreuzförmigem Grundriß mit Vierungsturm ist dabei ebenso geprägt von historischem Geist – im landläufigen Sinn wird man den Bau als neuromanisch bezeichnen –, wie von dem Geist, der sich im Heimatstil und später im Werkbund offenbarte. Das Innere ist mit besonderer Sorgfalt und großem Aufwand dem angestrebten Stil angepaßt mit skulptierten Kapitellen, Mosaiken und einer vollständigen, ganz zeittypischen Ausmalung – und alles ist noch gut erhalten.

Den kleinen *Vegesacker Hafen* (s. S. 194) erreicht man, wenn man die Friedrich-Humbert-Straße weiterfährt. Man kommt dann zum Bahnhof, wo man das Auto abstellen sollte.

Dieses Hafenbecken ist das erste, das für einen der norddeutschen Häfen künstlich angelegt wurde. Das war 1616. Damals also war die Weser auf dem Weg nach Bremen schon so versandet, daß nicht mehr alle Schiffe, und schon gar nicht zu jeder Zeit, den Hafen an der Schlachte erreichen konnten. Der Hafen diente deshalb dazu, die Ladung auf kleinere Stromschiffe umzuladen.

Zum Hafen gehörte als Amtshaus das Havenhaus, Alte Havenstraße 35. Es wurde 1645–48 mit Blick auf den Strom gebaut, später aber mehrfach verändert. So entstand der stark sanierte Bau im wesentlichen 1781.

Und dann siedelte sich hier natürlich alles an, was für den Hafen gebraucht wurde und wer für den Hafen arbeitete. Von dieser seit dem 17. Jahrhundert gewachsenen Altstadt sind nur an der Alten Hafenstraße noch ein paar Häuser erhalten, so der Speicher Nr. 30, der ins frühe 18. Jh. zurückreicht, der Speicher Nr. 44 von etwa 1800, und die Häuser Nr. 29 und 33.

Das *Haus Blomendal* in **Bremen-Blumenthal** ist für diejenigen die sich speziell für Deckenmalereien des norddeutschen Raumes im 16. und frühen 17. Jahrhundert interessieren, eine Sehenswürdigkeit, die es wert ist, sich um den Zugang zu bemühen, denn allgemeine Öffnungszeiten konnten bisher nicht eingerichtet werden. Man wende sich daher an das Ortsamt Blumenthal, Landrat-Christians-Straße 107, ∅ 659–74 20 (nur werktags).

Zum Haus Blomendal kommt man wieder über die B 74, die man bis zum Ende der Ausbaustrecke fährt und dort auf der Lüssumer Straße nach links abbiegt; von dort ist der Weg ausgeschildert.

1 BREMEN Die Altstadt, Blick nach Nordwesten ▷

3 BREMEN Haus Langenstraße 28

◁ 2 BREMEN Stadtpanorama über der Weser

5 BREMEN Der Marktplatz, Blick zum Schütting

4 BREMEN Die Stadtwaage in der Langenstraße

6 BREMEN Der Roland ▷

7 BREMEN Rathaus, Obere Halle ▷

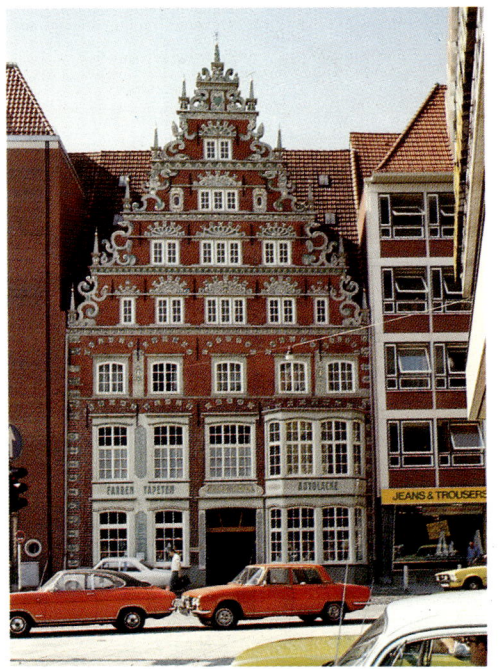

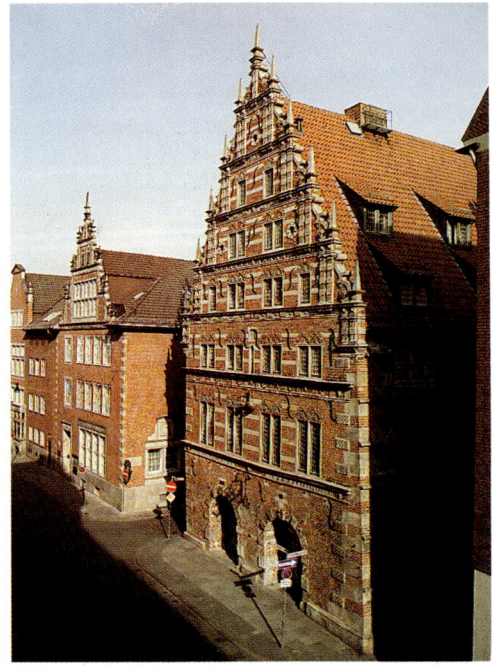

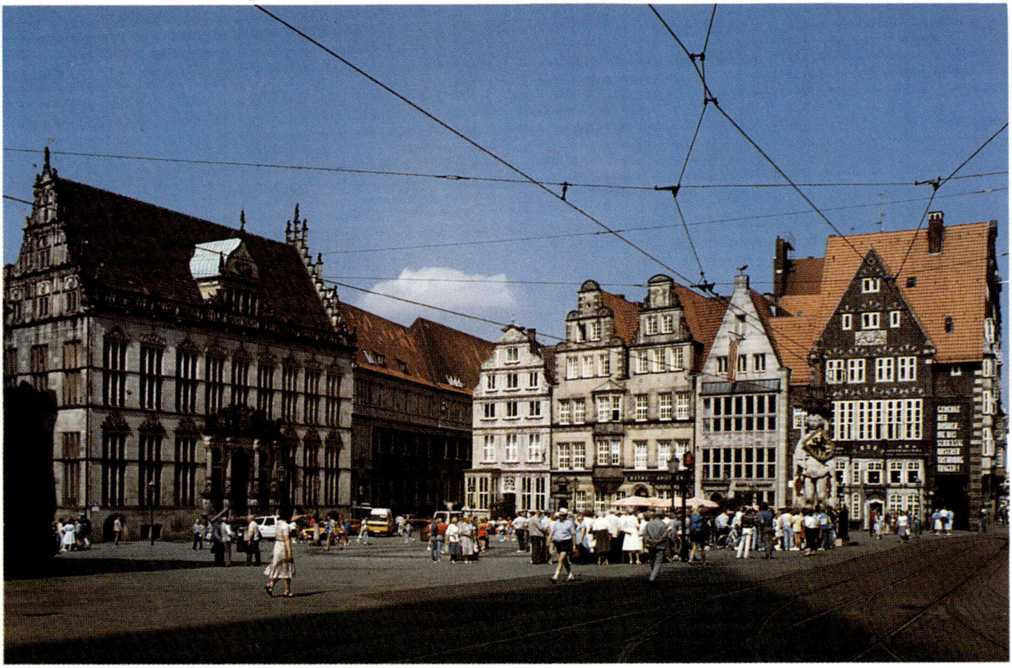

8   BREMEN   Rathaus, Decke der Oberen Halle

9   BREMEN   St. Petri-Dom, Blick zum Ostchor ▷

10 BREMEN   Eingang zur Böttcherstraße

11 BREMEN   Schnoor, Blick in die Marterburg

12 BREMEN   Der Schwanenteich im Bürgerpark

13 HAMME-Niederung

14 Torfstich im TEUFELSMOOR

15 VERDEN Blick über die Aller auf Dom und St. Andreas ▷

16 VERDEN Pfarrkirche St. Johannis, Stuckrelief des Jüngsten Gerichts

17 LOXSTEDT ›Loxstedter Totentanz‹ in der Pfarrkirche

18 ALTLUNEBERG Pfarrkirche

19 BASDAHL Kirche zu Oese

20 BEDERKESA Rolandstatue vor der Burg

21 VERDEN Fachwerkhaus Strukturstraße 7

23　Der Leuchtturm auf der Insel NEUWERK vor Cuxhaven

22　BREMERHAVEN　Alter Leuchtturm

24 SPIEKA Pfarrkirche

26 DORUM Pfarrkirche St. Urban, Chor und Altar

25 MULSUM Pfarrkirche St. Marien mit altem Lettner

27 WREMEN   Pfarrkirche St. Wilhadi, Kanzel

28 MIDLUM   Pfarrkirche St. Pankratius, Kanzel
30 MISSELWARDEN   Pfarrkirche St. Kathari-
    nen, Kanzel

29 DORUM   Pfarrkirche St. Urban, Kanzel

32 CUXHAVEN-ALTENBRUCH   Pfarrkirche St. Nikolaus, Blick in den Chor
◁ 31 PADINGBÜTTEL   Pfarrkirche St. Matthäus   34 OTTERNDORF   Pfarrkirche St. Severus ▷
33 CUXHAVEN-LÜDINGWORTH   Pfarrkirche St. Jacobus

35 Am Hadelner Kanal

36 Die Oste mit der Osteschwebebrücke

37 Kutschfahrt im Watt von Cuxhaven zur Insel Neuwerk

38 Der Elbdeich bei Twielenfleth im Alten Land

40 Altländer Hof mit Spieker von 1587, Guderhandviertel
39 STEINKIRCHEN Die Hogendiekbrücke über die Lühe
41 Altländer Bauernhof mit Prunkpforte

42 STADE Blick über die Dächer auf St. Cosmae

43 STADE Am Wasser West

44 HUDE Ruine der ehem. Klosterkirche

45 HOLLE Pfarrkirche, Detail der Kanzel

46 RODENKIRCHEN Pfarrkirche, Detail vom Altar

47 SCHWEI Pfarrkirche, Detail der Kanzel

48 ALTENESCH Pfarrkirche, Detail der Kanzel

Haus Blomendal hat eine recht bewegte Geschichte: Das 1354 von den Rittern von Aumund errichtete, feste Haus wurde 1436 von den Bremern in Besitz genommen, weil von diesem Platz aus immer wieder der bremische Handel gestört wurde. Zweihundert Jahre behielt Bremen die Herrschaft über den strategisch nicht unwichtigen Ort. Dabei wechselte die Form der Verwaltung zwischen Vögten, die der Rat einsetzte und zwischen Mitgliedern des Rates, denen das Haus mit den damit verbundenen Rechten und Einkünften für die Dauer der Zugehörigkeit zum Rat übertragen wurde. Unter diesen sind für das heutige Haus Blomendal Dr. Erich Hoyer (1530–97) und sein Sohn Dietrich Hoyer (1568–1623) die wichtigsten gewesen, denn von ihnen stammen die beiden bemalten Decken in dem Haus.

Der Burgplatz ist dank der jüngeren Gebäude, die einen Hof umstehen und wegen des kleinen Aueparks, in den die Anlage eingebettet ist, noch als ein solcher erkennbar. Das alte Haus Blomendal ist ein zweigeschossiger Backsteinbau – das allein hob ihn in früheren Jahrhunderten bereits aus der Umgebung heraus. Von ihm sind nur zwei Flügel erhalten, fehlendes ist im Pflaster des Hofes kenntlich gemacht. Der kürzere Flügel war dabei der Torbau (Abb. 34), von dem es an der Hoffront des langen Baues noch die den Torsturz zierende Sandsteinplatte gibt. Das Wappen am Giebel veranschaulicht ein Stück bremisch-hannoveranische Geschichte: Während sich die Schweden im Ersten Stader Vergleich 1654 noch mit dem ›ius territoriale‹ begnügten und Bremen das wirtschaftliche Eigentum ließen, übernahm das Königreich Hannover die Herrschaft mitsamt dem Haus und schlug aus allen bremischen Wappen die Schlüssel heraus... 1939 kehrte Blumenthal im Rahmen der damals durchgeführten Neuordnung des Reiches nach Bremen zurück.

Die Decke in dem kleinen Saal im Obergeschoß des kurzen Seitenflügels zeigt in der Mittellinie eine Reihe von Medaillons: innen zwei Wappen, dann nach außen zwei Bildnisse – wohl porträthaft, wenn auch nicht bekannt ist, ob ›lebensecht‹ – und ganz außen Krieger. Über die Wappendarstellungen lassen sich Inhalt und Entstehungszeit bestimmen: Die Wappen sind die der Familien Hoyer (die Eichenblätter) und Stenow (Mauer) und dürften in Verbindung mit den Porträts auf die Heirat des Dr. Erich Hoyer mit der Metjen Stenow im Jahre 1580 hinweisen. Die Decke wird also zu diesem Anlaß gemalt worden sein und könnte dann die ältesten erhaltenen Porträts in Bremen zeigen.

Die Hoyersche Decke ist über einer spätgotischen Deckenmalerei (um 1500) mit großen, ausgreifenden Ranken in den Einschubfeldern und einfachen geometrischen Rankenmustern auf den Balken aufgetragen. Beide Malereien sind in Grisailletechnik gehalten, die jüngere Decke hat nur einige leuchtende Farbakzente: Rot, der Grund um den Landsknechtskopf und die Helmzier der Wappen, auch an den Früchten in den Ranken; dazu treten Blau (Smalte) und Ocker. Die Restaurierung verzichtete auf eine Ergänzung auch der ornamentalen Fehlstellen der jüngeren Decke, weil an solchen Stellen mit geringen Retuschen die spätgotische Bemalung erkennbar gemacht werden konnte und beide Schichten sich zu einem auch für Laien geschlossenen Gesamtbild zusammenfügen.

In dem Raum daneben konnte eine wesentlich größere und insgesamt geschlossener erhaltene Decke freigelegt werden. Sie besteht aus zehn Feldern: sieben Tugenden und drei Elemente – das vierte ging verloren. Bei dem mit dieser Decke abgeschlossenen Saal wird es

◁ 49 BERNE Pfarrkirche St. Aegidius, Blick in den Chor
◁ 50 BREMERHAVEN Die Häfen von der Geeste bis zum Containerterminal

193

Bremen-Vegesack, um 1850, nach einem Gemälde von J. H. Fedeler. Im Vordergrund rechts ist das erste Dampfschiff, das den Namen ›Bremen‹ trägt, dargestellt

sich um den Gerichtssaal des Gerichts Blumenthal gehandelt haben. Da das Feld mit der Darstellung der ›Fides‹ die Jahreszahl 1618 trägt, wäre Bürgermeister Dietrich Hoyer der Auftraggeber gewesen. Der aber war auch einer der Auftraggeber beim Rathausumbau und so möchte man an einen Werkstattzusammenhang zwischen der Rathausdecke von 1612 und dieser Decke von 1618 denken, wobei zu berücksichtigen ist, daß die Rathausdecke seit dem 18. Jahrhundert sehr erheblich überrestauriert wurde, während die Blumenthaler Decke bisher nur eine einzige Restaurierung im Jahre 1975 erfuhr. Unter die Decke von 1580 war um 1730 eine barocke Holzdecke genagelt worden; die hängt jetzt im Treppenhaus. Dieses Treppenhaus und viele andere Ausbaudetails, wie die Türen, der Kamin im kleinen Saal, die Decke im dritten Saal, die Einrichtung der Diele, stammen alle aus dem 1969 abgebrochenen Haus Krähenholm, das Eduard Gildemeister um die Jahrhundertwende für die Familie des Baron Knoop, einem fast legendär berühmten Großindustriellen und Kaufmann, der in einem auch nicht mehr bestehenden Schloß oberhalb der Lesum residierte, erbaut hatte.

Fahrten ins Bremer Umland

Mit drei Fahrten, von denen jede an einem Nachmittag durchgeführt werden kann, lassen sich, vor den Toren Bremens, drei verschiedene Kulturen vorstellen: mit Verden ein noch altertümelnd stimmungsvoller einstiger Bischofsitz, mit Worpswede eine mitunter schon raffiniert erscheinende Künstlerkolonie und mit einer Fahrt durch das Moor nach Findorf eine der großen Binnenkolonisationen, nämlich die Kultivierung der Moore.

Nach Verden

Der Weg ist von Bremen nicht zu verfehlen, egal ob man über die A 27 bis Verden-Nord fährt oder über ›kleine‹, auf der Karte gelb eingezeichnete Landstraßen über Achim, Etelsen und Langwedel oder über noch kleinere Straßen über Dreye nach Riede, Thedinghausen, Wulmsdorf und über die Weser auf Verden zu; die Entfernung liegt immer bei 35 Kilometern. Die letzte Strecke ist freilich die schönste. Man kommt durch die flache fruchtbare Marsch, man kommt vorbei am Erbhof (Schloß) zu Thedinghausen und, hat man die Weser überquert und fährt auf Verden zu, so lohnt ein Blick auf Stadt und Dom (Farbt. 15) wie von keiner anderen Stelle, für die größere Mühsal der Fahrt, den Weg sollte man sich gönnen.

Verden war, wie Bremen, eine Bischofsstadt, bis in die Neuzeit prägten die Bischöfe Geschichte und Gestalt der Stadt. Gegründet wurde das Bistum am Ende des 8. Jahrhunderts vom Kloster Amorbach aus und zwar in Bardowick bei Lüneburg, also weiter nordöstlich, doch seit der Mitte des 9. Jahrhunderts war der Bischofssitz in Verden. Trotz dieses Umwegs verbindet sich die Bistumsgründung zu Verden mit dem großen Gericht, das Karl der Große im Jahre 782 über die Sachsen gehalten habe. Damals sollen 4500 Sachsen »an dem Flusse Alara, an einem Orte, welcher Ferdi genannt wird, an einem Tage enthauptet...« worden sein, wie der Biograph Karls, Einhard, berichtet. Das Bistum unterstand dem Erzbischof von Mainz, eine Folge der Gründung von Amorbach aus, während das benachbarte Bremen ursprünglich Köln zugeordnet war, bevor es, durch die Vereinigung mit Hamburg, diese Bindung lösen konnte.

Mit Bremen war Verden die Mission der Ostgebiete aufgetragen. Dabei war Verden die Wendenmission zugewiesen, weshalb die Grenzen des Bistums weit in die Altmark vorgeschoben waren. Doch gewann das Bistum daraus keine Stärke. Gewiß, die Diözese Bremen

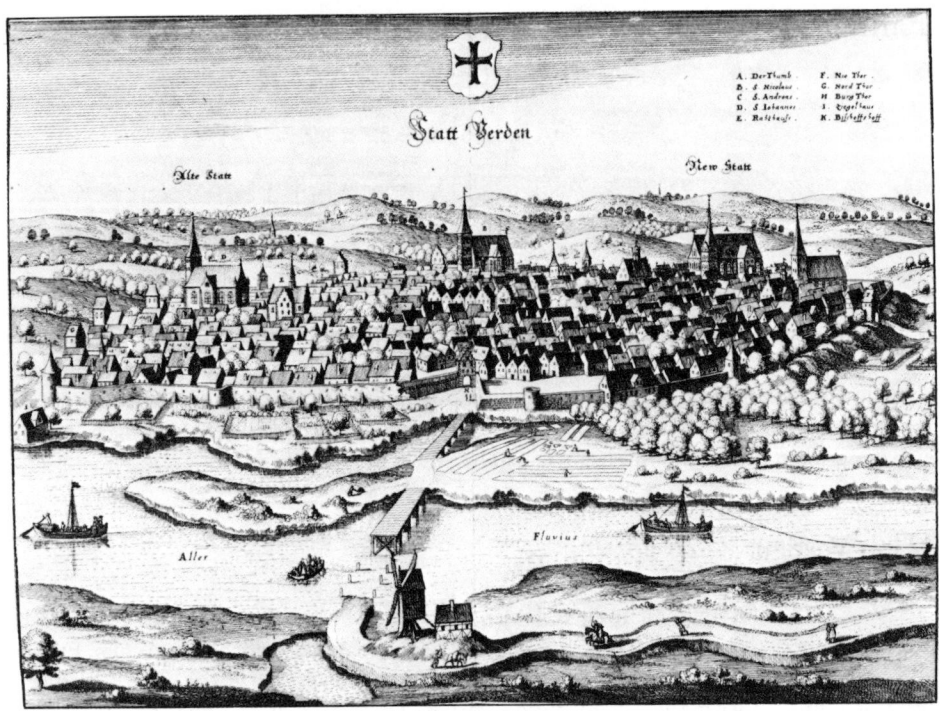

Verden, Ansicht der Stadt von Matthäus Merian, um 1640

gehörte auch nicht zu den reichen Bistümern des Reiches, entbehrte ebenso des wirtschaftlichen Fundamentes, den der unvergleichbar dichter besiedelte, stellenweise ja auch damals schon verstädterte rheinische Raum bot, aber es besaß Vorteile, denen es Verden mangelte: die Wirtschaftskraft zweier Märkte – Bremen und Hamburg – und der vereinigten Bistümer und, wenn auch nicht vergleichbar mit jenen rheinischen Erzbistümern, so entbehrte der Glanz erzbischöflicher Würde doch nicht der materiellen Möglichkeiten.

Das schlug sich auch nieder in der frühen Baugeschichte des *Domes St. Maria und Caecilia:* Bis ins 11. Jahrhundert waren die Domkirchen zu Verden Holzbauten – das ist auch für den an Steinen kargen Norden ungewöhnlich. Die Vorgängerbauten konnten im Mittelschiff des heutigen Domes festgestellt werden. Danach bestand der zweite von ihnen, in der Mitte des 10. Jahrhunderts erbaut, aus einer Westhalle, die über zehn Meter lang war, einem Hauptraum von 20 Meter Länge und über zehn Meter Breite und einem Altarhaus, das 4,25 Meter lang war. Erst nach 1025, nachdem dieser ottonische Bau abgebrannt war, fand sich für Bischof Wigger (1015–1031), der aus dem Kölner Domkapitel nach Verden berufen war, die Möglichkeit, einen steinernen Dom zu bauen. Bei seiner Weihe im Jahre 1028 vollzog man einen Wechsel des Patroziniums: Das Andreas-Patrozinium, das neben dem der Maria bestand, wurde übertragen auf die südlich des Doms erbaute neue Kirche – heute noch St. Andreas – und an dessen Stelle im Dom trat das Patrozinium der Hl. Caecilie.

Auch dieser Bau wurde in den wesentlichen Teilen ergraben. Es war eine siebenjochige Basilika, deren Altarhaus mit einer nach innen runden, nach außen vieleckigen Apsis schloß. Von den Seitenschiffen waren zwei Joche als Querhausarme abgeteilt, an sie waren Nebenapsiden angefügt. Ein Westbau wurde nicht ergraben.

In der Mitte des 12. Jahrhunderts wurde dieser dritte Dom umgebaut und von jener Bauphase haben wir nun in dem Turm, dem einzigen des Domes, ein aufrecht stehendes Bauteil erhalten. Sein unteres, durch Rechteckblenden zusammengefaßtes Geschoß besteht aus dem warmtonigen, aber harten Porta-Sandstein. Die fünf oberen Geschosse mit der reizvollen Steigerung der Fensteröffnungen von zwei zu drei zu vier unter zusammenfassenden Bögen stellen dagegen ein frühes Werk norddeutschen Backsteinbaues dar. Nicht erhalten blieb der ursprüngliche Abschluß mit Giebeldreiecken und Rhombenhelm, auch wurde 1583 die Westseite des Turmes durch eine Quaderverblendung verstärkt.

Der Turm wirkt klein und gedrungen vor der riesigen, wie provisorisch wirkenden Westwand des Domes, die im 15. Jahrhundert ihre Gestalt erhielt, als die drei Schiffe der mittlerweile gotischen Hallenkirche unter einem gewaltigen Dach zusammengefaßt wurden, einem Dach, das eines der charakteristischen Merkmale Verdens und seines Domes ist.

Zum Bau des gotischen Domes kam es, als in einer Fehde zwischen dem Erzbischof von Bremen und dem Bischof von Verden die Bremer 1268 den Dom in Verden mitsamt der Süderstadt, in der die Domherren ihre Häuser hatten, abbrannten. Das Werk, das darauf begonnen wurde, war aber, wie so oft in der Gotik, so gewaltig, daß es unvollendet blieb: Um 1310 war zwar der Hallenumgangschor vollendet und bis zur Weihe 1323 auch das Querhaus, doch der Bau des Langhauses mit seinen vier weitgespannten Jochen blieb in den Anfängen stecken, bis Bischof Bartholds von Landesbergen in den Jahren 1473–90 das Begonnene bis zu dem uns überlieferten Westabschluß der Kirche brachte. Der Ausbau der Mandelsloh-Kapelle 1529 quer vor die Abschlußwand und neben dem romanischen Turm war das Eingeständnis, daß der Ausbau einer Turmfront nicht mehr verfolgt wurde. Die Kapelle wurde bei der großen Restaurierung 1829–32 zu einer Eingangshalle umgebaut.

Meist wird man den Dom von der Nordseite durch das ehemalige Domkloster betreten. Der Weg führt durch den einzigen erhaltenen Kreuzgangarm, der zwar mit dem gotischen Dom entstand, doch unter Verwendung der Säulen des romanischen Vorgängers in den gekuppelten Fenstern.

Diesen Dom nun sollte man eigentlich von der westlichen Pforte aus erfahren, von dort aus sollte man die Tiefe des ›gerichteten‹ gotischen Hallenraumes erleben, denn ›gerichtet‹ ist diese Hallenkirche, mit dem gegenüber den Seitenschiffen doppelt breiten Mittelschiff, das durch breit entwickelte Scheidbögen von den Seitenschiffen geschieden ist (Abb. 38). Der mittlere Raum wird gefaßt von der großen Bewegung der achtzehn Pfeiler, deren kraftvolle, gleichwohl schlanke Statur der bremische Reiseschriftsteller und Bibliothekar Johann Georg Kohl (1808–78) mit dem Bild der Königsbuche und den knapp abgesetzten Kämpferring mit Lorbeerkränzen verband. Weil die Pfeiler rund sind, ihnen nur die einfachen Dienste der

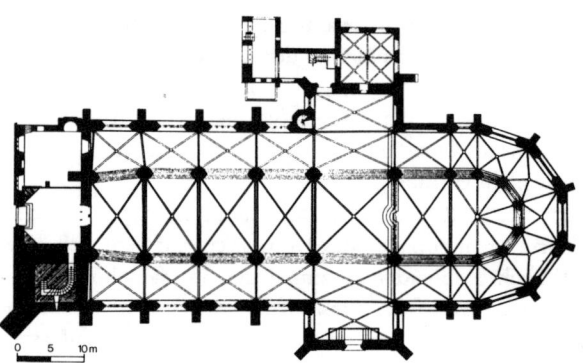

Verden, Dom St. Maria und Caecilia,
Grundriß

Scheidbögen und der Wölbung aufgelegt sind, sie also in dem gerichteten Raum richtungslos sind, konnte diese Bewegung so fließend Chor und Langhaus verbinden. Das Langhaus hat vier Joche; es folgt die quadratische Vierung mit quadratischen Querhausarmen, die in jeweils zwei Joche unterteilt sind. Der Chor setzt an mit einem den Mittelschiffsjochen entsprechenden Vorjoch, an das ein Halbjoch anschließt, bevor er in einem 5/10-Polygon endet. Der Chorumgang führt dieselbe Bewegung aus.

Im Raumbild gibt es keine verunklärenden Überschneidungen, wie sie den Durchblicken von der spätgotischen Nordschiffhalle in das romanisch/gotische Hauptschiff und den Chor im Dom in Bremen so eigen sind. Die Sprache dieses Baues ist in hohem Maße rational. Da ist nichts überflüssig. Alles an diesem frühesten Hallenumgangschor der deutschen Baukunst ist bis zur Kargheit gestrafft. Daß der Raum heute aber auch in ›heiliger Nüchternheit‹ erscheint, ist nicht zuletzt die Folge der die hoch- und spätgotischen Bauteile egalisierenden Restaurierung Leo Bergmanns ab 1829 und der Beseitigung der damals noch vorhandenen reichen Ausstattung. Um 1500 soll es hier 40 Altäre gegeben haben! Dazu kam ein Gestühl für die Domgeistlichen, ein Sakramentshaus wird es gegeben haben, und im Chor und Langhaus standen Tumben, lagen Grabplatten, hingen Epitaphien der Bischöfe und der hohen Geistlichkeit. Davon muß um 1800 noch vieles erhalten gewesen sein. –

Das schönste und bedeutendste Stück der noch erhaltenen Ausstattung ist der aus Eichenholz geschnitzte Levitenstuhl neben dem Altar (Abb. 39). Auf ihm saßen früher, beim feierlichen Hochamt, die Priester. Beide Seitenwangen sind auf das zierlichste durchbrochen; die dem Betrachter zugewandte stellt gleichnishaft die Macht der Verführung durch vier alttestamentarische Paare, beginnend mit Adam und Eva dar, die andere die Vertreter der Stände vom unfreien Bauern bis zum Geistlichen. Der Stuhl wird bald nach der Domweihe von 1323 entstanden sein.

Im Westen haben nach der Restaurierung von 1829 drei Grabdenkmäler ihren Platz gefunden. In der Vorhalle ist die schöne bronzene Grabplatte des 1502 verstorbenen Bischofs Barthold von Landesbergen (Abb. 40), der den Dombau zum Abschluß gebracht hatte, aufgestellt. Der Verstorbene ist in kräftigem Relief als Statue mit seinen Insignien und unter einem Baldachin stehend, dargestellt.

Ihre Ruhestätte fanden in diesem Dom sodann der letzte katholische Erzbischof von Bremen, Christoph von Braunschweig-Lüneburg (Erzbischof von 1511–58), der zugleich Administrator von Verden war, und sein Bruder Georg, der ihn, schon dem Protestantismus zugetan, in beiden Ämtern folgte († 1566). Sie waren in einer Doppeltumba, die bis 1829 im Chor stand, beigesetzt.

Es wird berichtet, es habe kaum ungleichere Brüder gegeben. Christoph wird als herrschsüchtig und fanatisch beschrieben; unter seiner Regentschaft starben zwei Prediger der Reformation, Heinrich von Zütphen, der Reformator Bremens und Johannes Bornemacher, den Märtyrertod. Der Bruder Georg wird dagegen als gütig und weise beschrieben. Als dann 1829 die steinerne Tumba mit den Liegefiguren der beiden Fürsten geöffnet wurde, um die Verstorbenen mit den Gebeinen anderer im Dom beigesetzter Bischöfe und Domherren vor dem Dom unter hohen Bäumen zu bestatten, da zeigte sich, daß der Leichnam Christophs einbalsamiert war und angetan war mit seinem Ornat, mit Ringen, einem Amulett, er auch einen silbervergoldeten Abendmahlskelch in den Händen hielt, derweil sein Bruder nicht einbalsamiert war, nur ein einfaches Gewand trug und nur einen vergoldeten Messingkelch in seinen Händen hatte.

Das dritte Grabmal ist das des Administrators Philipp Sigismund von Braunschweig-Lüneburg († 1623), das sich dieser milde, der Stadt wohlgesonnene Herrscher schon 1594 errichten ließ. Es ist eine niederländische, vielleicht von Hans Vredeman de Vries beeinflußte Tumba, deren Sarkophagplatte von Ecksäulen, Karyatiden und Hermen gestützt wird. Leider fehlen die Reliefs von der Tumba mit den Darstellungen biblischer Szenen und die Statue des vor dem Kreuz betenden Herzogs.

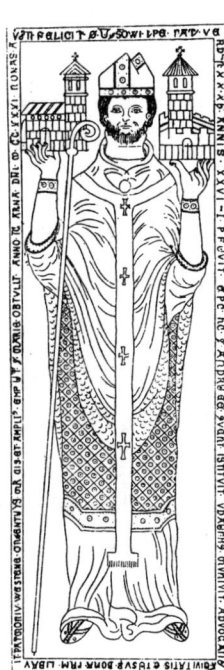

Nur einen Steinwurf vom Dom entfernt steht an der Südseite des von schönen Ulmen bestandenen Domhofes die kleine Pfarrkirche *St. Andreas.* Sie wurde 1220 von Bischof Yso als Stift für zwölf Kanoniker gegründet. Der einschiffige Ziegelbau steht noch fast so, wie ihn sein Bauherr erstellt hatte, nur wenig wurde an Turm, Sakristei und Fenstern verändert.

Von einem Vorgängerbau aus dem 12. Jahrhundert hatte Yso das Chorjoch mit der halbrunden Apsis übernommen. Diese ist außen zierlich gegliedert durch schlanke Ziegelhalbsäulen, die auf Basen, die aus einem Sandsteinsockel herausentwickelt sind, aufstehen und die mit kleinen Blockkapitellen das aus Würfel- und Zahnfriesen zusammengesetzte Gesims zu tragen scheinen.

Verden, St. Andreas, Grabplatte des Bischofs Yso, gestorben 1231, Lithografie von F. Tressan

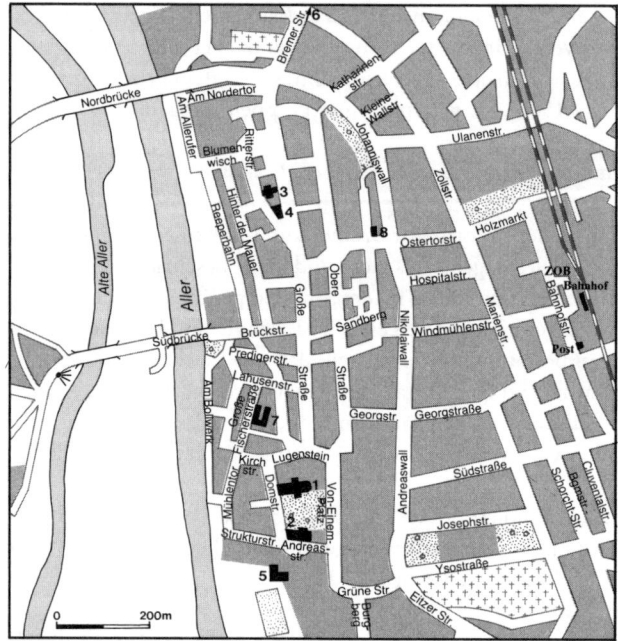

Verden
1 Dom St. Maria und Caecilia
2 St. Andreas
3 St. Johannis
4 Rathaus
5 Pferde-Museum
6 ›Sachsenhain‹
7 Heimatmuseum
8 Verkehrsamt

Im Inneren überrascht der anspruchsvolle Westabschluß, der mit einer unteren Turmhalle und einer Empore Merkmale eines Westwerks trägt (Abb. 41). Die Empore öffnet sich in dem sorgfältig gefügten Quadermauerwerk des Turmes mit drei Öffnungen, von denen die mittlere deutlich breiter ist. Ursache und Zweck dieser hoheitlichen Architekturformen an diesem Ort sind noch nicht bekannt, möglicherweise diente die Kirche zeitweilig als bischöfliche Palastkapelle.

Die Kirche besitzt die Grabplatte ihres Gründers Yso († 1231). Es ist eine langgestreckte, trapezförmig zulaufende Messingplatte, in deren Fläche die Gestalt des Bischofs mit den liturgischen Gewändern und den Insignien des Amtes eingraviert ist. In der Rechten hält er das Modell seiner Kirche, in der Linken das der Stadtmauer von Verden, die durch seine Förderung im ersten Viertel des 13. Jahrhunderts erbaut wurde.

Die dritte Kirche, die man sich in Verden unbedingt ansehen sollte, ist *St. Johannis.* Sie liegt mitten in der Stadt, der Norderstadt, wie sie früher genannt wurde.

Den Weg dorthin sollte man zu Fuß gehen: Von der Andreaskirche gehe man die Domstraße oder die Grüne Straße/von-Einem-Platz, beide noch mit schönem Hausbestand, nach Norden zum alten Wall und durch die Fußgängerzone ›Große Straße‹ bis zum barocken Rathaus mit seinem neubarocken Turm. Hier hält man sich nach links in die Ritterstraße, denn von hier hat man den schönsten Blick auf die Kirche mit ihrem romanischen Turm und das kurze, unter großem Dach geduckte Schiff. Der Weg von der Süderstadt zur Norderstadt ist auch der Weg der Geschichte Verdens.

Auch die Stadtwerdung Verdens begann mit dem Erwerb von Zoll-, Markt- und Münzrechten. Das war 985 unter Bischof Erp(o), der zuvor Dompropst in Bremen war. In der Folge entwickelte sich nördlich des bischöflichen Immunitätsbezirks die später als ›Norderstadt‹ bezeichnete Siedlung, in der die Bischöfe ihren Hof bauten, die sie umwehrten, der sie Stadtrecht, Gericht und Rat zuerkannten. Daneben gab es um den Dom die ›Süderstadt‹, die Siedlung der Domherren. Sie nahm eine gemächlichere Entwicklung, wurde erst am Ende des 14. Jahrhunderts umwehrt und wandte sich nie, wie die Norderstadt, gegen den Bischof. Die Norderstadt wollte nämlich, wie so viele Städte, unabhängig sein, wollte als Freie Reichsstadt zu den Reichsständen gehören. Im 15. Jahrhundert war dieses Ziel faktisch, 1521 formal erreicht. Doch wurde die Stadt nicht glücklich damit. Die Kosten, die mit solcher Würde verbunden waren, wuchsen ihr über den Kopf und sie war froh, als ihr diese Bürde wieder genommen wurde. Nach dem Dreißigjährigen Krieg fiel die Stadt mitsamt dem säkularisierten Bistum, gleich dem Erzbistum Bremen, an die Schweden, die die Herzogtümer, als die sie nun galten, zu den Herzogtümern Bremen und Verden vereinten.

Zurück zu St. Johannis. In dem kleinen gotischen Kirchenbau hat sich die Ur-Kirche des 12. Jahrhunderts gut erhalten. Vor allem gehören der Turm bis zum Blendbogenfries über der Schallöffnung aus zwei gekuppelten Fenstern unter einem Bogen dieser Epoche an, das Mittelschiff und der Chor mit geradem Abschluß und Tonnengewölbe. Das einschiffige Langhaus wurde im 14. Jahrhundert nach Süden und 1409 nach Norden erweitert. Dabei wurden die Außenwände zu spitzbogigen Arkaden durchbrochen; wuchtige, ihre Entstehung aus Außenwänden nicht leugnende Pfeiler blieben stehen.

Was aber diese Kirche, an der baulich nichts Ungewöhnliches zu sehen ist, so liebenswert macht, das ist ihre schöne Ausstattung aus vor- und nachreformatorischer Zeit.

Am stärksten fesselt den Eintretenden das farbige Stuckrelief über dem Chorbogen (Farbt. 16, Abb. 43). Es gehört zu der Gruppe von Werken, die während der Regentschaft

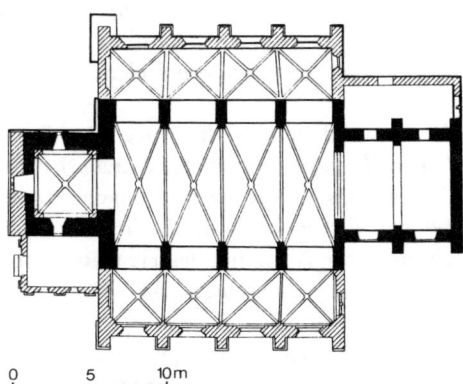

Verden, St. Johannis, Grundriß

des Bistumsadministrators Philipp Sigismund von Braunschweig-Lüneburg (1586–1623) in dieser Kirche geschaffen wurden. Es entstand 1594–96. Als sein Schöpfer ist der aus Rotenburg/Wümme gebürtige Gerhard Schmidt überliefert, dessen Wirken bis Weikersheim und Freudenstadt nachweisbar ist. Das Relief stellt das Jüngste Gericht dar. Christus thront auf dem Regenbogen, umgeben von posaunenblasenden Engeln; zur Rechten Christi ist die jubelnde Gruppe der Seligen, angeführt von Adam und Eva, zu sehen, zur Linken die der Verdammten.

In dieselbe Zeit fällt die Ausmalung des Chorgewölbes durch Jürgen Berger, den Hofmaler Sigismunds. Dargestellt sind im hinteren Gewölbefeld Jakobs Traum von der Himmelsleiter und der Engelskampf, im vorderen die Geburt Christi und aus der Josephsgeschichte der Empfang der Söhne Jakobs am ägyptischen Hof vor Joseph sowie an der Westwand die Steinigung des Stephanus, des ersten christlichen Märtyrers. Auch die prachtvolle, farbig gefaßte Kanzel mit Schalldeckel gehört zu den von Philipp Sigismund geförderten Werken (Abb. 42). Auf den Reliefs zwischen den Karyatiden und Atlanten sind die Evangelisten dargestellt, in der Mitte das Wappen des Stifters.

Zur mittelalterlichen Ausstattung gehört die Triumphkreuzgruppe, auch wenn die Figuren verschiedenen Epochen angehören. Das Kruzifix mit dem durch die Symbole der Evangelisten an den Balkenenden geschmückten Kreuz ist um 1400, die Assistenzfiguren Maria und Johannes sind dagegen um 1500 anzusetzen.

Im Chor haben sich gleich zwei Tabernakel erhalten, die beide in die Chorwände eingelassen sind. Wenig ins Auge fällt das von einem Dreipaß gerahmte Sakramentshaus aus dem 14. Jahrhundert an der Nordseite, fast prunkvoll steht dagegen das jüngere in der Ostwand mit einer farblich reich gefaßten Zierarchitektur aus Maßwerk, Fialen und Kreuzblumen.

Und dann gibt es überall im Raum kleinere oder umfangreichere Reste der mittelalterlichen Wandmalereien, so im Chor die Szenen einer Kreuzeslegende von etwa 1400, an der Ostwand des Langhauses einen Kalvarienberg und einen Christophorus und an den Pfeilern des südlichen Seitenschiffes Heiligenbilder aus der Bauzeit. Von ihnen sind erkennbar Johannes der Täufer (am Südportal), Karl der Große, Bischof Snitbert, die Ärzte Cosmas und Damian und der Heilige Laurentius. Auch in den Gewölben findet man Malereireste. Selbst wenn viele von ihnen gar nicht mehr deutbar sind, erinnern sie doch daran, daß unsere Kirchen einst voll waren von Bildern, die vom Leben der Heiligen berichteten.

Wer Zeit und Interesse hat, mag seine Schritte nochmal zurück in die Süderstadt, zum ›Pferde-Museum‹ in der Andreasstraße, lenken. Verden ist ja seit langem bekannt als ›Reiterstadt‹; es ist mit Celle ein Zentrum der Pferdezucht und des Pferdesports in Norddeutschland, mit jährlich stattfindenden Turnieren und Pferdeauktionen. Das Museum entwickelte sich aus einer Abteilung des Heimatmuseums, das in einem Adelshof von 1708, Große Fischerstraße 10, untergebracht ist und verselbständigte sich nach dem Krieg zu einem eigenen Institut.

Das zugehörige Hippologische Institut mit einer Spezialbibliothek befindet sich im Gebäude der ehemaligen Posthalterei, Strukturstraße 7. Es ist ein auffallend reich gestaltetes

Fachwerkhaus mit farbig abgesetzten Fächerrosetten und geschnitzten Sonnenemblemen, Masken und Rankenwerk auf den Balken und Brüstungshölzern (Farbt. 21).

Das inhaltlich breit angelegte *Heimatmuseum,* dessen Eingang seit der Sanierung allerdings nicht mehr in der Fischerstraße sondern in der neuen ›Unteren Straße‹ liegt, zeigt interessante vorgeschichtliche Funde, darunter aus der Zwischeneiszeit (vor rund 150 000 Jahren) den ältesten bisher bekannten Speer der Welt, dann aber auch alles, was mit der Entwicklung der Stadt und ihrem gesellschaftlichen Leben zu tun hat.

Und etwas außerhalb, bei der Halsmühle, liegt der ›*Sachsenhain*‹. Es gibt eine Überlieferung, wonach der Dom über der Richtstätte der 4500 von Karl dem Großen hingerichteten Sachsen erbaut worden sei und eine andere, die das Geschehen in die Nähe der vom Halsebach betriebenen Mühle verlegt. Dort wurde eine Gedenkstätte angelegt, die einen Besuch auch dann wert ist, wenn man das Geschehene als eine sehr entrückte historische Begebenheit nimmt, deren die Geschichte nicht gerade arm ist. Man kann sich die Gedenkstätte auch ansehen, weil sie frei ist von dem nationalen Schwulst, der in dem Thema steckt. Es wurden nämlich Findlinge, die die letzte Eiszeit zurückließ, so aufgestellt, daß sie einen Rundweg um eine idyllische Wiese samt Zuwegen säumen. Der Weg führt zu einem Rondell, von dem aus man auf ein großes, einfaches, aus hölzernen Masten aufgerichtetes Kreuz blickt – Mahnung und Gedenken für die Opfer des Kreuzes.

Der Weg ist nicht leicht zu finden: Von der B 215 in Richtung Rotenburg (Wümme) zweigt, noch im städtischen Gebiet und bevor die Straße unter der Bahnlinie hindurchgeführt wird, eine Straße ab mit einem Hinweis ›Weg zum Sachsenhain‹. Diese Straße fährt man bis zu einem Parkplatz mit einem Kriegerdenkmal.

Auf dem Weg nach oder von Verden mag man sich auch den *Erbhof* in **Thedinghausen** ansehen. Der Ort gehörte seit dem 11. Jahrhundert den Erzbischöfen von Bremen, war aber wegen seiner Grenzlage zwischen dem Erzbistum und den Grafen von Hoya stets umkämpft. Deshalb hatte Erzbischof Giselbert um 1280 hier eine Wasserburg angelegt. Sie verfiel im 17. Jahrhundert; der Platz, an dem sie stand, heißt heute noch ›der Amtshof‹.

Daneben lag ein Erbhof als Burglehen. Er war um 1600 im Besitz des erzbischöflichen Drosten von Heimbruch, dessen junge Witwe Gertrud ihn ihrem Liebhaber, Erzbischof Johann Friedrich von Holstein-Gottorp (1596–1634), verkaufte. Der erbaute ihr dieses Schloß im Stil später Weserrenaissance.

Der zweistöckige Ziegelrohbau mit viel Grauwerk, also Werkstein, ist bemerkenswert in der Ausbildung architektonischer Gliederungen und ornamentaler Details. Im Grundriß ist es ein einfacher, rechteckiger Bau, an dessen Eingangs-(Nord) front drei Ausluchten weit vorspringen. Sie bilden im architektonischen Gefüge Risalite. Im mittleren, in dem auch das Hauptportal angeordnet ist, lag das Treppenhaus, die beiden anderen sind Wohnerker. An ihnen sind die Wandabschnitte in dichter Folge durch Pilaster gegliedert. In den so unterteilten Brüstungen sind Bildnismedaillons gesetzt. Einen starken Akzent setzen auch die Rahmungen der zwei- und dreiteiligen Fenster mit Schweifwerkgiebeln und die stark reliefierten Fensterpfosten. Auch die Ausluchten und Giebelseiten des Baues sind bekrönt mit breiten, teigig wirkenden Schweifwerkgiebeln, zu denen noch Obelisken hinzutreten. Alles in allem ist es ein in seiner hochmanieristischen Dekorationsfülle interessanter Bau, dessen zugehörige Ausstattung leider nicht erhalten blieb.

Auf dem beschriebenen Weg von Bremen nach Verden kommt man auch durch **Riede.** Die kleine kreuzförmige *Backsteinkirche* lädt zunächst nicht unbedingt zu einem Besuch ein – sehr zu Unrecht, wie man in der Kirche feststellt (Abb. 44).

Die dem Apostel Andreas geweihte Kirche setzt sich zusammen aus einem rechteckigen Gewölbebau aus der Mitte des 13. Jahrhunderts und zwei Querarmen, die seit einer Erweiterung von 1521 den Bau zu einer Kreuzanlage ergänzen. Das Äußere des Baues ist schlicht bis zur Unauffälligkeit.

Die drei Joche des Mittelschiffs werden durch Rippengewölbe überspannt, auf denen ein ganzes Szenarium himmlischer Legenden ausgebreitet wurde. Im östlichen Joch, dem Chorjoch, ist das Jüngste Gericht in vier Bildern dargestellt und zwar durch Christus als Weltenrichter in der Mandorla, ihm gegenüber im Westen der Sündenfall, im Norden das Himmlische Jerusalem als das Ziel der Seligen und im Süden der Höllenschlund als Ort der Verdammten. Im Mitteljoch sehen wir das, was man am ehesten als das Weihnachtsgeschehen umschreiben kann mit Geburt Christi (im Osten), Verkündung (Norden), Anbetung (Süden) und Darstellung im Tempel (Westen). Im ersten Joch über der Orgel ist der Rest eines Totentanzes erhalten. Zu diesen Bilderzyklen kommen einzelne Wandbilder, wie ein lebensvoller Christophorus, ein Hl. Andreas, die Umrahmung einer Sakramentsnische und ein weiterer Heiliger. Die Malerei wird auf das Ende des 15. Jahrhunderts datiert und zeigt eine köstliche Detailfülle, besonders bei den flächendeckenden Darstellungen im Ostteil.

Nach Worpswede – auf den Spuren einer Künstlerkolonie

Der Weg nach Worpswede ist von Bremen aus nicht zu verfehlen, schon in der inneren Stadt setzt die Beschilderung ein, die Entfernung beträgt etwa 25 Kilometer.

Niemand wird nach Worpswede fahren, um ein Moorbauerndorf kennenzulernen. Selbst die Hoffnung auf ein Naturerlebnis, wie es Mackensen beschrieb, könnte zur Enttäuschung werden. Der Ort, an dem die ›Worpsweder‹ wirkten, dessen Name durch ihr Schaffen in die Welt hinausgetragen wurde, ist vielmehr das Ziel der vielen, die den Ort aufsuchen.

Die Entdeckung von Worpswede durch die Künstler war mehr oder weniger ein Zufall. Der Ort stand nie mit Kunst, mit Künstlertum in Verbindung, er war auch nicht Vorort oder Ableger eines Kunstzentrums, wie das Dachau für München war. Worpswede wurde vielmehr um seiner selbst willen entdeckt, errang seinen Platz in der Geschichte der Kunst nur durch das, was es aus sich selbst heraus den Künstlern bot: die Ferne jedes akademischen Kunstbetriebes und, durch die der Landschaft und dem Klima eigenen, schnell wechselnden, tief stimmungsvollen Naturbilder, ein ganz unmittelbar packendes Naturerleben.

Der Entdecker war der Malerstudent Fritz Mackensen (1866–1953). Er hatte bei der Familie, bei der er in Düsseldorf lebte, die Tochter des Worpsweder Ortsvorstehers Ferdi-

Fritz Mackensen, Die Hamme, Zeichnung 1896

nand Stolte kennengelernt und die hatte ihm so schwärmerisch von ihrer Heimat erzählt, daß er noch im selben Jahr das unbekannte Bauerndorf am Rande des Moores aufsuchte. Er war überwältigt und beschrieb seinen ersten Eindruck: »Gegen Abend dieses Tages hatte der Himmel im wahrsten Sinne des Wortes seine Wunder aufgezogen. Ich ging auf den Berg. Da offenbarte sich mir Worpswede in seiner allergrößten Herrlichkeit. Bei der sinkenden Sonne fingen verschiedene hoch übereinander schwebende Wolkengebilde das Licht. Es gab Farben von Dunkelviolett, Kupferrot, Gold und Silber, und da, wo der Äther aufblitzte, erschien er grünlich oder, im Gebiet der silbernen Zirruswolken, seidigblau. Unter einer solchen Herrlichkeit lagen die dunklen Äcker mit den Hafergarben, der weinroten Stoppel des Buchweizens, den schwarzen Schollen der umgepflügten Erde und die dämmerige Weite mit den blitzenden Wasserläufen, auf denen schwarze Segel ihre Bahn zogen.«

Das war 1884. Fünf Jahre später ließ er sich mit Otto Modersohn (1865–1943) und Hans am Ende (1864–1918), die er für das Moordorf und das weite Land hatte begeistern können, in Worpswede nieder. Den dreien gesellte sich 1892 für einige Zeit Fritz Overbeck (1869–1909) zu und 1894 Heinrich Vogeler (1872–1942); auch Carl Vinnen (1863–1922) verstand sich zeitweilig als Weggenosse.

Damit hatte sich der engere Kreis der ›Künstlervereinigung Worpswede‹, wie sich die Gruppe auf der Ausstellung der Münchner Künstlergenossenschaft 1895 nannte, gefunden. Jene Ausstellung brachte mit Ehrungen und Ankäufen für die kleine Gruppe den künstlerischen und endlich auch materiellen Durchbruch; niemand sprach von nun an von ihnen als den »Aposteln der Häßlichkeit«, wie es kurz vorher der damals in Bremen gefeierte Maler,

Dichter und Kunstschriftsteller Arthur Fitger in völliger Verkennung dessen, was in der Kunst aufkam (oder vielleicht auch gerade deshalb), noch getan hatte.

Die ›Worpsweder‹ bildeten aber nie eine geschlossene Malerschule. Die Liebe zu der zwischen Lieblichkeit und Schwermut, ja auch Heroik schnell wechselnden Natur und ihren Menschen hatte sie zusammengeführt, gab ihnen neue Kraft, ohne daß je einer von ihnen seine Eigenart aufgegeben hätte.

So kam Paula Becker nach Worpswede und erfuhr die »wunderbare Moorlandschaft im Norden Bremens«. Worpswede wurde ihr zur »geliebten Heimat«. Durch ihre Heirat mit Otto Modersohn 1901 schien sie sich dem Ort und dem Künstlerkreis inniger noch zu verbinden als nur durch gemeinsames Schaffen. Aber sie, die größte künstlerische Kraft des Worpsweder Kreises, drängte es hinaus, und im Wechsel zwischen Worpswede und Paris, zwischen dem Kreis der Worpsweder Freunde, zu denen Rainer Maria Rilke und Clara Westhoff gestoßen waren, und der Begegnung mit den Werken Rodins, Gauguins, Cézannes erfüllte sich nicht nur ihr kurzes Leben – sie starb 1907 –, sondern auch das Wirken der ›alten‹ Worpsweder.

Deren Mitte war nicht mehr Fritz Mackensen sondern Heinrich Vogeler, die wohl künstlerisch vielseitigste Persönlichkeit jenes Künstler- und Freundeskreises. In dem von ihm erbauten und eingerichteten ›Barkenhoff‹ (Birkenhof) mit seinem großen, biedermeierlichen Garten, hielt er hof (Abb. 45). Rilke: »Gewöhnlich empfing der Hausherr Vogeler seine Gäste an den festlichen Sonntagabenden im Biedermeierfrack mit hohem, weißem Kragen, schwarzer seidener Halsbinde, die eine Kamee schloß.« Rilke geriet durch ihn in den Bannkreis der Worpsweder, begegnete hier der Malerin und Bildhauerin Clara Westhoff, die er 1901 heiratete und lebte gar, wer erinnert sich dessen, zwei Jahre in und bei Worpswede; Alfred Heymel und Rudolf Alexander Schröder waren im ›Barkenhoff‹ ebenso zu Gast wie Max Reinhardt, Heinrich Mann und viele andere.

Diese Zeit ging 1907 zu Ende. Paula Becker-Modersohn war gestorben, Otto Modersohn hatte erkannt, daß die all zu große Nähe zu den Freunden die eigene künstlerische Entwicklung eher hemmt. »Um meiner Art in Kunst und Leben zu leben, muß ich von Worpswede fort. Das bin ich mir menschlich und künstlerisch schuldig«, vertraute er seinem Tagebuch an – und siedelte nach Fischerhude. Vinnen und Overbeck waren schon früher eigene Wege gegangen, und auch Vogeler spürte, daß die Idylle, die er mit dem Barkenhoff geschaffen hatte, auch Stillstand bedeutete, daß seine empfindsame, dabei elegante Jugendstilkunst nicht mehr zeitgemäß war.

Neue Anstöße erfuhr die Künstlerkolonie, als zu Beginn des Ersten Weltkrieges Bernhard Hoetger (1874–1949) sich in Worpswede niederließ. »Es wurde mir in den Jahren immer klarer, daß eine Landschaft, in deren Luft eine Kunst wie die der Paula Modersohn groß werden konnte, auch für mein Schaffen die rechte Atmosphäre sein müsse«, schrieb er später. In Worpswede begegnete Hoetger dem Mann, der fortan sein Leben und Werk stärker prägen sollte, als jeder vor ihm: Ludwig Roselius. Die Spuren dieser Freundschaft in der Böttcherstraße sind schon beschrieben. In Worpswede nun schuf er, meist gefördert durch Roselius, diejenigen Bauten, die sich für Besucher, die sich mit der Geschichte der

Künstlerkolonie Worpswede nicht professionell befassen, als deren sichtbare Teile verbinden: den Niedersachsenstein, Hoetgers Denkmal des Friedens und der Mahnung gegen den Krieg, sein Wohnhaus Hinterm Berg, das Restaurant und Kaffee Worpswede mit der Großen Kunstschau, das Philine-Vogeler-Haus für die Schwägerin Heinrich Vogelers.

In dieser Zeit nach dem Ersten Weltkrieg löste sich das Kunstleben von Worpswede vollends von den ›alten‹ Worpswedern. Die waren nun (Kunst-)Geschichte. Worpswede blieb aber ein Ort, der Künstler und zunehmend auch Städter anzog, weil er bequem zu einer in künstlerischen Fragen aufgeschlossenen Stadt gelegen, ländliche Abgeschiedenheit mit den Annehmlichkeiten städtischer Zivilisation verband und dabei in seiner nächsten Umgebung viel von seiner Urwüchsigkeit bewahrt hatte, die schon die ›Alten‹ so fasziniert hatte. Aus der Künstlerkolonie wurde das Künstlerdorf, das bis heute die Künstler, die Kunsthandwerker, die Galeristen und Verlage und ein kunstsinniges Publikum anzieht.

Der Besuch in Worpswede mag auf dreierlei Weise begangen werden: Man kann auf den Spuren der Gründer und Hoetgers die – vornehmlich gebauten – Zeugnisse der Künstlerkolonie suchen, man kann dem Kunstschaffen der Alten und der Jungen in Worpswede durch den Besuch einiger Galerien auf die Spur zu kommen versuchen und man kann im ›Haus im Schluh‹, das eine Vogeler-Sammlung und ein Worpswede-Archiv birgt, einen ersten Einstieg in die Geschichte der Kolonie und der hier wirkenden Künstler finden. Für den ersten Weg folgen einige Hinweise, für den dritten wende man sich an das ›Haus im Schluh‹, Im Schluh 35, für den zweiten empfiehlt es sich, sofern man nicht auf gut Glück

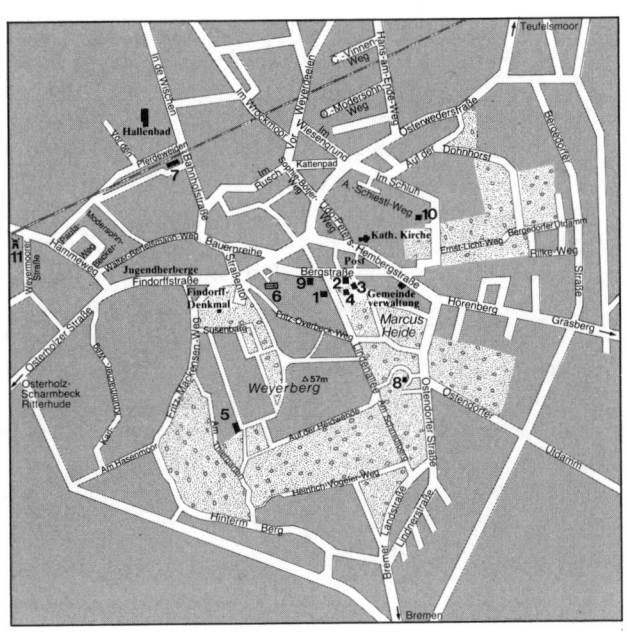

Worpswede
 1 Verkehrsbüro
 2 Kaffee Worpswede
 3 Große Kunstschau
 4 Ludwig-Roselius-Museum
   für Frühgeschichte
 5 Niedersachsenstein
 6 Kirche und Friedhof
 7 Bahnhof
 8 Barkenhoff
 9 Worpsweder Kunsthalle
10 Haus im Schluh
11 Windmühle

losziehen will, sich im Verkehrsbüro im früheren *Philine-Vogeler-Haus,* Ecke Bergstraße/ Lindenallee, mit Prospekten zu versorgen. Der Parkplatz dort sei auch der Ausgangspunkt für den Gang durch Worpswede.

Das *Kaffee Worpswede* (Abb. 46) mit seinen Anbauten, dem Gästehaus (Hotel) und der Großen Kunstschau ist nicht nur eine kommerzielle Gründung des unternehmensfreudigen Hoetger – Kommentar von Roselius, als er den Betrieb aus Freundschaft übernehmen mußte: »... Es hat keinen Zweck bei einem Künstler wie Dir, sich selbst mit Geschäften zu befassen. Du wirst immer Haare dabei lassen...« – sondern neben dem eigenen (zweiten) Wohnhaus, das nicht besichtigt werden kann, und dem Café Winuwuk in Bad Harzburg (1922/23) die vollendetste Ausformung naturhaft organischen Bauens. Was C. A. Pfeffer zur Eröffnung des Café Winuwuk schrieb, konnte auch auf das Kaffee* Worpswede gemünzt sein: »Mit diesen Grundmotiven von Naturechtheit, Waldvogelfröhlichkeit und Wigwamtraulichkeit ist nun ein Kaffeehaus erdichtet, komponiert, gestaltet, das Echo und Resonanz dieses gesamten künstlerischen Erlebnisses sein will, verbildlichende Gestaltung eines intensiven Sich-in-Kontakt-Setzens mit der gesamten Idee. Es liegt Absicht und Ziel in diesem magischen Heraufbeschwören des letzten, lebendigen Sinnes aus der Materie, den Balken und Steinen, den Ecken und Rundungen. In diesem Streben wird Architektur zur Skulptur, Skulptur architektonisch, wird der Stein malerisch und der Raum nach musikalischen Harmonien erdichtet.«

Die Formen sind nur bedingt zufällig, willkürlich. Hoetger suchte die Bäume heraus, die er verbaut wissen wollte, in die er seine Zeichen meißelte; er wirkte mit den Arbeitern gemeinsam auf der Suche nach der Form – es gibt Berichte über diese Zusammenarbeit. In der ursprünglichen Gestalt muß das Haus aufregend ausgesehen und gewirkt haben – der Volksmund sprach vom Kaffee Verrückt – mit den ins Expressionistische umgesetzten, stark farbigen Konstruktionsformen, die von heimischer Bauart abgeleitet sind und einer expressiven, aber auch immer wieder meditativen Innenausstattung. Manches davon konnte bei der jüngst abgeschlossenen Restaurierung wiedergewonnen werden.

In der *Großen Kunstschau* ist eine Sammlung von Werken der Gründergeneration zu sehen – man sollte sich den Besuch nicht versagen. Nachdem Roselius das Kaffee übernommen hatte, gestaltete er auch den Platz mit Plastiken von Bernhard Hoetger (Abb. 49).

Das Ensemble wurde in den siebziger Jahren ergänzt durch das *Ludwig-Roselius-Museum für Frühgeschichte.* Gestiftet und errichtet wurde es von Ludwig Roselius d. J., um die Bestände des alten Väterkunde-Museums, die früher in der Böttcherstraße in Bremen ausgestellt waren, nach fachlichen Gesichtspunkten präsentieren zu können.

Von hier soll der Weg zum *Niedersachsenstein* (Abb. 47) auf dem Weyerberg führen (ca. 20 Min., bei schlechtem Wetter wenig zu empfehlen). Wir gehen die Lindenallee hinauf bis zum Haus Nr. 25, dann den Feldweg nach rechts bis zum Wasserwerk (kleine Kuppe) und halten uns an der Weggabelung nach links; der Feldweg führt direkt auf das mittlerweile in einem Wald gelegene Denkmal.

---

* Die unterschiedliche Schreibweise beider Kaffeehäuser ist originär.

Bernhard Hoetger, Postkarten aus der Serie zum Niedersachsenstein unter dem Pseudonym ›H. Latseman‹, Lithografie 1922

Der Niedersachsenstein wurde von Bernhard Hoetger entworfen, gestiftet und zeitweilig eigenhändig geformt und gearbeitet. Während des Ersten Weltkrieges war das Monument als Siegesmal gedacht, mit der Gestalt eines Jünglings vor einem die Flügel ausbreitenden Adler, der als Zeichen der Auferstehung gedacht war. Mit dem Krieg entwickelte sich das Denkmal jedoch zum Mahnmal für die Gefallenen des Krieges, wobei die Formen zunehmend ungegenständlich-architektonisch wurden.

Die Form des Vogels ist, bei aller Abstraktion, ablesbar geblieben, ebenso Motive des Ehrenmals ›Mutter und Sohn‹ von 1922 (zerstört 1933) auf dem Waller Friedhof in Bremen. Die Flächen der Flügel sind überzogen mit runenhaften Bildzeichen, die aus den gemauerten Flächen dadurch herausgearbeitet wurden, daß er, wie beim Paula-Becker-Modersohn-Haus, einzelne Steine vorstehen ließ.

Lange dauerten die Auseinandersetzungen um das Mahnmal. Es wurde an der Elle des ›Gesetzes über die Verunstaltung hervorragend schöner Gegenden‹ gemessen, Walter Gropius und Peter Behrens wurden um Gutachten bemüht. Dahinter stand natürlich, daß das Denkmal nicht dem entsprach, was man sich unter einem Denkmal zu Ehren von gefallenen Kriegern vorstellte. Die Weser-Zeitung urteilte noch sehr moderat: »Er steht fremd und wirr wie ein lächerlicher Zwing-Uri in der ruhigen Landschaft.« – Damals stand er noch frei in der Landschaft.

Bis zur Weggabelung gehen wir denselben Weg zurück, dann aber geradeaus weiter in den Ort zur *Kirche*. Der einfache spätbarocke Saalbau wurde 1757–59 nach den Plänen des königlichen Moorkommissars Jürgen Christian Findorff gebaut. Der Kanzelaltar mit seinen Rokoko-Ornamenten verdient sicher Aufmerksamkeit, einmalig aber sind die ganz und gar unernsten Putten- und Blumenmalereien von Paula Becker und Clara Westhoff aus der Zeit, bevor aus der einen eine Modersohn und der anderen eine Rilke wurde. Es war eine ›Strafarbeit‹, die der Pastor der Kirche den beiden jungen Frauen aufgebrummt hatte, weil sie aus lauter Freude und Leichtsinn die Glocken der Kirche geläutet hatten. Auf dem *Friedhof* – und dem soll der Besuch gelten – findet man dicht am Leichenhaus das Grab der Paula Becker-Modersohn, für das Hoetger 1910 ein Denkmal, eine Mutter-Kind-Gruppe, geschaffen hat (Abb. 48). Das Denkmal, eine sich im Liegen aufrichtende, jedoch schon wieder zurücksinkende Frau, auf deren Schoß ein in sich versunkenes Kind sitzt, verstand Hoetger als eine Versinnbildlichung des frühen Todes einer jungen Mutter, deren »Lebensflamme im ewigen Meer« ertrank, »indem sie ein anderes Licht anzündete«; die Gruppe gibt es auch im Platanenhain in Darmstadt.

Vom Kirchhof gehen wir zum Bahnhof. Der Weg durch ›Straßentor‹ oder ›Bauernreihe‹ zur Bahnhofstraße jenseits der Findorffstraße ist ausgeschildert.

Der *Bahnhof* ist ein Werk des vielseitig begabten Heinrich Vogeler und nach der Restaurierung vor wenigen Jahren der einzige von ihm entworfene Bau, der einen Eindruck von seinen baugestalterischen Fähigkeiten vermittelt.

Von 1907–09 wurde von Osterholz nach Bremervörde eine Kleinbahn gebaut; mit ihren 17 Stationen und Haltepunkten war die Bahn eine wirtschaftlich ungemein bedeutende Erschließung des Teufelsmoores, die erst durch den Straßenbau der letzten 25 Jahre übertroffen wurde.

Die Hochbauten sollten von dem Klein-Eisenbahnbauamt in Hannover projektiert und ausgeführt werden – und so hätten sie denn auch ausgesehen. Als diese Pläne bekannt wurden, erhob sich ein Sturm der Entrüstung bei dem ungemein regen Verein für niedersächsisches Volkstum in Bremen und bei der Heimatschutzbewegung. Soweit die Pläne noch nicht in Ausführung begriffen waren, wurde die Beauftragung von Architekten des Vereins durchgesetzt. Dadurch erhielt Vogeler den Auftrag zu Planung und Ausstattung des für die Bahn unter dem Aspekt des Fremdenverkehrs wichtigen Bahnhofs in Worpswede.

Der Entwurf des Hauses lehnt sich eng an zeitgleiche Heimatstilbauten der Region an. Bemerkenswert ist die vollendete Einheit des Baues und seiner Ausstattung, die von den ›Worpsweder Werkstätten‹ nach Entwürfen von Vogeler hergestellt wurde. Die Besonderheit des Bahnhofs ging sogar soweit, daß einige Künstler der Kolonie für die Wartesäle Originalgraphiken stifteten.

Gerade neben der kostbaren Güldenkammer im Bremer Rathaus ist die Kenntnis dieser bescheidenen, aber feinen Architektur und ihrer Ausstattung wichtig; sie erst rundet das Bild, das man von Vogeler in Bremen gewinnt, ab, sie erst zeigt, daß Vogelers Weg in den Sozialismus keine Kunstblume war.

Vom Bahnhof aus kann man in westliche Richtung gehend einen Spaziergang zur *Worpsweder Mühle*, einem der beliebten Motive der im Ort wirkenden Künstler, machen. Sie wurde 1838 an der Stelle vieler Vorgänger als ›Erdholländer‹ gebaut, also ohne einen mehrgeschossigen, massiven Unterbau, der die Flügel besser dem Wind aussetzt. Bis 1959 hatte sie auch noch den ›Steert‹, einen Balken, an dem der Müller die Mühle von Hand gegen den Wind drehen mußte. Heute nimmt das Windspiel dem Müller diese Arbeit ab.

In die Gegenrichtung würde ein kurzer Spaziergang zum Kunstzentrum ›*Alte Molkerei*‹ führen, einem, wie der Name schon sagt, umfunktionierten Gewerbebetrieb. Hier wurden Werkstätten, Künstlerateliers, Galerien, Restaurants, ein kleines Hotel und ein Kommunikationszentrum eingerichtet.

Worpswede, der Barkenhoff von Heinrich Vogeler, nach einer Radierung des Künstlers, 1910

Mit dem Besuch des *Barkenhoff* (Abb. 45) soll der Ausflug nach Worpswede enden. Der Barkenhoff liegt, vom Bahnhof aus gesehen, am entgegengesetzten Ende des Ortes, an der Ostendorfer Straße; der Zugang ist ausgeschildert.

Vor wenigen Jahren wurde er in eine Stiftung eingebracht, die einigen Künstlern Ateliers in der Form einjähriger Stipendien zur Verfügung stellt. Die Anlage kann besichtigt werden, die (Arbeits-)Ruhe der Künstler sollte man aber respektieren.

Als sich Vogeler dieses Heim geschaffen hatte, war es der elegante, geistige und geistreiche Mittelpunkt der Künstlerschaft, die sich hier eingefunden hatte. Dann, ab 1907, wurde es stiller um das Haus. Die Ehe Vogelers zerbrach, er selbst geriet in eine Schaffenskrise. Doch trotz aller dieser Widrigkeiten hielt er an diesem Haus fest.

Als 1914 der Krieg ausbrach, meldete sich Vogeler als Kriegsfreiwilliger und war im Osten eingesetzt, und zwar als einer der vielen Künstler, die das Kriegsgeschehen im Bild festhalten sollten. Er sah und erlebte den Krieg auf seine Art aber nicht weniger intensiv als im Schützengraben, und was er da erkannte und erfuhr, bewirkte eine Wandlung, die sich endlich in einem Brief an den Kaiser Luft machte: Er schrieb dem Kaiser ein Märchen von einem Mann, der am Weihnachtsabend 1917 auf dem Potsdamer Platz in Berlin Flugblätter verteilt mit der Weihnachtsbotschaft und den Zehn Geboten. Es ist Gott, der aufgegriffen und wegen Landesverrat erschossen wird ...

Vogeler hatte Glück. Man befand nur, daß er nervenkrank sei, wies ihn in Bremen in die Nervenheilanstalt ein und entließ ihn aus dem Heer. Gleich anderen Künstlern – Meidner, Schmidt-Rottluff, Beckmann – war er nun ein radikaler Pazifist und wurde Kommunist und Mitglied des Bremer Arbeits- und Soldatenrates.

Worpswede, Barkenhoff, Komplexbild ›Kulturarbeit der Studenten‹ von Heinrich Vogeler, 1924, Nationalgalerie Berlin (DDR)

Das mag bei einem Künstler, zumal einem im Grunde so unpolitischen, nicht viel besagen. Das soziale Gewissen, die Not, die er um sich sah, das Unrecht, von dem er jahrelang Kenntnis erhalten hatte, hatten ihm diesen Weg gewiesen. Sein soziales Gewissen ließ ihn aber auch etwas tun, was von den bürgerlichen Sozialisten keiner getan hat: Er gab seinen Barkenhoff hin, um einer kleinen Gruppe von Erwerbslosen, kriegsbeschädigten Handwerkern und Gartenbauern und zehn Kindern, Waisen und Halbwaisen, zu helfen. Anders als beim ersten Mal rückte der Barkenhoff in das Blickfeld. Aber seine hochfliegenden Pläne über die geldlose Bewirtschaftung einer landwirtschaftlichen Kommune zerbrachen trotz der Hilfe, die Roselius immer wieder gewährte, und endlich übertrug er das Haus der ›Roten Hilfe‹, die bis 1930 hier ein Kinderheim betrieb, es dann aber privat verkaufte. 1973 wurde das Anwesen vom Land Bremen, dem Landkreis Osterholz-Scharmbeck und privaten Mäzenen erworben, um es im Geiste Vogelers jungen Künstlern zu öffnen.

Und Vogeler. Mehrmals reiste er in die Sowjetunion. Der Expressionismus der ersten Nachkriegsjahre wich einem sozialistischen Realismus, der anfangs, in den Agitationsbildern, noch eine künstlerische Dimension hatte, in der Sowjetunion aber, wohin er mit seiner zweiten Frau, einer Polin, endgültig zog, vollends verflachte. Er starb, als Mensch und Künstler gebrochen, unter elenden Verhältnissen 1942 in Kasachstan.

Das Teufelsmoor

Eine Fahrt durch das Teufelsmoor hat viel zu tun mit Worpswede und den Worpswedern, waren es doch das Land und seine Bewohner, die die Künstler den Weg hierher suchen ließen. Und trotz aller Zivilisierung, trotz intensiver Erschließung ist das Land noch von besonderer Schönheit, findet man ›große‹ Bilder im Sinne der alten Worpsweder (Farbt. 13, 14). Aber man muß suchen, wo es das Moor noch gibt und die von Jürgen Christian Findorff gegründeten Moorkolonien. – Ich empfehle deshalb eine umständliche, aber schöne Route entlang dem Wümmedeich auf der niedersächsischen Seite der Wümme. Dazu biegt man am Ortseingang von Lilienthal scharf nach links ab – Beschilderung ›Zur Schleuse‹ – und fährt unterm Deich 9 Kilometer bis Höftdeich. Unterwegs sollte man das Auto einmal stehen lassen und ein Stück auf dem Deich gehen, von dem aus man hinter einem dichten Schilfwald immer wieder die Wümme aufblitzen sieht, während auf der Landseite die Kolke, Spüllöcher früherer Deichbrüche, mit seltenen Pflanzen und Wassertieren unser Interesse wecken.

Am Höftdeich biegen wir nach rechts in Richtung Osterholz-Scharmbeck ab. Wir kommen vorbei an der kleinen Dorfkirche von *St. Jürgen* (Abb. 52), die auf einer Warft in der breiten Wümmeniederung gelegen ist und in ihrer Abgeschiedenheit ein Idealbild einer dörflichen Kirche ist. Der einschiffige Backsteinbau mit Westturm, Chorquadrat und Apsis, stammt samt der Wölbung immerhin aus dem 13. Jahrhundert. Zur Kirche gehört ein Friedhof mit einigen schönen Steinen.

Nach sieben Kilometern ab Höftdeich kommen wir an den Rand von **Osterholz-Scharmbeck,** wo wir uns von der ersten Ampel ab nach rechts in Richtung Bremervörde halten. Noch innerhalb von Osterholz führt der Weg vorbei an der *St. Marien-Kirche* des ehemaligen Benediktinerinnenklosters, das zu den bedeutendsten Gründungen der bremischen Erzbischöfe und zu den bedeutendsten Baulichkeiten in der Umgebung Bremens gehört. Gestiftet wurde das 1196 geweihte Kloster im Jahre 1182 von Erzbischof Siegfried (1180–84). In den folgenden Jahrhunderten entwickelte es sich zu einem begüterten Hort für die Töchter der bremischen Stiftsritterschaft – Angehörige der Familien von der Lith, Marschalck, Frese finden sich unter den Vorsteherinnen –, bis Königin Christine von Schweden 1647 dem Landgrafen Friedrich zu Hessen das noch gut erhaltene Kloster zu Lehen gab. Der löste es dann 1650 auf.

Von dem romanischen, aus Ziegelstein errichteten und durch Ziegelsteinornamente gegliederten Bau ist soviel erhalten, daß wir uns eine gute Vorstellung von der ursprünglichen Gestalt machen können. Danach handelte es sich um eine dreischiffige, gewölbte Basilika mit Querhaus in gebundenem System und mit einem – und hierin liegt die Besonderheit dieses Baues – ›sächsischen‹ Westriegel, einer zweitürmigen Front, die eine Empore einschloß. Diese Form ist in Osterholz noch erkennbar, auch wenn der Südturm, wohl mit dem bis dahin erhaltenen südlichen Seitenschiff, 1708 abgetragen wurde. Das nördliche Seitenschiff wurde schon 1345 nach einem Brand mit dem Mittelschiff zu einer zweischiffigen Halle vereint. Damals wurde auch der Chor um ein Joch verlängert.

Die Architekturglieder im Inneren sind schlicht, ebenso die Pfeilerhalle unter der Non-nenempore. Reste alter Malerei, eine monumentale Darstellung des hl. Christophorus, ent-standen um 1300, und das Triumphkreuz mit den Evangelistensymbolen an den Kreuzen-den, entstanden nach 1450, zeigen aber, daß die Kirche gut ausgestattet gewesen sein muß.

Hinter Penningbüttel biegen wir, wie oben angegeben, in östlicher Richtung zur Ort-schaft Teufelsmoor – Ausschilderung nach Worpswede – ab. Die Straße, auf der wir uns jetzt befinden, führt am Rand des Teufelsmoores entlang. An der Beekebrücke sollte man anhal-ten und einen kleinen Moorspaziergang machen.

Wir fahren weiter bis zur Abzweigung nach Vollersode – unterwegs lädt mancher kleine Weg zu einem Abstecher zu Fuß oder mit dem Rad ein. Bei Vollersode stoßen wir wieder auf die B 74, auf der wir über Kuhstedt bis Basdahl fahren (15 km) und durch den Ort bis zur Abzweigung einer kleinen Straße nach *Oese* (Beschilderung ›Kirche zu Oese‹), wo wir die Kirche, die am Dorfrand auf einem von Eichen umstandenen Hügel und inmitten eines kleinen Kirchhofs liegt, aufsuchen wollen (Farbt. 19).

Die Kirche zu Oese wurde 1578–81 gebaut als Patronatskirche des stiftsbremischen Rit-tergeschlechts der Issendorff. Es ist ein ganz kleiner rechteckiger Backsteinbau mit polygo-nalem Chorabschluß und eingestelltem Turm. Nichts deutet darauf hin, daß das Kirchlein eine kostbare Ausstattung besitzt.

Der Raum ist geschlossen durch eine ornamental bemalte Holzbalkendecke aus der Bau-zeit, in den Fenstern sitzen noch die alten Wappenscheiben der Familie; datiert 1578 sollen sie nach Vorlagen von Lucas Cranach d. J. (1515–86) gearbeitet sein. Die Wände sind einfach weiß. An ihnen fallen vor allem die Grabsteine und Epitaphien auf. Da ist zur Linken die Grabplatte des Bauherrn Christoph von Ißendorp von 1586 und seiner Frau Marie von Düring, die beide als Ganzfiguren, umrahmt von den sechzehn Wappen der Ahnen, darge-stellt sind. Auf der Gegenseite hängen zwei gute Epitaphien aus dem Anfang des 17. Jahr-hunderts; ganz besonders schön ist das östliche des Hermann von Ißendorp von 1627. Es ist aus Alabaster geschnitten und zeigt im Mittelfeld ein Relief mit der Darstellung des Jüngsten Gerichts. Nicht ohne Rührung liest man die Inschriften der fünf Grabsteine des 16. Jahrhun-derts mit zeitgenössischen Kinderdarstellungen, die unter der niedrigen Empore stehen. Der Altar, datiert 1597 und die Kanzel, undatiert, aber wohl auch vor 1600 entstanden, zeigen eine ausgesprochen derbe, bäuerliche Malerei. – Es ist eine Kirche, in der man sich gerne aufhält, die einem deutlich macht, was das einmal war, eine Patronatskirche. Da saß die Familie im Kirchenstuhl nahe dem Altar, umgeben von den Ahnen und Taufen, Hochzeiten und Begräbnisse verbanden Generationen um Generationen mit dieser kleinen Kirche.

Wir fahren nun auf der B 74 wieder ein Stück zurück bis zur Abzweigung nach Zeven; dann bis Gnarrenburg, durch den Ort hindurch über die Bahnlinie und biegen nach rechts in die kleine Straße nach Findorf ein. Sie führt neben dem Hamme-Oste-Kanal.

Der Ort trägt den Namen des königlichen Moorkommissars Jürgen Christian Findorff (wenngleich nur mit einem – f – geschrieben, während der bremische Stadtteil richtig mit zwei – f – geschrieben wird). Wer war Findorff und welches war sein Werk?

Otto Modersohn, Landschaft am Moorkanal, Kohlezeichnung

Die Moore östlich und nördlich von Bremen, von denen das Teufelsmoor nur ein kleiner Teil ist, waren von Randbesiedlungen abgesehen, bis gegen 1700 mehr oder weniger unbesiedelt und unwegsam. Die Bauern der Geest nutzten zwar die trockeneren und festeren Hochmoorflächen als Viehweiden und erschlossen sich solche Flächen durch Knüppelwege, aber wirklich besiedelt war das Land nicht.

Die ältesten Randsiedlungen waren die Klosterorte Osterholz und Lilienthal und auch Worpswede. Die Ortschaft Teufelsmoor wurde gegen 1500 von Osterholz aus besiedelt und entwickelte sich an Beeke und Hamme, die beide für kleine Boote schiffbar waren, gut, denn der Ort war lange Zeit der einzige Brenntorflieferant für Bremen. Von hier aus wurden Hüttenbusch und Überhamm (= jenseits der Hamme) besiedelt und von Lilienthal aus kam es um 1700 zur Gründung der Ansiedlungen Heidberg und Seebergen. Auch Weyerdeelen, Weyermoor und Waakhausen entstanden am Rande des Moores.

Das alles waren noch zaghafte und nicht systematisch betriebene Besiedlungen am Moorrand. Die richtige Erschließung begann erst, als die Regierung in Hannover in der Besiedlung der Moore eine wichtige Landesaufgabe sah. Daß sie sich aber weder selbst noch die Siedler zu einem Abenteuer hinreißen wollte, beweist die Gründlichkeit, mit der das Unternehmen von da an betrieben wurde: 30 Jahre erforschte man die Bodenverhältnisse, die Torfarten und die Möglichkeiten der Entwässerung des Landes, bevor die erste öffentliche Bekanntmachung, mit der anbauwillige Siedler gesucht wurden, erfolgte. Das war 1751. Ein Moorvogt wurde ernannt, der die Arbeiten anleitete und die Siedler betreute.

Jürgen Christian Findorff, 1755 berufen, war der zweite Moorvogt. 1720 in Lauenburg geboren, erlernte er das Tischlerhandwerk und bei einem Schleusenbaumeister die Kunst des Wasserbaues. Mit 35 Jahren hatte er sich bereits einen so bedeutenden Namen erworben, daß ihm die Kolonisierung des Moores allein übertragen wurde.

In den folgenden 37 Jahren durchzog er das Moor mit einem vielgliedrigen Netz von Kanälen, gründete ein Dorf nach dem anderen und Hunderte von Siedlerstellen. Das war eine große technische Leistung. Neben ihr steht aber die vielleicht noch größere menschliche. Die unbeschreibliche Schwere der Arbeit und die oft hoffnungslos erscheinenden Strapazen waren für die Siedler nur zu ertragen unter der Führung eines Menschen, der ein begnadeter Pädagoge und, in einer sehr unmittelbaren Bedeutung des Wortsinns, den Menschen ein guter Hirte gewesen sein muß. Er wird uns beschrieben als eine Persönlichkeit, bei der sich hervorragendes berufliches Können mit großer physischer Leistungsfähigkeit, menschlicher Güte, pädagogischem Geschick und endloser Hilfsbereitschaft verbanden.

Das kleine Stück Straße entlang dem Hamme-Oste-Kanal durch Findorf zeigt noch Bilder, Siedlungsstrukturen, wie an kaum einer anderen Stelle des Findorffschen Werkes. Gleich an der ersten Brücke sollte man auf die andere Seite wechseln, anhalten. Im Blick zurück sieht man einen Sandweg, beiderseits mit Birken bestanden und ohne ein Verkehrsschild (Umschlagrückseite). So mag es auch vor zweihundert Jahren ausgesehen haben.

Man sollte ganz langsam fahren, um Zeit zu haben zum Schauen, stehen bleiben, zu Fuß gehen, um zu begreifen, was alles dahintersteckt: der tiefausgehobene Kanal, die hochangelegte Straße, die natürlich nur ein bescheidener Weg war, die Häuser wieder erhöht und dazwischen die tiefliegenden Flächen, aus denen der Torf ausgehoben wurde. Ab und an steht ein kleines Waldstück auf einem hochanstehenden Torffeld, mit offener Bruchkante zum tieferliegenden Feld.

Die Kanäle waren die eigentlichen Landstraßen. Auf ihnen fuhren die flach gebauten Torfkähne mit dunkelbraunen Segeln. Sie fuhren ›bergab‹ zur Hamme oder Oste und auch ›bergan‹. Dazu bedurfte es eines Klappmechanismus an den Schleusen, der es erlaubte, die Boote über die Schleusen zu ziehen. Fritz Overbeck, der Sohn des Malers, hat diese Technik, die heute nicht mehr erhalten ist, beschrieben: »Die Klappstauen, die das Wasser in den Moorgräben und Moorkanälen von Stufe zu Stufe stauen und deren Leerlaufen verhindern, sind deswegen so wunderbar, weil sie kaum ein Hindernis für die Schiffahrt darstellen. Man schiebt sich einfach mit dem platten Bug des Torfschiffes auf sie hinauf und drückt sie unter Wasser, und zwar einerlei, ob man von der unteren zur oberen oder von der oberen zur unteren Staustufe fährt. Dann gibt es jedesmal an der vorher so still verträumt daliegenden Klappstaue einen kleinen Wasserfall, solange das Schiff sich darüber hinwegschiebt. Hat aber das Schiff die Stelle passiert, so schnellt hinter ihm, vom Wasserdruck getrieben, die Klappstaue wieder empor, – dann klappt sie nicht mehr, – dann staut sie wieder.«

Auch die Stellung der Häuser ist noch so gut wie unverändert; es gibt kaum die die Siedlungsstruktur sofort verändernden zwischengestellten Neubauten, sondern jedes Anwesen steht für sich, von der Straße zurückgesetzt und, nach Art der Niedersachsenhäuser, alle wohn- und landwirtschaftlichen Bedürfnisse unter einem Dach vereinend. Die Dächer waren reetgedeckt, sie sind es wieder zunehmend.

Man fahre bis zur letzten Brücke, auf der man wieder auf die ordentliche Straße übersetzen muß, fahre dann nicht nach Meinershagen, sondern in Richtung Nordsode, wo man auf die Straße Karlshöfen – Worpswede stößt und über Grasberg nach Lilienthal kommt.

Nehmen wir uns noch einen Moment Zeit für **Lilienthal**, das der Stützpunkt war für mehrere Siedlungsaktionen im Teufelsmoor. Entstehung und Name verdankt der Ort einem

Kloster, das Erzbischof Gerhard II. 1232 stiftete und mit reichem Grundbesitz versah im Gedenken an seinen Bruder, der als Anführer eines erzbischöflichen Heeres im Jahre 1229 im Kampf gegen die Stedinger Bauern gefallen war. Es wurde mit Zisterzienser-Nonnen besetzt und benannt nach dem Symbol der Jungfrau Maria, der weißen Lilie.

Zisterzienser rief Gerhard vermutlich deshalb, weil dieser Orden sich die Landerschließung und -kultivierung zur Aufgabe gestellt hatte, weil er ›wassererfahren‹ war. Einen solchen Orden aber brauchte er, um nach den unglücklichen Erfahrungen mit den Siedlern des Stedinger Landes die weitere Kultivierung ohne freie Bauernschaften durchführen zu können. Bekannt für seine hervorragenden Leistungen gerade auf diesem Gebiet war das Kloster Marienthal bei Helmstedt und so holte sich Gerhard von dort den ersten ›Vaterabt‹.

Nach schwierigen Anfängen gedieh das Kloster. Es bestand dann bis zum Jahre 1651. In seinen letzten Jahrzehnten verfielen freilich die Baulichkeiten mehr und mehr, bis 1740 der Rest weggeräumt wurde. Ohnehin war das Klostergut in der schwedischen Zeit des Erzstiftes an verdiente Generale der schwedischen Krone ausgeteilt worden. Es blieb nur die Kirche an der Klosterstraße, auch sie zwar mehrfach verändert und restauriert, aber immer noch erkennbar als einschiffiger Backsteinbau des 13. Jahrhunderts mit Kreuzgewölben des 15. Jahrhunderts und mit einem schönen Chorgiebel, der in drei Geschosse mit Spitzbogenblenden gegliedert ist.

Und es blieb das Siedlungswerk an Wümme und Wörpe um die schon bestehenden Ansiedlungen von St. Jürgen und Trupe herum und am Rande des Teufelsmoores, dessen Erschließung das große Werk der Binnenkolonisation des 17. und 18. Jahrhunderts war.

Der Posten eines Amtmanns in Lilienthal war sicher nicht das, was sich ein karrierebewußter Beamter des ausgehenden 18. Jahrhunderts erträumen mochte – allzu hohe intelligente Anforderungen konnten da wohl nicht immer vorausgesetzt werden. Um so mehr fällt darum eine Gestalt wie Johann Hieronymus Schroeter (1745–1816) auf, nicht nur, weil er ein gut geschulter Jurist und Ökonom war und deshalb den Amtmannspflichten gerade auch in den schweren Jahren der französischen Herrschaft gewachsen war, sondern weil er ein bedeutender Astronom war. Die Gelehrten seines Faches, das ja eigentlich sein Hobby war, blickten damals nach Lilienthal, korrespondierten mit Schroeter. Nach ihm, dem Begründer der modernen Mondforschung, ist ein Mondtal benannt, im Orionnebel gibt es eine ›Schroetersche Brücke‹ und in der angelsächsischen Fachliteratur gibt es die ›Schroeter-Rule‹. Unter ihm also drang der Name Lilienthal hinaus in die Welt.

Heute ist Lilienthal, dessen Bebauung nahtlos in die bremische übergeht – oder umgekehrt, je nach dem Standort, den man einnimmt – eine Kleinstadt von rund 16 000 Einwohnern, von denen viele durch Herkommen und Arbeit eng mit Bremen verbunden sind.

Von Bremen nach Bremerhaven

Der Weg nach Bremerhaven kann auf manche Weise zurückgelegt werden. Es gibt die Autobahn, auf der die 65 Kilometer Distanz zwischen den beiden Hafenstädten in 40 Minuten gefahren werden können – nichts für einen Reiseführer. Viel Zeit muß man dagegen mitbringen für eine Schiffsreise auf der Weser, angeboten von der Schreiber-Reederei, Schlachte 2 (Auskünfte dort oder am Martinianleger), wobei man einen hübschen Eindruck vom Land zu beiden Seiten des Flusses gewinnen kann, ohne aber die Möglichkeit zu haben, gestaltend in den Ablauf der Fahrt eingreifen zu können.

Da eine solche Schiffsreise nicht ohne Eintönigkeit abläuft, sei als Reiselektüre empfohlen, was Friedrich Engels in den Jahren 1838–41 über die Bremer, eine Dampferfahrt (!) von Bremen nach Bremerhaven und über die damals noch junge Siedlung Lästerliches scharf pointiert niedergeschrieben hat (Friedrich Engels, Über die Bremer – Briefe, Aufsätze, Literarisches, Bremen 1966).

Schließlich kann man sich auf verschlungenen Wegen der Hafenstadt an der Wesermündung nähern. Das sei unser Weg.

Bremerhaven aus der Sicht von Friedrich Engels in einem Brief an seine Schwester Marie Engels vom 7./ 9. Juli 1840. Die Skizze hat er auf einem Dampferausflug von Bremen nach Bremerhaven gemacht. Er schreibt dazu: »Links das Fort, zum Schutz des Hafens, ein altes ziegelsteinernes Ding, das der Wind nächstens umwehen wird, daneben die Schleusen, durch die die Schiffe in den Hafen, der ein langer, schmaler Kanal, etwas breiter als die Wupper ist, eingelassen werden ...«

Durch die Osterstader Marsch über Hagen im ›Bremischen‹ nach Bremerhaven

Um schneller aus Bremen herauszukommen, fahren wir aber doch ein Stück auf der A 27 in Richtung Bremerhaven und zwar bis zur Abfahrt Schwanewede; vor Schwanewede biegen wir ab in Richtung Meyenburg und fahren über Uthlede nach Hagen ›im Bremischen‹, wie der Ort sich aus alter Tradition nennt (ab Autobahn 20 km).

Die Fahrt führt weiter auf kleinen Straßen am Rande der Marsch durch das Osterstader Land. Der Blick geht weit über ein Land, das noch nicht zersiedelt und industrialisiert ist. Landwirtschaft, in der Marsch vor allem Weidewirtschaft, prägt das Bild der Landschaft, und ihre hervorragendsten Blickpunkte sind heute wie früher große Bäume und Baumgruppen, Kirchtürme und Mühlen. Jünger sind die Zeichen der Seefahrt, die weit übers Land zu sehen sind und über die Entfernungen hinwegtäuschen.

In **Meyenburg** kommen wir vorbei an dem *Gutshaus*, einer ehemaligen Wasserburg, der Familie von Wersabe, die zur bremischen Stiftsritterschaft gehörte. Das Haus ist nicht zu besichtigen, aber in der Vorhalle der schlichten *Kirche* von Meyenburg ist ein Grabstein dieser Familie aus dem Jahre 1651 aufgestellt, auf dem wir den Namen dieser Stiftsritterschaft, die auch auf den Epitaphien im Dom und den stattlicheren Bauten auf dem Lande wiederkehren, begegnen: den Issendorff von der Kirche zu Oese, den Behren, v. d. Hude, v. d. Lith und Clüver, deren Namen im Dom und in Ansgari weiterleben, den Horn, v. d. Borch, Mandeloh, Schönebecke, Hodenberge, den Busschen, den Münnighausen; 32 Wappen zieren den Stein des Anton Dietrich von Wersabe und seiner Frau Ilsa Carina von Issendorff (Abb. 51).

Meyenburgs Baubestand gilt unter Kennern ebenfalls als sehenswert – Kirche, Herrenhaus von 1504 mit der Erweiterung des 18. Jahrhunderts und so manches Hofgebäude bilden hier noch einen harmonischen Dreiklang.

Die *Burg Hagen* ist wie das Haus Blomendal (s. S. 160) nicht mehr als ein festes Haus, ein aus Stein gebautes Haus in einem Land, in dem es bis ins vorige Jahrhundert nur Fachwerkhäuser, die oft nicht einmal mit Steinen ausgefacht waren, gegeben hatte. Es wäre keinen Abstecher wert, hätte man nicht jüngst Wandmalereien gefunden, die das Haus in dieser Kulturlandschaft herausragen lassen.

Der Burgsitz geht zurück auf eine Wasserburg, die Erzbischof Hartwig II., der aus dem benachbarten Uthlede stammte, um 1200 als Stützpunkt in den schon damals aufflammenden Kämpfen gegen die Oststedinger Bauern bauen ließ. Dazu wurde in der Niederung ein künstlicher Hügel aufgeworfen und gesichert. Später wurde die Burg neben der Residenz zu Bremervörde einer der häufiger genutzten Wohnplätze der Erzbischöfe, an denen sie auch Rechtsgeschäfte vollzogen. Für Hagen ist die Formel »in castro nostro Hagene« überliefert.

Der heutige Bau (Abb. 50) wurde gegen 1500 errichtet; 1506 zog sich Erzbischof Johann Rode (1498–1511) nach Hagen zurück, um in der Abgeschiedenheit des Ortes das Verzeichnis über die ›Güter und Rechte der Bremer Kirche‹ niederzuschreiben. Er teilte von dem großen Raum, den das obere Geschoß bildete, eine Kapelle ab, die er neu fassen ließ mit einer spätgotischen, vornehmlich die Fenster rahmenden Ausmalung. Die Malerei wirkt mit ihrer Ast- und Laubwerkornamentik, den skuril bereicherten Fialen und den figürlichen Motiven – eines der Tiere erinnert an den braunschweigischen Löwen – ausgesprochen festlich. Ob Johann Rode die Ausmalung als einen rein dekorativen Schmuck verstand oder ob er wie bei den Bildwerken, die unter seiner Herrschaft für den Bremer Dom in Auftrag gegeben wurden, etwas über den Rang und die Stellung der Bremer Kirche aussagen lassen wollte, konnte bisher nicht untersucht werden.

Es gibt auch Reste einer dritten Malschicht, einer ›Vorhangmalerei‹ mit einer Vorhanglineatur, einem Rautenfries und Granatäpfeln. Diese Fassung wird man in Verbindung bringen dürfen mit einem späteren bedeutenden Ereignis in der Geschichte des Hauses: Hier fand nämlich im Jahre 1576 die Hochzeit des lutherischen Erzbischofs Heinrich von Sachsen-Lauenburg mit Anna von Broich, der Tochter eines Kölnischen Bürgermeisters, statt.

Alle Denkmäler, die wir im Bereich des einstigen Erzstiftes Bremen kennen, gehören der sakralen oder der bürgerlichen Welt an. Dagegen sind alle Äußerungen einer sicher einmal gepflegten höfischen Kultur zerstört, es sei denn, man wendet sich nach Lüneburg als das nächstgelegene und für die Verhältnisse am erzbischöflichen Hof sicher wichtigste Kunstzentrum. Nur in diesem Haus in Hagen haben sich Reste einer Ausstattung erhalten, die einen Hinweis geben auf den Rahmen einer gewiß bescheidenen Hofhaltung der Bremer Erzbischöfe (z. Zt. in Restaurierung).

Sandstedt und Rechtenfleth

Von Hagen fahren wir nach **Sandstedt**. Der Abstecher soll nicht in erster Linie wegen des weit über das Land grüßenden blockhaften Kirchturms der 1583–1613 dem 1609 neu errichteten Kirchenschiff vorgestellt wurde und der eine interessant verdrehte Turmspitze besitzt, unternommen werden, sondern um die Weite des Landes, in welchem der Blick nur noch von den Deichen eingefangen wird, aufzunehmen und auch, um auf dem Umweg über die alten Grabsteine auf dem Kirchhof etwas über den Reichtum der Marschenbauern zu erfahren (Abb. 53).

Es ist die Fahrt von Hagen nach Sandstedt – acht Kilometer trennen beide Orte – eine Fahrt von der Geest in die Marsch. Hermann Allmers, dessen Haus in Rechtenfleth bei Sandstedt unser nächstes Ziel sein soll, charakterisierte Marsch und Geest zwar nicht mit naturwissenschaftlicher Akribie, dafür auf eine Weise, die uns das Land nahe zu bringen vermag: »Marsch, Geest und Moor vergegenwärtigen uns gewissermaßen die menschlichen Temperamente. Die Marsch repräsentiert, auf den ersten Blick erkennbar, das Phlegmatische. Ihre ewigen, schnurgeraden Linien, die waagerechte, ruhige Ebene mit dem einförmigen Grün, die träge fließenden Binnengewässer, der zähe, tonige Boden, die schweren behäbigen Tiere, die Bevölkerung – alles ist ein Bild des ruhigsten Phlegmas, wie keine andere Gegend es bietet. Die leichte Geest hingegen ist durch und durch sanguinisch. Hier ist alles Wechsel, bald ernst, bald heiter, bald dürr, bald fruchtbar, bald Tal, bald Hügel, hier dämmeriger Wald, dort schattenlose Waldwüste; hier grünender Wiesengrund und wallende Kornfelder, dort steiniges, unfruchtbares Heideland, hier rauschende Mühlenbäche, dort rohrumflüsterte Teiche – alles in schroffen Gegensätzen, wie der Ausdruck eines sanguinischen Gemütes...«

Reich waren die Marschenbauern. Wo wird man dessen deutlicher gewahr als auf dem Kirchhof. Die großen Marschenhöfe sind durch Anpassungen an heutige Bedürfnisse denen anderer Landstriche angeglichen, und die Kirche ist seit einer Zerstörung 1609 auch sehr schlicht. Aber die Grabsteine um die Kirche sprechen mit eindringlicher Sprache zu uns und berichten uns von reichem Erdenleben, von Gatten und Elternliebe, von Leid und von der Hoffnung auf das ewige Leben. Wer wollte sagen, daß alles hier Geschriebene nur zeitübliche Floskeln, die Schmuck- und Symbolformen hohle Phrasen gewesen sind?

Die Steine sind groß und reich skulptiert. Viele von ihnen werden in Bremen gearbeitet und von dort bezogen worden sein, denn die Steinmetzen der Stadt hatten fast ein Monopol auf den guten, haltbaren Obernkirchner Stein, und nur in einer so großen Stadt konnten sich Steinbildhauerbetriebe, die solche Qualität liefern konnten, auf Dauer halten – das wird auch einer der Gründe gewesen sein, weshalb die Daten des auf dem Stein genannten Ehepartners, der zum Zeitpunkt der Aufstellung des Steines noch lebte, nachträglich fast nie eingeschlagen wurden. Es gibt auch auffallend viele Steine, die nur einem Verstorbenen, darunter auch Jüngeren, gewidmet sind, was auf Wohlstand und auch auf große Liebe schließen läßt. Die spricht ganz leise auch aus den Texten, die in erster Linie dem jeweils vorherrschenden religiösen Empfinden und dessen Wandlungen unterworfen sind.

Es gibt in diesem Land noch viele schöne, sprechende Grabsteine. Auf jedem alten Kirchhof findet man sie. Aber der zu Sandstedt mit den Grüften und Mälern der Marschenbauern ist von ganz eigenem Reiz. Hier lesen sich die Geschlechterfolgen von Bauern wie die Stammbäume des Adels: Die wohlgebornen Herren von Fiege, die Erbgesessenen von Offenwarden, die Erbgesessenen von Sandstedt, von Rechtenfleth – das waren die Allmers, die auch Deichgrafen und Vögte waren. Auf zwanzig älteren Steinen bis zur Romantik ist vierzehnmal der Name Allmers aus **Rechtenfleth** genannt.

Dorthin sind es auf der Straße unterm Deich gerade drei Kilometer; hier steht der Marschenhof des Dichters *Hermann Allmers*. Außerhalb seiner niederdeutschen Heimat wird er nur noch Kennern ein Begriff sein.

Er war ein in seiner engeren Heimat auch heute noch geachteter Heimatschriftsteller und -forscher, dessen ›Marschenbuch‹, das 1857 erstmals erschien, eine geologische, botanische und historische Landesbeschreibung darstellt, wie sie bis dahin der herben norddeutschen Landschaft nicht zuteil wurde; er war, bezogen auf die Heimat, ein befruchtender, anregender Kulturkritiker, er war ein guter Reiseschriftsteller, war Maler und Lyriker. Die Teile seines Werkes, die über den engeren Lebensrahmen hinausreichten, sind heute zwar vergessen, doch für die Wesermarsch war sein Wirken von großer und anhaltender Bedeutung. Er gründete die ›Männer vom Morgenstern‹ in Bremerhaven und den ›Rüstringer Heimatbund‹ in Nordenham, lange bevor es eine Heimatschutzbewegung gab, und durch das Gewicht seiner Stimme vermochte er manches zu bewahren, was ohne ihn leichtfertig aufgegeben

Porträt von Hermann Allmers (1821–1902) im Alter von 35 Jahren, Zeichnung (1856)

worden wäre. Da schadet es nicht, daß er sich bei seinen Forschungen auch einmal mächtig vergaloppieren konnte, wie mit seiner Idee, Karl der Große hätte die Weser bei Rechtenfleth überquert. Ihm war diese Idee ein Denkmal wert, das er am Fuß des Deiches, seinem Haus und Garten gegenüber, bauen ließ.

Er, der letzte seines Stammes, wie er schon 1852 auf dem von ihm gestifteten Familiengrab kundtat, baute den Allmerschen Hof zu einem Künstlerheim aus, wie man es in diesem Landstrich nie vermuten möchte. Er vergrößerte den Wohnteil des erst von seinem Vater 1842 neu und massiv erbauten Hofes und richtete sich darin ein Arbeitszimmer mit Bibliothek ein, einen Antikensaal, dem im Garten eine italienisierende Pergola zugeordnet ist und einen dem eigenen Werk gewidmeten Raum, dem Marschensaal. Zu dem Haus gehört auch ein Garten, der mit seinen Ausstattungsteilen wiederum ein Spiegelbild des Dichters ist mit einer Pergola und einem kleinen Antikenhain, die den Besucher empfangen und daneben, zwangloser und urtümlicher gestaltet, ein Hain mit Grotte, Steinbank und steinernem Tisch und einer vom Dichter 1848 gepflanzten ›Freiheitseiche‹, die das Refugium überschattet.

Das Haus wird von der ›Hermann-Allmers-Gesellschaft‹ gepflegt und betreut, sie hält es nachmittags für Besucher offen.

Am Rande von Bremerhaven – Dedesdorf, Loxstedt, Bexhövede und Altluneberg

Im Weiterfahren nähern wir uns dem Einzugsbereich von Bremerhaven. Ein schöner Weg führt fast unterm Deich über Büttel nach Dedesdorf und zur B 6 unterhalb des schon zu Bremerhaven gehörenden Wulsdorf.

Dedesdorf ist einer der Fährorte an der Unterweser und damit hat es auch seine eigene Bewandnis: Bis Oldenburg in dem Land Niedersachsen aufging, waren der Ort und das

Land Wührden, dessen Hauptort Dedesdorf ist, nämlich oldenburgisch und heute noch gehört die Kirche zur Evangelisch-lutherischen Kirche in Oldenburg. Deshalb also diese Fähre an diesem Ort. Wie die Grafen von Oldenburg im 13. Jahrhundert in den Besitz dieses rechts der Weser gelegenen Landzipfels kamen, ist historisch noch nicht geklärt.

Aber nicht diese historische Kuriosität ist das Ziel der vielen Besucher, die die *Kirche* von Dedesdorf aufsuchen. Sie verbindet vielmehr ein anderes Interesse: die Orgelkunde. Dedesdorf besitzt eine sehr werkgetreu erhaltene Orgel von dem im ganzen Küstenraum bekannten Arp Schnitger (geboren 1648 in Golzwarden, gestorben 1719 in Neuenfelde im Alten Land). Das kleine, ganz auf den niedrigen Raum konzipierte Werk entstand 1697–98 und wurde 1742–45 um ein Pedal erweitert. Sonst blieb die Disposition der Orgel unverändert, was dazu geführt hat, daß das Instrument jetzt um einen ⅝-Ton höher gestimmt ist als normal ›a‹. Die Orgel kann deshalb kaum mehr konzertant eingesetzt werden.

Wunderschön ist auch dieser Kirchhof mit vielen Grabstelen des 17. und 18. Jahrhunderts. Aus der Fülle sei hier nur die eine genannt mit der Darstellung eines Schiffes, einer ›Fleute‹. Da läßt sich jedes Segel benennen und auch, um was es im Leben des Mannes, der hier bestattet wurde, ging, ist fein säuberlich in dem Wappen links vom Schiff gezeigt: Wale. Der Stein steht nahe dem Turm auf der Nordseite des Kirchhofs.

Statt nun gleich nach Bremerhaven hineinzufahren, sollte man den nächsten Umweg nicht scheuen und über Stotel nach **Loxstedt** fahren. Die evangelische *Marienkirche*, erbaut im 14. und 15. Jahrhundert, besitzt nämlich reiche Gewölbemalereien aus dem 15. Jahrhundert. Im Chorjoch sind der Stammbaum Christi mit einer Darstellung der Hl. Anna selbdritt dargestellt, daneben die Anbetung der Könige, die Erschaffung Evas aus der Rippe Adams, der Sündenfall und die Vertreibung aus dem Paradies und endlich die Georgslegende. Das mittlere Joch zeigt das Jüngste Gericht mit der Auferstehung der Toten, der Hölle und dem Paradies, das als Haus Gottes dargestellt ist. Im dritten Gewölbejoch ist der ›Loxstedter Totentanz‹ zu sehen (Farbt. 17). Er besteht aus einem von Schlangen umzüngelten Tod und einem vornehmen Paar. Die Darstellung wird durch Spruchbänder erläutert. Rechts und links des Totentanzes sind die Martyrien des Hl. Sebastian und des Hl. Fabian zu sehen. Über der Orgel ist schließlich die Christophoruslegende dargestellt.

Eine hübsche *Kirche* findet man auch noch in **Bexhövede** (Abb. 55), drei Kilometer über Loxstedt. In der Hauptsache ist es noch der einschiffige gewölbte Feldsteinbau, der vor oder um 1184 geweiht wurde. Auf der Nordseite sieht man noch die ursprünglichen kleinen Rundbogenfenster; deren Gewände und Gebäudeecken sind, wie bei vielen romanischen Kirchenbauten, mit Portasandsteinen verstärkt. Der Chor wurde im 15. Jahrhundert erweitert und der Turm im 18. erhöht. Diese kleinen Änderungen nehmen dem Bau aber nichts von seiner Mittelalterlichkeit. – Das Innere ist stimmungsvoll, aber nicht original mittelalterlich.

Abseits von dem eingeschlagenen Weg nach Bremerhaven liegt **Altluneberg**, ein winziges Dörfchen, das sich um einen Gutshof entwickelt hat. Hier gibt es eine *Fachwerkkirche* des

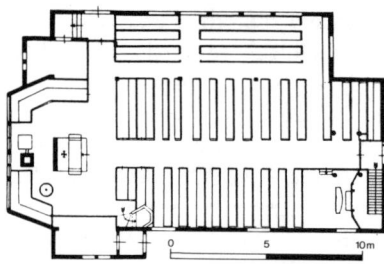

Altluneberg, Kirche, Grundriß

16. Jahrhunderts (Farbt. 18). Sie war Patronatskirche des stiftsbremischen Rittergeschlechts von Luneberg und vieles in der Kirche, der Taufstein von 1640 mit den Wappen der Familien der Ritterschaft etwa oder die Prieche neben dem Altar, erinnert an diese Verbindung.

Fachwerkkirchen sind rar. Meist wurden sie schon im 18. oder 19. Jahrhundert durch Steinbauten ersetzt oder, wo das nicht möglich war, verputzt oder überarbeitet, damit sie wie massiv erscheinen – in Großenmeer ist das beispielsweise so. Um so uriger wirken die verbliebenen, besonders wenn sie in einem so schönen Ensemble und unter so hohen Bäumen stehen. – Den Besuch dieser Kirche verbinde man am besten mit dem Abstecher nach Bederkesa.

Bremerhaven – 150 Jahre Hafenbau

Wir kommen nach Bremerhaven. In der Zusammenfassung der bremischen Hafengründung Bremerhaven, der hannoverschen Hafengründung Geestemünde, dem verstädterten Flekken Lehe und den Dörfern Wulsdorf, Speckenbüttel und Weddewarden besteht die Stadt erst seit 1939, nachdem sie allerdings schon fünfzehn Jahre lang als Doppelstadt Bremerhaven-Wesermünde, der eine Teil bremisch, der andere preußisch, bestanden hatte. – Der Name Bremerhaven besteht für die Gesamtstadt erst seit 1947, als die Hafenstadt an der Wesermündung als amerikanische Enklave in der britischen Besatzungszone mit Bremen vereinigt wurde – dazwischen liegt ein Stück Niedersachsen.

Die Mitte dieser jungen Großstadt, das historische Bremerhaven, wurde 1827 gegründet. Die Gründung ist die Ruhmestat des bremischen Bürgermeisters Johann Smidt (1773–1857, Bürgermeister 1821–57), dem es nach jahrelangen zähen Verhandlungen mit der Regierung des Königreichs von Hannover gelungen war, ein kleines Stück Land neben der Einmündung der Geeste in die Weser da, wo die Schweden sich schon einmal mit einer Burg, der ›Carlsburg‹, niedergelassen hatten, zu erwerben, auf dem Bremen einen bremischen Seehafen anlegen durfte. Der Bau eines für seegängige Schiffe zu jeder Zeit erreichbaren Hafens war für Bremen nämlich die Existenzfrage, nachdem längst auch der künstliche Hafen von Vegesack versandet war und nur noch von Leichtern angelaufen werden konnte. Mit dem

Bürgermeister Johann Smidt, Lithografie von Wilhelmine Suhrland, um 1823. Smidt (1773–1857), 1800 zum Ratsherrn gewählt, vertrat Bremen seit 1806 diplomatisch in Paris, Wien und Frankfurt. 1821 zum Bürgermeister gewählt, betrieb er bis zu seinem Tod unermüdlich die wirtschaftliche Stärkung der Stadt durch die Gründung und den Ausbau von Bremerhaven und andere Maßnahmen, wie den Bau der Eisenbahnlinie von Hannover nach Bremen.

Hafen im Mündungsbereich der Weser hoffte Smidt, das Hafenproblem für Bremen ein für alle Mal gelöst zu haben. Zu Recht hat man ihm auf dem Theodor-Heuss-Platz ein Denkmal gesetzt.

Unter der Leitung des holländischen Wasserbauingenieurs Johann Jacob van Ronzelen begannen im Sommer 1827 die Bauarbeiten an Stadt und Hafen, bei denen zeitweilig 900 Bauarbeiter eingesetzt waren. Dieses Bild muß Goethe besonders fasziniert haben. Er ließ sich über das Projekt und über den Fortgang der Arbeiten genau berichten, ließ sich Karten schicken und verarbeitete das Gehörte schließlich in den Schluß von Faust II: Die Schenkung des Landes am Meer durch den echten Kaiser, die Hinweise auf eine Hafenstadt und den Bau von Kanälen am Meer sind auf die Beschäftigung Goethes mit diesem Projekt zurückzuführen. Das große Interesse Goethes an diesem Ereignis hängt wiederum zusammen mit seiner Einschätzung von den Auswirkungen der wirtschaftlichen Übermacht Englands gegenüber dem Kontinent und besonders Deutschlands wegen des technischen Vorsprungs der englischen Industrie. Goethe hoffte, daß das Projekt von Bremerhaven zu einem Signal werde für eine größere Unabhängigkeit Deutschlands auf technischem und wirtschaftlichem Gebiet.

Im September 1830 wurde der Hafen, der heutige *Alte oder Museumshafen,* eröffnet. Es war der erste einer Kette von Häfen, die im Ablauf des Jahrhunderts und weiter bis in die jüngste Vergangenheit gebaut werden sollten, denn der Hafen florierte über alles Erwarten. 1834 stellte man bereits fest, daß sich das Bassin »als fast zu beschränkt« erweise, bald war an jedem Tag ein Schiff abzufertigen, war der Hafen regelmäßig überfüllt. Dieser Aufschwung beruhte zu einem Teil auf dem Auswanderergeschäft, mit dem sich Bremen einen guten Ruf erwarb, zum anderen aber auf der engen Verbindung Bremens zu den Vereinigten Staaten von Amerika, die seit 1794 ein Konsulat in Bremen unterhielten. Dieser Verkehr nahm gewaltig zu, als die 1847 von amerikanischen und bremischen Kaufleuten gegründete ›Ocean

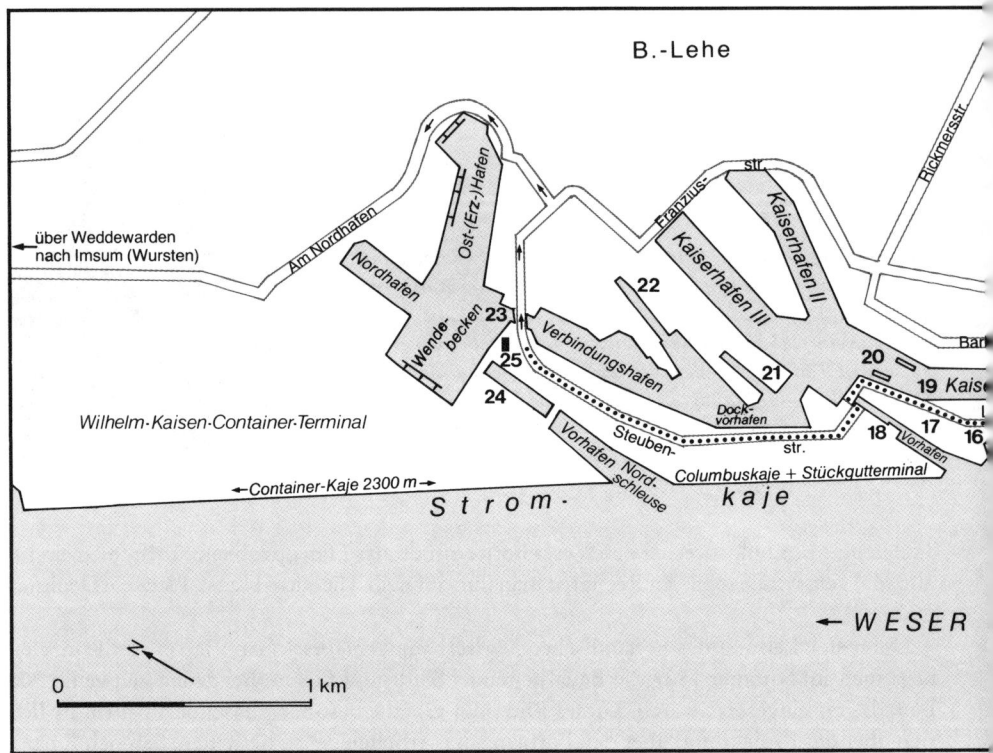

Bremerhaven, Plan der Häfen   1 Vorhafen zum Alten Hafen, 1830, erneuert 1852, Ing. J. van Ronzelen   2 Mole mit Leuchtfeuern an der Geestemündung, 1914   3 Wasserstandsanzeiger, 1903   4 Hand-
kran, ehemals am Neuen Hafen, ca. 1860   5 Wencke's Dock, erbaut ca. 1840, erneuert 1860, ältestes
Trockendock Deutschlands   6 Alte Drehbrücke über die Geeste, 1904   7 Vorhafen und ehem. Schleuse
zum Handelshafen Geestemünde (jetzt Trockendock des Hansestadt Bremischen Amtes), Ing. A.
Bucholz, 1861   8 Drehbrücke über den Hauptkanal in Geestemünde, 1862   9 Doppelschleuse zum
Fischereihafen, 1925   10 Klappbrücken zwischen Altem und Neuem Hafen, 1927   11 Vorhafen und
Schleuse zum Neuen Hafen, 1852, J. van Ronzelen   12 Alter Leuchtturm, 1853, Arch. S. Loschen
13 Unterfeuer am Neuen Hafen, sog. Minarett, 1891, Ing. R. Rudloff   14 Reste des ehem. Lloyd-
Docks, 1870   15 Verbindungsschleuse zwischen Neuem Hafen und Kaiserhafen I mit Drehbrücke für
Bahn und Straße, 1876   16 Vorhafen der ersten Schleuse zum Kaiserhafen, 1872, mit Leuchtfeuer am
Kaiserhafen, sog. Kleiner Glockenturm, 1900   17 Maschinenhalle für Druckwasserhydraulik, 1896
18 Kaiserschleuse, Länge 223 m, 1897, damals größte Schleuse der Welt, Ing. R. Rudloff
19 Drehscheibenkran mit Druckwasserantrieb, 1900   20 Schwimmkran, 1914   21 Kaiserdock I, Länge
226 m, 1897, damals größtes Trockendock der Welt, Ing. R. Rudloff   22 Kaiserdock II, Länge 268 m,
1912, Ing. F. Claussen, 1931 verlängert auf 335 m   23 Drehbrücke zwischen Wendebecken und Verbindungshafen, 1931   24 Nordschleuse, Länge 372 m, 1931, Ing. F. Claussen, damals größte Schleuse der
Welt   25 Container-Aussichtsturm, 1979

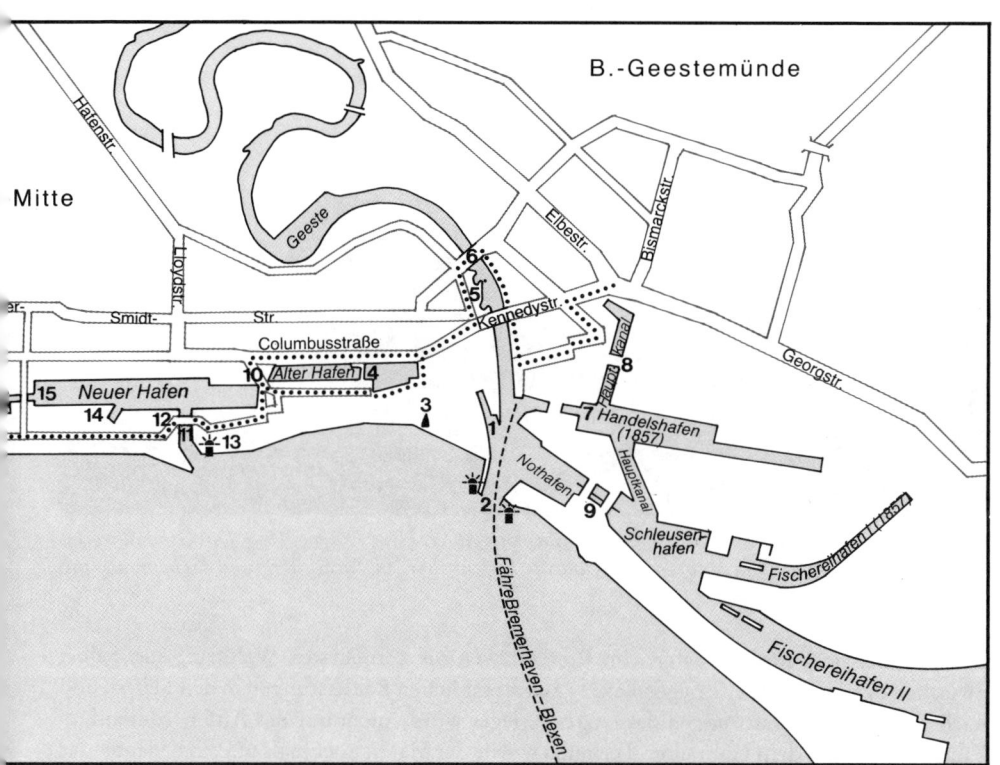

Steam Navigation Company‹ einen Dampfschiffverkehr zwischen New York und Bremerhaven einrichtete. Das erste ihrer Schiffe, der Raddampfer ›Washington‹, lief noch im Grün-
dungsjahr der Gesellschaft in Bremerhaven ein, wo er schier grenzenlose Bewunderung
hervorrief.

Bald nach Eröffnung des Hafens mußte also eine Erweiterung ins Auge gefaßt werden und
nach der ersten Erweiterung, dem *Neuen Hafen*, der in der Ausführung bereits vergrößert
werden mußte, mußte der Hafen wieder erweitert werden und dann wieder und wieder...
Entsprechend wuchs die Stadt über das von van Ronzelen geplante Raster hinaus. Und jede
dieser Erweiterungen mußte dem mächtigeren Nachbarn, bis 1866 dem Königreich Hannover, danach dem Königreich Preußen, durch zähe Verhandlungen abgerungen werden. Mit
der Planung für den Neuen Hafen war 1844 begonnen worden, 1852 war er erst fertig. Die
längste Zeit davon hatte Hannover den Fortgang der Arbeit blockiert. Die preußische
Regierung stand zwar den jeweiligen Erweiterungsgesuchen Bremens aufgeschlossen gegenüber, aber auch sie brauchte Jahre für jede Entscheidung. Um so bedeutender nimmt sich die

Bremerhaven, Blick auf den Alten Hafen, Stahlstich von Albert Henry Payne, 1840. Das Gebäude rechts war das Hafenhaus, der Sitz der bremischen und der Hafenbehörden. Im Hintergrund das hannoveranische Fort Wilhelm, davor die Schleuse

bauliche Leistung in den Häfen von Bremerhaven bis zum Ersten Weltkrieg aus. Selbst zwischen den beiden Weltkriegen kam es zu erstaunlichen Bauleistungen in den Häfen, und nach den großen Zerstörungen des letztes Krieges wurde nicht nur das Alte wieder aufgebaut, sondern mit dem Container-Terminal wurde der Hafen nochmals um ein bedeutendes Stück vergrößert. Von dem noch erhaltenen Vorhafen zum Alten Hafen neben der Mündung zur Geeste bis zur Spitze des Container-Terminals erstrecken sich die Häfen heute über rund sechs Kilometer.

Dazu kommen noch die *Geestemünder Häfen* und der *Fischereihafen*. Hannover versuchte nämlich ab 1845, dem bremischen Hafen einen hannoveranischen entgegenzusetzen. Es gründete deshalb nahe dem alten Ort Geestendorf den Hafenort Geestemünde und baute dort einen Handelshafen mit einem in die Stadt hineingeführten Hafenkanal.

In der Anlage der älteren Häfen von Bremerhaven und dem ursprünglichen Plan des Hafens von Geestemünde sind zwei verschiedene Erschließungskonzepte verfolgt worden, die große Auswirkungen auf die städtebauliche Struktur der Gesamtstadt hatten. Zunächst sind alle Häfen in Bremerhaven bis auf die 1924 gebaute Columbuskaje und die neue Containerkaje als sogenannte Dockhäfen angelegt worden. Das sind Hafenbecken, die gegen die See oder den Fluß, die an der See dem Wechsel der Gezeiten und schwerem Seegang ausgesetzt sind, abgeschlossen werden. Der Wasserstand innerhalb der Hafenbecken wird bei diesen Häfen durch Schleusen konstant gehalten. Dieses System wurde im England des 18. Jahrhunderts entwickelt und dort wiederum galt vor allem Liverpool als besonders vorbildhaft. Die Anlage der Häfen in Bremerhaven wurde offensichtlich von diesem Vorbild beeinflußt, mit der Folge, daß sich die Stadt im Schatten der Häfen zu einer Bandstadt entwickelte und keine Flußfront ausbilden konnte. Dagegen war in Geestemünde geplant gewesen, den Hafen in die Stadt hineinzuziehen und die Stadt um den Hafen herum wachsen zu lassen.

Die Häfen von Bremerhaven erwiesen sich als stärker und prägender für die Gestalt der Stadt. Erst zu seinem 150. Geburtstag erhielt Bremerhaven von Bremen, das Eigentümer und Betreiber der Häfen in Bremerhaven ist, das Gebiet von der Mündung der Geeste bis zum Leuchtturm am Neuen Hafen mit dem Alten Hafen geschenkt. Der dient heute dem Deutschen Schiffahrtsmuseum, das zwischen Altem Hafen und Weser liegt, als Museumshafen, in dem ständig eine Reihe interessanter und schöner Schiffe liegen.

Was es in Bremerhaven an Stadtbildern, Parkanlagen und Kirchen gibt, kann man auch andernorts sehen, nicht aber ein Hafenensemble, das zwischen 1830 und unseren Tagen gewachsen ist und in wesentlichen Teilen bis heute erhalten blieb. Wer also ein Bild von dieser Hafenstadt gewinnen will, sollte seine Aufmerksamkeit ganz diesem Hafenensemble widmen.

Bremerhaven
 1 *Deutsches Schiff-*
   fahrtsmuseum
 2 *Tiergrotten und*
   Strandhalle
 3 *Alter Leuchtturm*
 4 *Bürgermeister-*
   Smidt-Gedächtnis-
   Kirche
 5 *Stadttheater und*
   Smidt-Denkmal
 6 *Hochschule Bre-*
   merhaven
 7 *Radarturm*
 8 *Alfred-Wegener-*
   Institut für Polar-
   forschung
 9 *Columbus-Center*
   mit städtischen
   Ämtern
10 *Nordseemuseum*
   (Institut für Mee-
   resforschung)
11 *Morgensternmu-*
   seum

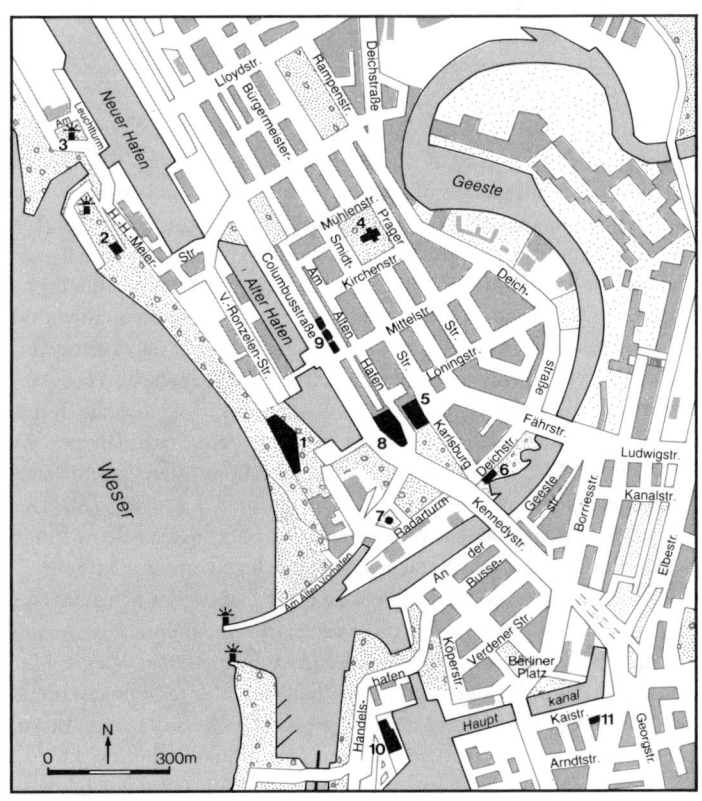

Die Besichtigungsroute ist sehr langgezogen und führt zwangsläufig auch durch wenig reizvolle Hafen- und Industriegebiete. Deshalb empfiehlt es sich, die Fahrt mit dem Auto zu unternehmen, verbunden mit Fußwegen, etwa auf dem Weserdeich, von dem aus man ein herrliches Panorama auf den Strom und das geschäftige Treiben auf ihm hat.

Zwischen Loxstedt und Bexhövede führt die B 71 unter der Autobahn hindurch auf die B 6 in Bremerhaven, hier ›Weser-Straße‹ genannt. Diese Straße fahren wir weiter, vorbei am Knie des Fischereihafens und über die Gleise des Güterbahnhofs Bremerhaven-Geestemünde; wir durchqueren nun den Stadtteil *Geestemünde*, bis die Straße leicht nach links abschwenkt. Hier an der Borriesstraße halten wir uns nach links und folgen der Ausschilderung ›Fähre Blexen‹. An der Geeste fahren wir aber nach rechts unter der Brücke der Kennedy-Straße durch bis zum Ende der Straße – hier findet sich immer ein Parkplatz.

Die Geeste war der Grenzfluß zwischen Bremerhaven und Geestemünde. Auf der Bremerhavener Seite sehen wir die gemauerte Einfahrt des ehemaligen *Wencke-Docks*, das, ab 1840 erbaut, eines der ältesten ›dry-docks‹ der deutschen Küste war. Das Dock wurde verfüllt, aber das Torhaupt ist gut erhalten und man kann sich leicht vorstellen, wie ein Tor die Einfahrt verschlossen hielt. Ein solches Tor war ein Torschiff, das gelenzt wurde, wenn das Dock geöffnet werden mußte – es schwamm dann in die Geeste – und geflutet, um es festzustellen.

Die Brücke daneben ist auch schon ein technisches Denkmal: Es ist eine 1904 erbaute einflügelige *Drehbrücke*, die eine zweiflügelige von 1857 abgelöst hat. Auf der Bremerhavener Seite ziert ein ganzes Wappenensemble das Brückentor. Da steht neben dem Wappen von Bremen das von Bremerhaven und zwischen ihnen ist der Anker, das Wappenzeichen von Geestemünde, gesetzt. Begleitet werden die Wappen von Emailbildern, die den Leuchtturm Roter Sand und den Lloyd-Luxusdampfer ›Kaiser Wilhelm I.‹ darstellen (Abb. 57).

Auf der Seite von Geestemünde wurde das Brückenbauwerk 1934 durch eine Rampe ausgebaut, die Fritz Höger zu einem Denkmal für den Reeder Friedrich Busse gestaltete. Busse hatte 1885 mit seinen Fischdampfern die deutsche Hochseefischerei begründet. Die ungeheure Bedeutung, die dieser Wirtschaftszweig für die Region Bremerhaven einmal hatte, wird einem deutlich, wenn man auf dem Stadtplan von Bremerhaven die riesigen Anlagen des Fischereihafens in Geestemünde mit den zugehörigen Fischereibetrieben und Auktionshallen sieht – sie waren die größten Europas. Das Denkmal zeigt ein in eine Klinkerwand eingelassenes Sandsteinrelief, das Fischer beim Einholen der Netze darstellt, umgeben von Fischschwärmen aus plastisch geformten Klinkern.

Von hier aus kann man den Weg zum Deutschen Schiffahrtsmuseum am Alten Hafen bequem zu Fuß gehen, sei es über die beschriebene Drehbrücke und die Deichstraße, sei es, daß man über die moderne Brücke geht. Auf diesem Weg erblickt man zwei ganz neue Bauten, die zum Modernsten in der deutschen Gegenwartsarchitektur gehören. Da steht an der Karlsburg, im Blick von der Kennedybrücke aus rechts, der neue Bau der *Hochschule Bremerhavens* von Gottfried Böhm, ein bildhaft schönes, Historisches, nämlich das alte Auswandererhaus, zitierendes Gebäude, das sich schon nach kurzer Zeit großer Beliebtheit

Bremerhaven, das Wencke-Dock 1901. Gegründet 1842 neben der Langeschen Werft, von der aber nichts mehr erhalten ist, und erweitert 1860 zu einer Anlage von 86 Meter Länge und einer Torbreite von 16 Metern.

erfreut und, vor der Hochhausreihe des *Columbus-Centers,* der ebenso junge Bau des *Alfred-Wegener-Instituts* von Oswald Mathias Ungers, ein wuchtiger, das Bild beherrschender ›Architekturdampfer‹. Das fein gegliederte Haus des *Deutschen Schiffahrtsmuseums* schuf bis 1975 der verstorbene Hans Scharoun. – Für eine Stadt wie Bremerhaven ein wahrhaft bedeutendes architektonisches Ensemble. Was wenig auffällt: Die Kennedybrücke ist auch ein Sperrwerk, das 1962 die Stadt vor sicherer Überschwemmung bewahrt hat.

Das Deutsche Schiffahrtsmuseum ist hervorgegangen aus dem Fund der Bremer Hanse-Kogge von 1380 beim Bau des Neustädter Hafens in Bremen. Das war 1962. Für Rekonstruktion, Restaurierung und Konservierung dieses Fundes mußte eine geeignete Werkstatt, am besten in Verbindung mit einem Museum, geschaffen werden. Weil Bremen aber schon viele Museen verschiedener Sparten besitzt, gründete man das neue Museum an der Küste. Die Schiffe im Alten Hafen gehören zum Bestand des Museums und können besichtigt werden (Abb. 59). Das Hafenbecken ist aber nicht mehr das alte: Größe, Begrenzung und Einfassung wurden in den letzten Jahren geändert und wo einst die vielbestaunte Kammerschleuse von van Ronzelen war, erhebt sich jetzt der *Radarturm.*

Bremerhaven, die Einfahrt zum Neuen Hafen und Blick auf die Stadt, Farblithografie von A. Felgner. Der Turm der großen Kirche ist noch ohne die 1875 vollendete Spitze.

Auf dem Deich steht der *Wasserstandsanzeiger* von 1903; er zeigt den Stand der Tide, die bis auf 3,80 Meter aufläuft, an. Von hier aus hat man auch einen schönen Blick auf die Mole mit dem Leuchtfeuer an der Geestemündung. Die Mole ist die Fortsetzung der Ufermauer des Vorhafens zum Alten Hafen, die 1852 erneuert wurde; sie stammt noch von van Ronzelen.

Auf dem Deich gehen wir weserabwärts, vorbei an Strandhalle und Tiergrotten (Aquarium) bis zum *Alten Leuchtturm*, den Simon Loschen 1853 gebaut hat (Farbt. 22). Loschen der ›Gotiker‹ unter den bremischen Baumeistern, hat hier noch einmal einen am Typ des Kirchturms orientierten Leuchtturm errichtet – mit den späteren Leuchttürmen, dem ideal gestalteten ›Rote Sand‹-Leuchtturm, weit draußen in der Wesermündung, vor 100 Jahren von Bremen erbaut, setzte sich endgültig eine funktionale Eigenform durch. Diesen Leuchtturm, um dessen Erhaltung gerungen wird, sieht man, wenn man von Bremerhaven nach Helgoland fährt.

Das kleine Becken, das vor dem Leuchtturm von der Weser abzweigt, war einmal der Vorhafen zum 1848–52 gebauten *Neuen Hafen*. Die Straße ist an der schmalsten Stelle wie ein Damm ausgebildet und trennt den Vorhafen von dem Hafenbecken, wo an der Stelle der ehemaligen Durchfahrt noch ein Schleusenpaar im Wasser steht. Im Gegensatz zur Kammerschleuse vor dem Alten Hafen hatte man hier eine einfache Drehschleuse gebaut, die nur benutzt werden konnte, wenn die Wasserstände der Weser und des Hafens ausgeglichen waren. Das ist zweimal am Tag und dann nur für kurze Zeit, der Fall. Den Nachteil, nicht zu jeder Zeit in den Hafen ein- und ausschleusen zu können, hatte man in Kauf genommen, weil der Bau einer so breiten Kammerschleuse, wie sie für die 22 Meter breiten amerikanischen Raddampfer erforderlich gewesen wäre, zu teuer gekommen wäre. Aber auch hier beschritt man noch technisches Neuland: Da die Sicherheit des Hafens und der Stadt von der Festigkeit dieser Schleusentore abhing, konstruierte man Tore aus Eisen und als schwimmende

Hohlkörper, wodurch sie leichter und doch stabiler wurden. So kam Bremerhaven zu den ersten eisernen Schleusentoren in der Technikgeschichte. Das noch sichtbare Paar Flut- und Ebbetore wurde zuletzt im Jahre 1900 erneuert; 1944 wurde die Einfahrt versperrt.

Weil die Durchfahrt umständlich war, legten Auswandererschiffe vielfach an der Kaje im Vorhafen an und so wurde dieser der Ort eines schrecklichen Verbrechens: Im Jahre 1875 gab ein William K. Thomas für das Auswandererdampfschiff ›Mosel‹ eine Kiste mit einer Höllenmaschine auf, die auf hoher See explodieren und das Schiff versenken sollte. Die Sprengladung explodierte jedoch schon an der Kaje, tötete 81 Menschen und beschädigte das Schiff schwer. Es stellte sich dann heraus, daß Thomas auf diesem Wege einen Versicherungsbetrug begehen wollte. – Eine Gedenktafel an der Mauer der Tiergrotten erinnert an die Untat.

An der Zufahrt zum Vorhafen steht auch ein elegant geformter kleiner Leuchtturm. Das ist das 1893 durch den Wasserbauingenieur Rudolf Rudloff gebaute *Unterfeuer*, das in Verbindung mit dem Leuchtturm die Fahrrinne im Blexener Bogen weist. Dieser Turm, im Volksmund gern als ›Minarett‹ bezeichnet, steht formal ganz im Gegensatz zu dem 1900 an der ehemaligen Einfahrt zum Kaiserhafen in mittelalterlichen Bauformen errichteten Glockenturm.

Der Weg zum Technikensemble um die Zufahrt zu den Kaiserhäfen ist so weit, daß man das Auto holen sollte. Man fahre nun über die Columbusstraße und folge der Ausschilderung ›Tiergrotten‹. Dabei passiert man die *Klappbrücken* über den 1926/28 gebauten Kanal zwischen Altem und Neuem Hafen. Wir fahren dann vorbei an der schon beschriebenen Schleuse zum Neuen Hafen und dem Alten Leuchtturm bis zur Schleusenstraße. Sie verbindet die Stadtseite dieser Hafengruppe mit der Flußseite und führt über zwei *Drehbrücken*, die 1876 gebaut wurden. Von hier hat man einen schönen Überlick über die beiden Hafen-

Bremerhaven, nach der ›Thomas‹-Explosion am 11. Dezember 1875 an der Vorhafenmole zum Neuen Hafen. Holzstich in der Illustrirten Zeitung Nr. 1696 vom 1. Januar 1876 – Bild-Journalismus vor hundert Jahren

becken: Nach Süden (von der Weser kommend rechts) blicken wir in den Neuen Hafen, auf der anderen Seite in den 1872/76 erbauten Kaiserhafen I (Abb. 60). Hier ist jetzt eine hafengebundene Spezialindustrie beheimatet, deren Auftragsobjekte oft hochinteressant anzusehen sind. Ganz hinten im Hafen liegt der Schwimmkran ›Langer Heinrich‹, der 250 Tonnen bis zu 42 Meter über das Wasser heben kann. Er ist schon ein Veteran, wurde er doch bereits 1915 von der AG Weser in Bremen und der Demag in Duisburg für die Marinewerft in Wilhelmshaven gebaut. An der Westkaje des Beckens haben drei andere, jüngere Giganten ihre Stammplätze: Enak (1967), Roland (1971) und Thor (1971), drei Schwerkräne, deren Namen immer dann genannt werden, wenn außergewöhnliche Bergungen anstehen, wie 1974 die Räumung des Suezkanals.

Wir fahren auf der Lohmannstraße, benannt nach einem der bahnbrechend tätigen Direktoren des Norddeutschen Lloyd, weiter nach Norden bis zu den Parkplätzen vor der Kaiserschleuse. Auf dem Deich gehen wir zurück zu dem pittoresken Glockenturm oder Ostfeuer, das von dem Ingenieur, der das ›Minarett‹ am Neuen Hafen gebaut hatte, errichtet wurde. Man vermutet, daß die Verbindung mit dem Kaisertum bei der Namensgebung des Hafens sich bis auf die Einzelheiten der Gestaltung auch von Ingenieurbauten niederschlug.

Der *Glockenturm* steht neben der alten Einfahrt zum *Kaiserhafen,* der wie der Neue Hafen durch eine Dockschleuse verschlossen war. Die Anlage stand aber unter keinem guten Stern: Die Durchfahrtbreite erwies sich bald als zu gering und die Schleuse war so zum Hafenbecken angeordnet, daß die Schiffe nicht länger sein durften als das Becken breit war. Gerade in diesen Jahren aber wuchsen die Maße der Lloyddampfer ins gigantische, nahm auch der Schiffsverkehr in einem solchen Umfang zu, daß die Schleuse den Verkehr nicht mehr bewältigen konnte: Nachdem 1876 der Hafen in Betrieb genommen wurde, mußte er 1881 erweitert werden, damit größere Schiffe noch wenden konnten, und 1890 mußte der Norddeutsche Lloyd einen Teil seines Betriebes in das oldenburgische Nordenham verlegen, weil die Anlagen in Bremen mit der Entwicklung im Schiffbau nicht Schritt gehalten hatten.

Wieder mußte das Staatsgebiet für die Erweiterung des Hafens vergrößert werden. Die Verhandlungen mit Preußen gestalteten sich jetzt aber weniger schwierig, weil das Wohlergehen des Norddeutschen Lloyd zu einer Frage von nationaler Bedeutung geworden war: 1892 waren die neuen Verträge unter Dach und Fach, konnte mit dem Bau neuer Häfen, einer neuen Schleuse und eines eigenen Docks für den Lloyd begonnen werden.

Was nun gebaut wurde, war zu seiner Zeit ein technischer Superlativ. Maßstab allen Planens war der große Lloyddampfer. Aufgrund dieser Vorgabe ging man zu Beginn der Arbeiten von einer Länge der Schleusenkammer von 145 Metern aus; am Ende der Bauzeit maß sie 223,2 Meter bei 45 Meter Breite und 10 Meter mittlerem Tiefgang. Die Schleusentore waren 28 Meter breit bemessen (Abb. 58). Das Binnenhaupt hatte man mit einem damals hochmodernen Schiebeponton ausgestattet, über den sich seither der Fahrverkehr zu den nördlichen Hafenbereichen bewegt. Die äußeren Docktore und die inneren Schiebepontons wurden mittels Druckwasserhydraulik betrieben. Das zugehörige *Maschinenhaus* steht neben der Schleuse auf dem Dreieck, das durch den Kaiserhafen und die *Kaiserschleuse* gebildet wird. Der kleine Bau ist zur Schleuse hin sachlich und schlicht, zum Kaiserhafen mit zwei Türmen und einem großen Portalbogen aber reicher ausgestaltet. So erinnert der kleine Zweckbau an die Industriepaläste der Kaiserzeit.

Und dann gibt es, erstaunlicherweise, noch den *Druckwasserkran* von 1897; er liegt ganz in der Nähe des Maschinenhauses an der Kaje des Kaiserhafens. Der Kran hatte eine Tragfähigkeit von 30 Tonnen, was für die damalige Zeit außerordentlich viel war.

Die Einführung der Druckwassertechnik für den Antrieb der Tore, Pumpen, Spille, Kräne und schließlich die elektrische Beleuchtung erfolgte in Bremerhaven im übrigen auch wieder nach englischem Vorbild, wo es solche Anlagen schon im frühen 19. Jahrhundert gegeben hat; in Bremerhaven wie in Bremen kannte man bis dahin nur den Handbetrieb oder andere einfache Techniken.

Als die Schleuse 1897 in Betrieb genommen wurde, war sie die größte der Welt. Dem entsprach auch das Becken hinter der Schleuse, das Wendebecken, das Schiffen von 250 Meter Länge Platz zur Durchführung von Wendemanövern bietet. Dazu kam, vom Wendebecken durch ein kleines Becken getrennt, das mit 226 Meter Länge größte Trockendock der Welt, das *Kaiserdock I.* Die Bauarbeiten aber schritten fort: Bis 1909 wurden die *Kaiserhäfen II* und *III* in Betrieb genommen – sie waren größer als jedes der bisherigen Becken – und 1912 war das *Kaiserdock II* mit 268 Meter Länge (1931 auf 335 m verlängert) fertiggestellt.

Der neue Hafenkomplex diente fast ausschließlich den Bedürfnissen des Norddeutschen Lloyd. Wenn man sich das vor Augen hält, wird einem erst deutlich, welch ungeheure Bedeutung ›der Lloyd‹ für Bremen und Bremerhaven hatte. Auch heute noch ist er mit der Hapag-Lloyd-Werftbetrieb GmbH präsent.

Von der Schleuse aus blickt man auf eine rege Hafentätigkeit am nördlichen Ufer des Vorhafens und an der anschließenden Stromkaje. Hier, an der 1924–28 gebauten Stromkaje, der ersten in Bremerhaven, und gebaut zur schnellen Abfertigung einer abermals neuen Generation großer Passagierdampfer des Lloyd, stand der berühmte *Columbus-Bahnhof;* im Kriege zerstört, wieder aufgebaut für den Passagierverkehr der Nachkriegszeit, bedeutete die Einführung des interkontinentalen Flugverkehrs das ›Aus‹ für diesen legendären Bahnhof, der für ungezählte Passagiere – unter ihnen Schaljapin, Slezak, Reinhardt, Thomas Mann bis zu Elvis Presley – letzter und erster Gruß auf deutschem Boden war und für Tausende von Auswanderern das Tor zu neuen Welten. – Seit 1975 dient die alte Columbuskaje als *Stückgut-Terminal;* nur am nördlichsten Abschnitt legen noch die Kreuzfahrtschiffe an.

Über das innere Pontonschiebetor der Kaiserschleuse kann man zur anderen Seite übersetzen und zur Nordschleuse fahren, wo ein *Container-Aussichtsturm* das letzte Ziel dieser Hafentour sei. Von hier aus hat man nämlich einen schönen Blick zurück – im geographischen Sinne wie im historischen – über Kaiserhäfen, Kaiserdocks und Columbuskaje und nach vorn über die Nordschleuse und den Container-Terminal ›Wilhelm Kaisen‹.

Die *Nordschleuse* wurde 1929–1931 für die neuen Großschiffe des Lloyd gebaut; eingeweiht wurde sie mit der Schleusung des Schnelldampfers ›Bremen‹. Aber, man staune wieder, bereits 1905, also acht Jahre nach der Einweihung der Kaiserschleuse, geplant, und 1914 hatte man auch schon einmal mit dem Bau dieser neuen, noch größeren Schleuse begonnen. Die Daten der neuen Schleuse, die für längere Zeit wieder die größte der Welt war, sind: Vorhafen 350 Meter lang und 120 bis 80 Meter breit, Schleusenkammer 372 Meter lang, 45 Meter breit und 14,5 Meter tief. Die Schleuse hat nur Schiebetore, weil Stemmtore bei solchen Durchfahrtbreiten nicht mehr sicher genug wären. Das *Wendebecken* innen ist 400 Meter lang und 250 Meter breit. Der für den inneren Anschluß dieser riesigen Schleuse wichtige *Verbindungshafen* zu den Kaiserhäfen war schon 1916 gebaut worden. Ost- und Nordhafen schließen das innere Hafengebiet an dieser Stelle ab.

Fast gleichzeitig hatte man mit dem Bau der *Columbuskaje* 1924–1928 den Schritt aus den Dockhäfen an das offene Wasser, den der Bewegung der Gezeiten, den Stürmen der offenen See ausgesetzten Fluß, gewagt, und als Bremen sich 1968, zwei Jahre nach der Einführung des Containerdienstes anschickte, seine Häfen für diese neue Technologie umzurüsten, lag ein wesentlicher Wettbewerbsvorteil für Bremerhaven eben darin, Umschlagplätze in größter Nähe zur offenen See, an denen es keine Verzögerungen durch Schleusungen gibt, anbieten zu können. So wurde zwischen 1968 und 1979 die Kaje von der Nordschleuse bis Weddewarden in einer Länge von 2,3 Kilometer ausgebaut und ein Feld von 170 Hektar für den Umschlag der Container angelegt; 14 Containerbrücken und fast 50 Portalstapler bewältigen auf dem ›Wilhelm-Kaisen-Terminal‹ (Abb. 61) heute einen Umschlag von jährlich etwa 850 000 TEU (Twentyfoots equivalents units)-Containern. Die Organisation auf den Schiffen, an der Kaje und an Land ist mit Hilfe von Computern so ausgefeilt, daß alle 30 Sekunden ein Container umgeladen werden kann.

Wer bis hierhin die Führung mitgemacht hat, wird begreifen, was mit dem Begriff ›Hafenensemble‹ gemeint ist: die greifbare Wirklichkeit von 150 Jahren Technik im Hafenbau, belegt nicht nur an Spuren, sondern mit recht handgreiflichen, abschreitbaren Zeugnissen, deren Alter zwar im Vergleich zu Kathedralen unbedeutend ist, die durch die Entwicklung der Technik jedoch schneller veralten als jene, etwa so wie eine umlaufende, mechanische Taschenuhr mit Unruhe im Vergleich zu einer Digitaluhr.

Die Museen in Bremerhaven und die Burg in Bederkesa

Das *Deutsche Schiffahrtsmuseum*, eine Stiftung des privaten Rechts, ist zwar erst zehn Jahre alt, aus dem kulturellen Leben der Stadt jedoch nicht mehr wegzudenken. Mit seinen Exponaten beherrscht es das Areal zwischen Columbuscenter, Altem Hafen und Weser. Sein von Hans Scharoun, einem Sohn der Stadt, markant geprägtes Haus verschwindet fast hinter dieser Kulisse historischer Schiffe und Seezeichen, von Spielgeräten und wahrzeichenhaft gesetzten Malen wie der Feuerblüse.

Die Sammlungen umfassen alles, was mit mitteleuropäischer Schiffahrt zu tun hat, natürlich mit einem Schwerpunkt auf den norddeutschen und den bremischen Raum – die Bremer Hanse-Kogge von 1380 hat hier einen gewichtigen Akzent gesetzt –, doch findet der Besucher ebenso Brücken in die Antike, wie andererseits in die Gegenwart. Das Museum bietet mit dieser Fülle Anregung und Freude für jeden, sei er vom Fach oder nur neugierig, ganz besonders aber ist es ein Museum, das Kinderherzen anspricht.

Das *Nordseemuseum* (Institut für Meeresforschung) wurde 1921 als Fischereimuseum gegründet, hat nach seiner Zerstörung und dem Wiederaufbau jedoch einen neuen Akzent erfahren und ist heute eine international bekannte meeresbiologische Sammlung; sein Forschungsbereich ist auch nicht mehr von der Nordsee begrenzt. Die Exponate kommen zusammen durch wissenschaftliche Expeditionen der Mitarbeiter, aber auch durch aufmerksame Fischer, die manches seltene, kostbare Stück dem Museum zur Verfügung gestellt haben.

Das Museum hat an Aktualität gewonnen, seit wir die Gefährdung der Meere durch Industrieabfälle, Ölverschmutzungen und Überfischung kennen; auf diesen Gebieten hat sich das Museum einen eigenen Akzent gesetzt.

Das Museum liegt zwischen der Fischereihafen-Doppelschleuse und dem alten Geestemünder Handelshafen.

Ebenfalls in *Geestemünde* hat das *Morgenstern-Museum* – Gründer waren die Männer vom Morgenstern, deren Bund 1882 von Hermann Allmers gegründet war – seinen Standort. Es ist das kulturhistorische und heimatkundliche Museum der Seestadt mit vorgeschichtlichen, volkskundlichen sowie stadt- und sozialgeschichtlichen Sammlungsbereichen.

Bremerhaven besitzt in *Speckenbüttel* auch ein kleines *Freilicht-Bauernhausmuseum*. Es wird getragen von einem 1908 gegründeten Verein, der bis zum Ersten Weltkrieg bereits zwei Geesthäuser aus der ersten Hälfte des 17. Jahrhunderts aufbauen konnte und später noch ein Marschenhaus aus der Osterstader Marsch und eine Bockmühle.

Die *Burg Bederkesa* mit dem *Archäologisch-Historischen Museum* des Kreises Cuxhaven ist kein bremisches oder Bremerhavener Museum, sondern eines des aus der Gebietsreform von 1976 hervorgegangenen neuen Kreises Cuxhaven, der auch Eigentümer der Burg ist. Beide sollen aber hier vorgestellt werden, weil die Burg in ihrer bedeutendsten Phase bremisch war und weil Bederkesa von Bremerhaven aus am ehesten zu erreichen ist.

Von 1381 bis 1654 hatte Bremen die Herrschaft in Bederkesa inne. ›Innehaben‹ umschreibt hier die Rechtsverhältnisse in einem Geflecht von Gerechtsamen, Pfandschaften und Teilhaberschaften, an denen auch der Erzbischof, die Lauenburger Herzöge und das Stift Neuenwalde teilhatten. Bremen aber hat das Bild der Burg am nachhaltigsten geprägt und Spuren hinterlassen, denen bei der Rekonstruktion der Burg in den letzten Jahren gefolgt werden konnte.

Die jüngere Geschichte der Burg: Im Dreißigjährigen Krieg konnte Bremen seinen küstennahen Vorposten retten; gegen die Truppen des schwedischen Generals Hans Christoph von Königsmarck aber war es machtlos. Die in den Kämpfen beschädigte Burg fiel an Schweden, Königsmarck ließ Wälle und Bastionen schleifen und die Baulichkeiten

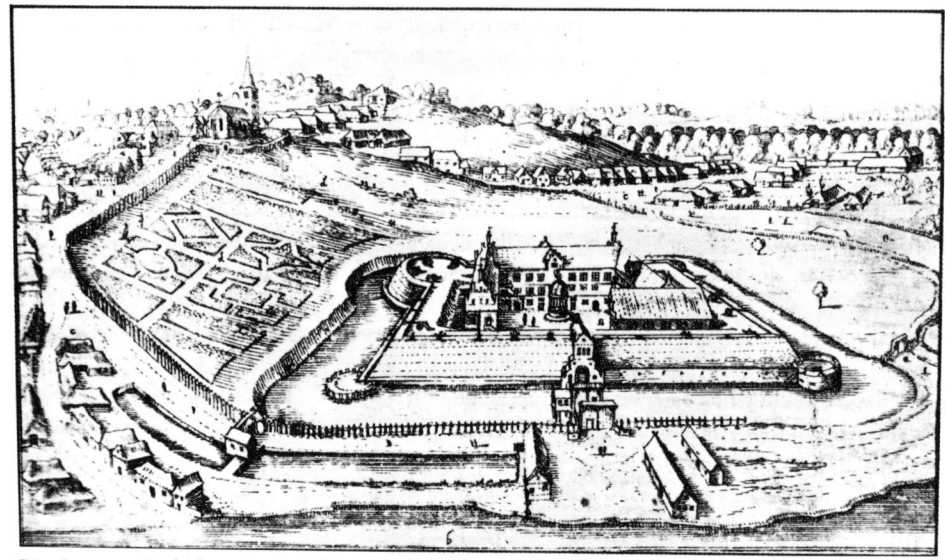

Die Burg zu Bederkesa nach Wilhelm Dilich, um 1600. Aufgenommen für: Wilhelm Dilich, Urbis Bremae et Praefecturarum, quas habet, Typus et Chronicon, Kassel 1603. Das Bild zeigt den Bau als eine Dreiflügelanlage mit einem Treppenturm in der rechten inneren Ecke. Die Außenanlagen konnten nach Befund und diesem Stich rekonstruiert werden.

schlecht und recht wieder herrichten. 1720 fiel Bederkesa mit dem Herzogtümern Bremen und Verden an Hannover; hannoveranisch-preußisch blieb die Burg, bis sie 1881 an einen Gastwirt verkauft wurde. 94 Jahre später, 1975, kaufte der Landkreis Wesermünde die mittlerweile eher schäbigen, denn bedeutenden Reste zurück, um zu verhindern, daß das Gelände spekulativ überbaut wurde. Acht Jahre dauerte die Wiederherstellung der Burg (Abb. 54), die sich, so gut es ging, an einem Stich von Wilhelm Dilich von 1604 orientierte. Heute ist hier nun das Archäologische Kreismuseum untergebracht. In dieser Zweckbestimmung kommt die große Bedeutung der Vor- und Frühgeschichte für diese Region zum Ausdruck. Beim Aufbau dieses Museums ist es vor allem gelungen, die nur zu oft reichlich spröde Präsentation von Funden der Vor- und Frühgeschichte auf eine Weise mit der Landschaft und der Geschichte des Hauses zu verknüpfen, daß ein Besuch auch dem Spaß macht, der sonst geflissentlich einen Bogen um diese Art Museen macht.

Besondere Anschaulichkeit vermittelt hier der Feddersen-Wierde-Saal, in dem die Ergebnisse der umfangreichsten Ausgrabung eines germanischen Dorfes des ersten Jahrhunderts v. Chr. bis in das fünfte Jahrhundert n. Chr. in Modellen, Funden und Schautafeln zu sehen sind. Diese Siedlung lag im Land Wursten, dem das nächste Kapitel gewidmet ist, zwischen Wremen und Mulsum.

Im Burghof steht ein Roland (Farbt. 20). Er wurde 1602 als Bekrönung eines steinernen Brunnenhauses errichtet. Trotz dieses dekorativen Bezugs gibt es keinen Zweifel daran, daß er, wie der Bremer Roland, als Hoheits- und Herrschaftszeichen gesetzt wurde. Die vier Löwen am Sockel halten die Wappen von Bremen und der 1601/02 für Bederkesa zuständigen Drosten. Am wiederhergestellten Bau finden sich auch drei lateinische Inschriften, die von der Bautätigkeit während der bremischen Regentschaft künden.

Bederkesa ist im übrigen aber auch einer der vielseitigsten Ferienorte im norddeutschen Binnenland; es gibt ein Hallenbad, hier, wie auch im benachbarten Flögeln, Seen von naturkundlicher Bedeutung, einen Forstlehrpfad im Holzurburger Wald mit vielen Besonderheiten der Tier- und Pflanzenwelt, einen archäologischen Wanderweg, der zu vorgeschichtlichen und mittelalterlichen Fundplätzen führt und endlich gibt es den bei Wassersportlern beliebten Hadelner Kanal, der Bremerhaven mit Otterndorf, die Weser mit der Elbe verbindet.

Die Seen der Umgebung, Dahlemer See und Flögeler See, sind richtige Moorseen. Sie sind entstanden über einer undurchlässigen Schicht. Von den Rändern her wachsen sie langsam zu, indem das von Jahr zu Jahr höher wachsende Torfmoos allmählich trocken fallende Bulten bildet, auf denen sich Gräser, vornehmlich Wollgras und auch Birken niederlassen. Schließlich verfilzt das Moos zu dichtem Torf und tragfähigem Untergrund, auf dem sich neue Tümpel, Seen bilden... Das geht durch die Jahrtausende so, bis der Mensch diesen Prozeß unterbricht durch Torfabbau und Melioration und vielleicht einmal einer Bewässerung, wie beim Bederkesaer See, damit der nicht trockenfällt und an ganz anderer Stelle neu entsteht.

Einige der Seen sind zwischenzeitlich ganz oder in Teilen zu Wassersportparadiesen ausgebaut worden; zu denen gehören der Bederkesaer See und der Flögeler See. Hier ist die Natur nicht mehr so ungestört, daß der Besucher nicht gern an die Ufer herantreten, baden, surfen, segeln dürfte. Dort, wo man, wie beim Dahlemer See, bewußt solchen Ausbau unterlassen hat, sollte man die Bemühungen des Naturschutzes unterstützen und sich fern der oftmals schönsten Stellen halten.

Von Bremerhaven nach Cuxhaven

Das Land Wursten und die neun Kirchspiele

Das Land Wursten ist der langgestreckte Marschenstreifen zwischen dem Mündungstrichter der Weser und der höher liegenden Geest mit ihren Hochmooren. Die B 6 bildet etwa die Grenze zwischen Marsch und Geest. Der Name des Landes leitet sich ab von den Wurten, auf denen die Bewohner, zuerst Chauken, seit dem vierten Jahrhundert Sachsen und seit dem achten Friesen, siedelten. Die Wurten, von den Bewohnern aus Stallmist und Kleisoden aufgeworfene Wohnhügel, schützten die Wohnplätze vor den wiederkehrenden Überflutungen des Landes. Sie schlossen sich im Laufe von Jahrhunderten zu ganzen Dorfwurten zusammen.

Die Wurten waren eine der Überlebenssicherungen, die die Menschen hier brauchten; die andere waren und bleiben die Deiche, die seit dem 11. Jahrhundert als ein sehr empfindliches, geschlossenes Abwehrsystem, dem ›Güldenen Ring‹, bestehen und deren ständige Erhaltung die Menschen in allen Jahrhunderten gefordert hat. Bewohnbar, bewirtschaftbar ist das Land nur im Schutz der Deiche.

Deichbau erfordert so große Mittel, so umfangreiche Kräfte, daß nur eine Gemeinschaft von Freien in der Lage ist, auf Dauer diese Bürde zu tragen. Dazu bestanden hier die besten Voraussetzungen. Ursprünglich war Wursten zwar zusammen mit dem Land Hadeln ein Teil des sächsischen Gaues Haduloha und fiel 1211 nach dem Sturz Heinrichs des Löwen an die Herzöge von Sachsen-Lauenburg, doch die saßen weit weg, und im Land gab es weder Adel noch Kirchen- oder Klosterbesitz. Die Kolonisation, und das bedeutet an der Küste Deichbau und Entwässerung, lag darum ausschließlich in den Händen der hier siedelnden Bauern, die sich in den Kirchspielen Imsum, Wremen, Misselwarden, Mulsum, Dorum, Padingbüttel, Cappel, Midlum und Spieka und diese wieder zur Landesgemeinde zusammengeschlossen hatten. Bis zum Jahre 1200 muß dieser Prozeß abgeschlossen gewesen sein, 1238 wird erstmals in einer Urkunde der politische Aufbau dieser Bauernrepublik erkennbar: 16 ›sostein radtgever‹ bildeten einen ›ländlichen‹ Rat, der auftrat und handelte wie die Regenten und Richter der Städte. Ihnen waren 18 Bevollmächtigte aus den neun Kirchspielen beigeordnet. Man traf sich auf einer Thingstätte bei Misselwarden und faßte in eigener Machtvollkommenheit Beschlüsse über Leben und Tod der ganzen Landschaft, so am Anfang des 16. Jahrhunderts, als der Bremer Erzbischof Christoph seine Hand nach diesem Land ausstreckte und sie sich zum Widerstand entschlossen: 1507 wurde das Aufgebot der Bauern am Wremer Tief ein erstes Mal vernichtend geschlagen, ein zweites Mal 1524 auf dem Kirchhof von Mulsum. Mit jener Schlacht endete die 300 Jahre während Freiheit der

63 WREMEN Pfarrkirche St. Willehad

◁ 62 IMSUM Der Ochsenturm

64 DORUM Ausmalung im Chor der Kirche

65 WREMEN Blick in die Pfarrkirche St. Willehad

66 MISSELWARDEN Gestühlwange

67 MIDLUM Gestühlwange

70 CAPPEL Arp-Schnitger-Orgel

68 MULSUM Taufbecken

69 MISSELWARDEN Taufbecken

71 CUXHAVEN Schloß Ritzebüttel

72 CUXHAVEN-LÜDINGWORTH Tür an einem Bauernhof von 1796

73 Bauernhof im Lande Hadeln

74 Hünengrab im Flögeler Wald ▷

75 CUXHAVEN-
    ALTENBRUCH
    Die Türme der
    St. Nikolauskirche

76 OSTERBRUCH
    Decke im Chor der
    Pfarrkirche St. Peter

77 CUXHAVEN-LÜDINGWORTH Taufe der
    St. Jacobus-Kirche

78 CUXHAVEN-ALTENBRUCH Taufe der
    St. Nikolaus-Kirche

79 CUXHAVEN-LÜDINGWORTH Der Chor der Kirche mit den Wappen des Herzogs Magnus und Bauernwappen

80 CUXHAVEN-LÜDINGWORTH Die Epitaphien der St. Jacobus-Kirche ▷

81 OTTERNDORF Lateinschule

82 OTTERNDORF Pfarrkirche St. Severus

83, 84 OTTERNDORF Detail der Kanzel und mittelalterliche Taufe in der Pfarrkirche

85, 86 OTTERNDORF Kranichhaus und Voßhaus

87 OTTERNDORF Laden im Kranichhausmuseum

88   STADE   Schwedenspeicher

89, 90   STADE   Blick auf St. Cosmae und in den Chor der Kirche

91, 92   STADE   Bürgerhäuser in der Bungenstraße und der Kran

95   STADE   Turm der Pfarrkirche St. Wilhadi ▷

93, 94   STADE   Rathausportal und Fachwerkhäuser in der Salzstraße

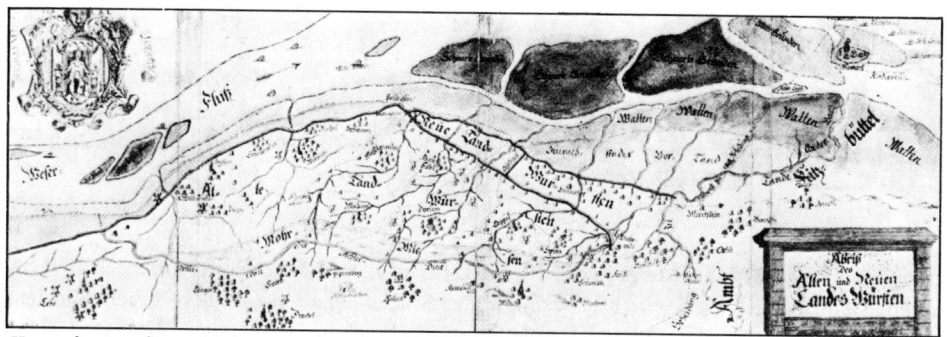

Karte des Landes Wursten aus dem Jahre 1714 von Lehe bis Ritzebüttel. Links oben ist das Siegel des Landes mit dem Bild Karls des Großen dargestellt.

Wurster Bauern. Die Ratgeberordnung wurde aufgehoben und das Land ein Teil des Erzstiftes. Für Verwaltung und Rechtsprechung wurden Vögte, für jedes Kirchspiel einer, eingesetzt, die aber lange Zeit aus der Bauernschaft des Landes kamen. Im 17. Jahrhundert bildete sich erneut eine Gesamtvertretung in der ›Landesstube Alten Landen Wursten‹, die in Dorum zusammenkam. Sie bestand bis 1854 und soll als Träger kultureller Einrichtungen wieder aktiviert werden, ähnlich der Landschaft der Herzogtümer Bremen und Verden, der Oldenburger Landschaft und der Ostfriesischen Landschaft.

Ihren bedeutendsten Niederschlag fand die auch nach ihrem Aufgehen in einen größeren Herrschaftsbereich immer noch große Unabhängigkeit der Bauern, die auch nach Naturkatastrophen immer wieder zu großem Wohlstand gelangten, im Deichbau und in der Ausstattung ihrer Kirchen.

Dem Deichbau ist in Dorum ein von der Landesstube getragenes Deichmuseum gewidmet. Es zeigt die Entwicklungen und Techniken des Deichbaues an der Küste, vor allem in Wursten, und es zeigt auch Bilder von den großen Katastrophen, die ein Deichbruch jedesmal bedeutete (nähere Angaben in den Gelben Seiten).

Ein, weil man solches hier nicht erwartet, überraschendes Erlebnis ist jedoch eine Reise zu den neun historischen Kirchen des Landes. Da die Kirchen aus leider verständlichen Gründen geschlossen gehalten werden müssen, man sich also stets um die Schlüssel bemühen muß und weil jede dieser Kirchen mit der Fülle ihrer Kunstschätze ihre Zeit von uns fordert, wird es kaum möglich sein, die Besichtigung an nur einem Tag zu bewältigen. Man wird also eine der vielen Angebote zur Übernachtung des sich dem Fremdenverkehr öffnenden Landes annehmen müssen oder die Besichtigung beschränken auf die Strecke Wremen, Mulsum, Dorum und Midlum; in dieser Auswahl liegt keine Wertung, sondern die Abfolge der Orte an der Straße nach Cuxhaven.

Man sollte von Bremerhaven aus durch die noch bremischen Ortsteile Speckenbüttel und Weddewarden auf **Imsum** zufahren. Am Ortseingang steht eine wenig bedeutende *Back-*

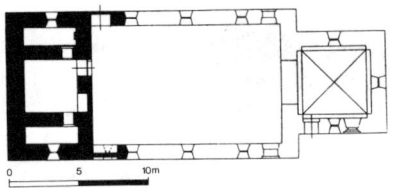

Imsum, Grundriß der 1895 bis auf den Turm abge-
brochenen Kirche

steinkirche von 1877. Sie ist der Ersatz für die 1881 auf Abbruch verkaufte und nach 1895 bis auf den Turm abgetragene alte Kirche, in die aber Stücke der alten Kirche verbracht wurden. Das bedeutendste ist das 1384 gegossene Bronzetaufbecken, das einem in Bremen tätigen Erzgießer Heinricus zugeschrieben wird, dessen Werke auch in Misselwarden und Padingbüttel, in Lüneburg – St. Nicolai und St. Michaelis –, Soltau und Ebsdorf zu finden sind.

Die Taufe gehört zu einem Bodenringtypus, bei dem die Tragfiguren auf einem Bodenring befestigt sind. Wegen der Größe des Beckens wurden sechs Figuren nach drei Modellen gegossen und angesetzt. Das steile Becken mit glockenförmig ausladendem Wulst trägt zwei Schriftbänder, zwischen denen eine breite Zone mit Ritzzeichnungen angeordnet ist.

Die Kirche besitzt auch noch einige der Relieffüllungen einer 1672 von Jürgen Heidtmann d. J. geschaffenen Kanzel. Vom Typ her wird man sich die Kanzel ähnlich der von Padingbüttel vorstellen dürfen, stilistisch gehörte sie zu den hier verbreiteten Werken des Knorpelstils.

Die alte Kirche lag 2,5 Kilometer außerhalb der Dorfwurt von Imsum. Von der um 1220 erbauten Kirche steht aber nur noch der Turm, im Volksmund Ochsenturm genannt (Abb. 62). Er blieb stehen, weil er der Schiffahrt als Zeichen diente. Die abseitige Lage wiederum erklärt sich daraus, daß die Kirche zu Imsum in der Mitte eines Siedlungsgebietes lag, das sich mit den Ortschaften Lüppinge und Lepstedt bis weit in die heutige Weser erstreckte. Diese Dörfer gingen wie viele andere bei den großen Sturmfluten des Mittelalters, denen kein Deich gewachsen war, unter. Man mußte schließlich den Siedlungsraum preisgeben und die Deichlinie verkürzen. So rückte die Kirche von Imsum an den Rand ihres Kirchspiels.

Der Turm besteht bis zur Höhe des früheren Kirchendaches aus Granit, darüber aus Backstein, der auch an den späteren Teilen auftritt. Um den dichtbewachsenen Turm, der besonders abends ein sehr romantisches Bild bietet, liegt der Kirchhof mit einigen sehr guten Grabsteinen des 17. und 18. Jahrhunderts.

Von hier bis **Wremen,** einem der Hauptorte von Wursten, sind es 4,5 Kilometer. Die im ersten Viertel des 13. Jahrhunderts erbaute, dem Hl. Willehad geweihte Kirche steht auf einer hohen Wurt nahe einer Wasserlöse, einem schmalen Wasserlauf, der mit dem kleinen Fischerhafen Wremer-Tief, einem heute beliebten Wochenend- und Ferienplatz in Verbindung steht. Die *Kirche* wurde aus exakt behauenem rheinischen Tuff, der auf dem Seeweg ins Land kam, erbaut.

258

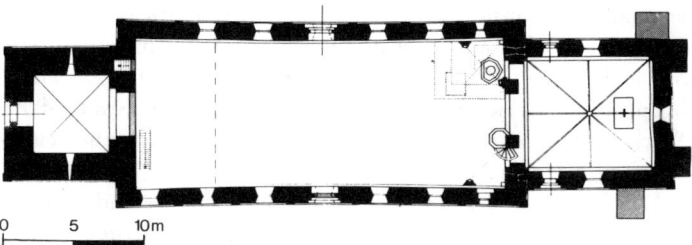

Wremen, St. Willehad-Kirche, Grundriß

0 5 10m

An der Nordseite ist die ursprüngliche Gliederung noch gut erhalten. Danach waren die Langseiten des Schiffes durch acht Lisenen in sieben Felder geteilt, die schmalen Fenster lagen hoch und waren mit Sichelbogenstürzen überfangen.

Der quadratische, etwas eingezogene Chor ist niedriger als das Kirchenschiff, dessen Dach nachträglich steiler aufgeführt wurde. Der Turm wurde wohl gleichzeitig mit Schiff und Chor gebaut. An ihm finden wir am Unterbau einen stark eisenhaltigen Sandstein, darauf den rheinischen Tuff und schließlich an den oberen Geschossen Backstein. Die wurden erst 1930 neu aufgeführt, weil 1914 der Turm auf Geheiß militärischer Stellen bis auf die Höhe des Kirchendaches abgetragen werden mußte (Abb. 63).

Das Innere ist von seiner baulichen Gestalt her eine schlichte Dorfkirche (Abb. 65), mit flacher Balkendecke und nachträglich gewölbtem Chor, der ursprünglich durch einen weitgespannten Chorbogen mit dem Schiff verbunden war, aber bald nach der Einwölbung des Chors durch den Einbau zweier Stützpfeiler vom Schiff ausgegrenzt wurde. An der Nordostseite des Schiffes zeigen Spuren an der Wand und Sandsteinbasen am Boden, daß der Bau manche Veränderung erfahren hat – zu denken ist an überwölbte Seitenaltäre, die nachträglich zu einem Lettner verbunden wurden, was auch dem Turmdurchbruch in der Ostwand einen Sinn gäbe. Auch gibt es Reste spätromanischer Malerei an Süd- und Ostwand.

Das alles würde schon genügen, um den Eindruck einer geschichtsträchtigen Dorfkirche zu hinterlassen, doch tritt dies alles in den Hintergrund gegenüber einer Ausstattung, wie sie in dieser Fülle nicht mehr oft zu finden ist.

Die 13 Felder der Holzbalkendecke ließ Siade Peckes 1737 aus »freywilligem Hertzen zur Ehre Gottes« mit figurenreichen Darstellungen von Szenen des Alten Testaments bemalen, jede eingefaßt von einer Rahmung, die von reichem Kartuschenwerk begleitet wird. Der Übergang der Decke zur Wand ist durch eine gemalte Schabracke elegant überspielt. Die Farbigkeit ist verhalten tonig.

Die wichtigsten Ausstattungsteile sind natürlich auch hier Altar, Kanzel und Taufe. Das älteste ist die 1670 geschaffene Kanzel, deren Meister nicht bekannt ist. Der achteckige Kanzelkorb ruht auf der Figur eines Moses, der die Gesetzestafeln in seinen Händen hält. Die Ecken des Kanzelkorbes sind durch korinthische Säulen markiert, in den Füllungen stehen Apostel mit ihren Attributen (Farbt. 27), wie auch auf dem reich ausgeschnitzten Schalldeckel. Der Altar von Jacob Helmerß aus dem Jahr 1709 ist im Vergleich zu den evangelischen Altären in Dorum oder Midlum, beide noch aus dem 17. Jahrhundert, ein erstaunlich rationales Werk, indem hier die wesentlichen Glaubensinhalte nur noch durch Text und Symbol angezeigt und durch die Assistenzfiguren erläutert werden. Das dritte Stück, die Taufe, entstand 1738 und wird in Verbindung gebracht mit dem Meister der Taufe in Spieka, die einem David Benjamin Opitz zugeschrieben wird. Besonders schön an diesem Werk ist der Deckel mit den Sitzfiguren der Evangelisten und einer Gestalt, die ein Blatt mit dem Taufbefehl in den Händen hält.

Der Eindruck des Raumes wird indes ganz wesentlich bestimmt durch das schöne Gemeindegestühl mit bemalten Türen, für das es Datierungen von 1702, 1733 und 1739 gibt, sowie durch die Kastengestühle des 18. Jahrhunderts in ihren originalen Fassungen. Welch ein Selbstbewußtsein spricht aus diesen Gestühlen, deren Bekrönungen und Beschriftungen!

Wir werden, vor allem auch im Land Hadeln, noch auf Kirchen stoßen, deren Ausstattung noch reicher und üppiger ist, aber die Ausgewogenheit zwischen Größe und Gestalt der Kirche und der Vielfalt ihrer Ausstattung ist gerade hier augenfällig.

Die Abstände zwischen den Ortschaften sind gering: bis **Misselwarden,** der nächsten Station unserer Fahrt, sind es gerade sechs Kilometer. Schon von weitem grüßt die *Kirche* übers Land, steht sie doch auf einer eigens erhöhten Kirchenwurt. Wie stark der Eindruck des ›Überragens‹ früher gewesen sein muß, zeigt sich an einem kleinen Tafelbild mit der Darstellung der Kirche aus dem Jahre 1735, das in der Kirche hängt. Selbst wenn man eine gewisse Überhöhung des Kirchenbildes einräumt, wird deutlich, daß es einen gewaltigen Größenunterschied zwischen den Bauernhäusern und der Kirche gegeben hat und daß die Kirche als das feste Haus über allen Häusern stand.

Diese Kirche wurde am Ende des 13. Jahrhunderts aus Backsteinen errichtet und zwar als ein einschiffiger Bau mit eingezogenem Chor und ohne Turm. Der Chor ist gegen 1500 erneuert worden. Er hat einen trapezförmigen Grundriß. Das gab es in Nordfriesland schon

Misselwarden, Schnitt durch die St. Katharinen-Kirche

in romanischer Zeit und so könnte er über dem alten Grundriß errichtet worden sein. Der geduckte Westturm entstand 1603.

Das Schiff ist innen mit einer flachen Holztonne überdeckt, die 1903 anstelle einer mit biblischen Motiven bemalten Holzdecke von 1600 eingezogen wurde. Der Chor ist gewölbt. Zwischen Chor und Schiff gab es bis 1790 einen Lettner, dessen Abbruchspuren noch zu erkennen sind. Über dem Chorbogen, also an dem Wandbereich, der über dem Lettner war, ist die Wand verschalt, und mit den Darstellungen von Sündenfall, Kreuzigung und Jüngstem Gericht bemalt. Die Malerei entstand 1736.

Mit der Triumphkreuzgruppe und der Taufe besitzt Misselwarden zwei Ausstattungsteile aus vorreformatorischer Zeit. Die Kreuzigungsgruppe ist eine schlichte Arbeit einer Werkstatt, die um 1500 in oder im Umkreis von Bremen für die Provinz gearbeitet hat; ihr Erhaltungszustand läßt vermuten, daß sie zeitweilig im Freien stand. Bedeutender ist das Taufbecken, das aufgrund stilistischer Merkmale dem Meister der Imsumer Taufe zugeschrieben wird. Das glockenförmige Becken steht ohne Standring auf vier Tragefiguren, zwei Frauenköpfe mit gerippten Hauben sitzen auf dem kräftig ausgebildeten oberen Rand, am unteren Rand umzieht ein Schriftband den Kessel (Abb. 69).

Ein Werk des Beschlagwerkstils ist die in das Kirchenschiff versetzte Kanzel. Sie ist am Werk nicht datiert, doch läßt sich durch Vergleiche mit verwandten Arbeiten die Entstehung auf die Zeit um 1625 eingrenzen. Bei allen genannten Arbeiten handelt es sich um Werke des in Otterndorf lebenden Meisters Michael Ringkmacher. Die Kanzel besteht aus dem Aufgang, der mit einem Portal beginnt, und an dessen Brüstung Reliefs mit Darstellungen zur Schöpfungsgeschichte und zum Sündenfall gesetzt sind und aus dem eigentlichen, aus dem Sechseck entwickelten Kanzelkorb, der aber beiderseits der vortretenden Mitte durch Einfügen je eines Feldes verbreitert wurde, so daß mehr Bilder untergebracht werden konnten. Die Bildthemen am Kanzelkorb sind dem Heilsgeschehen, beginnend mit der Kreuzigung und endend mit dem Jüngsten Gericht – DAT IUNGSTE G:R: – entnommen (Farbt. 30). Die breite Kanzel ruht über einer Verstrebung auf einer Figur der Hl. Katharina, der die Kirche geweiht ist.

Der Kanzeldeckel ist wie der Altar ein Werk des Jürgen Heidtmann d.J., der ab 1660 in gewisser Weise als Nachfolger Ringkmachers wirkte. Seine Werke sind aus dem Lebensgefühl des Frühbarock entsprungen, formal sind sie dem Knorpelstil verbunden. Die Arbeiten in Misselwarden entstanden beide 1671, ein Jahr vor den letzten nachweisbaren Arbeiten dieses Meisters. Der Kanzeldeckel ist, anders als die aus dem Sechseck entwickelte Kanzel, achteckig; über den freien Ecken stehen Apostel, zwischen ihnen bizarre Knorpelfratzen.

Das Altarretabel schäumt geradezu über vor frühbarocker Fabulierlust. Inhaltlich sind in der Predella das Abendmahl, in der Mitte die Kreuzigung und darüber die Auferstehung dargestellt, begleitet von den sieben Kardinaltugenden. Dieses Programm, das im architektonischen Aufbau streng gehandhabt wurde, ist bis in die Bilddarstellungen hinein umspielt von der Phantasie des Knorpelstils. Die Bankwangen und Türen von Kastengestühlen sind im allgemeinen mit den Familienwappen bemalt und mit Jahreszahl und Name beschriftet. Sie sind damit wichtige landeskundliche Quellen (Abb. 66).

Misselwarden Nr. 16, Hof mit Sandsteintor mit Bossen- und Diamantquadern von der ›Wolfsburg‹ bei Barlinghausen. Auf dem Schlußstein des Bogens ist ein Wolfskopf dargestellt. Das Tor wurde 1727 diesem Bau eingefügt.

Man könnte zurückfahren zur Straße Wremen – Dorum und den Ort Mulsum aufsuchen. Landschaftlich reizvoller ist aber die Fahrt über Fockwarden nach Padingbüttel. Der Weg beträgt etwa sechs Kilometer. Am Ortsausgang von Misselwarden auf Padingbüttel zu steht auch noch einer der Höfe der einstigen Bauern-Oligarchie des Landes, jener Oberschicht, die die Ratmänner und Bevollmächtigten, später die Vögte und Kirchgeschworenen gestellt hat. Der Hof fällt auf durch das große, aus Sandsteinquadern errichtete und mit Wappen gezierte Tor.

Padingbüttel gehört zu den jüngeren Kirchspielen, die im 13. Jahrhundert durch die Erschließung neu eingedeichten Landes entstanden. Die *Kirche*, dem Evangelisten Matthäus geweiht, wurde um 1300 gebaut und zwar, wie die anderen Kirchen, als einschiffiger Saalbau mit eingezogenem quadratischen Chor. Der Turm wurde erst im 15. Jahrhundert angefügt. Bis zur Höhe der Fensterbrüstungen wurde der Bau aus Granitquadern aufgeführt. Es sind sorgfältig behauene Quader mit ebenmäßiger Oberfläche, die mit senkrechten und waagerechten Fugen versetzt sind. Darüber wurde mit Sandstein weitergebaut (Farbt. 31).

Der Turm hatte auch die Funktion eines Wehrturmes, von dessen Schießscharten aus man die Langseiten des als Zufluchtsort dienenden Kirchenschiffes sichern konnte und er hatte, gleich dem von Imsum, eine große Bedeutung für die Schiffahrt, so daß sich Rat, Admiralität und Reeder von Hamburg veranlaßt sahen, für eine Erneuerung der Turmspitze einen Teil der Kosten zuzuschießen, was nicht nur in den Akten festgehalten wurde, sondern auch auf einer Inschrifttafel am Turm.

So verschieden die Kirchen im Lande Wursten nach außen hin auch erscheinen, so einheitlich sind sie doch im Raumbild. So hat auch Padingbüttel eine Holzbalkendecke (Misselwarden ist keine Ausnahme, da erst 1903 verändert), die bis zum Ende des vorigen Jahrhunderts mit »ziemlich rohen Abbildungen aus der Geschichte des Erzvaters Jacob« bemalt war, eine Verbretterung über dem Chorbogen, die als Rest der auch hier noch ablesbaren Lettneranlage verstanden werden kann und im Chor ein derbes Kreuzrippengewölbe.

Im Chor steht ein Passionsaltar mit Darstellungen zum Verhör des Pilatus, der Geißelung, der Kreuztragung und der Kreuzanheftung um die in der Mitte angeordnete figurenreiche Kreuzigung. Er wird aufgrund stilistischer Beziehungen zu einer Marienklage in Lüdingworth und anderen Arbeiten im hamburgischen Raum als Arbeit einer Werkstatt angesehen, die in oder um Hamburg beheimatet war und Verbindungen nach Lübeck besaß. Details der Kleidung lassen an eine Entstehung gegen 1480 denken.

Ein Werk des spätgotischen Expressionismus ist die Kreuzigungsgruppe, die auf einem mit einer reich und zierlich geschnitzten Brüstung umstandenen Podest steht. Der Realismus des am Kreuz zusammengesackt hängenden Christus mit dem durch die Hängung hochgezogenen Brustkorb, den vortretenden Muskelsträngen, den Falten am Hals und dem schmerzerfüllten Gesicht wirkt erschreckend. Dieser Realismus war ursprünglich noch betonter durch eine Perücke aus natürlichen Haaren und einer echten Dornenkrone. Ganz dem Schmerz hingegeben, im Vergleich zum Gekreuzigten zierlich wirkend, sind die Assistenzfiguren. Die Gruppe wird, wie ein Kruzifixus in Dorum, der erkennbar aus der gleichen Werkstatt stammt, um 1500 entstanden sein.

Die Kanzel wurde 1652, ein Jahr nach der großen Petriflut, in Auftrag gegeben. Eine Besonderheit an ihr ist der Gang zwischen dem reichgeschnitzten Portal und dem Kanzelaufgang. Durch diesen langgezogenen Kanzelweg konnte ein größeres biblisches Programm dargestellt werden. Es beginnt an der Tür mit zwei Reliefs mit Darstellungen von der Erschaffung Adams und Evas und dem Sündenfall, setzt sich am Gang fort mit der Vertreibung aus dem Paradies und Kains Brudermord und am Aufgang mit Isaaks Opferung und der Verkündigung; am Kanzelkorb findet man als Bilder Christi Geburt, die Anbetung der Heiligen Drei Könige und die Himmelfahrt. Auf dem Kanzeldeckel stehen die vier Evangelisten. Die Kanzel wird abgestützt auf eine steinerne Figur, die den Evangelisten Matthäus darstellt. – Die Kanzel ist nicht signiert, kann aber als ein in Wursten frühes Werk des aus Dithmarschen (Schleswig-Holstein) kommenden Jürgen Heidtmann d. J. angesehen werden. Diese Zuschreibung stützt sich auf Vergleiche innerhalb des großen, zwischen 1652 und 1672 entstandenen Werkes, von dem ein Teil signiert ist und dadurch den Zuschreibungen festen Halt gibt.

Von eigener Art ist die bronzene Taufe von 1693. An ihr hat sich der Künstler Christoph(ff) Haupner aus Stade durch seine Anfangsbuchstaben CH zu erkennen gegeben. Das glockenförmige Becken wird in der Art mittelalterlicher Taufen von Tragefiguren, hier sind es drollige Putten, getragen. An dem durch Akanthus, Wappen und Inschriften verzierten und erläuterten Kessel fallen die Abdrücke von Blättern auf: Salbeiblätter, die den bösen Einfluß und die schändliche Gewalt der Hexen während des Gusses bannen sollen.

Der nächste Kirchort ist **Mulsum**, vier Kilometer von Padingbüttel entfernt. Die klein und gedrungen erscheinende *Kirche* steht auf einer hohen Warft inmitten des Kirchhofs. Er ist der Ort der zweiten und entscheidenden Schlacht zwischen der freien Wurster Bauernschaft und dem Heer des Erzbischofs; sie endete mit der vernichtenden Niederlage der Bauernschaft und der Einbindung des Landes in das Erzstift Bremen.

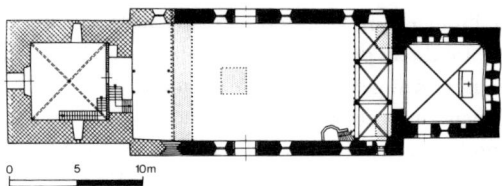

0   5   10m

Mulsum, Marien-Kirche, Grundriß

Die Kirche wurde in der zweiten Hälfte des 13. Jahrhunderts gebaut und ist der Hl. Maria geweiht. Es gab aber schon im 12. Jahrhundert eine Kirche aus Tuffstein, der auch für den Neubau verwandt wurde. Zum Tuffstein traten für den Neubau Granitfindlinge hinzu. In einer weiteren Bauphase um 1500 wurde das Kichenschiff verlängert und der Turm angefügt.

Die übrigen Angaben zur Kirche entsprechen denen der zuvor beschriebenen: einschiffiger Saalbau mit abgesetztem quadratischem Chor, kleinen, hochliegenden Fenstern und im Inneren ein flachgedeckter Saal mit Lettner und einem einfachen Kreuzrippengewölbe im Chor. Dennoch hat jede dieser Kirchen ihre Besonderheit. Hier ist es der Lettner, der erhalten geblieben ist (Farbt. 25).

Alle Hinweise und Beschreibungen dieser Raumschicht bleiben blaß und abstrakt angesichts der realen Raumverhältnisse in den heutigen Kirchen, solange man nicht diesen Lettner, die Art seiner Stellung, seine Lichtverhältnisse, schließlich auch die durch den nachträglich vorgenommenen Einbau hervorgerufene Verengung des Einblicks in den Chor kennengelernt hat. Andere Lettner der Kirchen dieses Landes mögen reicher und feiner gestaltet gewesen sein, in ihrer Anlage waren sie sich aber alle gleich.

Auch diese Kirche besitzt wieder einige schöne Ausstattungsstücke. Der Altar, um 1430/40 entstanden, ist zu beiden Seiten der die Mitte einnehmenden großen Marienkrönung so aufgeteilt, daß in jeweils fünf vertikalen Gefachen je zwei Apostel oder Heilige übereinander angeordnet sind, wobei jede der insgesamt zwanzig Figuren unter einem Baldachin steht. Stilistisch kommen, wie bei vielen Werkstätten, die für die Provinz gearbeitet haben, so viele Strömungen zusammen, daß eine Werkstattzuweisung nicht gelingen will. Der Eindruck des in den Figuren und den Baldachinen recht gut erhaltenen Schreins ist auch insofern verändert, als er 1622, nachdem Michael Ringkmacher das gotische Gesprenge durch einen spätmanieristischen Altaraufsatz ersetzt hatte, durch den Maler Joachim Clasen aus Otterndorf mit gelüsterten Farben neu gefaßt worden war.

Hinter der Taufe hat eine kleine Kreuzigungsgruppe, die vielleicht von einem Seitenaltar des frühen 16. Jahrhunderts übrig blieb, Platz gefunden. Obwohl zeitlich der Padingbütteler Kreuzigung nahestehend, fehlt diesem kleinen Werk doch jener grausame Realismus; sie wirkt derber, aber auch intimer.

Stark beschädigt ist die Skulptur einer Maria auf der Mondsichel. Die gleichfalls derbe, bäuerliche Gestalt mit langem, leicht gewelltem Haar unter der Krone war von einem Strahlenkranz umgeben. Er ist ebenso verschwunden wie die Hände und das Christuskind. Die Plastik dürfte nach 1500 entstanden sein.

Aus der Zeit stammt auch die Kanzel. In den Wurster Kirchen ist sie die einzige aus vorreformatorischer Zeit. Der aus dem Achteck entwickelte Kanzelkorb verjüngt sich mit elegantem Schwung nach unten und ruht auf einem Kragstein in der Form eines Gnoms, der seinen Kopf abstützt. Elegant ausgebildet ist die Rückwand der Kanzel mit Füllungen aus Faltwerk und der Überleitung zum Schalldeckel. Die reichgeschnitzten Bekrönungen und Schleier, wie auch Teile der Fassung, sind Zutaten des 18. Jahrhunderts.

Der Taufkessel ist kein Bronze-, sondern ein Bleiguß (Abb. 68). Der einfach geformte Kessel ist nur durch zwei Schnurzüge in drei Zonen unterteilt und steht, wie bei den uns bekannten Taufen aus Bronze, auf drei Figuren, die aber mit Kopf und Schultern in die Kesselwandung eingearbeitet sind. Die Datierung schwankt zwischen dem Anfang (Dehio) und dem Ende des 14. Jahrhunderts.

Mulsum besitzt auch die ältesten Gestühle dieses Kirchenkreises. Ein Chorstuhl mit verschiedenen Faltwerkfüllungen kann, wie die Kanzel, auf den Anfang des 16. Jahrhunderts datiert werden. Sehr hübsch ist der kleine Chorstuhl von 1590 mit den stark stilisierten Medaillons und der Mischung von spätgotischen und Renaissance-Einflüssen. Im Westen der Kirche steht das ehemalige Lettnergestühl von 1617, das die ganze Formenpalette der älteren Stücke aufgreift und bereichert mit modischen Rollwerkfüllungen, Löwenmasken und Fruchtgehängen und schließlich gibt es zwei reich gestaltete Priechen in alten Fassungen vom Ende des 17. Jahrhunderts (Prieche vor der Taufe) und von etwa 1800.

Mulsum, Marienkirche, Füllungen des Chorgestühls von 1590

Dorum, von Mulsum nur drei Kilometer entfernt, ist neben Wremen einer der Hauptkirchenorte des Landes. Es war einer der Orte, an denen das Sendgericht des Archidiakonats Hadeln und Wursten zusammenkam, und hier tagte die Landesstube der schwedisch-hannoveranischen Zeit. Wie Wremen liegt Dorum an einer Wasserlöse, einem jener schiffbaren Entwässerungskanäle, die mittels Siele durch die Deichlinie hindurchgeführt werden müssen. Solche Sielorte eigneten sich für die Anlage kleiner Häfen für die Fischer und für den lokalen Handel. So ist es auch hier.

Die *Kirche,* einst *St. Urban* geweiht, liegt südöstlich der alten hohen Dorfwurt auf einem eigens für die Kirche aufgeschütteten Hügel. Der heutige Bau, der in Teilen ins frühe 13. Jahrhundert zurückreicht, hatte, wie Grabungen ergeben haben, zwei Vorgänger: eine

Holzkirche, die als Schwellbalkenkonstruktion ausgeführt war und offensichtlich abbrannte, und einen Tuffsteinbau, der wohl um 1100 errichtet worden war.

Ursprünglich war die Kirche von Dorum, wie schon die zuvor beschriebenen Gotteshäuser, ein einschiffiger Saalbau mit abgesetztem quadratischem Chor. Von diesem Bau ist das aus unbearbeiteten Granitfeldsteinen errichtete Kirchenschiff, mit Veränderungen an Fenstern und Portalen, noch erhalten. Den besten Eindruck gibt auch hier die Nordseite wieder.

1510 wurde der alte Chor abgetragen und der dreischiffige gotische Hallenchor gebaut, dessen hohes Dach und dessen durch Blendnischen gegliederter Ostgiebel das Bild der Kirche seither prägt. Der Turm wurde 1750/51 gebaut anstelle eines älteren, der breit vor dem Westabschluß des Schiffes stand.

Der Eindruck dieses Kirchenraumes ist nun ein ganz anderer. Obwohl kleiner als der von Wremen wirkt er weit, der Blick wird von dem hinten im Chor stehenden prachtvollen Altar aufgesogen (Farbt. 26). Diese Wirkung beruht zum einen sicher darauf, daß nur wenige Ausstattungsstücke den Blick auf sich lenken – so gibt es hier keine Chorstühle oder Priechen –, dann aber sicher auch auf dem überraschend weiten Blick in den zwar kleinen aber wundervoll durchlichteten Hallenchor. Dessen Netzgewölbe ist auf vier Backsteinrundpfeilern abgesetzt.

Vor einigen Jahren ist die spätgotische Malerei im Chorgewölbe wieder zutage getreten. Das zentrale Thema dieser Ausmalung ist das Jüngste Gericht mit Christus und zu seinen Seiten auf einem Regenbogen sitzend Maria und Johannes als die Fürbitter vor Christi Thron. Engel umschweben die Gruppe, rechts, links und zu Füßen Christi steigen die Toten aus den Gräbern, ein Fischungeheuer mit einem Teufelchen, wie wir es von Bildern von Hieronymus Bosch her kennen, taucht auf; es gibt noch weitere Figuren mit Bezügen auf das Thema und schließlich sind die zentralen Felder mit großen Granatapfelblüten bedeckt (Abb. 64).

In wohl unmittelbarem zeitlichen Zusammenhang mit der Erstellung des Chores steht das turmartig hohe Sakramentshaus. Es ist eines jener Gebilde, in denen sich auf zierlichste Weise die Idealvorstellung vom Bauen in der Gotik verwirklicht hat. Das Werk, inschriftlich auf 1524 datiert, ist aus Baumberger Kalkstein geschaffen und kommt aus Westfalen – den Weg dahin könnten die gerade um 1520 sehr intensiven Beziehungen der Domkirche von Bremen zum westfälischen Kunstkreis gewiesen haben.

Besonders interessant ist der Taufstein. Ursprünglich stand die aus belgischem Marmor gearbeitete Cuppa auf Säulen, die unter den vortretenden Eckköpfen saßen. Zwischen den

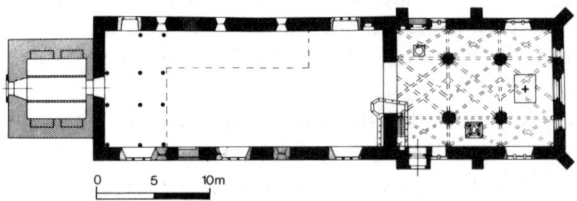

0   5   10m

Dorum, St. Urban-Kirche, Grundriß

vier stilisierten maskenhaften Köpfen – Symbole für die vier Paradiesflüsse oder die vier Evangelisten – vermitteln ganz flache, ornamental gehaltene Ranken zu gehörnten Masken. Taufsteine dieser Art gibt es in Friesland im Zusammenhang mit dem Taufsteinhandel des 12. Jahrhunderts. Sie kamen aus Namur in Belgien. Somit könnte der Taufstein noch ein Stück der Vorgängerkirche sein.

Zur ersten Ausstattung der Kirche des 13. Jahrhunderts könnte auch das romanische Kruzifix gehören, Körperhaltung und Gesichtsausdruck drücken eine Entrücktheit aus, die nichts zu tun hat mit dem gemarterten Christus der Spätgotik. Ein Kruzifix dieses späten Typs besitzt Dorum gleichfalls und zwar, wie an dem entsprechenden Kruzifix in Padingbüttel beschrieben, eine jener Plastiken, deren Realismus soweit getrieben wurde, daß sie echte Haare und Dornenkronen trugen.

Ein prächtiges Werk ist die Kanzel, die vom Chor aus zugänglich ist und auf dieser Seite eine Zierblende von fünf Feldern besitzt, sich dann um die breite Trennwand zwischen Chor und Schiff mit vier Schmuckfeldern legt, für den eigentlichen Predigtplatz weitere drei Felder hat und auf der Gemeindeseite der Chortrennwand mit einer Zierblende von abermals fünf Feldern endet. Es handelt sich trotz dieses Umfangs aber nicht um eine echte Emporenkanzel, weil die Brüstung an der Gemeindeseite nur der Wand vorgeblendet war.

Aufgrund der guten Quellenlage weiß man einiges über die Entstehung und den Wert der Kanzel: Sie wurde 1618 bis 1620 von Michael Ringkmacher, Bildschnitzer in Otterndorf, zum Preis von 180 Reichstalern, wofür er auch den Abbruch der alten Kanzel zu übernehmen hatte, geschaffen. Da das Werk sehr gut gefiel, erhielt er zusätzlich 40 Taler. Anschließend wurde die Kanzel durch den Maler Joachim Clasen, auch er aus Otterndorf, farbig gefaßt, wofür ihm 200 Taler und seiner Frau, die beim Vergolden half, zehn Taler zugestanden wurden. Die Arbeit des Malers wurde also höher eingeschätzt als die des Schnitzers.

Die 17 Felder mit den Bildreliefs sind von den wohlhabenden Familien gestiftet worden. Sie wurden dafür mit Namen und Wappen oder Hausmarke an der Kanzel verewigt. Auf der ›Klerus‹-Seite, also zum Chor hin, sind die sieben Kardinaltugenden, auf der Gemeindeseite neun gemeinverständliche biblische Themen (Farbt. 29) und zum Schluß noch einmal eine Tugend dargestellt. Im übrigen entsprechen Aufbau und Zusammensetzung des Werkes dem schon oft beschriebenen Schema mit den trennenden korinthischen Säulen, Kartuschen und Engelsköpfen, Fruchtgehängen und Unterschleiern.

Das Altarretabel ist ein signiertes Werk von Jürgen Heidtmann d. J., dem wir bereits an den Kanzeln von Padingbüttel und Imsum und dem Altar von Misselwarden begegnet waren. Auch das Jahr der Fertigung, 1670, hat Heidtmann festgehalten. Er ist eines seiner schönsten, reifsten Werke, das in dem lichten Chorraum von Dorum auch herrlich zur Geltung kommt (Farbt. 25). Im Hauptaufbau hat der Altar drei Geschosse, aber schon das Mittelfeld ist unterteilt in zwei ungleich große Bildfelder, Abendmahl und Kreuzigung darstellend. Auch die Zwischenzonen mit den ovalen Bilddarstellungen sind unterteilt, so, daß am Ende sich diese klassische Aufbauform auflöst zu dem vielgeschossigen großen Bild, das da handelt von Geburt, Leiden, Sterben und Auferstehung Christi, dem Jüngsten

Gericht und endlich Christi Herrschertum. Die Szenen und Figuren dieses großen Programmes sind eingebettet und gerahmt von einem dichten Geflecht von Knorpelornamenten.

Der Besuch in **Cappel** – von Dorum etwa fünf Kilometer – lohnt besonders, wenn man an Orgeln interessiert ist, (wobei man bei einem Besuch normalerweise nur den Orgelprospekt sieht und nichts über die Disposition erfährt) und er lohnt, wenn man Interesse hat an dem Gebiet der Grabkunst, also an Grabsteinen und Epitaphien, von denen es in der Kirche und an der Ostwand interessante Beispiele gibt.

Die *Kirche* wurde 1815 neu erbaut, nachdem die alte 1810 abgebrannt war. Weil da natürlich auch die Ausstattung verloren gegangen war, kauften die Bauherren zu Cappel für 600 Reichstaler die Orgel, die Arp Schnitger 1679 für die Johanniskirche in Hamburg geschaffen hatte und die wegen des Abbruchs der Kirche zum Verkauf angeboten wurde. Die schmale, dafür hohe Orgel wurde dann in Cappel unter einer Holztonne eingebaut, wobei die das Hauptwerk ursprünglich sicher bekrönenden Figuren wegfallen mußten (Abb. 70). Als das soweit geschafft war, verschlechterten sich die wirtschaftlichen Verhältnisse der Marschenbauern im Verlauf des Jahrhunderts, so daß für nachträgliche Arbeiten an der Orgel kein Geld mehr zur Verfügung stand. Darum blieb die Orgel unverändert und irgendwann in diesem Jahrhundert stellte man fest, daß hier ein ganz großer Schatz unerkannt schlummerte. Sie wurde dann sorgfältig restauriert und ist heute eine der von Kennern hoch geschätzten originalen Arp-Schnitger-Orgeln. Bei den alljährlich stattfindenden Meisterkonzerten kommen die Kenner der Schnitger-Orgeln eigens von weither angereist.

Das Kirchenspiel **Spieka**, von Cappel aus drei Kilometer entfernt, greift unterhalb von Cuxhaven auf die Geest über, die hier bis an die Nordsee vorstößt. Es ist das jüngste der Wurster Kirchspiele: Erst 1319 trennte sich Spieka von der Mutterkirche Midlum. Im Kirchenschiff (Farbt. 24) ist noch die Kapelle der Gründungszeit, ein einfacher Saalbau aus Backsteinmauerwerk auf einem Sockel aus Granitfeldsteinen, erhalten. Der Chor wurde um oder nach 1500 in gleicher Bauweise und ohne Versatz angebaut – der Ostabschluß läßt diese Zeitstellung trotz späterer Vereinfachung noch erkennen. Der Turm entstand erst in unserem Jahrhundert und ersetzt ein hölzernes Glockenhaus. Statt der flachen Tonne hatte auch dieser Kirchenraum ursprünglich eine flache Holzbalkendecke.

Der Altar, auffallend gedrungen und breit angelegt, ist eine Arbeit des Heidtmann-Schülers Friedrich Eggers und wurde 1678 aufgestellt. Er ist über der Predella zweigeschossig, mit einer bewegten Kreuzigungsszene als Hauptstück und der Auferstehung darüber.

So hübsch die Arbeit anzusehen ist, bei der allzu großen räumlichen und thematischen Nähe der Arbeiten seines Lehrers fallen, besonders im figürlichen, Schwächen auf. Interessant ist aber die Kreuzigungsdarstellung, die oberhalb der Mitte unmotiviert geteilt ist und hinter der Kreuzigung eine Stadtdarstellung zeigt, für die der Hinweis auf Jerusalem, vor dessen Silhouette das Passionsgeschehen sich ja einst abspielte, wohl nicht ausreicht.

Ein schönes Stück ist die Taufe. Das Taufbecken und der Fuß sind aus Stein gehauen, während der Deckel mit der Taufe Christi und der Gloriole des Hl. Geistes aus Holz geschnitzt sind. Die Arbeit wird einem Meister David Benjamin Opitz zugeschrieben, der in Groden, das heute ein Stadtteil von Cuxhaven ist, lebte, aber aus Hirschberg in Schlesien gebürtig war und ganz sicher in einem anderen Kulturkreis gelernt hatte, denn diese sprühende Leichtigkeit der Formen findet sich sonst nicht an der Küste. Außer der Taufe in Wremen sind von ihm vor allem Grabsteine erhalten.

An der Nordwand hängt eine prächtige Patronatsprieche, der sogenannte ›grüne Stuhl‹ mit geschnitzter Brüstungszone und großer, den Stand der Inhaber beschreibenden Bekrönung. Zeitgleich um oder bald nach 1700 sind zwei Priechen zu Seiten des Altars zu datieren, wobei in der einen sich eine Bemalung erhalten hat, die zwar nicht, wie die Prieche, von 1713 stammt, uns aber einen Hinweis auf frühere Ausstattungen gibt. Derselbe Stuhl hat auch schön geschnitzte Wappen.

Von Spieka fahren wir über Cappel nach **Midlum,** das an der B 6, der Straße nach Cuxhaven, liegt; der Weg beträgt etwa sechs Kilometer. Die rechtliche Stellung von Kirche und Kirchspiel Midlum war insofern eine andere, als nur die in der Marsch gelegenen Teile zu Wursten gehörten, der auf der Geest gelegene Teil im Mittelalter aber Eigentum des Klosters Midlum, dem einzigen im Diakonat Hadeln und Wursten und der Edelherren von Diepholz war und rechtlich zu Hadeln gehörte. Die Kirche war bei der Stiftung des Klosters im Jahre 1219 diesem übertragen worden. Das änderte sich auch nicht, als das Kloster 1282 nach Altenwalde und 1334 nach Neuenwalde verlegt wurde; bis zur Reformation übte das Kloster Patronatsrechte aus. In Neuenwalde gibt es heute noch ein kleines evangelisches Damenstift.

Die *Kirche* zu Midlum ist auch eine der ältesten im Land. 1219 gab es bereits eine Kapelle und durch eine Grabung gelang der Nachweis, daß der Platz seit dem 9. Jahrhundert belegt war. Der heutige Bau besteht in seinem Kern aus dem Kapellenbau, der ins 12. Jahrhundert zurückreichen dürfte, einem längsrechteckigen Chor und einer Erweiterung nach Westen. Chor und Westerweiterung werden mit der Gründung des Klosters und dem Eigentumsübergang der Kapelle zusammenhängen. Der Bau des 12. und 13. Jahrhunderts ist aus Feldsteinen errichtet. Die Nordseite zeigt einmal wieder die romanische Gestalt ziemlich unverändert.

Auch das Innere der Kirche wirkt archaischer als das der anderen. Das mag mit der schlichten Kalkung der Wände zusammenhängen, die die Mauerwerkstruktur spürbar läßt, und mit der Überfassung der kleinen romanischen Fenster mit Bögen im Farbwechsel.

Der wie die Mulsumer Taufe aus Blei gegossene alte Taufkessel von Midlum ist nicht mehr in Benutzung und derzeit auch nicht mehr ausgestellt. Dieses Becken steht auf Klauen, nicht auf Figuren und der glockenförmige Körper trägt am oberen Teil ein Inschriftband, das durch Schnürzüge ausgegrenzt ist.

Zugunsten der Kanzel, deren Aufgang in den Chorbogen verlegt wurde, mußte der Chorbogen einseitig ausgebrochen werden. Auch diese Kanzel gilt als Werk Ringkmachers und wurde 1623 geschaffen (Farbt. 28). In vielen Einzelheiten entspricht sie denen von Misselwarden und Dorum, und in Lüdingworth und Nordleda werden wir ähnliche Stücke kennenlernen. Besonders schön ist an dieser kleinen Kanzel der Reichtum der Untergehänge und die Arbeit der steinernen Tragefigur, ein Johannes Ev. mit Adler, Kelch und (Stifter-?) Wappen.

Von auffallendem Aufwand und großer künstlerischer Meisterschaft sind die Wangen der ersten Gestühlreihen. Sie dürften, 1622 entstanden, ebenfalls Arbeiten Ringkmachers sein (Abb. 67).

Der Altar von 1696 schließlich steht dem von Spieka nahe und zwar sowohl im Aufbau als auch in den Einzelheiten. Es wird deshalb angenommen, daß das Schnitzwerk des Altars ebenfalls von Eggers geschaffen wurde, während die beiden Tafelbilder in dem Retabel – Abendmahl und Gebet Christi am Ölberg – von dem Hamburger Maler Nicolaus Bernütz geliefert wurde.

Im Rückblick erweisen sich die neun Kirchen dieses Landstrichs, sowohl in ihrer baulichen Gestalt als auch in ihrer Ausstattung, als eine in sich geschlossene Kirchenfamilie. Abweichungen hängen eigentlich immer mit den besonderen Umständen, der Geschichte der einzelnen Kirche, zusammen. Fast alle sind sie doch Gründungen des 12. und 13. Jahrhunderts, sind sie schlichte Saalkirchen mit einfachen, abgesetzten Chorhäusern, füllten sie sich bis zur Reformation mit Ausstattungsteilen, die von einem engen Werkstattkreis bezogen wurden und modernisierten sie diese Ausstattung im 17. und 18. Jahrhundert auf das Üppigste, ebenfalls wieder durch einen eng begrenzten Kreis von Künstlern und Werkstätten. Was schließlich erstaunt, das ist der Reichtum, der in diesem Bauernland offenkundig immer wieder vorhanden war, damit in den Kirchen des ganzen Landes eine solche Vielfalt von Ausstattungsstücken zusammenkommen konnten.

Cuxhaven und das Land Hadeln

Das Land und seine Geschichte

Hadeln ist, sucht man nach einem Ausdruck der Gemeinsamkeit, der große Bruder von Wursten: Beide stammen sie ab von dem sächsischen Gau Haduloha. Hadeln hat aber das größere, vielgestaltigere Erbe angetreten.

Von der hohen Lith im Westen, dem Geestrücken, der unterhalb von Cuxhaven die Nordsee erreicht und Hadeln von Wursten trennt, erstreckt es sich im Osten bis zur Oste und vom Ahlenmoor und Langen Moor im Süden bis zur Elbmündung im Norden. Die Landschaft ist vielgestaltig. Mit der Hohen Lith und den Höhenzügen bei Lamstedt, Westerberg und der Wingst (der Begriff Höhenzug mag verziehen werden, aber im flachen Land sind 60 bis 70 Meter eben schon eine Höhe) gibt es ausgedehnte, stellenweise bewaldete Geestflächen. Marschland gibt es nicht nur entlang der Niederelbe, sondern auch in den Mündungsbereichen der Nebenflüsse Oste und Medem und zwar als ›Hochland‹. Von Marsch und Geest eingeschlossen ist das Sietland, früheres Sumpf- und Moorland, und dann gibt es, immer noch, viele Moore: das Lüdingworther Westermoor, das Wanhödener Moor, das Midlumer Moor, das Häveschenberger Moor und das Assbütteler Moor außer den großen Mooren im Grenzbereich.

›Hochland‹ und ›Sietland‹ bedürfen der Erklärung. Die Marschen sind Ablagerungen des Meeres und der Flußufer im Einzugsbereich der Gezeiten; sie sind im Verlauf von Jahrhunderten höher aufgeschlickt als das Hinterland, das stellenweise unter Meereshöhe liegt. Höhenunterschiede von zwei bis drei Metern sind nicht selten. Dieses Gefälle nach innen hatte zur Folge, daß aus dem niedrigen – ›siet‹ – Land nach starken Regenzeiten und zur Zeit der Schnee- und Eisschmelze das Wasser nicht abfließen konnte und das Land überschwemmte, während Geest und Marsch höher und darum trockener lagen. Das Sietland war dadurch so etwas wie das Armenhaus von Hadeln. Lassen wir Hermann Allmers sprechen: »So ist denn auch das ganze Sietland, wie schon sein Name sagt, äußerst niedrig und feucht. Bis auf die letzte Zeit bot es jeden Winter nur eine unabsehbare Wasserfläche dar, weil alles Land weit und breit ringsum von den ausgetretenen Seen so überflutet wurde, daß nur die höher gelegenen Häuser und Dörfer aus der Wasserfläche ragten. Aller Verkehr im Lande fand also durch Boote statt, in ihnen fuhr man zur Kirche, zu Besuch und sah Hochzeits- und Leichenzüge in solchen Bootsflottillen...«

Seit dem 16. Jahrhundert versuchte man zwar durch Kanäle, die an den Oberlauf der Medem anschlossen, das Land zu entwässern, doch nur mit mäßigem Erfolg. Richtig gelöst wurde das Problem erst mit dem Bau des Hadelner Kanals (Farbt. 35) nach 1850 und mit dem

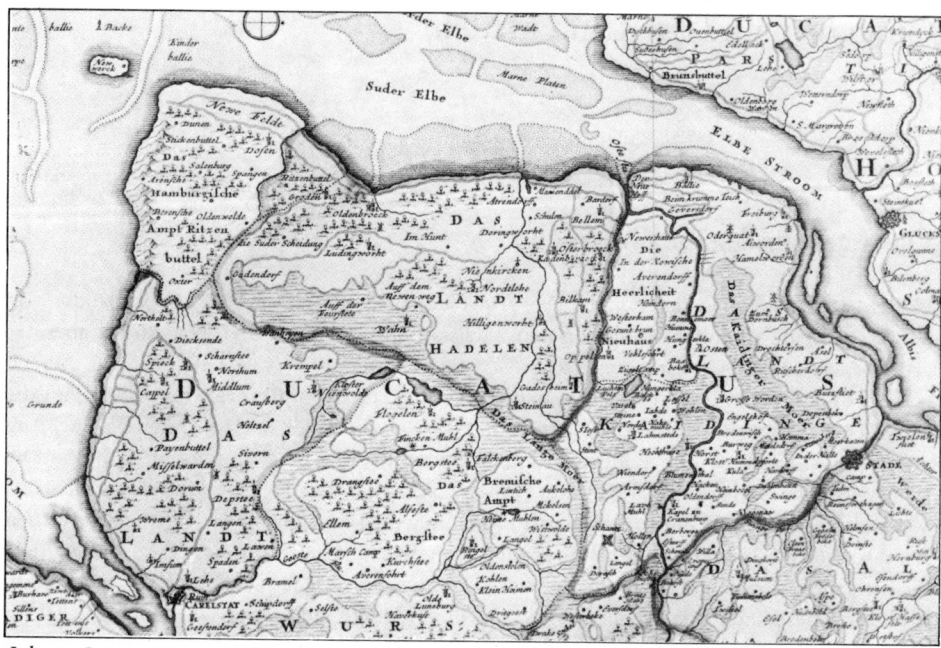

Johann Baptist Homann, Nürnberg. Die Länder Wursten, Hadeln und Kaidinge (Kehdingen). Ausschnitt aus der Karte ›Ducatus Bremae et Ferdae‹, undatiert

Bau des Pumpwerks an der Medemmündung 1928. Es ist das größte in Deutschland, mit einer Pumpenleistung von 36 Kubikmeter pro Sekunde gilt es sogar als das leistungsstärkste in Europa. ›Bauherr‹ dieses Werkes war Hinrich Wilhelm Kopf (1893–1961), der der erste Ministerpräsident von Niedersachsen und damals preußischer Landrat des Kreises Hadeln war.

Das Land war auch hier weitgehend im Eigenbesitz der Bauern, selbst die mit den eben geschilderten Problemen belasteten Bauern des Sietlandes bewirtschafteten ihre Höfe als freie Bauern. Bauern bildeten also in einem großen Teil des Landes die führende soziale Schicht. Auf der Geest hatte dagegen der bremische Stiftsadel und das Kloster Neuenwalde umfangreichen Besitz. Dort gab es also einen größeren Anteil vermeierter Bauern.

Ursprünglich gehörte das Land den Herzögen von Sachsen, doch hatten auch die Erzbischöfe von Bremen Rechte und Interessen. Nach dem Sturz Heinrichs des Löwen traten die Herzöge von Sachsen-Lauenburg und die Erzbischöfe von Bremen das Erbe an, und seit dem ausgehenden 13. Jahrhundert suchte auch die Stadt Hamburg hier Fuß zu fassen. Letztlich teilten sich diese drei Mächte das Land: Hamburg sicherte sich die Landspitze um Ritzebüttel, das heutige Cuxhaven mit der Insel Neuwerk; die Randgebiete von Altenwalde im Westen über die Moore im Süden bis zu den Geestrücken westlich der Wingst wurden erzbischöflich und das Hochland mit der Stadt Otterndorf behielten die Herzöge von Sachsen-Lauenburg.

Die Kirchspiele des sächsisch-lauenburgischen Hadeln waren im Hochland Altenbruch, Lüdingworth, Nordleda, Neuenkirchen, Osterbruch und Oster-Otterndorf und Wester-Otterndorf; die im Sietland waren Oster-Ihlienworth, Wester-Ihlienworth, Wanna, Odisheim und Steinau. Diese Kirchspiele spielten insofern wieder eine besondere Rolle, als sie gemeinsam mit der Stadt Otterndorf die Eigenvertretung des Landes, die Stände, bildeten. Dabei vertraten die Kirchspiele des Hochlands den ersten Stand, die des Sietlands den zweiten und die Stadt Otterndorf den dritten. Jedes Kirchspiel war vertreten durch einen Schultheiß und zwei bis vier Landschöpfe; sie stellten das Kirchspielgericht, in dessen Händen Verwaltung und niedere Gerichtsbarkeit lagen.

Unter einer tatsächlich sehr milden Herrschaft konnte sich also eine Selbstverwaltung mit eigenen – holländisch gefärbten – Rechten herausbilden, die in der Praxis nicht weniger freiheitlich war als die der Wurster ›Bauernrepublik‹, die sich aber unter dem Schirm der von ferne regierenden Herzöge letztlich als solider erwies. So groß das Begehren der Erzbischöfe und deren Rechtsnachfolger, der Könige von Dänemark und Schweden, auch gewesen sein mag, die Hand nach diesem Land auszustrecken – Überfälle und Besetzungen gab es mehrfach –, der Reichsstand der Lauenburger Herzöge erwies sich auf lange Sicht doch als solider Schutz.

Als 1689 das sächsisch-lauenburgische Haus ausstarb, kam das Land unter kaiserliche Verwaltung und 1731 an die Herzöge von Braunschweig-Lüneburg, womit die Welfen wieder Herren im ganzen Land waren, denn zwischenzeitlich war ihnen mit den Herzogtümern Bremen und Verden auch der einst erzbischöfliche Teil zugefallen. Die neuen Herren in Hannover zogen die Zügel zwar etwas stärker an, doch blieben die Hadelner im Vergleich

Leben in einem Bauernhof im Sietland. Fast jedes Jahr standen die Höfe unter Wasser, dann mußte alles, Vieh, Feuer, Betten, aufgebockt werden. Nach einer Zeichnung in der ›Gartenlaube‹.

zu anderen Landesteilen eine Insel der Freiheit – das wußte auch der Dichter Johann Heinrich Voß, der einige Jahre in Otterndorf lebte, zu würdigen. Erst unter Preußens Herrschaft nach 1866 endete der besondere politische Status der Hadelner. 1937, im Vollzug des Groß-Hamburg-Gesetzes, wurde auch Cuxhaven preußisch.

Ritzebüttel und Cuxhaven

Cuxhaven, Seebad und Seehafen, erscheint geschichtsloser als es in Wirklichkeit ist. Dabei gibt es den Namen ›Kuckshafen‹ schon seit dem Ende des 16. Jahrhunderts, und da waren Ritzebüttel, Groden, Döse und Sahlenburg – alles Teile von Cuxhaven – bereits 200 Jahre hamburgisch. Es ist aber so, daß zu wenig von dieser langen hamburgischen Ära zurückblieb, als daß der Besucher diese Verbindung am Bild der Stadt ablesen kann.

Der Grund für das hamburgische Interesse an dieser Landspitze ist einleuchtend: Hamburg wollte sich die Einfahrt in die Elbe sichern, es wollte vor der Ausfahrt in die unbekannte ferne See einen Anlegeplatz für seine Schiffe haben, wo günstige Winde abgewartet, noch einmal Proviant gefaßt werden konnte. Mit den Herzögen von Sachsen-Lauenburg vereinbarte die Stadt daher im Jahre 1299 den Bau eines ›Werkes‹, eines Leuchtfeuers auf einer vorgelagerten Insel. Dieses ›Werk‹ wurde 1300–1310 errichtet und gab als das ›Neuwerk‹ der Insel den Namen.

Den Schutz der Schiffahrt vor Überfällen sollten dagegen für die Hamburger die Ritter von Lappe übernehmen, die über umfangreichen Landbesitz auf und am Rande der Geest verfügten. Sie wurden von den Hamburgern für diese Dienste entschädigt, hielten es aber wohl für lukrativer, sich direkt am Hamburger Kaufmannsgut zu vergreifen. Daraufhin nahmen ihnen 1393 die Hamburger, die sich dafür der Hilfe der Wurster Bauern bedienten,

Das Schloß Ritzebüttel. Aus: Melchior Lorichs, Die Hamburger Elbkarte aus dem Jahre 1568. Der Ausschnitt zeigt links die Hamburger Bake an der Roßhak, den Turm von Ritzebüttel in der Mitte, rechts oben die Hamburger Roßbaktonne und rechts die Ortschaft Groden.

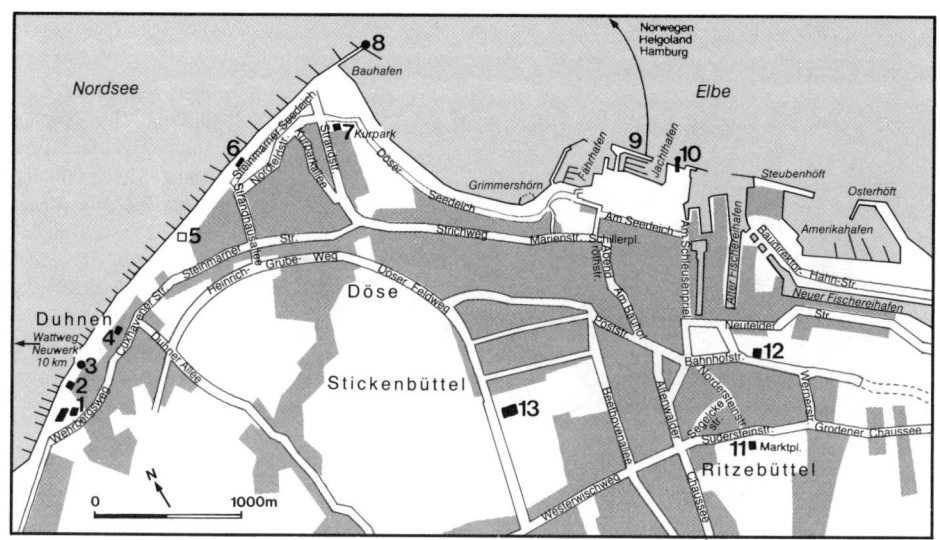

Cuxhaven 1 Kurmittelhaus und Meerwasserbrandungshallenbad 2 Lesehalle 3 Musikpavillon 4 Haus der Kurverwaltung 5 Meerwasserfreibad 6 Strandhaus Döse 7 Kurparkhalle 8 Kugelbake 9 Seebäderbrücke 10 Alte Liebe 11 Schloß Ritzebüttel 12 Bahnhof 13 Kreisverwaltung

die Burg Ritzebüttel ab, erwarben sie anschließend aber mit allen Rechten von den Lappes – eine gewiß höchst noble und effektive Form der Durchsetzung eigener Ordnungsvorstellungen. Den Herzögen blieb nichts anderes übrig, als den Vorgang nachträglich zu sanktionieren. Bis 1937 blieb die Burg Ritzebüttel dann Sitz eines hamburgischen Amtmanns.

›Kuckshafen‹ entwickelte sich nicht schlecht an der Mündung des Ritzebütteler Schleusenpriels in die Elbe. Die Einfahrt zu dem kleinen Hafen wurde 1732 auch noch durch den Bau eines Wellenbrechers gesichert, indem man ein altes Schiff, die ›Oliva‹, mit Ballast versenkte – aus ›Oliva‹ wurde dann ›Alte Liebe‹. Und am Anfang des vorigen Jahrhunderts, 1802–03, baute man an Stelle einer großen Bake einen Leuchtturm, vier Geschosse hoch, zylindrisch und aus Backstein. Auf diesem Unterbau sitzt gläsern die Laterne.

Im vorigen Jahrhundert muß dieses Cuxhaven, wie es sich mittlerweile schrieb, ein hübsches Hafenstädtchen gewesen sein, mit Speichergebäuden des 18. Jahrhunderts und kleinen, eingeschossigen Giebelhäusern in Fachwerk und Backstein und den für norddeutsche Seebäder so typischen Gasthäusern mit ihren Veranden. Es gedieh, wenn es auch letztlich von Hamburg aus wie eine Kolonie verwaltet wurde. Das Wort, das so böse klingt, hat Heinrich Heine auf den Ort angewandt: »Den zweiten Tag gelangten wir nach Cuxhafen, welches eine hamburgische Kolonie. Die Einwohner sind Untertanen der Republik und haben es sehr gut...«

275

Karrenbäder zu Cuxhaven. Der Kupferstich von A. Abendroth von 1888 zeigt die Badekarren, mit denen sich die damals aus medizinischen Gründen noch nackt badenden Gäste ins Meer hineinkutschieren ließen, um ungesehen ins Wasser zu kommen.

Heine in Cuxhaven, wie das? Unter den Amtmännern, die Hamburg nach Ritzebüttel sandte, gab es knöcherne Verwaltungsbeamte, aber auch Poeten wie Barthold Heinrich Brockes, einen Zeitgenossen Bachs, oder den späteren hamburgischen Bürgermeister Amandus Abendroth, der 1809–11 und nochmals 1814–21 in Cuxhaven, genauer in Ritzebüttel, residierte. Der brachte Leben in den kleinen Ort, indem er zwei Salzereien förderte und damit der Fischerei und der Fischverarbeitung in Cuxhaven entscheidende Impulse verlieh und indem er 1816 durch den Bau eines Badehauses nächst der ›Alten Liebe‹ und durch die Schaffung von Einrichtungen für das ›Kalt‹ Baden an der Döser Bucht, das ›Seebad‹ Cuxhaven, das erste an der deutschen Nordseeküste, begründete.

In diesem Bad war Heine, und das gleich mehrmals, von Hamburg aus zu Gast. Er logierte in der ›Harmonie‹, dem ersten Haus am Platze, wie es damals hieß, und er berichtete über das Leben in Cuxhaven, über den Empfang, den man dem hamburgischen Bürgermeister an der Seite ihres Amtmanns, Senator Abendroth, bereitete, über den Ort selber, über die Julitage von 1830, und er schrieb Verse auf die See, die er so über alles liebte, von der er einmal sagte: »Das Meer ist mein wahlverwandtes Element, und schon sein Anblick ist mir heilsam.«

Das historische Zentrum der Stadt ist das *Schloß* von *Ritzebüttel*. Es liegt in einem kleinen Park an der Süderstein-Straße und besteht aus dem gotischen Wohnturm, der nach jüngsten Untersuchungen der Dendrochronologen im Jahre 1398, also von den Hamburgern, erbaut wurde und aus einem die Vorderfront fast gänzlich verdeckenden, zweigeschossigen Vorbau mit einem doppelt gebrochenem Mansarddach (Abb. 71). Der Überlieferung nach soll an der Stelle des Wohnturms aber schon die ›Steenborgh‹ der Grafen von Lappe gestanden haben – sollten die Hamburger die seinerzeit zerstört haben, als sie mit den Wurstern die Burg einnahmen? Nun, der alte Turm, mit Mauerstärken von fast drei Metern im gewölbten Kellergeschoß und immer noch stattlichen eineinhalb bis zwei Metern in den oberen Geschossen, ist ein sehr frühes Beispiel für den profanen Backsteinbau in Norddeutschland und, wenn auch vom hamburgischen Rat erbaut, ein Beispiel für die steinernen Geschlechtertürme, hinter deren starken Mauern die Mächtigen in einem Land, das keine Höhenburgen kennt, Schutz suchten. Den Anbau ließ der Rat von Hamburg im 17. Jahrhundert bauen, um seinen Repräsentanten einige angemessene Räume, darunter auch einen Sitzungs- und Festsaal, zu schaffen.

Natürlich wurde immer viel an dem alten Gemäuer repariert, umgebaut, modernisiert, so daß das äußere Erscheinungsbild von allen Zeiten Zeugnis gibt. Derzeit wird das Schloß, das seit wenigen Jahren der Stadt gehört, mit seinen Nebengebäuden und der Gartenanlage zu einem kulturellen Zentrum der Stadt ausgebaut.

Eine unvergeßliche Erinnerung an Cuxhaven ist ein Besuch auf der seit 1962 wieder hamburgischen *Insel Neuwerk* mit dem alten *Turm* (Farbt. 23). Der durch das Watt führende Ausflug ist allerdings gefahrlos nur in den Sommermonaten und nur während der von der Kurverwaltung genau angegebenen Wander- und Fahrzeiten möglich – jedes Abweichen von diesen Zeiten bringt den Wanderer in vermeidbare Lebensgefahr. Man sollte, so schön das auch sein mag, den Weg nie ganz allein unternehmen, vielmehr mit einem Wattführer zu Fuß oder, genüßlich, auf einem zwei-PS-Wattwagen (Farbt. 37). Der Weg beginnt in Duhnen und führt in einem großen Bogen auf einem festen und markierten Weg zur Insel, wobei auch bei Niedrigwasser Priele zu durchwaten (oder zu durchfahren) sind. Die ganze Zeit über, die man zur Insel unterwegs ist, grüßt von Ferne, und doch wieder zum Greifen nah, der Turm.

Errichtet haben ihn also 1300–1310 die Hamburger; am Ende des 14. Jahrhunderts brannte er ab, wurde aber sofort wieder aufgebaut. Er erhebt sich, ungeheuer groß und wuchtig, auf einer 5,60 Meter hohen Wurt mit 13,5 Meter Breite und 27,55 Meter Höhe bis zur Umgangsbrüstung. Das Backsteinmauerwerk, in den Stürmen der Jahrhunderte ausgewaschen, ist nach und nach vollständig erneuert, auf das pyramidenförmige Dach wurde

Der hamburgische Leuchtturm Neuwerk im Sturm, Stich von P. Ahrens, um 1850

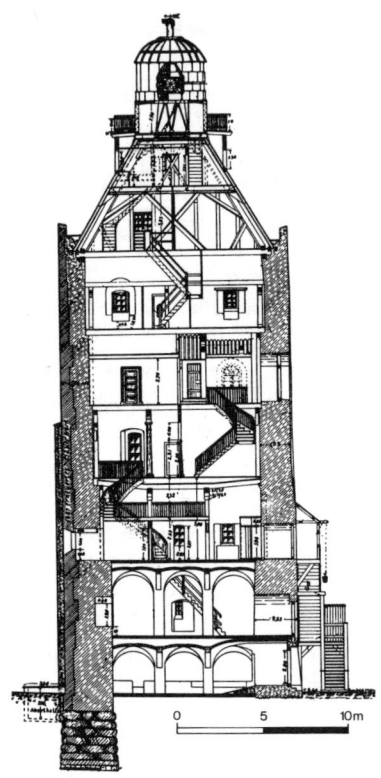

Der hamburgische Leuchtturm auf Neuwerk, Schnitt nach einer Revisionszeichnung von 1934

1814 eine Laterne aufgesetzt, die eine Kohlenblüse ersetzte. Die Mauern sind, ähnlich dem Turm von Ritzebüttel, eineinhalb bis drei Meter stark, auch sind die beiden unteren Geschosse gewölbt. Sie hatten von außen keinen Zugang. Der lag nämlich erst im dritten Geschoß, in dem die Wohnung des Vogtes lag und war nur über mehrere Holztreppen zu erreichen. Nur von innen gelangte man in die unteren Geschosse, die also auch der Verteidigung dienten. Das fünfte Geschoß, die ›Herren-Etage‹, enthielt immer schon einige Fremdenzimmer für hamburgische Beamte. Der Turm stand im übrigen nie allein. So wie heute, gab es immer einige Gehöfte auf der Insel, deren Bewohner schlecht und recht ihr Auskommen suchten.

Neuwerk und den langen, langen Strand von Duhnen muß man eigentlich dem Bereich der Wesermündung zurechnen, das ältere Döse mit seinem Strand dagegen der Elbe. Die *Kugelbake* trennt sie, bildet die Landspitze, die auch der nördlichste Punkt Niedersachsens ist. Die Kugelbake ist eines der hamburgischen Seezeichen vor der Einfahrt zur Elbe und wurde 1718 auf einer eigenen Steinpackung neu errichtet. Es ist natürlich nicht mehr das

Zeichen von damals, aber heute wie früher grüßt es die, die auf See sind und nicht weniger die auf der Landseite.

Wenn man sagt, Cuxhaven lebe davon, daß es ein Seebad ist, so ist das nur die halbe Wahrheit, denn es ist eine Hafenstadt mit Amerikahafen, neben Bremerhaven der wichtigste deutsche Fischereihafen, Industriestadt und seit einigen Jahren auch die Kreisstadt des neugebildeten Kreises Cuxhaven.

Die Hadelner Kirchspiele

Das Land Hadeln im engeren Sinne, also der sächsisch-lauenburgische Teil, begann in **Altenbruch,** das, ebenso wie Lüdingworth, heute zu Cuxhaven gehört.

»Olenbrook dat is de Kroon« hieß es früher, denn Altenbruch war, wenn schon nicht die Hauptstadt – das war Otterndorf – so doch das erste und ›fürnehmste‹ Dorf des Landes. Im Turm seiner Kirche wurden Archiv und Siegel des Landes aufbewahrt, in seinem Kirchspiel, auf dem Warningsacker kurz vor Otterndorf, kamen die Stände zur Beratung zusammen, zweimal im Jahr wurde hier Markt abgehalten.

Wer sich von Cuxhaven dem Ort nähert, den grüßt schon von Ferne die *Kirche* mit den zwei eng aneinanderstehenden spitzbehelmten Türmen (Abb. 75). Das ist für den Küstenraum höchst ungewöhnlich – die nächste zweitürmige Kirche ist schließlich keine geringere als die Domkirche zu Bremen, so daß vielfach die Vorstellung besteht, es handele sich um eine einstige Bischofskirche und manche Sage rankt sich um den Bau der Türme.

Die Kirche, dem Hl. Nikolaus geweiht, liegt frei auf dem einstigen Kirchhof. Neben ihr steht der 1642 errichtete hölzerne Glockenturm und gegenüber seiner Südseite das Pfarrhaus; es sticht mit seiner besonders hübschen Tür ins Auge. Daß die Kirche am Anfang des 13. Jahrhunderts aus Feldsteinen gebaut war, erkennt man kaum mehr, so stark hat sich im Laufe der Jahrhunderte der Backstein bei Reparaturen und Umbauten in den Vordergrund geschoben. – Beispiele dafür sind die spitzbogigen Fenster- und Türgewände der Südwand. Nur am Unterbau der Türme und an den Längsmauern haben sich Reste des alten Mauerwerks erhalten.

Vor allem aber weicht der Chor ab von den vertrauten Bildern. Er ist über fünf Meter breiter als das Schiff, ist über einem Feldsteinsockel aus Backstein erbaut und hat große im Rund geschlossene Fenster und ein mächtiges Walmdach. Dadurch hat er eher das Gepräge eines barocken protestantischen Saalbaues als das eines Chores einer mittelalterlichen Kirche. Tatsächlich wurde er auch erst 1727/28 anstelle eines 1494 geweihten Chores erbaut. Der gotische Chor muß also bereits einen noch älteren, vielleicht eingezogenen Chor abgelöst haben. Nun spricht einiges dafür, so die Ausbildung des Sockels und die überwiegend ältere Ausstattung, daß der barocke Chor die Außenmaße des gotischen Chors beibehalten hat, der nach örtlicher Überlieferung den Hallenchören von Dorum und Otterndorf nachgebildet gewesen sein soll. Der barocke Chor wurde später noch einmal überarbeitet; dabei wurden die großen Fenster eingebrochen.

Cuxhaven-Altenbruch, die St. Nikolaus-Kirche, Lithografie von J. P. Mahler

Ungewöhnlich ist der Reichtum der Ausstattung. Geschlossene Kastenstühle füllen das lange Kirchenschiff, so daß nur ein schmaler Gang bleibt, die mächtige Orgel verstellt den Blick in die doch räumlich tiefe Empore, und der Blick in den Chor ist eingeengt durch zwei prächtige Hochstühle und durch Chorschranken mit einem merkwürdigen Kanzelüberbau. Dieses reiche Inventar ist so gut wie ausschließlich von Bauern gestiftet.

Die Chorschranken grenzen innerhalb des fast halbrund überwölbten Chores einen Altarraum aus, in dem außer dem Altar zwei Priechen für Geistliche stehen. Sie sind 1709 und 1712 gestiftet und zusammen mit den Schranken geschaffen worden. Diese Teile waren also vorhanden, als 1727/28 der Chor erneuert wurde. Das legt den Schluß nahe, daß der alte Chor ebenso groß war und die Pfeiler, entsprechend denen im Chor von Lüdingworth, innerhalb der Chorschranken gestanden haben.

Die Kirche besitzt das bedeutendste Altarwerk des Landes. Es ist ein geschnitzter Flügelaltar, in dessen Mitte eine große, figurenreiche Kreuzigung gestellt ist, die zur Linken begleitet wird von Christus vor Pilatus und der Kreuztragung und zur Rechten von Christus in der Vorhölle und der Grablegung. Der Altar ist schon im vorigen Jahrhundert durch eine Abhandlung von Hermann Allmers bekannt geworden, weil er aufgrund eines Eintrags in der Hadelner Chronik von 1504 glaubte, den Altar dem bremischen Meister Johann Voss zuschreiben zu können. Es heißt dort nämlich: »In demselben Jahre ward die Stortinghe unseres Herrn Christi zu Altenbruch verdungen mit Meister Johann Vos in Bremen von den Juraten für 100 lübische Mark.« Allmers bezog jene ›Stortinghe‹ (Blutstürzung, Mord) auf diesen Passionsaltar. Neuere Forschungen neigen aber dazu, den Eintrag auf das steinerne Stationsbild der Kreuztragung, das jetzt an der inneren Chornordwand hängt, zu beziehen, was einerseits der Überlieferung, wonach Voss Steinhauer gewesen sei, eher entspricht, als auch dem angegebenen Preis.

Die Taufe, sie steht jetzt im Südumgang des Chores, gehört zu dem schon am Beispiel der Taufe in Imsum beschriebenen Bodenringtyp (Abb. 78). Vier Stützfiguren stehen auf dem dreifach gestuften Bodenring und tragen das Becken. Zwischen doppelten Riemchen stehen auf dem Kessel in spiegelverkehrter Schrift die Worte: »+Qui: baptizatur, hoc. sacro. fonte. lavatur.« (wer in diesem Brunnen getauft wird, wird gereinigt.) Außerdem taucht an der Beckenwandung viermal das Bild eines thronenden Christus auf, umgeben von den Evangelistensymbolen und über den Trägerfiguren kleine Heiligenreliefs.

Taufen dieses Typs und dieser Ausbildung gibt es in Borstel bei Jork (s. S. 335), in Marne und Büsum in Dithmarschen und in Kirchen in der Lüneburger Heide; sie alle werden einem Meister Ulricus der Sonntagsglocke in Bardowick zugeschrieben, der Anfang des 14. Jahrhunderts in Lüneburg tätig war.

Cuxhaven-Altenbruch, St. Nikolaus-Kirche. Abwicklung der Taufkesselinschrift, die, wie bei vielen Bronzegüssen der Zeit, in Spiegelschrift gegossen ist.

Über dem Hauptzugang zum Altarraum ist die Kanzel gesetzt. Die Chorschranke ist an ihrer Westseite, also zur Gemeinde hin, nicht durch Docken vergittert, so daß der Blick in den Altarraum weniger eingeschränkt ist. Die Kanzel besteht aus einer Brüstung, deren mittlere Felder vortreten und aus einem als Baldachin ausgebildeten Schalldeckel, der mit vielen Figuren besetzt ist (Farbt. 32).

Es ist deutlich zu erkennen, daß die Grundelemente der Kanzel, also die Brüstungsfelder und die Figuren, von einer Kanzel stammen, die schon rund 100 Jahre alt war, als dieses merkwürdige Arrangement getroffen wurde, und stilistisch spricht vieles dafür, daß diese ältere Kanzel im zweiten Jahrzehnt des 17. Jahrhunderts von Michael Ringkmacher, jenem Bildschnitzer, der von Otterndorf aus für die Kirchen in Hadeln und Wursten arbeitete, geschaffen wurde. Als typischen Elementen begegnen wir hier, wie schon in Dorum, den Relieffeldern mit biblischen Szenen.

Auf der Nordseite des Chorumgangs stehen Teile eines Gemeindegestühls, dessen älteste Inschrift, Clavs Peter 1579, wohl auch das Herstellungsjahr angibt. Das ungefaßte Gestühl wirkt kraftvoll in der Einfachheit der Formen von Türen, Wangen und Beschlägen, auch gab es schon Klappsitze für zusätzliche Besucher. Dahinter, ganz in der Ecke, steht eine hoch umgitterte Prieche, die früher Landstreichern, Schindern und Henkern vorbehalten war – ursprünglich stand sie unter der Kanzel im Blickfeld des Predigers . . .

Die Hochstühle an den Chorwänden, der nördliche mit 9,30 Meter Länge und zehn Achsen besonders aufwendig, sind in der Mitte des 18. Jahrhunderts in die Kirche gekommen. Das Gestühl im Schiff stammt, beginnend mit einer Bank von 1702, ebenfalls aus dem 18. Jahrhundert. Lehnen und Türen sind, nach Laune des Platzinhabers, bemalt mit Wappen, Bildsprüchen, Blumen und Ranken, manche sind auch mehrfach überfaßt. Im hinteren Teil des Schiffes haben die Reste einer großen Empore, die 1637 eingebaut worden war, Platz gefunden. In 35 architektonisch umrahmten Rundbogenfeldern sind Evangelisten, Apostel und Propheten um Christus Salvator dargestellt. Die Größe dieser Empore läßt vermuten, daß sie einst auch den Westabschluß bildete und daß die heutige Orgelempore zusammen mit dem Prospekt von 1730–33 entstand. Die neue Emporenbrüstung mit ihren barocken Vierkantbalustern wird vom Rückpositiv und den Türmen so überschnitten, daß immer nur kurze Reststücke stehen blieben.

Auf der von Engeln gehaltenen Kartusche, die unter dem Rückpositiv hängt, hat sich, unter der Inschrift »Soli deo gloria« der Maler, der 1733 den Prospekt gefaßt hatte, D. Arnold, verewigt. Das Orgelwerk ist eine Arbeit von Johan Hinrich Klappmeyer, einem Schüler von Arp Schnitger. Die Orgel wurde mehrfach repariert, einmal, 1925, durch Karl Kemper in Lübeck unter der Leitung von Hans Henny Jahnn.

Unter den Votivbildern, die an den Wänden von Kirchenschiff und Chor hängen, ist nur eines von Interesse: das 1697 gestiftete Bild von Christus in der Kelter nach dem Titelbild der Kurfürstenbibel von 1643 von Endter und einem im üppigsten Barock prangenden Rahmen. Das frei und durchbrochen geschnitzte Kranz- und Rankengewinde ist mit Putten und Engeln besetzt, Blumen sind eingestreut und das Ganze in fröhlichen Farben gefaßt.

Trennen wir uns von dieser Kirche und fahren wir, auf einer schnurgeraden Straße am Altenbrucher Kanal, dem einstigen Wehdemstrom, entlang nach **Lüdingworth** (3 km). Solange die Bäume den Blick freigeben, hat man über Kilometer den Blick auf die breit und behäbig über dem Dorf liegende Kirche – das Bild von der Kirche als Glucke könnte von hier stammen.

Mit Altenbruch und Nordleda gehört das Kirchspiel Lüdingworth zu den ältesten und bedeutendsten des Landes. Seine Geschichte reicht bis in die Zeit der Besiedlung des Landes durch Holländer zurück. Auch hier gab es ein eigenes Kirchspielgericht und einen Markt.

Teile des Dorfes liegen auf einer Dorfwurt und an deren höchster Stelle die *Kirche St. Jacobus major*. Wie so viele der schon genannten und noch zu beschreibenden Kirchen wurde sie um 1200 als schlichter einschiffiger Saalbau, vermutlich mit eingezogenem Chor, erbaut; der heutige Chor wurde 1520 als quadratischer, dreischiffiger Hallenchor errichtet, im 17. Jahrhundert kam der Turm hinzu.

Die Reparaturen rissen nie ab und wurden auch hier in aller Regel in Backstein ausgeführt. Besonders anfällig war dabei bis in jüngster Zeit der auf Spickpfählen gegründete Turm und die sich daran anschließenden Bauteile des Kirchenschiffs. Aber auch der Chor bedurfte 1608 einer offenbar umfangreichen Ausbesserung, denn sie wurde zum Anlaß genommen zu einer Demonstration des freien bäuerlichen Standes, wie das in dieser ausgeprägten Form bei keinem Bau in Hadeln und Wursten zu sehen ist: Da wurden zwischen zwei waagerechten Profilleisten 36 Wappentafeln aus Sandstein in die Ostwand des Chores eingesetzt, um

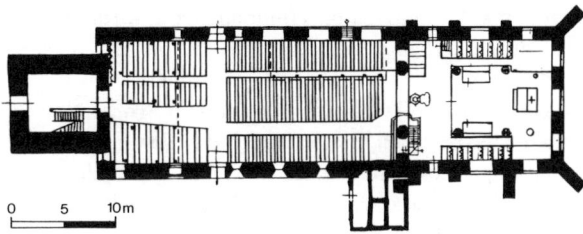

Cuxhaven-Lüdingworth,
St. Jacobi-Kirche, Grundriß

0   5   10m

kundzutun, wer zu den Bauarbeiten beigetragen hatte. Die beiden großen Wappen in den Ädikulen sind die Wappen der Landesherren von 1608 (Abb. 79).

Hat man die Kirche betreten, ist man wieder überrascht von dem Reichtum der Ausstattung, der in vor- und nachreformatorischer Zeit hier zusammengekommen ist und sich auch erhalten hat, ja diese Ausstattung stellt sogar alles in den Schatten, was man auf dem Weg durch Wursten bis hierher kennengelernt hat (Farbt. 33).

Der Raum ist durch eine Holzbalkendecke flach überdeckt. Sie besteht aus sechzehn Feldern und wurde am Ende des 16. Jahrhunderts bemalt. In sechzehn Rundmedaillons sind Christus, die Propheten und die alttestamentarischen Könige dargestellt. Dieses geistliche Programm wird flankiert von den Wappen der heimischen Bauernschaft, und die Flächen zwischen den Medaillons sind überzogen mit Blumen, Früchten, Vögeln und Grotesken.

Mit einem weiten Halbkreisbogen und zwei schmalen Durchlässen, die bei der Fülle der Einbauten allerdings kaum auffallen, öffnet sich das Schiff zum Chor. Der ist dreischiffig und überwölbt mit Kreuzrippengewölben, die durch zusätzliche Rippen verstärkt wurden und dadurch als Netzgewölbe erscheinen. Die Rippenanfänge erhielten anläßlich der Instandsetzung von 1608 auch noch figürlichen und ornamentalen Schmuck aus Kunststein. Dabei erinnern Inschrift und Wappen an einem der Wölbungsanfänger an den für den Umbau verantwortlichen Schultheiß Johan Bins Graven.

Innerhalb des Chores ist, wie in Altenbruch, der Altarraum umgrenzt von Chorschranken. Sie sind sicher von demselben Meister gearbeitet worden, jedenfalls entsprechen sich die Details wie auch der Einbau der Priechen in auffälliger Weise. Nur die Bekrönung auf dem Gesims ist unvergleichlich kunstvoller gestaltet.

»WEIL IN DIESER ZEITLICHKEIT, UNS DES HOECHSTEN MILDE HANDT SO VIEL GÜTER HAT BESCHERRET UND AUS GNADEN ZUGEWANDT, HABEN WIR ZU GOTTES EHR DIS GERINGE WOLLEN SCHENCKEN NICHT AUS UNSERN EIGNEM RUHM WIE EIN WELT KINDT MÖCHTE DENCKEN« steht außer den Namen der Stifter und dem Jahr der Stiftung 1755 angeschrieben. Weil man nicht annimmt, daß der Altenbrucher Meister die Umschrankung am Ende eines sehr langen Menschenlebens geschaffen hätte, ohne daß eine Entwicklung festzustellen wäre, geht man davon aus, daß sich die Inschrift auf die andersartige üppige Bekrönung beschränkt und die Schranken um 1720 gearbeitet wurden.

Der Altar ist laut Inschrift ein Werk von Jürgen Heidtmann d. J., geschaffen 1665. Sein Aufbau entspricht dem zu Dorum von 1670: Die zentralen Themen des Heilsgeschehens,

Abendmahl, Kreuzigung, Himmelfahrt und Jüngstes Gericht, stehen übereinander, unterteilt durch Gebälke, auf denen Medaillons mit Szenen aus dem Leben Christi dargestellt sind. Sie werden zu beiden Seiten begleitet von gewundenen Säulen, zwischen denen als Assistenzfiguren Jacobus major und sein Bruder Johannes, sowie, erkennbar an ihren Attributen Säge und Beil, Simon und Judas Thaddäus stehen. Das Altarwerk wird bekrönt von einer Figur des auferstandenen Christus mit der Siegesfahne. Die Farbgebung mit dem Dreiklang schwarz, weiß und gold für die Architektur und Dekorationsteile und den lebhaften Farben auf den Reliefs ist ursprünglich.

Zur Rechten des Altars steht die bronzene Taufe aus dem Anfang des 14. Jahrhunderts. Bei dieser Taufe steht der Kessel auf vier Tragefiguren auf, die Wandung ist in drei Zonen unterteilt, deren obere von der wieder spiegelverkehrten Inschrift: »+SIT.. FONS. VIVVS. AQVA. REGANS. VDA. PVRI« eingenommen wird. In der breiten Mittelzone sind kleine figürliche Reliefs angeordnet (Abb. 77). – Auch zu dieser gotischen Taufe gibt es einen prachtvollen barocken Deckel aus der Werkstatt des Jürgen Heidtmann.

Auf der anderen Seite des Altars steht ein nicht mehr häufig erhaltenes Werk vorreformatorischer Kirchenausstattungen: ein hölzerner Osterleuchter (nach anderer Deutung Träger eines Sakramentsschreins) des 14. Jahrhunderts. Er ist etwa 1,30 Meter hoch und besteht aus einer Fußplatte mit verzierter Plinthe, einem Achteckschaft, einem Schaftring mit vier Rund- und vier Rautenzapfen, einem kraftvollen Knollenkapitell und der Deckplatte. In die Rundzapfen sind ganz kleine Reliefs mit Passionsdarstellungen eingeschnitzt und in die Rautenköpfe Fabelwesen. Das Werk ist ungefaßt. – Auf der Säule steht ein Vesperbild aus der Mitte des 15. Jahrhunderts, das trotz der erheblichen Schäden nichts von dem bewegenden Ausdruck, der dieser Bildgruppe eigen ist, verloren hat.

Etwas versteckt steht im nördlichen Chorschiff ein Schnitzwerk des 15. Jahrhunderts: der Lüderskooper Altar. Er gehörte ursprünglich der Hl. Geist-Kapelle einer schon vor der Reformation aufgegebenen Siedlung Lüderskoop und ist zwischen 1430/40 entstanden. Es ist ein Marienaltar, auf dessen acht Feldern folgende Themen – von links nach rechts – angeordnet sind: Mariä Verlobung, Empfängnis, Heimsuchung Mariä, Geburt Christi, Darstellung im Tempel, Anbetung der Könige, Flucht nach Ägypten und der zwölfjährige Jesus im Tempel.

Die Kanzel ist um die südliche Zungenmauer zwischen Chor und Schiff herumgebaut und ist laut Eintrag in der Kirchenchronik von »Mich. Ringkmacher, de Bildensnider und Johan Hoyer, Maler aus Geversdorf« geschaffen worden. Sie ist sicher älter als die 1619 datierte Kanzel in Dorum und eine der prachtvollsten Arbeiten des Meisters.

Der Aufgang liegt auch hier im Chorraum. Die Brüstung der Treppe ist nicht mit geschnitzten Reliefs gefüllt, sondern um 1700 bemalt worden. Der Korb der echten Emporenkanzel besteht sodann aus elf Feldern, die jedesmal als in sich abgeschlossene Kompartimente gearbeitet sind mit äußeren Säulenstellungen, wodurch immer zwei Säulen nebeneinander zu stehen kommen und mit jeweils eigenen Untergehängen. Die Stiftungen, alle Stifter sind mit Namen und Wappen genannt, beziehen sich demnach jedesmal auf ein solches Kompartiment, das auch die konstruktiven Teile umfaßt. Dargestellt sind, vom Chor aus gesehen, Mariä Empfängnis, Geburt Christi, Kreuzigung, Auferstehung, Himmelfahrt, Hl. Geist, Trennung der Schafe von den Böcken, der Jüngling von Nain, Verklärung, Höllenfahrt Christi und Jüngstes Gericht. Die Kanzel ist abgestützt auf einer ausdrucksvoll gestalteten Mosesfigur. Der Schalldeckel mit Apostel- und Tugendgestalten ist zeitgleich mit der Kanzel.

Ein besonderes Kapitel sind auch hier wieder die Gestühle und Priechen, sind sie doch in besonderem Maße Ausdruck für das nicht geringe Selbstbewußtsein der Bevölkerung, aber auch für die Fülle, die einst in diesen Kirchen regelmäßig geherrscht haben muß, denn anders ist der wirklich beengte Einbau eines Hochstuhls im Mitteljoch des nördlichen Seitenschiffs des Chores nicht zu erklären. Das einfache Gemeindegestühl besteht wieder durchweg aus Kastengestühlen, wobei die ältesten mit schönen (aber unbequemen) Armlehnen Inschriften aus dem 17. Jahrhundert aufweisen, möglicherweise aber doch älter sind. Sie stehen im Chorraum. Das Gestühl im Schiff wurde wohl in der zweiten Hälfte des 17. Jahrhunderts gebaut, wobei auch hier zu den entsprechenden Teilen in Altenbruch große Ähnlichkeiten bestehen.

Das dominierendste Ausstattungsteil ist aber die riesige Emporenprieche, die fast die ganze Nordwand des Schiffes einnimmt und die sich drei Bauernfamilien 1774 unter Verwendung älterer Schnitzteile des frühen 18. Jahrhunderts haben bauen lassen (Farbt. 33). Gerade eine solche Arbeit zeigt, daß es über die namhaften Meister der Altäre und Kanzeln hinaus einen breiten Stamm guter Handwerker gegeben hat, die anspruchsvolle Arbeiten für den ›Hausgebrauch‹ liefern konnten (Abb. 72), was auf den Reichtum, den es in den Bauernhäusern gegeben haben muß, schließen läßt.

Um die Orgel unterbringen zu können, scheute man sich nicht, die Decke aufzuschneiden. Sie ist ein Werk von Antonius Wilde von 1598; 1682 hat Arp Schnitger sie umgebaut und um ein Rückpositiv erweitert. Die am Werk inschriftlich belegte Restaurierung von 1775 bezog sich dagegen nur auf die farbliche Fassung, durch die plastische Ornamente vorgetäuscht wurden. Die Disposition wurde nicht verändert, so daß, nach einer notwendigen Restaurierung 1980/82, diese Orgel als ein vorbildliches Beispiel des norddeutschen Orgelbaus der Renaissance und des Barock erhalten blieb.

Epitaphien zählen nicht gerade zu den klassischen Kunst- und Repräsentationsformen des Bauerntums – ihre Gedächtnismale waren die schönen Grabsteine auf den Kirchhöfen. Hie und da gibt es zwar Bilder mit religiösen Darstellungen, die zu jemandes Gedächtnis gestiftet wurden, der Pastoren, zumal der Superintendenten, wurde auch in Porträts gedacht, aber Epitaphien, wie sie sich die patrizischen Familien der Städte und der Adel setzten, hat sich die Bauernschaft nur selten gesetzt. Hier sind es gleich vier, drei an der Südseite (Abb. 80) und eines an der Nordseite. Besonders auf das mittlere der Südseite sei hingewiesen. Es ist wohl auch wieder ein Werk Jürgen Heidtmanns d. J. Der Aufbau des hölzernen Males entspricht ganz dem Schema Heidtmannscher Altäre mit den zentralen Darstellungen des christlichen Glaubens in der Mitte – hier Einzug Jesu in Jerusalem und Himmelfahrt –, den zwischen gewundenen Säulen gestellten Assistenzfiguren und einem üppig rahmenden Knorpelwerk. Dazu kommen, quasi als Predella, die Inschriften und die weisen in diesem

Der Orientforscher Carsten Niebuhr, 1733–1815

Fall auf die Familie Hinrich Kopf, jenem weitverzweigten Bauerngeschlecht aus Hadeln, dem auch der erste Ministerpräsident von Niedersachsen, Hinrich Wilhelm Kopf, entstammte.

Bevor wir den Ort verlassen, sollten wir noch einen Moment vor der Gedenkplatte, die die ›Männer vom Morgenstern‹ 1933 an der Nordseite des Turmes anbringen ließen, verweilen. Sie ist Carsten Niebuhr (1733–1815), einem Sohn Lüdingworths, gewidmet. Wie auf der Platte zu lesen, war er einer der Forschungsreisenden des 18. Jahrhunderts, die durch ihre wagemutigen Reisen den Grundstein zur Erforschung der außereuropäischen Welt im 19. Jahrhundert legten. Niebuhr zeichnete die Ruinen von Persepolis, leistete durch seine zeichnerischen Aufnahmen wichtige Vorarbeiten für die Erforschung der Keilschrift durch Georg Friedrich Grotefend in Göttingen und berichtete erstmals in descriptiver Form über Arabien, Ägypten und den Sudan. Noch heute wird er gern zitiert, wenn es gilt, über frühe Berührungen Europas mit dem vorderen Orient zu berichten.

Das nächste Ziel sei Otterndorf, das von Lüdingworth nur zwölf Kilometer entfernt ist. Doch sollte man sich unbedingt die Zeit nehmen und gemächlich über Land fahren, abseits großer Straßen (gut sind selbst die kleinsten), um das flache Land in seiner Vielfalt zu erleben, um zu sehen, was hier ›Hochland‹ ist und was ›Sietland‹.

Zugegeben, eine solche Fahrt ist nicht mehr das, was sie noch vor 30 oder 35 Jahren sein konnte. Der Gegensatz zwischen ›Stadt‹ und ›Land‹ als zwei nebeneinander bestehenden Kulturen ist verwischt, das heimelige Bild der bäuerlichen Welt ist auch hier längst einer technisierten Vorstadtwelt gewichen, in der das Praktische sich mehr und mehr in den Vordergrund schiebt. Und doch wird, wer mit offenen Augen durch das Land fährt, noch manches schöne Haus, manches schöne Detail entdecken, auch manches große Landschaftsbild erleben.

Ein Vorschlag für eine kleine Rundfahrt durch Hochland und Sietland, ohne das Ziel Otterndorf aus den Augen zu verlieren, wäre folgender: Von Lüdingworth fahren wir die Straße, die wir zur Kirche hingefahren sind, weiter in Richtung Osterende, biegen nach zwei Kilometern aber rechts ab und halten uns auf Nordleda zu, wo wir uns wieder nach rechts auf Wanna zu halten; durch Osterwanna fahren wir sodann über Süderleda nach Ihlienworth und wieder nordwärts nach Neuenkirchen. Ein Abstecher nach Osterbruch geschähe um der Kirche willen. Das Ziel Otterndorf ist nach 29 Kilometern (mit Abstecher nach Osterbruch 40 km) erreicht.

Bis Nordleda fahren wir durch das Hadeler Hochland, dann, vor Wanna, kommen wir in das *Sietland*. Große Höfe begleiten die Straße; noch im Bereich von Lüdingworth stehen einige, die uns eine Vorstellung zu vermitteln vermögen, was es einmal bedeutet hat, ein Marschenbauer zu sein.

Soweit die Hofgebäude nicht schon durch Massivbauten ersetzt wurden, sind es zweiständige Niedersachsenhäuser, die im Wohnteil nicht selten mehrgeschossig sind. Im Idealfall sind sie mit Reet gedeckt. Das Fachwerk ist bereits seit dem 17. Jahrhundert mit Backsteinen ausgefacht und es ist, als eine Besonderheit in den Elbmarschen, nach dem Vorbild hamburgischer Stadthäuser weiß gekälkt, wodurch die regelmäßige, enge Ständerung deutlicher in Erscheinung tritt als bei den dunkel behandelten Fachwerken. Oft ist der obere Teil des Giebeldreiecks verschalt. Das hat seinen Ursprung in der Abwalmung der Dächer, die schon im 18. Jahrhundert dem Vollausbau mit um so imposanteren Giebeln wich. Obwohl reichen Bauern gehörig, waren die Häuser nicht mehr verziert als in anderen Ländern, auffallend sind einzig die reich geschnitzten oder getischlerten Haustüren an der Hausseite, die man gelegentlich noch findet; sie bilden eine Brücke zwischen den reichen Ausstattungen der Kirchen und der privaten Welt (Abb. 72, 73).

Allgegenwärtig sind die Entwässerungsgräben; sie gliedern das Land. Dieses Netz von Gräben, ›Wettern‹, schiffbaren Kanälen wird dichter, je mehr man sich dem Sietland nähert. Dort ist zwischen zwei Feldern immer ein Graben gezogen, Felder und Hofplätze liegen auf abgezirkelten Polstern über den Wasserläufen. Alle Kanäle entwässern zu den der Elbe zuströmenden natürlichen und künstlichen Wasserläufen: dem Altenbrucher Kanal, der Medem, dem Hadelner Kanal (Farbt. 35), der dem Balksee entfließenden Aue. Und alle Wasserläufe sind zur Elbe – oder zur Oste – abgesperrt durch Siele, denn nur bei Niedrigwasser fließt das Wasser ab, während das ansteigende Wasser staut. Die vielen, vielen Wasserzüge wurden so das Wahrzeichen des Sietlands und mit ihnen die langgezogenen ›Strich‹-siedlungen, deren Häuser und Höfe oft über 100 Meter von Straße und Wettern zurückliegen.

Südlich von Wanna, am Rande des Falkenberger Moores und des Ahlenmoors, findet man auch einige der ganz großen vorgeschichtlichen Steingräber der Jüngeren Steinzeit (Abb. 74), und im Ahlenmoor, das von Dahlemer-, Halemer- und Flögeler-See begrenzt wird, eine noch fast unberührte Moorlandschaft (Abb. 56).

Auch auf diesem Weg gibt es wieder Kirchen und Kirchenausstattungen zu sehen. In der *Kirche* von **Nordleda,** einem Feldsteinbau des frühen 13. Jahrhunderts, steht ein Passionsaltar aus der Zeit des Umbruchs zur Reformation, der von der Insel Nordstrand stammt. Nordstrand war bei der zweiten ›Manntränke‹, einer der ganz großen Flutkatastrophen, die die Nordseeküste überrannten, am 11. Oktober 1634 auseinandergebrochen – von 6000 Toten wurde berichtet und von 19 zerstörten Kirchen. Aus einer dieser Kirchen kommt der

Altar. Er wurde 1642/43, wohl anläßlich seiner Aufstellung in Nordleda, instandgesetzt und ergänzt. Aus dieser Zeit stammen die Gemälde auf der Rückseite von Samuel Becker; 1665 hat ihn Jürgen Heidtmann noch einmal ergänzt.

Auch die *Kirche* von **Ihlienworth** ist ein Feldsteinbau des frühen 13. Jahrhunderts. Sie ist dem Hl. Willehad, dem ersten Bischof von Bremen, geweiht. Die kleine Kirche mit ihrem freistehenden hölzernen Glockenturm liegt auf einer besonders hohen Warft, die den Bau davor bewahrt haben mag, alle Jahre wieder überschwemmt zu werden. Die Ausstattung der Kirche ist zwar nicht ganz so üppig wie die der zuvor beschriebenen im Hochland, aber im Verhältnis zwischen Größe und Ausstattung harmonisch. Mit Ausnahme des Altars stammt sie aus dem 17. und 18. Jahrhundert: die bemalte Balkendecke – erneuert 1904 –, die Orgel- und die Nordempore mit Bildern zum Leben Jesu von Georg Pipping aus Altenbruch, die Orgel, die Kanzel von Jürgen Heidtmann d.J., der schöne pokalförmige Taufstein endlich.

Schönstes und wichtigstes Stück dieser Ausstattung ist der Willehad-Altar, der einzige noch erhaltene dieses Heiligen. Der dreiflügelige Schrein ist so aufgebaut, daß rechts von der die Mitte einnehmenden Kreuzigung der Hl. Willehad mit dem Modell einer zweitürmigen Kirche, der Bremer Domkirche natürlich, gesetzt ist und links die Muttergottes mit dem Jesuskind. In den Klappflügeln der Willehadseite sind sodann vier Szenen aus dem Leben des Heiligen dargestellt (Willehad vor dem Kaiser, Willehad und Kaiser Karl als Gründer der Bremer Domkirche, Willehad bei der Predigt und Willehads Tod) und auf der Marienseite vier Szenen aus dem Marienleben. Willehad ist dann noch einmal dargestellt auf der Kreuz-blume über dem Abendmahlsrelief. Der Altar wird um 1430 entstanden sein.

Die kleine und schlichte *Kirche* von **Neuenkirchen** besitzt wieder eine bronzene Taufe aus dem Anfang des 14. Jahrhunderts. An ihr ist der Kessel mit 18 kleinen Reliefbildern geschmückt. Auffallend ist auch in dieser Kirche der Reichtum an Schnitzarbeiten: Gestühle des 16. Jahrhunderts mit mächtigen schmiedeeisernen Bändern an den Türen, andere aus dem 17. Jahrhundert und schließlich eine Bankwange mit Tür von 1725, die zu den reichsten in ganz Hadeln zählt. Schön ist auch die Orgelempore mit Schnitzwerk und gemalten Bildern, die abschnittweise in der zweiten Hälfte des 17. Jahrhunderts entstand und teilweise dem Umkreis des Jürgen Heidtmann d.J. zugeschrieben wird; die Orgel wurde 1685 gebaut. Und wie in Lüdingworth gibt es auch in dieser kleinen Dorfkirche zwei hölzerne Epitaphien bäuerlicher Familien. Das größere von beiden, mit einer Kreuzigungsgruppe und zwei Säulennischen, ist wieder ein Werk des Jürgen Heidtmann und wurde 1684/85 einem Dorf-schulzen gesetzt.

Noch kleiner ist die *Kirche* zu **Osterbruch** und eben darum eindrucksvoll in ihrer Ausstat-tung. Die Balkendecke ist nicht so glatt und fein wie in anderen Kirchen, sie ist bemalt mit Wappen, Ranken und zwei ganz naiv aufgefaßten ovalen Bildern (Abb. 76); im Chor setzt sich die Decke fort mit drei oval gerahmten Bildern – Taufe, Aufrichtung der ehernen Schlange und Jacobs Traum –, die umrahmt sind von Ranken und Früchtegehängen. Die Decke stammt noch aus dem 17. Jahrhundert.

Die Bronzetaufe gilt als ein Werk des 13. Jahrhunderts. Sie steht auf drei klobigen Stützen. Auffallend an ihr ist die aus Schnurzügen zusammengesetzte Ornamentik mit Rankenzügen, Blattmustern und einem kopfstehenden schreitenden Greifen.

Die stimmungsvolle Wirkung gerade dieses Kirchenraumes rührt aber nicht zuletzt von der feinteiligen und einheitlichen Ausstattung des frühen 17. Jahrhunderts her, also von dem Zusammenklang von Altar, Kniebänken und Kanzel. Der zweiten Jahrhunderthälfte gehören dann große Teile des Kastengestühls und die Empore an.

Otterndorf liegt an der Mündung der Medem in die Elbe. Jahrhundertelang war es die Hauptstadt des sächsisch-lauenburgischen Hadeln: Hier hatten die Lauenburger Herzöge ein Schloß, in dem ihr Amtmann wohnte, hier trat seit der zweiten Hälfte des 17. Jahrhunderts die Hadeler Ständeversammlung, deren dritter Stand von den Repräsentanten der Stadt gebildet wurde, zusammen, hier gab es eine Lateinschule und endlich war es von 1885 bis 1977 Sitz der Kreisbehörden des Kreises Land Hadeln.

Solch hervorgehobene Stellung verdankt der Ort seiner früher sehr zentralen Verkehrslage. Weil die wichtigsten natürlichen und künstlichen Wasserläufe der Medem zuströmen, war die Stadt von fast jedem Ort des Landes auf dem Wasserweg erreichbar. Diesen Vorzug konnten Eisenbahn und Landstraße dem Ort nicht bewahren, nachdem die Wasser gebändigt und die Verkehrsgewohnheiten auch auf dem platten Land denen der Städte angeglichen waren, und so konnte schon vor 120 Jahren Hermann Allmers Otterndorf als ein »altmodisches, aber freundliches Landstädtchen« bezeichnen und Alfred Lichtwark sich 1908 an seiner Unberührtheit erfreuen.

Seit dem ausgehenden 16. Jahrhundert war die Stadt nicht mehr zerstört worden, und auch die gegenwärtige Sanierung hat sie ziemlich gut überstanden. Vor allem hat sich Otterndorf das ihm eigentümliche Stadtgefüge bewahrt, an dem Werden und Wachsen der Stadt abgelesen werden können – als einziges wünscht man sich eine Umgehungsstraße für

Otterndorf, Plan der Stadt nach der Erweiterung im 16. Jahrhundert (nach F. v. Osterhausen)

1 St. Severus-Kirche
2 Lateinschule
3 Johann-Heinrich-Voß-Haus
4 Rathaus
5 Kranichhaus mit Speicher
6 Torhaus der ehem. Burg
7 Ostertor (nicht mehr erhalten)

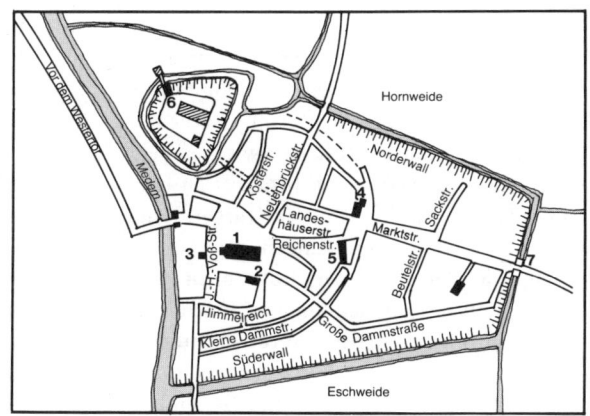

die B 73, denn der Verkehr hat natürlich auch hier seine Opfer am Stadt- und Straßenbild gefordert. Als Fußgänger kann man aber unschwer die Gestalt der auf einer hohen Wurt gelegenen ovalen Altstadt abschreiten mit der gesonderten Lage des Schlosses. Dieser kleine Flecken wurde einst von einem Flußarm umflossen, der immerhin bis zu fünfzehn Meter breit und drei Meter tief war und sich hinter dem Straßenzug Kleine Dammstraße – Hinter der Apotheke – Norderwallstraße und der Schloßinsel hinzog. Die hintere Grundstückslinie des äußeren Bebauungsringes war die Uferlinie jenes Flußarms. In der zweiten Hälfte des 16. Jahrhunderts kam es dann zur Anlage der tiefer liegenden Marktstraßensiedlung mit der Marktstraße als Mittelachse und der auffallend geradläufigen Begrenzung durch Norderwall und Süderwall. Auch eine bescheidene Umwehrung erhielt die Stadt damals.

Der Kirchplatz mit der für diesen Ort wieder erstaunlich großen Kirche liegt an dem uralten Landweg, der am linken Elbufer über Stade und Neuhaus nach Altenbruch und Ritzebüttel führte und stellenweise noch heute die Führung der B 73 bestimmt; in Otterndorf ist es der Straßenzug Marktstraße – Reichenstraße.

In Größe, Architektur und Ausstattung ist die *Kirche St. Severus* (Abb. 82) neben denen von Altenbruch und Lüdingworth die wichtigste des Landes, vor allem war sie die Kirche der Landesherren, die im Chor einen eigenen Lektor besaßen.

Die ältesten Teile der Kirche stammen aus der Zeit um 1300, doch wird ein Pfarrer bereits 1261 urkundlich erwähnt. Der langgezogene dreischiffige Hallenchor wurde erst 1585 angebaut, das Schiff 1739 neu mit Backstein verblendet und der Westturm 1804–07 anstelle eines schon im 17. Jahrhundert als baufällig gemeldeten Turms errichtet (Turmhelm 1876).

Der Raumeindruck ist ein zweifacher oder im Wortsinn zwiespältig: einerseits ist da das sehr hohe, durch eine dunkelblau gefaßte Holztonne überdeckte Schiff, dessen Trennwand zum Chor hin bis auf die Kämpferhöhe der Tonne farblich dieser angeglichen wurde und andererseits der hellgekalkte lichte Hallenchor (Farbt. 34). Das Schiff wirkt besonders gewaltig durch die zweigeschossige Westempore, auf deren zweitem Geschoß die Orgel steht. Diese Anlage wurde erst im 18. Jahrhundert geschaffen. Bis dahin gab es nur das untere Geschoß, das in der zweiten Hälfte des 17. Jh. in Fortsetzung der Nordempore, des ›Männerlektors‹, gebaut wurde. Beide Emporen oder Lektoren, wie man hier sagt, sind in einzelne Felder mit Rundbogenfüllungen unterteilt, die von dem Maler Samuel Becker mit alttestamentarischen Gestalten und mit Christus und den Aposteln bemalt worden waren.

Ein Hauptstück der Ausstattung ist die Kanzel, die in Verbindung mit einem Kanzellektor um den südwestlichen Pfeiler zwischen Schiff und Chor gebaut wurde. Über ihre Entstehung gibt eine wortreiche Inschrift an den Rundbogenfüllungen der östlichen Brüstung Kunde: Sie ist danach ein Werk Jürgen Krübels aus Glückstadt, der sicher identisch ist mit Jürgen Kriebel, Hofbildhauer König Christians IV. von Dänemark, der für den Sohn des Königs, den letzten Erzbischof von Bremen, die Kanzel für den Bremer Dom geschaffen hat. Als Jahr der Entstehung der Otterndorfer Kanzel ist 1644 angegeben.

Die Kanzel weicht insofern von den in Hadeln und Wursten sonst bekannten ab, als in den durch leicht knorpelige Eselsrücken geschlossenen Feldern Vollfiguren, Propheten, Christus und die Evangelisten, eingestellt sind (Abb. 83). Stilistisch ist die Kanzel auch weniger

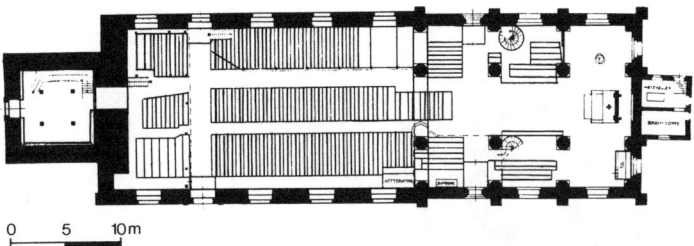

Otterndorf, St. Severus-
Kirche, Grundriß

0   5   10m

dem Knorpelstil verbunden als die entsprechenden Stücke in den Landkirchen; man spürt,
sei es an den Ranken des Tragwerkes über der Mosesfigur, sei es an den trennenden Säulen
oder dem Gestus der Figuren, frühbarocke Hofkunst.

Seltsam ist die Umkleidung der Rundpfeiler zwischen Chor und Schiff durch hölzerne
Verkleidungen. Die so gewonnenen Bildflächen sind am Kanzelpfeiler mit Bibelsprüchen
beschrieben, am gegenüberstehenden Pfeiler aber mit sechs derb barocken Darstellungen
der Josephslegende. Die Verkleidung stammt von 1642.

In sprühendstem, bewegtestem Knorpelstil steht im Chor der Altar von 1664, der dem
Bildschnitzer Gebhard Jürgen Titge zugeschrieben wird. Um die drei zentralen Themen
dieses Altares, Abendmahl, Kreuzigung und Himmelfahrt, sind Adam und Eva, die vier
Evangelisten und die drei Tugenden Glaube, Liebe, Hoffnung gruppiert, umwuchert von
üppigem Geranke aus Knorpelwerk, auf das auch noch Putten gesetzt sind. Die reiche
Vergoldung auf dunklem Grund verleiht dem Knorpelwerk besonderes Feuer, das durch die
geradezu bizarre Raumhaltigkeit der Komposition – schön in der Seiten- oder Schrägansicht
zu erkennen – richtig in Bewegung kommt.

Aber auch hier: Der Altar ist eine bürgerliche Stiftung und nicht etwa, was in der Hauptkirche des Landes zu erwarten wäre, vom Landesherrn oder der Kirche in Auftrag gegeben
worden. Es lohnt, sich das angesichts der landesherrlichen Machtentfaltung in dem Fürsten-
lektor von 1615 vor Augen zu halten.

Jede der bronzenen Taufen des niedersächsischen Kunstkreises ist ein unvergleichliches
Werk von hoher Kunstfertigkeit und eindringlicher geistiger und geistlicher Ausdrucks-
kraft. Auch in Otterndorf gibt es eine solche Taufe aus der Mitte des 14. Jahrhunderts
(Abb. 84). Sie steht auf drei Figuren, drei Jünglingsgestalten von besonderer Schönheit und
Eindringlichkeit. Reicher als bei den Taufen, die auf der Reise durch Hadeln und Wursten
bisher vorgestellt wurden und auch viel schwieriger deutbar ist der bildnerische Schmuck des
Beckens und die mit ihren Abkürzungen schwer entzifferbare Umschrift.

Neben diesen wichtigsten Ausstattungsstücken ist diese Kirche wieder reich an Werken
der Volkskunst und des Kunstgewerbes: Gestühle aus dem 17. und 18. Jahrhundert, Priechen, auf der Westempore ein Hoher Stuhl, sehr schöne Leuchter und wieder Epitaphien.

Gegenüber der Südseite der Kirche steht die alte *Lateinschule,* ein behäbiger Fachwerkbau
von 1614; das konstruktiv und gestalterisch schwächere dritte Geschoß wurde erst 1828

Der Dichter und Homerübersetzer Johann Heinrich Voß (1751–1826), Stahlstich von 1835 nach einem Gemälde von Wilhelm Tischbein von 1818

aufgesetzt (Abb. 81). Der durchaus stattliche Bau würde dennoch kaum größere Aufmerksamkeit erwecken, wäre er nicht über vier Jahre, von 1778 bis 1782, die Wirkungsstätte des Dichters und Übersetzers Johann Heinrich Voß (1751–1826) gewesen. Voß ist bekannt als *der* deutsche Homerübersetzer – die Herausgabe von ›Homers Odyssee‹ »auf Kosten des Verfassers«, wie es auf dem Titelblatt der Erstausgabe heißt, geschah, als Voß in Otterndorf lebte.

Voß wohnte in der nach ihm benannten Straße Nr. 8, direkt gegenüber der Kirche. Es ist ein ausnehmend hübsches Hadelner Haus mit weißem Fachwerk und roten Ausfachungen und mit einer ganz eigenen Verstädterungsform, bei der die Utluchten im Erdgeschoß unter einem gemeinsamen Pultdach dem Wohngeschoß mehr Raum und Würde verleihen (Abb. 86). Bis 1976 gab es in dem Haus auch eine ›Voß-Stube‹ – sie geht mal wieder zurück auf den uns schon häufig begegneten Marschendichter Hermann Allmers; die Stube ist jetzt im Heimatmuseum im Kranichhaus zu sehen, das am Ende des Stadtrundganges stehen soll, denn ein kurzer Gang durch das Städtchen sei anempfohlen.

»Die Stadt ist sauber, und wunderschön sind die Fachwerkhäuser...« urteilte schon Voß über seine dörfliche Dienstheimat und ähnlich äußerten sich Hermann Allmers und Alfred Lichtwark. Sie alle freuten sich an dem schmucken Bild der Fachwerkhäuser, über deren Dächer leicht ein Baum zu blicken vermochte. Gerade Lichtwark beschrieb mit noblen Worten die kleinen, unscheinbaren Details, die zu einem Rundgang einladen. Schon das Bild der Hausgruppe um das Voßsche Haus ist in seiner schlichten, aber feinen Gestalt einen Aufenthalt wert. Und die Straße hinab, im ›Himmelreich‹ – wer möchte da nicht wohnen – gibt es Interessantes zu sehen, wie den mit Hexenbesen und Eulenlöchern gemauerten Giebel (eines leider im Erdgeschoß arg verstümmelten Hauses), einen alten Speicher, der jetzt Altenwohnungen birgt oder das breite Fachwerkhaus des Pastorats von 1796.

Den Kirchplatz, den wir bei der Lateinschule wieder erreichen, verlassen wir gleich zur Rechten in die große Dammstraße und gehen dieses abwechselnd schmale oder breitere Sträßchen bis zum Wall, wo man auf die Marktstraße gelangt. Dieser Gang offenbart uns nämlich den Charakter des Städtchens, die bauliche Struktur in ihren Höhen und Tiefen, die Chancen, die die Stadt in der Verfolgung ihrer Sanierungspläne noch hat, schließlich, welche Bedeutung diesem Ort innerhalb des Landes zugekommen sein muß. Wenn man vom Ende der Marktstraße zur Mitte der Stadt zurückgeht und die Hausgruppe um die Beutelstraße sieht, wird einem der einstige Rang dieses Landstädtchens überhaupt erst deutlich. Einige Schritte weiter stehen wir auf dem Marktplatz mit dem Rathaus in der Achse der Marktstraße und dem Kranichhaus am Beginn der Reichenstraße.

Das *Rathaus* wurde 1583 gebaut. Ein Jahr vorher hatte der Landesherr – er war zugleich Erzbischof von Bremen, also Inhaber jener Macht, die auf die Hadelner Freiheit immer scheel geblickt hatte – huldvoll verfügt, »daß ein gemeiner Keller, darin Wein und fremd Bier geschenkt, und ein Haus, welches man zu einem Rathause gebrauchen könne, darauf gebauet... werden mögen«.

Der Bau ist wenig verändert; manches, wie der Südgiebel, ist erneuert, ein Fachwerkanbau kam 1685 hinzu, und das Wappenensemble um das Portal ziert den Bau erst, seit die im 16. Jahrhundert errichteten Tore der Stadt im vorigen Jahrhundert dem Verkehr geopfert worden waren. Von der Ausstattung wurde das Beste dem Heimatmuseum im Kranichhaus anvertraut.

Das *Kranichhaus* (Abb. 85) ist gewiß der bedeutendste Profanbau der Stadt und als Museum und Archiv auch das kulturelle Herz dieser rührigen Stadt. Die Geschichte des Hauses reicht zurück ins 17. Jahrhundert, als das Haus an der Reichenstraße gebaut wurde – Reste des ›Altbaues‹ sind noch erhalten; seine heutige Gestalt empfing es 1764 ›auf Hamburger Weise‹, also mit Backstein, Ecklisenen und einem sparsam geschmückten, aber gleichwohl nicht unedlen Giebel, auf dem das Wahrzeichen des Hauses, ein Kranich, steht. Zugleich mit dem großen Umbau, dem das Haus seine Gestalt verdankt, wurde hinter einem schmalen Anbau, der einen kleinen Hof frei läßt, ein Speicher über vier Geschosse und einem hohen Mansarddach gebaut. Im Zwischenbau waren Küche, Speisezimmer und weitere Speicherräume angeordnet. Zu beiden Seiten der Haustür lagen Kontor und Laden, der erhalten ist (Abb. 87); er bildet ein Schmuckstück des kleinen Museums, das liebevoll eingerichtet ist.

Die Konzeption des Hauses ist wohltuend konzentriert auf diejenigen Kulturepochen, die das Haus als Kaufmannshaus tatsächlich erlebt hat, also vom späten 17. bis ins frühe 20. Jahrhundert (mit viel Biedermeier) und auf den Kultur- und Lebenskreis der Stadt. Es ist ferner so eingerichtet, daß

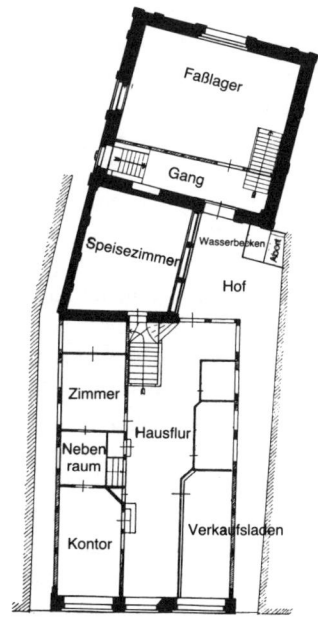

Otterndorf, Kranichhaus, Grundriß

es neben der musealen Schaustellung auch anderen kulturellen Zwecken dienen kann, Konzerten und Vorträgen etwa. All das trägt dazu bei, das Museum angenehm zu machen. Und der Speicher wurde für das Archiv des ehemaligen Kreises Land Hadeln ausgebaut. Obwohl Otterndorf nicht mehr Kreisstadt ist, hat es sich so doch ein Stück seiner einstigen Bedeutung bewahren können – wer über das fast autonome Land Hadeln forschen will, kommt deshalb auch heute nicht an Otterndorf vorbei. Die Stadt besitzt aber noch ein weiteres kleines Museum: In dem *Torhaus* des schon im 18. Jahrhundert abgebrochenen Schlosses ist der Geschichte und Kultur des Patenkreises Labiau (Ostpreußen) eine Heimstatt geschaffen worden. In der *Stadtscheune,* in Studio a, gibt es neuerdings eine Galerie für moderne Kunst.

Fährt man von Otterndorf über Neuhaus, Cadenberge, an der Wingst vorbei und über Osten nach Stade, so tritt man aus dem freien Hadelner Bauernland heraus und in das Erzstift Bremen. In dem gaben nicht mehr die freien Bauern den Ton an, auch nicht das Bürgertum – Städte gab es hier kaum –, sondern der bremische Stiftsadel. Hier waren die Marschalek – den Namen hatten sie von dem Erbmarschallamt im Erzstift Bremen – zuhause, die von der Osten, die Luneberg, später auch die Wrangel und viele andere. Das prägte neben anderem die Kirchen – die Herrenhäuser der Güter sind im ganzen ebenso verschwunden wie die großen Marschenhöfe. Statt der Vielfalt von Stiftungen in den bäuerlichen Landkirchen tritt in den stiftsbremischen Kirchorten ein mitunter nur noch aus der Ferne wirkendes Regiment. Beispiele dafür sind die Kirchen von Neuhaus an der Oste oder von Osten – letztere lohnt den Besuch.

Das Land wird auch hier geprägt von Marsch und Geest. Bis zum Bau des Oste-Sperrwerks auf der Höhe des Belumer Deichs unterlag das Land an der Oste dem Wechsel der Gezeiten und immer wieder auch einmal den großen Sturmeinbrüchen. Die Struktur der Entwässerungsgräben erinnert stark an die Elbmarschen. Daneben aber erhebt sich die Geest bis auf 74 Meter beim Silberberg und 61 Meter beim Deutschen Olymp. Das ist die Wingst, ein touristisch gut erschlossenes Waldgebiet von 1100 Hektar mit schönen Wanderwegen, auch einem Waldmuseum in Wingst-Wassermühle. Wer indes noch nicht vom Deutschen Olymp mit seinem von der ersten Telegrafenlinie übrig gebliebenen Aussichtsturm gehört hat, braucht sich nicht zu schämen, denn den Name hat der für das platte Land immerhin erkennbare Berg schlicht von einem in touristischen Dingen weit vorausschauenden Gastwirt Thumann, der im vorigen Jahrhundert den Gasthof am Fuße des Fahlenberg, wie er früher hieß, betrieb.

Von Otterndorf bis Osten sind es auf der B 73 entlang der Wingst 27 Kilometer; sehr schön ist aber auch der Weg entlang der Oste (30 km). Die Oste überquert man heute auf einer hoch angelegten Brücke im Zuge der Straße 495. Das war früher anders. Noch ist vielen Reisenden die Prahmfähre bei Oberndorf, die bis 1978 in Betrieb war, in guter Erinnerung. Früher gab es viele solcher antriebsloser Fähren auf der Oste, die von der Strömung getrieben an einem Seil den Fluß querten und jedesmal ein Auto oder Pferdegespann und ein paar Fußgänger mitnahmen. Viel Verkehr ließ sich mit ihnen nicht bewältigen und so baute man Anfang des Jahrhunderts, 1909, bei Osten eine *Schwebefähre* (Farbt. 36). Die weithin sichtbare Stahlkonstruktion mit einer Stützweite von etwa 80 Metern und 38 Metern Höhe mußte den Fluß so hoch überspannen, weil die Oste mit Segelschiffen befahren wurde, die unter der Brücke hindurchpassen mußten. An der großen Gitterbrücke hängt die ›Fähre‹ mit einem Bedienungshäuschen. Auf dieser ›Fähre‹ mochten dann zwei Fahrzeuge Platz haben. Wenn das Adjektiv ›nostalgisch‹ irgendwo berechtigt ist, dann beim Anblick dieser ›Märklin‹-Konstruktion, die bei aller Größe irgendwie sehr beschaulich erscheint. – Die Anlage wird als technisches Kulturdenkmal gepflegt, aber nicht mehr betrieben.

Ein schönes Bild hat man vom Ostedeich über die Schwebefähre auf **Osten** mit seiner das Ortsbild beherrschenden *Backsteinkirche*. Sie wurde 1746/47 von dem hamburgischen Baumeister Johann Leonhard Prey neu erbaut, dabei innen wie außen einheitlich, und ohne die Anklänge an eine auch hier 500jährige Kirchentradition, gestaltet.

Es ist ein stattlicher Bau; die Schiffswände und die Turmecken sind durch Pilaster gegliedert, das Schiff von einem mächtigen Mansarddach überdeckt (dieses Dach ist eigentlich der Träger der so bedeutenden Wirkung der Kirche im Ortsbild), der Turm über einem geschweiften Helm von einer schlanken Pyramidenspitze bekrönt. Der weite Innenraum ist überwölbt von einer flachen Holztonne, die mit eleganten Stukkaturen überzogen ist.

Eindrucksvoll ist die ganz einheitliche, aus der Erbauungszeit stammende Ausstattung, die vom Kanzelaltar über die Gutspriechen der von Brook und der von Schulenburg bis hin zu den Emporen zu beiden Seiten des Schiffes, der zweigeschossigen Westempore mit der Orgel und endlich den Priechen unter den Emporen reicht. Der ornamentale Schmuck verrät die Beteiligung gewandter Meister, stilistisch bewegt sich das Schnitzwerk zwischen Régence und Rokoko. Der Gegensatz zu den Landkirchen in Hadeln kann kaum größer sein, doch ist, auf ihre Art, diese Kirche auch groß und monumental und reich an schönen Details.

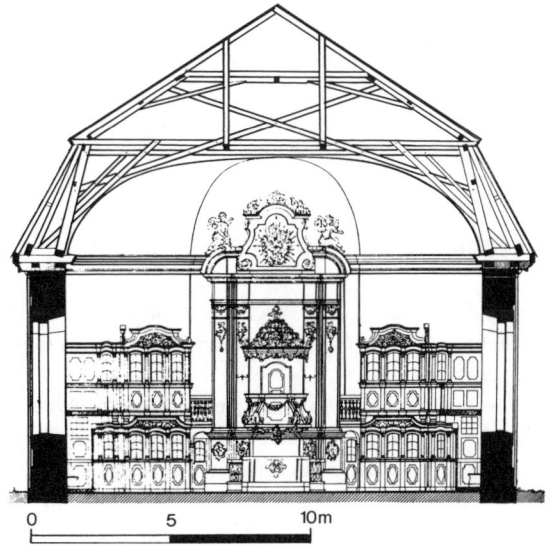

Osten, St. Peter-Kirche, Querschnitt

0   5   10m

Stade und das Alte Land

Wer von Bremen aus nach Stade fährt, kommt über **Bremervörde.** Die Stadt war jahrhundertelang ›Hauptburg der hl. Kirche des Stifts‹, also faktisch die Hauptstadt des Bremer Erzstifts. Seit den Zeiten Lothar von Süpplingenburgs, des späteren Kaisers, gab es hier, an der Stelle, an der die einzige durch das Moor geführte Straße die Oste querte, eine Burg. Sie war seit dem 12. Jahrhundert mal den Erzbischöfen eigen, mal den Welfen. Als sich ab der Mitte des 13. Jahrhunderts die Besitzverhältnisse zugunsten der Bremer Kirche gefestigt hatten, bauten die Erzbischöfe, die sich immer mehr aus der Stadt Bremen zurückzogen, die Burg wohnlich aus. Die Stiche aus der Zeit vor dem Dreißigjährigen Krieg zeigen eine stattliche Schloßanlage mit deutlichen Anklängen an Formen der Weserrenaissance und weitausholenden Befestigungsanlagen. Diese halfen in jenem Krieg indes gar nichts mehr – oder schadeten sie gar? –, egal wie, Tilly, der Pappenheimer und Graf Königsmarck griffen nach dem strategisch wichtigen Platz. Am Ende lag das Schloß danieder und indem die Schweden als die neuen Herren des Landes die Verwaltung in Stade zentrierten, dachte niemand mehr an einen Wiederaufbau, ja man beseitigte 1682 die Ruine und ebnete das Terrain. Wie immer in solchen Fällen blieben Reste übrig, die beim Bau des neuen Kreishauses wieder zutage traten und in die Außenanlagen eingebunden wurden. Auch die alte Kanzlei blieb erhalten – sie ist so stattlich, daß sie Peter dem Großen 1716 auf seiner Reise nach Holland zur Unterkunft angedient werden konnte – und wurde zusammen mit einem historischen Meierhof zum Bachmann-Museum, dem Heimat- und Regionalmuseum des Landkreises ausgebaut.

Geschichte einer alten Hansestadt

Stade, das 1652 also die Nachfolge von Bremervörde angetreten hatte, vereint noch heute Elemente seiner Gründungszeit und hanseschen Geschichte mit solchen der nur 67jährigen Schwedenzeit.

Die Stadt ist nur wenig jünger als Bremen. Als die Normannen 994 den Ort plünderten, galt er bereits als eine ›urbs‹, als eine befestigte Stadt. Dorthin verlegten die Grafen des an der Elbe gelegenen Heilangaues ihren Hauptsitz und bauten eine Burg, und 1038 verlieh König Konrad II. den Erzbischöfen, die den Grund um St. Wilhadi innehatten, das Privileg, zu Stade einen Markt zu halten, Münzen zu schlagen, Gericht zu halten und Zoll zu erheben.

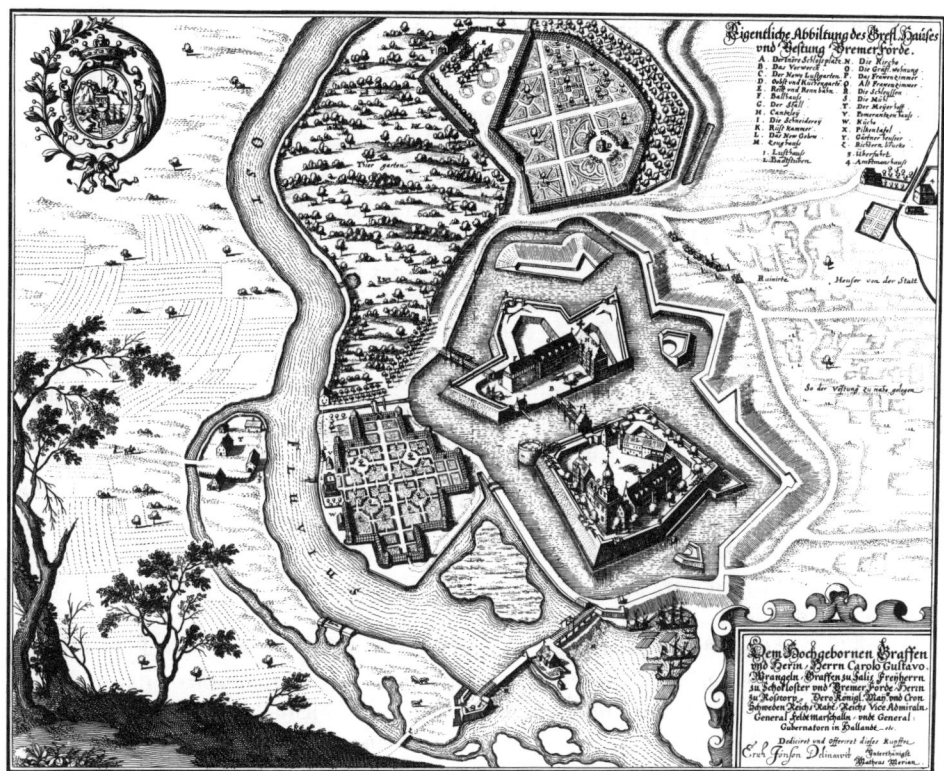

Bremervörde, Darstellung des Schlosses, Kupferstich aus Merian, ›Niedersachsen 1653‹

Damit waren alle Voraussetzungen gegeben für ein stetes Stadtwachstum. Als der letzte der
Stader Grafen 1145 die Grafschaft der Kirche übertrug und Heinrich der Löwe daraufhin die
Stadt an sich riß, sah sich die Stadt über 90 Jahre als Spielball der Welfen und Erzbischöfe, die
beide die Stadt umwarben: Heinrich der Löwe faßte in dem Versuch, sich 1180 gegen den
Kaiser zur Wehr zu setzen, alle Siedlungskerne durch Wall und Graben zusammen – er schuf
damit also erst die Stadt Stade. Ein Erzbischof vereinheitlichte sodann die verschiedenen
Rechtsbereiche, ein anderer verlieh der Stadt Privilegien, und das Stadtrecht Kaiser
Ottos IV., eines Welfen, faßte 1209 alle bis dahin erteilten Privilegien zusammen. Als der
Streit 1238 endlich zugunsten der Erzbischöfe entschieden wurde, hatte sich die Stadt fast
ganz von der Hoheit der Landesherren freizumachen gewußt. Den Status einer Freien
Reichsstadt erlangte Stade jedoch nie.

Aber auch ohne dieses Privileg schritt die Verselbständigung der Stadt fort, nahm ihr Rang
in der Hanse, der sie als eine der ersten Städte angehörte, zu, und das auch noch, als sich
wirtschaftlicher Niedergang abzeichnete. Stade lag nämlich, als es gegründet wurde, fast an

der Einmündung der Schwinge in die Elbe, es war ein Elbehafen. Die Versandung dieser Einmündung, die Verschlickung des Vorlandes und die Verlagerung des schiffbaren Hauptarmes der Elbe brachten Hamburg, mit dem sich Stade im 13. Jahrhundert sehr wohl messen konnte, Vorteile, die es binnen kurzem und mitunter auch gewaltsam so auszubauen wußte, daß Hamburgs Aufstieg die wirtschaftliche Vormachtstellung Stades an der Elbe brach. Wie Stade diesen Niedergang meisterte, sein Ansehen allen Problemen zum Trotz mehrte und sich neue Quellen erschloß, etwa durch die Ansiedlung englischer Tuchhändler, der Merchants Adventures, ist eine besondere Leistung.

Dann aber geriet die Stadt zwischen die Fronten des Dreißigjährigen Krieges, wurde es nacheinander von dänischen, kaiserlichen, schwedischen, wieder dänischen und schwedischen Heeren besetzt und geplündert.

Die daran anschließende Schwedenzeit von 1648 bis 1719, in der Stade zur Festung und Hauptstadt der neu geschaffenen weltlichen Herzogtümer Bremen und Verden ausgebaut wurde, bescherte der Stadt nur kurze Blütezeiten. Der Ausbau der Festung nach damals modernsten Erkenntnissen geschah natürlich auf dem Rücken der Einwohner, und was sich aus der hansestädtischen Vergangenheit noch erhalten hatte, zerstörte 1659 ein schrecklicher Stadtbrand, dem alle Kirchen mit ihren reichen Ausstattungen, das Rathaus und die meisten Bürgerhäuser zum Opfer fielen. Der Wiederaufbau erfolgte zwar sehr zügig, aber die hansestädtische Herrlichkeit war dahin, das schwedische Regiment prägte von nun an das Bild der Stadt, außen und innen.

Kaum aber waren die ärgsten Wunden geheilt, da brachte die Reichsexekution gegen Schweden (1675–80) und der nordische Krieg abermals Not und Besetzung, und 1712 belagerten die Dänen, damals Herren von Holstein und Oldenburg, die Festung, um sich das Herzogtum als Brücke zwischen beiden Reichsteilen einzuverleiben. Wieder wurden Teile der Stadt zerstört, die Stadt drei Jahre lang von den Dänen besetzt gehalten. Daß Stade und mit ihm das Land zwischen Weser und Elbe dann aber doch nicht dänisch wurden, verdankt es der Allianz von Hannover mit England, das in einer solchen Ausdehnung Dänemarks seine Interessen berührt sah. Hannover erreichte schließlich, daß Dänemark sich gegen eine Geldablösung zurückzog. 1719 wurde Stade eine hannoveranische Provinzstadt; das Eigenleben der Stadt begann zu verkümmern. Hannover hat die Stadt nicht noch einmal neu geprägt.

Rundgang durch Stade

Der größte Teil der großen Festungsanlage wurde nach 1870 abgetragen. Es blieb von dem inneren Bastionskranz nur soviel, daß man sich noch eine gewisse Vorstellung machen kann von dem Bild der barocken Festung. Will man einen solchen ›Festungsbummel‹ machen, sollte man an der ›Insel‹ beginnen, denn von Bremervörde und von Cuxhaven aus erreicht man die Stadt beim Schiffertor, in dessen Nähe ein Parkhaus gebaut wurde, von ihm zum Heimatmuseum an der Wallstraße und der ›Insel‹ sind es nur wenige Schritte. Die *Insel* ist

Stade, Ansicht aus der Vogelschau von Westen. Aus Merians Topographie von Niedersachsen, 1653. Die Aufnahme datiert jedoch von 1641.

ein Ravelin, auf dem ein kleines *Freilichtmuseum* mit einem Altländer Bauernhaus mit einer Prunkpforte Platz gefunden hat. Es folgen nach Norden, eingebettet in Parkanlagen, die Reste der ›Königsmarck-Bastion‹, die ›Georgs-Bastion‹ und, schon im Norden der Stadt, die ›Wrangel-Bastion‹. Im Weitergehen kommen wir zur Parkstraße, einem der Durchbrüche durch den Ring der Bastionen. Hier stand das Kehdinger Tor, und hier wollen wir die Altstadt betreten, um nach wenigen Schritten den *Fischmarkt*, das Herz der Altstadt, den zu Recht beliebtesten Altstadtblick am Alten Hafen, zu erreichen. Auf dem Platz steht die *Waage*, ein Bau von 1753 und eine Rekonstruktion des hölzernen *Krans* (Abb. 92) von 1661, dessen Vorgänger sich bis 1337 zurückverfolgen lassen. Hier war die Keimzelle der Stadt. Am Bogen der Schwinge hatten sich die ersten Fischer, Schiffer und Fährleute niedergelassen. Die den Alten Hafen begrenzende und seit eh einseitig bebaute Brücke, die ›Hudebrücke‹, bezeichnet den Ort, an dem die ersten Schiffer mit ihren Schiffen ›in Hut‹ gingen.

Am Ende des Hafens steht der *Schwedenspeicher* (Abb. 88), ein Proviantpackhaus, das 1692–1705 unter der Regierung König Carls XII. von Schweden gebaut wurde. Eine Kartusche mit dem Monogramm des Königs – C XII – und der Königskrone am Portal erinnern daran. Der imposante Backsteinbau mit dem zweifach abgesetzten Krüppelwalmdach (lange Gaubenschlitze zur Belüftung) wurde in den letzten Jahren saniert und als Regionalmuseum

*Plan der Stadt Stade nach dem Ausbau der Fe-
stung durch den schwedischen Festungsbaumeister
und Generalgouverneur Graf Dahlberg, um 1685*

und Kulturzentrum einer zeitentsprechenden Nutzung zugeführt. Dabei blieb die gewaltige
hölzerne Packhauskonstruktion im wesentlichen erhalten, im Gegensatz zu der einst ebenso
großartigen Zimmermannskonstruktion im Zeughaus am Pferdemarkt von 1697–99, die
noch 1952 dem Einbau eines Kinos geopfert wurde.

Zum Bild des Alten Hafens gehört eine noch sehr schöne geschlossene Bebauung aus der
Zeit vor und nach dem großen Brand. Besonders hübsch ist die Hauszeile ›Am Wasser West‹
(Farbt. 43). Mit einer Ausnahme sind es alles Fachwerkhäuser, unter ihnen eines, die Nr. 3,
das den großen Brand überstanden hat. Einziger Schmuck dieser Häuser sind die Geometrie
der tragenden und aussteifenden Hölzer, die Konsolen, die die vorkragenden Geschosse
stützen, und mitunter ein Muster in der Backsteinausfachung. Besonders sparsam und
rational ist das Doppelhaus Am Wasser West 19/21, das Geburtshaus von August von Goeben
– wer kennt noch den preußischen General, den Sieger von St. Quentin (1871)?

Daneben steht das *Bürgermeister-Hintze-Haus.* Heino Hintze war Kaufmann, Reeder
und von 1617–1646 Bürgermeister zu Stade. Er hat kein neues Haus erbaut, sondern vor ein
spätmittelalterliches Kaufmannshaus diese für die Entstehungszeit hochmoderne, ja elegante Werksteinfassade im Knorpelstil errichtet. Bis in unser Jahrhundert hinein war das
Nebeneinander des spätmittelalterlichen Kernbaues und der frühbarocken Fassade in allen
möglichen Verbauungen noch erhalten und ablesbar. Dann aber mußte 1930–33 das Ganze
niedergelegt und neu aufgerichtet werden, weil sich das Haus bedrohlich zur Seite geneigt
hatte; hinter der in alter Form und Teilung wiedererrichteten Fassade entstand damals ein
dreigeschossiges Wohnhaus.

Die Fassade weist enge stilistische Verwandtschaft zu dem 1618–21 erbauten Gewerbe-haus in Bremen auf, so daß man einen der beiden Steinhauer, deren Namen man mit jenem Bremer Bau in Verbindung bringt, auch hier am Werk vermutet. Da Johann Nacke bereits 1620 verstarb, könnte das dann nur Ernst Kroßmann aus Lemgo gewesen sein.

Die gegenüberliegende Seite hieß früher ›sub castro‹, später ›by dem water under der borch‹, woraus dann schließlich das heutige ›Am Wasser Ost‹ wurde. Diese Hausgruppe begrenzte die Burgsiedlung, den zweiten Siedlungskern der Stadt. Hier, direkt am Wasser, steht auch das ›Baumhaus‹, das Haus des ›Baumschließers‹, der durch das Vorlegen eines (Schlag-)Baumes den Hafen abzusperren hatte. In dem Häuschen ist eine kleine private Sammlung zur Geschichte der Stadt zu sehen.

Vom Fischmarkt führt die Höker-Straße am schnellsten zu Rathaus und St. Cosmae et Damiani. Das vor 1279 erbaute gotische *Rathaus* wurde 1659 ein Raub der Flammen; nur die Kellergewölbe konnten für den Neubau verwandt werden – in ihnen liegt der Ratskeller. Noch im Jahr der Brandkatastrophe wurde ein provisorisches Rathaus, vermutlich ein Fachwerkbau, errichtet. 1667 schritt man zum Bau eines neuen, repräsentativen Rathauses.

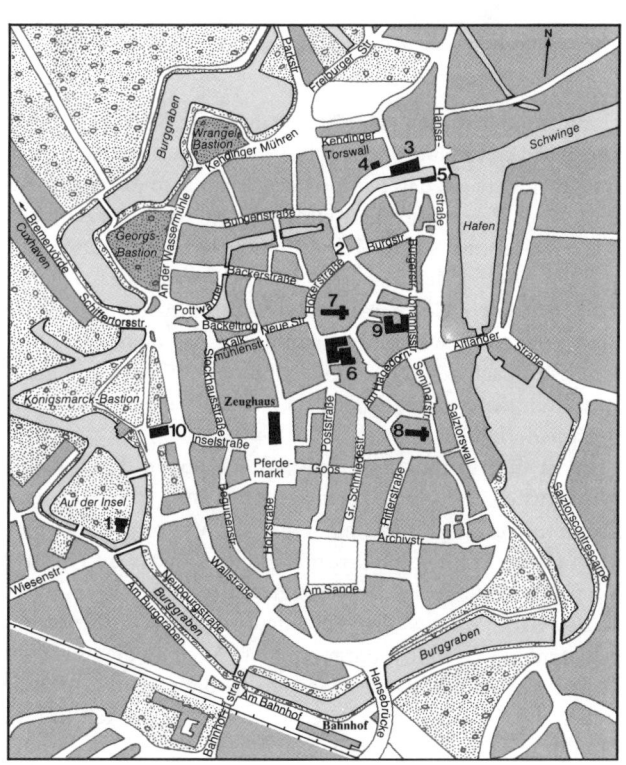

Stade

1 *Freilichtmuseum auf der*
  ›*Insel*‹
2 *Fischmarkt mit Waage und*
  Kran
3 *Schwedenspeicher (Kreis-*
  und Stadtmuseum)
4 *Bürgermeister-Hintze-*
  Haus
5 ›*Baumhaus*‹ *(Museum)*
6 *Rathaus*
7 *St. Cosmae et Damiani*
8 *St. Wilhadi*
9 *Franziskanerkloster*
  St. Johannis
10 *Heimatmuseum*

Stade, Haus des Bürgermeisters Hintze, Am Wasser West 23,
vor der Erneuerung 1930

Dafür holte man sich einen Steinhauer und Werkleute aus Bremen, die den Rohbau erstellten. Auch das Hauptportal schuf ein Meister Bokeloh aus Bremen. Ein schönes Detail der Baugeschichte ist, daß beim Abbruch des provisorischen Rathauses und der Reste des alten Baues eine Prämie für die Reinigung und Rücklieferung alter Steine gezahlt wurde und auf diese Weise rund 80 000 Steine zur Wiederverwendung gekommen seien.

Beim Anblick des Rathauses in der engen Straße – den besten Blick hat man über die Ecke Höker-Straße / Cosmae-Friedhof – fühlt man sich in die Niederlande versetzt: Der rote, breit gelagerte Backsteinbau ist mit Ausnahme des schönen Portals nur durch die sparsam und tektonisch gesetzten Sandsteinteile der Gesimse, der Eckquader und der Quader in den Entlastungsbögen gegliedert. Es hat in Bremen nie entsprechendes gegeben, wohl aber in den Niederlanden.

Front und Mittelachse sind hervorgehoben durch das Portal (Abb. 93), einen kleinen Mittelgiebel und einen Dachreiter mit fein geschwungener Kupferhaube. Auf dem verkröpften Gesims des Portals stehen die Worte JUSTITIA ET PIETAS PAX ET CONCORDIA VERNENT (Gerechtigkeit und Frömmigkeit – Frieden und Eintracht verjüngen). Darüber ist eine Kartusche gesetzt, in der ganz groß das von Löwen gehaltene, gekrönte Wappen König Karls XI. von Schweden über dem kleinen von Stade – stehender Schlüssel, der Schild gehalten von Greifen – dargestellt ist. Auch an diesem städtischen Gebäude wurde also die Hierarchie der politischen Gewalt deutlich sichtbar präsentiert. Die drei Figuren endlich stellen die Wahrheit (mit Spiegel), die Gerechtigkeit (mit Waage) und, tänzerisch bewegt, Merkur mit dem Merkurstab dar; ihre Bedeutung an dem Rathaus einer Stadt, die sich trotz schwedischer Herrschaft als eine hansesche Handelsstadt verstehen wollte, ist unschwer zu erkennen.

Eine unscheinbare, aber schöne Zier des Baues sind die acht Maueranker der Front, die zu Buchstaben und Ziffern geformt sind und das Jahr der Erbauung zitieren: ANNO 1667.

Das Innere ist einfach, aber nicht ohne Anspruch, doch sind die Räume nicht als Schauräume eingerichtet. Der einzige Bauteil des alten Rathauses, der erhalten blieb, ist dagegen zugänglich: Es ist der Ratskeller, der in einigen Teilen noch aus dem 13. Jh. stammt.

Gegenüber dem Nordflügel des Rathauses steht die *Kirche St. Cosmae et Damiani*. Erstmals erwähnt wurde sie in einer Urkunde von 1132/37 als eine capella, die den Grafen von Stade gehörte und dem Erzbischof unterstellt war. Von daher mag das in Norddeutschland nicht

Stade, Rathaus, geschmiedete Jahresbezeichnung an der Hauptfassade

eben verbreitete Patrozinium der beiden Ärzte Cosmas und Damian herrühren, denn die Domkirche zu Bremen besaß einen großen Reliquienschatz dieser Heiligen, denen im 14. Jahrhundert auch ein silberner Schrein geschaffen wurde.

Es ist ein merkwürdiger (und ganz schwer im Bild zu fassender) Bau. Eigentlich möchte man sagen, es ist ein gewaltiger, reich geformter Turmhelm über einem stumpfen, nach unten sich immer mehr verbreiternden Turm (Farbt. 42, Abb. 89). Das Baumaterial ist Backstein, der Grundriß in der heutigen Endform kreuzförmig mit Erweiterungen im Osten. Von dem im 12. Jahrhundert genannten Bau scheint nichts erhalten. Die Anfänge des heutigen Baues reichen vielmehr zurück in das 13. Jahrhundert. Damals entstand eine einschiffige Kirche mit gewölbter Vierung, kurzen Kreuzarmen und einem Chor. Von diesem Bau sind Teile des Langhauses, die Vierung einschließlich deren Wölbung und Reste der Kreuzarme erhalten. Im 15. Jahrhundert wurde etappenweise der heutige Ostbau angefügt und mit dem Turmbau begonnen, der 1550 auf der ersten Stadtansicht von Martin Weigel bereits abgebildet werden konnte. Dieser Turm über der Vierung mußte auf bautechnisch interessante Weise vom Viereck zum Achteck übergeleitet werden, um auf die später dann doch verstärkten Vierungspfeiler keine Schubkräfte abzugeben.

Beim Stadtbrand von 1659 brannte die Kirche bis auf ihre Rohbausubstanz ab. Die Behebung der Schäden am Bau zog sich bis 1682/84, als der wunderschöne barocke Turmhelm aufgesetzt wurde, hin; für diesen Helm lieferte die Kirche an den Zimmermeister für 5000 lübische Mark Kupfer – arm kann die Stadt also trotz Schwedenbesatzung und -kriegen nicht gewesen sein.

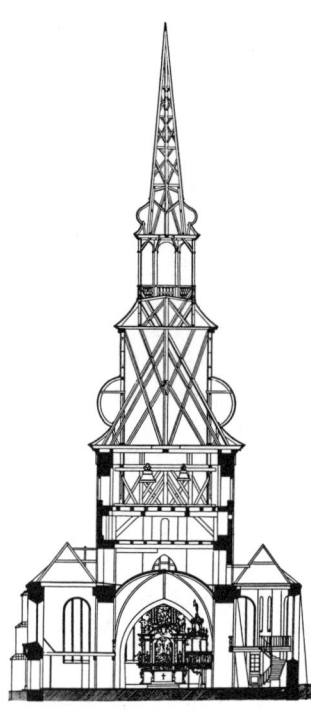

Stade, Kirche St. Cosmae, Querschnitt

Wie das Äußere, so ist auch das Innere um die zentrale Mitte gruppiert, dabei in seinen malerischen Durchblicken nicht ohne Reiz. Die Vierung ist mit ihrem achtteiligen, frühgotischen Kreuzrippengewölbe der einzig gewölbte Raumteil. Langhaus und Chor sind dagegen mit Holztonnen überdeckt und die Kreuzarme und östlichen Nebenräume gar ganz flach. Die Vierungspfeiler, auf denen die Turmlast ruht, wurden dagegen so oft verstärkt und repariert, daß ihre Grundform, ein Kreuz, nicht mehr zu erkennen ist.

Nicht unbedeutend ist, was sich nach 1659 wieder in der Kirche gesammelt hat, wobei es sich, mit Ausnahme des Gertrudenaltars, der 1834 über die abgebrochene Nicolaikirche aus der vor dem Schiffertor gelegenen Gertrudenkapelle in diese Kirche kam, nur um barocke Werke handelt.

Den Hauptaltar schuf 1674–77 der Bildhauer Christian Precht aus Hamburg. Er ist aus Holz geschnitzt und zusammengesetzt, aber so gefaßt, daß er wie aus Marmor und Alabaster geschaffen wirkt (Abb. 90). In drei stark axial komponierten Reliefs sind das Abendmahl, die Kreuzigung und die Grablegung dargestellt. Zu beiden Seiten des großen Mittelbildes stehen die vier an ihren Attributen erkennbaren Evangelisten, und neben dem Bild der Grablegung sind zwei Engel mit den Leidenswerkzeugen sowie, etwas versteckt dahinter, Moses mit den Gesetzestafeln und Johannes der Täufer mit dem Lamm auf dem Buch gesetzt. Die Gestalt des auferstandenen Christus mit Strahlennimbus und Siegesfahne bekrönt das architektonisch reiche und dennoch sehr geschlossen erscheinende Altarwerk.

96   JORK   Portausches Haus

97 JORK-Osterjork   Fachwerkhaus von 1750

100 JORK   Rathaus, ehemals Harenscher Hof

98, 99   Details Altländer Bauernhäuser: Brauttür und Ausfachungen

101 BUXTEHUDE Blick in das Fleet
102 BUXTEHUDE Giebel von Haus Westfleth 35

104 BUXTEHUDE St. Petri über der Stadt
103 BUXTEHUDE Der Marschtorzwinger

106, 107 NEUENHUNTORF Deckenmalereien im Gutshaus von Münnich und in der Pfarrkirche
St. Marien

105 HUDE Ehemalige Torkapelle des Klosters, heute Pfarrkirche

108 MOORRIEM-Eckfleth   Bauernhof

109   Die Huntebrücke bei Berne

110   BERNE   St. Aegidius-Kirche ▷

111, 112 BERNE St. Aegidius-Kirche, Altar: Ausschnitt und Seitenansicht
115 RODENKIRCHEN St. Matthäus-Kirche, der Altar von Ludwig Münstermann
113, 114 RODENKIRCHEN St. Matthäus-Kirche, Details von Kanzel und Altar

117, 118 OLDENBURG Schloß und ›Lappan‹
116 BLEXEN St. Hippolyt-Kirche, Blick nach Osten
119 RASTEDE Schloß

120 WIEFELSTEDE   St. Johannis-Kirche
122 RASTEDE   Grabfigur des Grafen Moritz von
Oldenburg in der Kirche

121 WESTERSTEDE   St. Petri-Kirche
123 WILDESHAUSEN   Fresken aus dem ehemaligen Kapitelsaal

Der Gertrudenaltar ist der einzige der vielen gotischen Altäre, die es in dieser einst reichen Hansestadt gegeben hat und der erhalten blieb. Einen Maßstab für den Reichtum der mittelalterlichen Ausstattung dieser Kirche mag dabei allein die Zahl von acht großen Altären geben, die noch in der Zeit der Reformation bedient wurden.

In der Mitte des Schreins, unter einem dreiteiligen Baldachin mit feinem durchbrochenem Maßwerk, steht das Standbild der Hl. Gertrud mit einem Äbtissinnenstab und einem Kirchenmodell in den Händen. Zu ihrer Seite stehen je zwei Standbilder übereinander, in den Flügeln stehen vor glattem Hintergrund zwölf Heilige, möglicherweise die zwölf Apostel. Die Flügel sind auf der Außenseite bemalt mit vier Szenen aus dem Leben der Hl. Gertrud (†659). Diese Bilder sind nicht gut erhalten mit Ausnahme des Bildes einer gestrandeten Kogge, deren Besatzung die Heilige beisteht. Es ist eine sehr gute Darstellung dieses für die Schiffahrt der Zeit um 1500 wichtigsten Schiffstyps.

1665 war ein neues ›Baptisterium‹ gestiftet worden. Es muß sich, nach den Teilen, die an verschiedenen Stellen der Kirche neue Verwendung gefunden haben, um eine bedeutende Anlage gehandelt haben. Zu dieser Taufe gehörte nicht nur das marmorne Becken, an dessen Fuß man noch die Spuren dort einst aufstehender Figuren erkennen kann und nicht nur die lange lateinisch abgefaßte Widmungsinschrift des Ratsherrn Dietrich Lüders mit dem Allianzwappen Lüders von Bargen darüber, sondern auch die Evangelistenfiguren, die auf hölzernen Ecksäulen – auch sie Teile des alten Baptisteriums – stehen und die ursprünglich das Becken trugen. Es sind schöne, bewegte Barockplastiken. Endlich gehören auch die Eisengitter an den drei Hauptportalen dazu; sie dienten ursprünglich als Schranken des Baptisteriums. Es sind Schmiede- und Durchsteckarbeiten mit ornamentalen, spiralförmig aufgedrehtem Blatt- und Stabwerk und darin eingebundenen Grotesken, Einhörnern und Fabeltieren.

Auch die Orgel entstand nach dem Brand neu. Sie ist ein Werk von Berendt Huß aus Glückstadt und seinem Gesellen Arp Schnitger, der nach dem Tod des Meisters 1675 die Orgel zu Ende gebaut hat. Auf den Türmen des sehr geschlossen komponierten Prospektes sind Statuen von Glaube, Liebe und Hoffnung sowie am Rückpositiv König David und zwei Engel aufgestellt. Von raumprägender Bedeutung sind endlich die Emporen der Vierung und des Chores, eingebaut 1662, mit ihren ungewöhnlich kraftvollen Balustern.

Der Weg von St. Cosmae zu St. Wilhadi führt durch kleine altstädtische Straßen, an denen noch manche Fachwerkhäuser des 17. und 18. Jahrhunderts mit schönen Details – Haustüren! – zu sehen sind. Besonders ›Hinterm Hagedorn‹ und ›Auf dem Hagedorn‹ haben noch viel altstädtischen Charme.

Ein stattlicher Fachwerkbau ist das ehemalige *Franziskanerkloster St. Johannis* (Johannisstraße). Der heutige Bau hat mit dem alten 1230/40 gegründeten Kloster, in dem möglicherweise die berühmte ›Sächsische Weltchronik‹ entstand, nichts mehr zu tun – er entstand erst nach dem großen Stadtbrand und ohne die Kirche als Armenhaus. Das Kloster ist jüngst restauriert worden und wird für verschiedene kulturelle Zwecke vom Landschaftsverband der ehemaligen Herzogtümer Bremen und Verden und der Stadt Stade genutzt (Abb. 89).

Stade, St. Cosmae, schmiedeeisernes Gitter, um 1670, ursprünglich zur Taufe gehörig, dann an den drei Hauptzugängen zur Kirche als (innere) Türflügel verwendet und nun als Abtrennung des südlichen Anbaues, in welchem der Gertrudenaltar steht

St. Wilhadi (Abb. 95) am Wilhadikirchhof ist die vom Erzbischof auf bischöflichem Grund gestiftete Kirche, und sie ist vermutlich die erste Pfarrkirche für Stade. Erwähnt wurde sie allerdings erstmals auch 1132/37 in derselben Urkunde, in der auch St. Cosmae genannt ist; wahrscheinlich war sie aber schon die Kirche des von König Konrad II. mit dem Marktrecht belehnten Siedlungskerns. Und wie bei St. Cosmae ist von der ursprünglichen Kirche nichts erhalten, beginnt die Geschichte des heute stehenden Baues im 13. Jahrhundert. Dieser ersten Bauphase gehört der Turm an; die dazugehörige Basilika wurde im 14. Jahrhundert in zwei Bauphasen abgelöst durch die heutige gotische Hallenkirche: Zwischen 1320 und 1340 entstand der dreiapsidiale Ostabschluß mit drei Langhausjochen, am Ende desselben Jahrhunderts der mittlere Teil und das Brauthaus an der Nordseite.

Von den vielen Baunachrichten dieser Kirche seien nur herausgegriffen die der Zerstörung und der Wiederherstellung der Kirche beim großen Stadtbrand 1659, der auch diesen Bau erreicht hatte. Die Instandsetzung der Kirche ging sehr zügig vor sich, und so konnte man 1667 den Bau einer neuen Turmspitze in Auftrag geben. Sie wurde 1673 fertig, aber schon 1724 erneut zerstört. Doch gibt es in der Kirche ein Modell des Turms mit der neuen Spitze von 1667 und eine zeitgenössische Beschreibung von 1674, die, auch im Hinblick auf die erhaltene, schöne Turmspitze von St. Cosmae, lesenswert ist: »Der Thürme waren in dieser Stadt vor dem Brande fünffe ... an unser Kirchen S. Wilhadi aber ist das Gemäur schon vor etlichen Jahren ergänzet und befestiget auch das Holzwerck an der Spitze aufgesetzet und nun A. 1673 mit Kupffer völlig bedecket ... Die Spitze hat drey Bäuche oder wie mans nennet welsche achtkantichte Hauben. Der unterste Bauch hat in seinem Umbkreiß hundert und zwey und fünffzig Werckschuh (etwa 43 m) über demselben seyen vier Uhrzeiger Scheiben: über denen ist der ander Bauch hundert und vier Werckschuh (etwa 30 m) im Umbkreiß begreiffend; darüber das durchsichtige oder durchgebrochene [Laternengeschoß] daraus ein herlicher prospectus in das umbliegende fruchtbare Land ... Über dem durchgebrochenen ist der dritte Bauch in seinem Umbkreise sechs und siebenzig Werckschuh (etwa 22 m) haltend: darüber ist die pyramid, oder Zuspitzung acht und fünffzig Werckschuh (etwa 16 m) hoch darauff stehet die eiserne Flügelstange vierzehn Werckschuh hoch den vergüldeten Knopff oder Zinnapfel drey Werckschuh breit und drey und einen halben Werckschuh hoch (etwa 0,8 zu 1,01 m) nach dem Diametro, und darüber die Fahne sampt den Creutze haltend. Die Höhe der Spitze über den Mauren ist hundert und neun und sechzig Werckschuh (etwa 48 m) worauff beynahe 80 Schiffpfund Kupfferne Platten gedekket. Daß also die Höhe des gantzen Thurms samt der Spitze drey hundert und zwey Werckschuh (etwa 86 m) erreichet. Gott sey ewig danck! Das ist gnug für eine so mittelmäßige Stadt als unser Stade ist.«

Die Kirche hätte wahrscheinlich wie andere baufällige Kirchen in Stade im vorigen Jahrhundert abgetragen werden müssen, hätte man sich nicht 1860 zu einer großen Instandsetzung durch C. W. Hase aus Hannover entschlossen. Deren Ergebnis mag man im einzelnen bedauern, sie hat uns aber das Haus mit seinem großen gotischen Hallenraum und einer immer noch guten barocken Ausstattung erhalten.

Das Innere hat, nachdem die Emporen entfernt wurden, wieder ganz den Charakter einer Hallenkirche des 14. Jahrhunderts mit ihrem alle drei Schiffe verschmelzenden Raum. Die Unterbrechung der Bauarbeiten nach dem dritten Joch von Osten ist sehr deutlich ablesbar an den Pfeilern. Die aus vielen Diensten zusammengesetzt erscheinenden östlichen Pfeiler – tatsächlich sind es Kreuzpfeiler mit abgeschrägten Kanten, eingestellten Runddiensten und Dienstbündeln aus drei Runddiensten – sind die älteren, die wuchtig runden, die den Raum so wunderbar fließen lassen, gehören der zweiten Bauphase an. Der Stilwandel, der diese Änderung der Pfeiler bewirkte, ist natürlich auch an den Arkaden – und Rippenprofilen ablesbar.

Altar und Kanzel wurden 1660 von Hamburger und Stader Bürgern gestiftet und in Hamburg geschaffen. Der Altar wirkt vor allem durch den architektonischen Aufbau. Die Kanzel ist, von einer Veränderung der Treppe im vorigen Jahrhundert abgesehen, stilistisch einheitlicher als die von St. Cosmae. Die gewundenen Säulen am Kanzelkorb, die inneren Rahmungen der Figuren, die Unterschleier und die Konsolen unter dem Korb entsprechen einander. Die Figuren stellen Andreas, Paulus, Christus (Salvator) und Petrus dar; an der Treppe sind es von oben ein unbekannter Heiliger, Johannes Ev., Simon und wieder nicht identifizierbare Gestalten, bis am Ende, auf einem der Podeste des Treppenaufgangs, Luther zu finden ist – er nimmt wohl den Platz einer im vorigen Jahrhundert abgegangenen Figur ein. Der Schalldeckel ist wieder bestückt mit den Engeln, die die Leidenswerkzeuge halten (siehe St. Cosmae), in der Laterne steht jedoch eine der heute so seltenen Wilhadi-Statuen, so daß in der Kirche, nachdem sie schon nicht mehr einen diesem Heiligen geweihten Altar besitzt, doch wenigstens diese kleine Statue an den Kirchenpatron erinnert.

Nach dem Brand beschaffte sich die Gemeinde eine neue Orgel von den Orgelbauern, die auch die Orgel für St. Cosmae schufen – das waren Berendt Huß und sein Geselle Arp Schnitger. Diese Orgel verbrannte aber 1724 schon wieder bei dem Turmbrand, dem auch die schöne Turmspitze zum Opfer fiel. Abermals mußte eine neue Orgel geschaffen werden. Sie nun ist ein Werk des Eraßmus Bielfeldt aus Bremen, der mit drei Schnitzern von 1731–35 die Orgel und den herrlichen Orgelprospekt mit dem bewegten Engelsreigen und den überreichen Akanthusranken schuf. Es ist einer der schönsten Orgelprospekte in dem Land zwischen Weser und Elbe und wird derzeit mit großem Aufwand klanglich und optisch restauriert. Indem die Wilhadikirche immer auch die Kirche der Landesherren war, war sie auch die Grab- und Gedächtniskirche bedeutender Persönlichkeiten, die als Vertreter der Regierungen von Schweden und Hannover in Stade wirkten und hier starben. Die Kirche muß im vorigen Jahrhundert noch voll gewesen sein von solchen Gedächtnismalen. Heute sind es nur noch die Epitaphien von Pahlen († 1685), von Rantzow († 1724) und von Lucius († 1737), die unsere Aufmerksamkeit wecken.

Und noch einige Anregungen für einen Aufenthalt in Stade: Die Stadt hat trotz jüngerer Eingriffe – Schmiedestraße-Ostseite – noch schöne Straßenbilder. Zu denen zählen die Salzstraße (Abb. 94) und die Bäckerstraße, in der noch Häuser aus dem 16. Jahrhundert erhalten sind (Nummern 1–3, 7). Eines der ehemaligen Gildehäuser, und zwar das der Brauerknechte, hat sich in der Bungenstraße 20–22, genannt ›Knechthausen‹, erhalten (Abb. 91); es wurde um 1604 erbaut und besitzt noch die Festdiele, den ›Rosenort‹. Ihren Gildeschatz aus kostbaren Trinkgeschirren und Tafelschmuck findet man heute im Schwedenspeicher-Museum. In der Hökerstraße steht – Nr. 26 – das einzige massive Bürgerhaus des Barock in Stade, erbaut 1669 und gegenüber, das Haus Nr. 29, ist, 1650 erbaut, das einzige, das in dieser Straße den Brand von 1659 überstanden hat.

Bevor man ins Alte Land fährt, sollte man sich auch das *Altländer Haus* auf der ›Insel‹, dem Festungsvorwerk vor der Königsmarck-Bastion, ansehen. Es wurde 1912 mitsamt seiner Einrichtung von Huttfleth (bei Grünendeich) nach hier verbracht. Bei einer Rundfahrt im Alten Land wird man ein so schön erhaltenes Altländer Haus – Baujahr 1733 – kaum antreffen und wenn, dann ist es ohne Einrichtung zu sehen. Auf der ›Insel‹ steht ferner ein ehemaliges Geesthaus aus Scheeßel von 1841 – heute Gaststätte, eine Bockwindmühle, ein Göpelwerk, ein Steinbackofen und andere Gebäude. Sie bilden zusammen das kleine, idyllische Freilichtmuseum.

Am Zugang zur Insel steht das 1903 gebaute *Heimatmuseum* des Stader Geschichts- und Heimatvereins, dessen Schwerpunkte auf den Gebieten der bäuerlichen Kultur, besonders der Trachten und der Wohnkultur liegen.

Im Schwedenspeicher ist seit 1977 ein *Museum für Regionalgeschichte* sowie für *Vor- und Frühgeschichte* eingerichtet. Es bietet auch Wechselausstellungen und aktuellen kulturellen Veranstaltungen Raum. – Und im ›Baumhaus‹ befindet sich eine Privatsammlung zur Stadtgeschichte und zur bürgerlichen Kultur.

Und noch ein Hinweis für den Freund historischer Stätten. Fährt man auf der B 73 wenige Kilometer in Richtung Buxtehude, erreicht man *Ort* und *Schloß Agathenburg*. Dieses

*Hans Christopher Graf von Königsmarck (1600–1663), der
Feldmarschall und Hausherr der Agathenburg*

Schloß (Privatbesitz, aber von der Straße aus hinter einer Gutsanlage zu sehen) ließ der berühmte Feldmarschall Hans Christoph Graf von Königsmarck (1600–1663) 1655 für seine Frau Agathe bauen, nachdem er als Gouverneur der Herzogtümer Bremen und Verden faktisch die Herrschaft der Erzbischöfe von Bremen angetreten hatte.

Der Sohn des Bauherrn, Feldmarschall Graf Curt Christoph, fiel 1673 vor Bonn und hinterließ zwei Kinder: Philipp Christoph, der 1694 als Liebhaber der Sophia Dorothea, Prinzessin von Hannover, im Schloß Hannover ermordet wurde, und Aurora, die zur gleichen Zeit die Geliebte des Prinzen Georg von Hannover, des späteren Königs Georg I. von England und Gatte der Sophia Dorothea, war. Um das Verbrechen an ihrem Bruder aufzuklären, reiste Aurora an den sächsischen Hof nach Dresden, wo sie die Geliebte Augusts des Starken wurde. Deren gemeinsamer Sohn war Moritz Graf von Sachsen, der 1750 als französischer Maréchal de Saxe starb und in der Thomaskirche in Straßburg beigesetzt ist. Aurora starb 1728 als Priorin des Stiftes in Quedlinburg. – Und noch einen berühmten Heerführer hat die Familie hervorgebracht: Otto Wilhelm, Bruder von Curt Christoph, den Sieger der Türkenschlacht von Morea.

Ihrer aller Elternhaus, ihr privates Refugium, war dieses Schloß Agathenburg, das in seiner äußeren Gestalt noch schön erhalten ist, durch ein Feuer in diesem Jahrhundert jedoch seines reichen Innenlebens beraubt wurde.

Den richtigen Einstieg in das Alte Land findet man aber nicht über die B 73, die auf dem hohen Geestrand entlang geführt ist, sondern auf der Straße nach Hollern und weiter nach Grünendeich und Steinkirchen (innerhalb Stades ausgeschildert unter der Bezeichnung ›Altes Land‹). Wie das ganze Küstenland entlang den tideabhängigen Flüssen Weser und Elbe und ihren Nebenflüssen ist auch dieser Landstreifen, der sich von Stade bis nach Harburg (Hamburg) hinzieht, ein Land hinterm Deich (Farbt. 38), fruchtbare Marsch, also Schwemmland, hinter dem ein Streifen Niederungsmoor liegt, bevor es zur Geest hinaufgeht. Es ist also eine Situation, die der von Hadeln ähnlich ist.

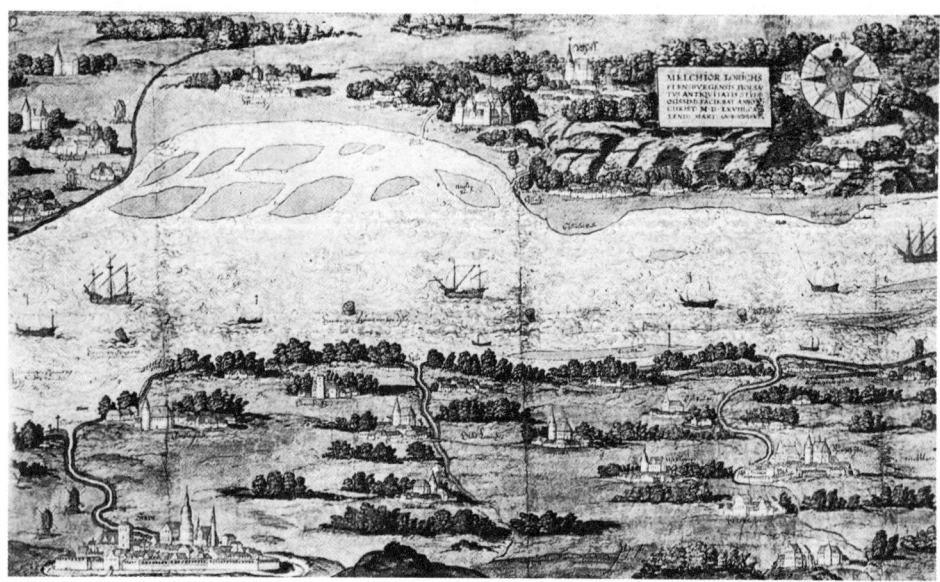

Das Alte Land. Aus: Melchior Lorichs, Die Hamburger Elbkarte aus dem Jahre 1568. Der Ausschnitt reicht von Stade links bis Buxtehude mit dem Lauf der Este rechts.

Die höher liegende Marsch wurde seit dem dritten Jahrhundert von Sachsen besiedelt, die sich auf Wurten vor dem Wasser schützten. Vom Jahr 1000 an wurde der geschlossene Deichwall in Angriff genommen, hier vermutlich organisiert von den Stader Grafen und dem Erzbischof. Das hinter der hohen Marsch liegende Sietland (s. Hadeln) wurde im 12. und 13. Jahrhundert durch 200 holländische Siedler, die die Grafen von Stade und der Erzbischof gerufen hatte, kolonisiert. Dieses nach Holländerrecht besiedelte Land ist an den planmäßig zugeschnittenen, langgestreckten Hufen, die etwa 200 Schritte breit und 3000 lang waren, zu erkennen. Sie prägen auch heute noch das Land.

Wenn das von den holländischen Siedlern erschlossene Land jetzt stellenweise bis an den Elbdeich heranreicht, also gar keinen Raum mehr für hohe Marsch läßt, so hat das seinen Grund in den gewaltigen Landabbrüchen am äußeren Elbebogen durch große Sturmfluten – manches Dorf, manche Kirche mußte in das Landesinnere verlegt werden.

Die rechtliche Stellung der Bauerschaften des Alten Landes war nicht so hervorgehoben wie die der Wurster oder Hadelner Bauerschaften. Das Land gehörte seit 1236 dem Erzbischof. Aber sie hatten eine Verfassung, die ihnen Verwaltung und Gericht durch eigene Leute sicherte, die auch 1517 aufgezeichnet und vom Erzbischof bestätigt wurde, wodurch den Bauerschaften des Alten Landes Auseinandersetzungen, wie sie die Wurster Bauern und noch viel mehr die Stedinger Bauern erleiden mußten, erspart blieben. Die Verfassung gipfelte in dem Amt eines Oberbürgermeisters, der das Siegel und die Landesrechnung führte, und es war die Annahme eines öffentlichen Amtes, eine mit dem Grundbesitz verbundene Pflicht.

Die Besiedlung begann von Stade aus, und von hier aus zählen die drei Meilen des Alten Landes: Die erste Meile reicht bis zur Lühe, die zweite bis zur Este und die dritte bis zur Finkenwerder Süderelbe bei Francop. Das zuletzt besiedelte Land östlich der Este war die nyge Meile, Neuland im Vergleich zur terra vetus westlich der Este, die dem ganzen Land als ›Altes Land‹ seit dem 14. Jahrhundert den Namen gab. Die Dritte Meile ist heute überwiegend hamburgisch.

Die Fahrt durch das Alte Land soll bis Buxtehude führen. Von Stade aus führt eine schöne Straße über Hollern nach Grünendeich und Steinkirchen – die Orte gehen nahtlos ineinander über – und endlich, immer an der Lühe entlang, zum Guderhandviertel. Hier quert eine Straße nach Jork, die weiter über Königreich und Estebrügge nach Buxtehude führt. Die Wegstrecke beträgt etwa 25 Kilometer, doch sollte man Abstecher einkalkulieren, besonders wenn man die Fahrt zur Zeit der Baumblüte – hier erst im Mai! – unternimmt. Dann erblüht das ganze Land, erst weiß von den Kirschbäumen, dann rosa von den Apfelbäumen, denn das Alte Land ist das größte Obstanbaugebiet der Bundesrepublik. Kilometerweit erstrecken sich hinter den Gehöften die Flächen mit dem Obstland und die vielen Baulichkeiten, die der intensive Landbau mit sich bringt.

Die erste Meile des Alten Landes

Hollern ist eines der von holländischen Siedlern gegründeten Straßendörfer, das seit der jüngsten Gebietsreform zusammen mit den Dörfern an der Lühe zur Samtgemeinde Lühe gehört.

Die *Kirche* des Ortes, südlich der Hauptstraße auf einer Wurt gelegen, weist zwei Besonderheiten auf: den im Kern romanischen runden Turm und das Patronat des Hl. Mauritius. Es ist einzig im Erzbistum Bremen und so besitzt diese Kirche auch das einzige Standbild des hierzulande seltenen Heiligen: ein Holzbildwerk von etwa 1300, das den Heiligen als gekrönten Ritter mit schwarzem Gesicht und einem Schwert vor dem Leib in archaisch strenger Haltung zeigt.

Und dann hat diese Kirche als einzige der Kirchen des Alten Landes einen steinernen runden Turm. Er ist der älteste Teil der Kirche, sicher im 13., vielleicht schon im 12. Jahrhundert aus Feldsteinen erbaut, dann aber, wie bei so vielen alten Feldsteinkirchen, überwiegend mit Backsteinen ergänzt, repariert, verblendet und vor wenigen Jahren war eine gänzliche Neuverblendung nötig, weil eine zu gut gemeinte Restaurierung mit falschen Materialien den Turm zu zerstören drohte. Er sieht jetzt sehr neu aus ...

Die übrigen Bauteile stammen dagegen erst aus dem 18. und dem Anfang unseres Jahrhunderts. Die Kirche hat aber große Teile ihrer alten Ausstattung in den Neubau gerettet.

Zu den interessantesten Ausstattungsstücken gehört die Taufe von etwa 1350. Das Becken wird getragen von drei Jünglingen, die vermutlich auf einem Bodenring aufstanden. Auf dem in drei Zonen geteilten Kessel steht als Inschrift in erhabenen gotischen Majuskeln: +: ECAP:MVC:INEV:EIROLG:XER:O:. Diese Inschrift ist spiegelverkehrt geraten und lautet rückwärts gelesen: o rex glorie veni cum pace (O König der Herrlichkeit, komm mit (deinem) Frieden). In der mittleren Zone sind sechzehn Reliefs (Modelabgüsse) in Form von Medaillons und Rechtecken angebracht.

Der Altar ist ein Werk reiner Renaissance, entstanden um 1570. Er zeigt einige interessante Details. Die zentralen Darstellungen sind gemalt: in der Mitte das Abendmahl, im linken Flügel übereinander die Anbetung der Hirten und die Geißelung Christi und im rechten Flügel Kreuzigung und Auferstehung; im oberen Geschoß ist das Jüngste Gericht gezeigt. Die Bekrönung besteht aus einer geschnitzten Kreuzigungsgruppe. Neben dieser vertrauten Thematik gibt es in der Predella zwei kleine Bilder, die die evangelische Form des Abendmahls in beiderlei Gestalt zeigen, und zu beiden Seiten des Jüngsten Gerichts sind Medaillons mit den Bildnissen von Luther und Melanchthon eingesetzt. Wir haben hier also einen betont lutherischen Altar vor uns, wie es sie am Ende des 16. Jahrhunderts mehrfach gegeben hatte.

Bei der Weiterfahrt sollte man auf die schönen Fachwerkbauernhäuser achten, von denen es immer noch viele gibt, obwohl sehr vieles schon verändert wurde, und einen schönen Blick über das Obstland und über die Elbe auf das holsteinische Ufer bei Wedel hat man bei einem Spaziergang auf dem Deich gegenüber dem Lühe-Sand (vgl. auch Farbt. 38).

Für den Hamburger mag das hamburgische Neuenfelde das Herz des Alten Landes sein, für andere ist es das Land um Jork und für wieder andere das Stück beiderseits der Lühe, also Grünendeich, Steinkirchen und Guderhandviertel links des Flüßchens und Neuenkirchen und Mittelnkirchen auf der anderen Seite. Lassen wir den Streit, wem die Krone gebührt, ruhig auf sich beruhen, erkennbar ist allemal, daß das Land um die Lühe von besonderem Reiz, von besonderer Schönheit ist und das nicht nur zur Zeit der Blüte, sondern auch, wenn die Kirschen reifen, die Stare über die prallen Früchte herfallen oder zu den Zeiten der Ernten. Auch gibt es hier noch viele stattliche, sehr gepflegte Hofanlagen mit den ganz und gar einmaligen Hoftoren, den Prunkpforten mit der Tordurchfahrt und der kleinen Leutepforte (Farbt. 41). Diese Tore stehen – oder standen – auf der Brücke, die über einen neben der Straße verlaufenden Graben führte. Daß es sich bei den Hofgebäuden um niederdeutsche Zweiständerhäuser mit Kübbungen und Reetdeckung handelt, besagt zunächst nicht viel. Mindestens ebenso entscheidend ist ihre Größe, ihre Länge und korrespondierend zur Größe die Höhe der Giebel, die bis etwa 1800 abgetreppt vorkragten (Farbt. 40), dann aber zunehmend bündig aufgerichtet wurden, bis der Backsteinbau ab 1870/80 das Fachwerk verdrängte. Der Wohngiebel ist fast immer der Straße zugewandt (aber: keine Regel ohne Ausnahme) und als Vollgiebel mit bedeutungsvoller Giebelzier (Abb. 99) ausgebildet, während der Hof- (Wirtschafts-)giebel abgewalmt ist. Die Ausbildung der Wohngiebel war außerdem in einem bei Bauernhäusern sonst nicht üblichen Maß kurzfristigen Stilwandlungen unterworfen, wobei das nahe Hamburg den Ton angegeben hatte. So soll das Fachwerk ursprünglich blutrot gewesen sein, bevor es, unter städtischem Einfluß, weiß wurde. Unbeschreiblich ist auch die Vielfalt der Ziegelmuster bei den Ausfachungen. Diese Muster werfen mitunter alle konstruktiven Fesseln ab und erscheinen nur noch als schöne Ornamente.

Zu den Besonderheiten der großen Höfe gehören auch die Brautpforten, die vom Ende des 18. Jahrhunderts an auftreten und in denen sich die ganze Lust am Schmuck sammelte (Abb. 98). Vor allem die Oberlichte dieser Türen sind auffallend reich gestaltet. Dabei wurde die Brautpforte – der Name sagt es – nur für den Einzug der Braut in das neue Haus benutzt – und wenn ein Toter aus dem Haus getragen wurde –, und sie erschloß auch nicht einen Flur, sondern dahinter lag die Schappkammer (Schränke- und Truhenkammer). Sie hatte den direkten Ausgang, um bei Feuer möglichst viele Kostbarkeiten schnell aus dem Haus schaffen zu können. Die eigentlichen Haustüren, die sogenannten Blangentüren, lagen dagegen an den Langseiten und führten auf das Flett.

Herkunft und Geschichte der Dörfer an der Lühe sind sehr verschieden. Grünendeich und Steinkirchen waren sächsische Siedlungen, Guderhandviertel (Verendeel der Gudemannen) und Mittelkirchen waren jüngere Deichhufendörfer, die erst in der zweiten Kolonisationsphase besiedelt wurden.

Die kleine *Fachwerkkirche* in **Grünendeich** wurde erst 1608 gebaut, die wichtigsten Ausstattungsteile sind gar erst 1616/18 von den von Zesterfleth, einem Geschlecht, das schon bei der Marschenkolonisation eine führende Rolle spielte, gestiftet. Davor gab es schon Kirchen hier, sie gingen aber anscheinend bei Sturmfluten unter, zuletzt 1570 in der Allerheiligenflut.

Die Fachwerkbauweise führte dazu, daß die durch die Emporen bedingte Zweigeschossigkeit auch nach außen in Erscheinung tritt und der verschalte Turm, auch er ein Fachwerk, mächtiger wirkt, als er tatsächlich ist. Die innere Ausstattung besteht in ihrem Kern, allen späteren Veränderungen und Umstellungen zum Trotz, noch aus den von Oswald von Zesterfleth gestifteten Stücken, dem Altar, der Kanzel und der Taufe. Es sind schlichte, man möchte sagen bäuerlich derbe Werke des Manierismus. Auch die von Zesterfleth'sche Prieche (Empore) mit dem Wappen der Vorfahren – alles stiftsbremische adelige Familien – wurde damals geschaffen.

Huttfleth, woher das prächtige Bauernhaus auf der ›Insel‹ in Stade stammt, Grünendeich, Steinkirchen und auch Guderhandviertel gehen unmerklich ineinander über. Die *Kirche* von **Steinkirchen,** dem Hl. Martin und dem Hl. Nikolaus (dem Patron der Fischer, Schiffer, Kaufleute und Diebe) geweiht, ist, wenn man unterm Lühe-Deich fährt, aber nicht zu verfehlen; sie steht auf einer Wurt neben der Hauptstraße und inmitten des alten Friedhofs.

Sie ist nicht so barock, wie sie durch das bergende Mansarddach und den fein profilierten Turm erscheint. Im Westteil des Baues sind vielmehr Reste der ersten Kirche aus dem 13. Jahrhundert enthalten, und die bauliche Struktur des Mauermantels mit den Strebepfeilern ist um 1500 entstanden. Damals war die Kirche vielleicht sogar in Backstein gewölbt gewesen oder sollte es werden – Ansätze dazu sind jedenfalls vorhanden. 1773 wurden aber große Teile des Baues neu mit Backsteinen verblendet, das große Dach mit dem kraftvoll betonten Gesims gebaut und der Innenraum neu gestaltet.

Dieser weite, überwölbte Innenraum wirkt durch seine großartige Einheitlichkeit der barocken Ausstattung, eine Einheitlichkeit, die Werke aus hundert Jahren glücklich vereint. Alles in diesem Raum wirkt leicht, schwebend, wie der prachtvolle Kanzelaltar, aufgestellt 1784/86, der in einer Kreuzigungsgruppe und dem Auge Gottes gipfelt. Kurios, damals aber nicht ungewöhnlich, mutet die Verbindung der Altarschranken mit der Taufe im rechten Eckbaluster und einem Opferstock im linken an.

Derselbe Bildhauer Christoph Hermann Meyer aus Verden schuf auch die bezaubernden, durchsichtigen Priechen zu Seiten der Kanzel mit eleganten frühklassizistischen Vasen- und Girlandenbekrönungen. Diese Priechen wurden, mit Ausnahme der Zesterflethschen (Südseite neben dem Altar) vom Kirchenvorstand eingebaut, um dann ›stellen‹-weise versteigert zu werden, wobei jede ›Aussicht‹ (Fenster) eine ›Stelle‹ mit mehreren Plätzen hintereinander darstellte. Für 32 solcher Stellen hat der Kirchenvorstand zwischen 1754 und 1785 die Summe von 17730 lübische Mark eingenommen. Die Erwerber der Stellen mußten außerdem die Kosten für die kunstvolle farbige Fassung und die Einrichtung bezahlen.

Die Orgel und die Orgelbrüstung über der Orgelprieche ist wieder ein Werk von Arp Schnitger. Diese 1687 geschaffene Orgel mit ihren 28 Registern, die noch ziemlich unverändert sind, gilt als eines der Hauptwerke dieses berühmtesten Orgelbauers des Nordens.

Richtig holländisch wirkt das Land um Steinkirchen: das frische Grün des intensiv betriebenen Gartenbaus, die schmucken Häuser mit dem weißen Fachwerk und dann eine Brücke wie aus einem Bild von van Gogh. Die *Hogendiek-Brücke* über die Lühe ist noch nach niederländischer Art als Klappbrücke mit dem großen auskragenden Kontergewichten gebaut (Farbt. 39); es ist zwar nicht die einzige Brücke dieser Art im Alten Land, aber die schönste gewiß.

Nach zwei Kilometern erreicht man die Straße Dollern – Mittelnkirchen – Jork, wo man über den Fluß wechseln kann; man sollte aber geradeaus weiterfahren und erst auf der Höhe von Neuenkirchen den Fluß überqueren. Der Umweg ist unbedeutend, die Strecke aber schön, und außerdem steht an diesem kurzen Streckenabschnitt der älteste Speicher des Alten Landes (zum Hof Guderhandviertel Nr. 50 gehörig), erbaut 1587 und heute im Besitz eines ›Städters‹, der sich hierher zurückgezogen hat – Schicksal vieler und oft der schönsten Höfe des Landes. – *Neuenkirchen* hat eine hübsche kleine Fachwerkkirche, die der Form nach um 1600 erbaut, derweil aber schon zweimal erneuert wurde und in der ein bemerkenswerter Flügelaltar des 14. Jahrhunderts steht.

Die Kirche in *Mittelnkirchen* gehört zu den bescheideneren. Ihre Baugeschichte beginnt 1322, und in spätgotischer Zeit erfolgte ein Umbau, bei dem zumindest der Chor hoch eingewölbt wurde. 1749 zeigten aber Chor und Schiff so große Schäden, daß die Gewölbe und ein Teil der alten Mauern abgetragen werden mußten; es entstand jener schlichte Saalbau mit schmuckloser verputzter Brettertonne im Inneren, der seine mittelalterliche Vergangenheit nicht leugnen kann, der aber in der äußeren Gestalt wie auch in der Einrichtung die gestalterische Größe der Kirche in Steinkirchen nicht erreicht.

Die zweite Meile des Alten Landes

Jork, von Mittelnkirchen nur vier Kilometer entfernt, ist aufgrund alter Tradition der Hauptort des Alten Landes, auch heute ist es Sitz einer Samtgemeinde. Den Namen hat es von des bischöflichen Zehnteinnehmers Hof, der curia majorica, der an der Stelle des Harenschen Hofes, des heutigen Rathauses, stand. Der Zehnte ging an das von Bischof Yso von Verden gestiftete Andreasstift zu Verden (s. S. 199), womit wir bei einer weiteren Besonderheit wären: Die Diözesangrenze zwischen den Bistümern Bremen und Verden verlief entlang der Lühe. Die Dörfer links des Flüßchens unterstanden dem Erzbischof von Bremen, die rechts davon dem Bischof von Verden. Die Grafschaft Stade, die ja 1236 endgültig den bremischen Erzbischöfen zugefallen war, griff aber über diese Grenze hinweg und so kam es, daß in dem erzstiftigen Alten Land zwischen Lühe und Este die kirchliche Gewalt beim Bischof von Verden lag und die Höfe ihm zehntpflichtig waren.

Die Grundlage der baulichen Gestalt Jorks ist, wie so oft in deutschen Städten und Dörfern, kaum mehr ablesbar. Es entstand nämlich an der Kreuzung der Oster- bzw. der Westerjorker Wettern, einem das Marschland in Längsrichtung durchziehenden Entwässerungsgrabens mit der früheren Zester, einem der Elbe zufließenden Flüßchen, an dessen Mündung das Dorf Zesterfleth lag. Dies Wasserkreuz war verbunden mit einem Wegekreuz. Heute ist davon nur eine große Straßenkreuzung geblieben. Der zum ›Obstmarschenweg‹ ausgebauten Straße wurden die Wettern und die begleitenden Bäume geopfert wie auch einige die alte Ortsmitte prägende Häuser.

Die *Kirche St. Matthias* liegt etwas abseits der großen Kreuzung auf einer Wurt, umgeben von dem alten Kirchhofplatz und wenigstens noch einigen der alten kleinen Handwerkshäuser. Sie ist die größte im Alten Land und schon seit 1221 an diesem Ort nachweisbar. Das heutige Gotteshaus wurde 1664, 1709 und 1931 jedoch in so großem Umfang erneuert, daß von dem mittelalterlichen Bau kaum mehr etwas vorhanden ist außer der Grundfigur des einschiffigen Saalbaues mit polygonalem Chorschluß, wie sie bei allen Kirchen hier zu finden ist.

Der langgestreckte Innenraum – etwa 37 Meter lang! – wirkt so licht und weiträumig, weil diese Kirche nicht die zwar sehr schönen, aber das Lichtprofil sehr einengenden Priechen an den Längsseiten hat, die zu den auffallendsten und oft auch besonders kostbaren Merkmalen der anderen Kirchen gehören. Hier nun gleitet der Blick ungehindert durch den weiten Raum, erfaßt die blau bemalte Brettertonne bis zu den fein profilierten Gesimsen.

Von besonderer Bedeutung für die Kunst des Barock im Alten Land ist der Altar, der 1710 von den Eheleuten Claes und Anna Schuback aus Hamburg gestiftet worden war. Die Schubacks entstammten einer verzweigten und begüterten Familie des Alten Landes. Der von ihnen abstammende hamburgische Zweig erklomm innerhalb von nur einer Generation die höchsten Staatsämter bis zum ›Ältesten Bürgermeister‹, gründete ein Handelshaus und verband sich Anfang des neunzehnten Jahrhunderts mit den Amsincks, deren Nachkommen heute noch dem von einem Schuback mitbegründeten Im- und Exporthaus vorstehen und dem Alten Land verbunden blieben.

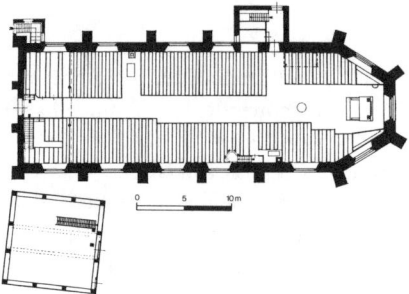

Jork, St. Matthias-Kirche, Grundriß

Die Verbindung zu ihrer alten Heimat ließen die Hamburgischen Schubacks nicht abreißen. Das zeigt einmal diese Altarstiftung, dann aber auch der Schubacksche Stuhl neben dem Altar und endlich die Geschichte, wie sie Lessing ihr Haus in Jork anboten, damit er in aller Stille und Zurückgezogenheit hier die Hamburger Kaufmannswitwe Eva König heiraten konnte. Dieses Ereignis fand statt in dem Schubackschen Haus, das auf dem Grundstück der Altländer Sparkasse in Westerjork stand.

Doch zurück zum Altar. An ihm ist alles in Bewegung gebracht und auf eine Weise durchgearbeitet, wie man das sonst nur an den besten Werken der städtischen Kirchen sieht. Die Säulen mit Laub umwunden und gedreht, die Kreuzigungsgruppe im unteren Bildfeld und das Relief der Grablegung darüber sind vor mit Landschaften bemalte Gründe gesetzt, das Rankenwerk an den Seiten schäumt geradezu auf vor Bewegung. Dazu sind Statuen der vier Evangelisten und Putten mit den Leidenswerkzeugen gestellt, wie sie in dieser Ausdruckskraft in der ganzen Region nicht wieder zu finden sind.

Der Künstler dieses schönen Werkes, Hinrich Rinck, ist sonst nirgends greifbar; man wird aber annehmen dürfen, daß er auch den nicht minder schönen Schubackschen Stuhl mit seinen reichen Schnitzereien geschaffen hat, zumal der Stuhl gleichzeitig mit dem Altar entstand.

Die Kanzel schuf 1664/65 Meister Johann Tamke aus Buxtehude; er wird uns in Estebrügge wieder begegnen. Sie ist eine Stiftung des Matthaeus von Haren und der Gerdrut-Elisabeth Gronowin. Die Ha(a)rens waren im 17. und 18. Jahrhundert in Jork das führende Geschlecht, das seit Hinrich von Haren aus Twidenfleth 1645 von Christoph Graf von Königsmarck als Gräfe eingesetzt wurde, dieses höchste Amt des Alten Landes innehatten und bis 1778 auf dem nach ihnen benannten Hof, dem heutigen Rathaus, saßen. Ihre Bedeutung zeigt sich auch darin, daß sie die einzige Prieche im Kirchenschiff besaßen.

Am Kanzelkorb, der in den ornamentalen Teilen im Knorpelstil gehalten ist, sind wieder die Evangelisten und an der Treppe die Propheten Noah, Abraham, Isaac und Jacob zu sehen. Besonders schön ist der Schalldeckel mit den in zwei Reihen gestellten Engeln mit den Marterwerkzeugen und dem segnenden Christus als bekrönender Figur gestaltet.

Die Ausbildung einer zweigeschossigen Empore im Westen mit hochliegender Orgel ist hier nicht ungewöhnlich, auch in Otterndorf, Steinkirchen, Borstel und Estebrügge kann man das beispielsweise sehen. Die Brüstung des die ganze Breite des Schiffes einnehmenden Orgelgestühls besteht aus 23 Feldern, die mit alt- und neutestamentarischen Szenen bemalt sind. Die Thematik reicht von der Erschaffung Evas bis zum Pfingstwunder. Auch die Brüstung der darüber angeordneten Orgel ist bemalt, und zwar mit alttestamentarischen Themen.

Die Orgel geht, wie fast alle Orgeln des Landes, auf Arp Schnitger zurück. Das originale Werk wurde aber 1914 ausgebaut und durch ein neues ersetzt, das mittlerweile abermals gegen ein neues, wieder barock eingestimmtes Werk ausgetauscht wurde.

Wunderschön ist das bemalte Gemeindegestühl mit den Arkaden- und Holzgitterfüllungen. Jeder Bewohner hatte darin seinen festen, beschrifteten Platz; die älteste dieser Inschriften stammt dabei von 1695.

Der bedeutendste Bau außer der Kirche ist der Harensche Hof oder der Gräfenhof, das heutige *Rathaus* (Abb. 100). Er steht ganz im Herzen des alten Dorfes, an der Ecke der Osterjorker Wettern (Straße) und dem Borsteler Fleth. Erbaut wurde er vermutlich erst 1651 durch Matthaeus von Haren, jedenfalls sind Teile der bis in das 12. Jahrhundert nachweisbaren Vorgängerhöfe nicht erhalten. Am Ende des 18. Jahrhunderts wurde das Haus, besonders im Inneren, weitgehend neu gestaltet, modernisiert würde man heute sagen.

Die Gräfen waren bis 1866 die von den Landesherren eingesetzten Beamten, die die Steuern einzunehmen hatten und über Rechtsprechung und Deichwesen wachten – als Bauern darf man sie sich also nicht mehr vorstellen, es waren vermögende Gutsherren.

Entsprechend groß war ihr Haus und städtisch, auch wenn es als Fachwerkhaus alle Merkmale der Altländer Bauernhäuser aufwies. Aber wie groß war allein der zweigeschossige Wohnbau mit seiner asymmetrischen Front, wie groß war einst das Dielenhaus, von dem nur noch ein kleiner Rest blieb. Und dann darf man Bedeutung und Reichtum eines solchen Gutshauses nicht allein nach Fachwerk und Ausfachung beurteilen – die Kenntnis der Ausstattung der Stuben ist für das Verständnis dieser Volkskultur mindestens ebenso wichtig. Nicht umsonst bekommen die Augen der Sammler und Händler beim Anblick

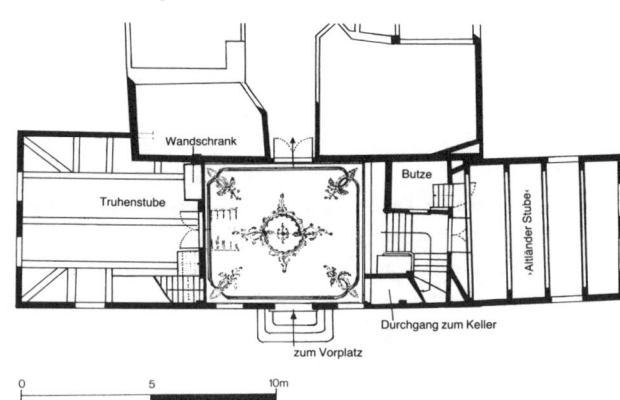

Jork, von Harenscher Hof, Querhaus-Grundriß mit Dekkenansicht des Erdgeschosses. Der Dielenbau, also das eigentliche Bauernhaus, steht nicht mehr, an dessen Stelle wurde 1974–78 ein Teil des Hofes Westerjork 55 angebaut.

altländischer Möbel, der Truhen, Bänke und Stühle etwa, einen so auffallenden Glanz. Noch vor etwa zwanzig Jahren war das Haus mit allen für seine Erscheinung und Geschichtlichkeit wesentlichen Einzelheiten erhalten, darunter wertvollen Möbeln aus dem Anfang des 18. Jahrhunderts. Dann aber wurde das Dielenhaus, also das eigentliche Bauernhaus, abgebrochen und wer weiß, ob das Haupthaus noch stünde, wenn die zur Stadt gewachsene Gemeinde das Anwesen nicht 1971 erworben und restauriert hätte, um hier ihr Rathaus zu errichten. Die Abbruchwunde an der Rückfront wurde dabei geschlossen durch den Giebel eines Hofgebäudes, das an anderer Stelle abgebrochen wurde, wobei anstelle der Brauttür eine Grootdöör geschaffen wurde, um den Türsturz von 1783 mit den Hauswappen unterbringen zu können. Die Brauttür jenes versetzten Hofes wurde dafür an den Wohngiebel verbracht, dorthin, wo heute die Brautpaare das Haus betreten, um sich in einer echten Altländer Stube das Jawort zu geben.

Ein anderes Haus, das für die Geschichte der Gemeinde bedeutend war, ist das *Portausche Haus* (Abb. 96), das vor dem Rathaus direkt an der Straße von Königreich, dem ›Obstmarschenweg‹ liegt. Es wurde auf Betreiben des Matthaeus von Haren 1658 als Gerichtshaus gebaut. Gerichtshaus heißt, daß hier das Gräfengericht (Grefthing) tagte, aber auch das Berufungsgericht, das ›Landgrefthing‹, das auch als Ständeparlament zusammentrat. Schon hundert Jahre später zog die ›Behörde‹ in ein anderes Haus um, das alte wurde ein Wohnhaus. 1929 sollte es abgerissen werden, um die Straße verbreitern zu können. Aber schon damals gab es ab und zu Bürgerinitiativen, die der Obrigkeit in die Arme fielen und so erreichte man, daß das Haus wieder privatisiert und – 1932! – um einige Meter zurückverschoben wurde. Das Ereignis wurde in einer Inschrift über der Eingangstür festgehalten. Danach war das Haus fast ein halbes Jahrhundert ein Miethaus, bis es jetzt, abermals als öffentliches Gebäude, dazu bestimmt wurde, das Altländer Archiv und die öffentliche Bücherei aufzunehmen – wenn das keine reiche Geschichte ist!

Zu diesem schönen und bedeutenden Ensemble gehört endlich auch *Sievers Hotel* auf der anderen Straßenseite. Es wurde wahrscheinlich 1660 für den Bruder von Matthias von Haren, den Richter Dr. Henricus von Haren, erbaut und am Ende des 18. Jahrhunderts ›modernisiert‹.

Richtige bilderbuchschöne Höfe, mit allem, was Altländer Baukultur bedeutet, sieht man übrigens noch viele an der Straße in Osterjork (Abb. 97).

Den Weg nach **Borstel** kann man gut laufen, liegen doch beide Orte so nah beieinander, daß sich ihre Kirchtürme gegenseitig grüßen können. Man geht am Borsteler Fleet entlang, in dem sich an schönen Tagen Landschaft, Häuser und der Kirchturm spiegeln.

Borstel, oder eigentlich die Vorgängersiedlung Zesterfleth, hat eine bewegte Geschichte hinter sich. Der Ort war eine altsächsische Gründung, die schon im 12. Jahrhundert von Niederländern übersiedelt wurde. Dieser erste Ort muß draußen auf dem Hahnöfersand gelegen haben – dort wenigstens war die erste, St. Nicolaus geweihte Kirche. In den ersten Jahrzehnten des 14. Jahrhunderts müssen Kirche und Ort dort zerstört worden sein, denn das adelige Geschlecht von Zesterfleth siedelte in das sichere Guderhandviertel, und die

Kirche wurde nach Kohlenhusen verlegt. Aber schon am Ende desselben Jahrhunderts verschlangen die Fluten abermals die Kirche und jetzt wurde sie in Borstel angesiedelt.

Aber auch von diesem um 1400 errichteten Bau sind nur noch Mauerflicken erhalten, das meiste wurde im 17. Jahrhundert und später erneuert. Aber was macht das schon; dieser Typ der Saalkirche mit einfachem polygonalem Chorabschluß – wie differenziert sind dagegen die Kirchen in Wursten! – ist so zeitlos, daß ein paar Reparaturen an dem Bild kaum viel ändern, und zeitlos sind auch die geduckten Zimmermannstürme, bei denen nur die Höhe der Spitze dem jeweiligen Bau einen lokalen Habitus verleiht.

Im Inneren aber unterscheiden sich die Kirchen von Ort zu Ort. In der kleinen *Kirche* zu Borstel (innere Länge nur 24 m) ist der Raum zwar im Westen und an den beiden Längswänden von Priechen eingeengt und doch ist er durchlichtet und heiter wie kaum eine dieser Kirchen, deren Raum in Länge und Breite und Höhe auf einen Blick ermessen werden kann. Das liegt zu einem Teil an der bunten Bemalung der Brettertonne von 1770/72, der Wände, Priechen und Gestühle, einer Bemalung, in der biblische Motive mit volkstümlichen verwoben sind. Es liegt aber wohl auch an der Bauart der Priechen, durch die man zur Decke schauen kann.

Das älteste Inventarstück – außer einer nur schwer zu sehenden Glocke von 1200! – ist eine bronzene Taufe, die wie die von Altenbruch (s. S. 280) dem Meister Ulricus aus Lüneburg zugeschrieben und auf 1325 datiert wird. Die Ähnlichkeit, für den Laien sogar Gleichheit, ist wirklich frappierend, sei es dieselbe spiegelbildlich gesetzte Inschrift »QUI BAPTIZATUR HOC SACRO FONTE LAVATUR«, sei es dieselbe Gliederung des Kessels in drei Zonen mit Reliefs auf dem Mittelband: beide Male der segnende Christus mit den Emblemen der vier Evangelisten und die Heiligenbilder.

Der Kanzelaltar von Tischlermeister Paul Spangenberg aus Borstel entspricht im Typus von Aufbau und Thematik den Kanzelaltären von Steinkirchen und Mittelnkirchen; er kam 1771/72 in die Kirche und ist wie dort auch eingebaut zwischen einer Sakristeiprieche, einem Juraten-(Kirchenvorstands-)stuhl und einer Pastorenprieche. Der obere Teil des Altaraufbaues wird im übrigen überschnitten von einer spätgotischen Kreuzigungsgruppe, die auf einem Ankerbalken aufsteht.

Die Westempore unter der Orgel nimmt die ganze Raumbreite ein und kam erst 1770, zusammen mit der Orgel, die vorher an der Nordseite stand, hierher. Dabei wurden aber wohl Teile einer älteren Orgelempore weiterverwendet – man kann das stellenweise an der Malerei erkennen. Die alte Orgel war teilweise – natürlich – auch ein Werk von Arp Schnitger, doch wurde sie bei der Verlegung nach Westen nicht nur erweitert, sondern auch bildhaft verändert – ein Schuback war zu der Zeit im übrigen auch im Kirchenvorstand. Nachdem auch das vorige Jahrhundert seinen Teil zur Orgel dazu getan hat, sind an diesem Werk Teile und Musikauffassungen des 16. bis 19. Jahrhunderts vereint.

Neben der Kirche und gegenüber der Brücke steht einer der großen, traditionsreichen Höfe des Alten Landes: der *Wehrtsche Hof.* Der erste Inhaber der Hofstelle war Erzbischof Giselbert – das war 1275. Dann gehörte der Hof dem Georgskloster zu Stade, das ihn 1541 an die Familie Dehmel, die einige der Gräfen stellte, verkaufte. Die Pappenheimer Reiter

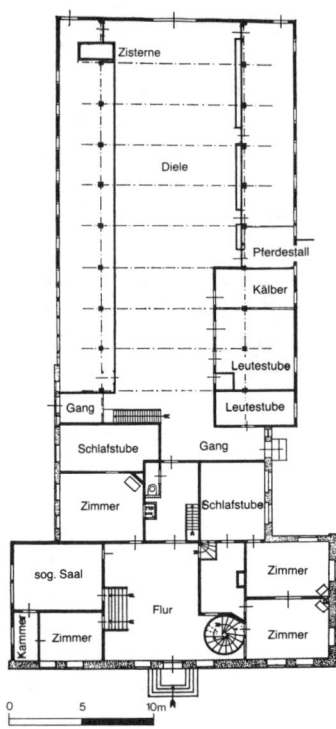

Die Mühle liegt an der unterm Deich verlaufenden Straße, die über Hinterbrack ›hinten-
herum‹ nach Königreich und Estebrügge führt (etwa 7 km). Wer das Auto in Jork gelassen

Borstel, Wehrtscher Hof, Grundriß,
nach einer Aufnahme von 1935

brannten 1632 den Hof nieder. Später besaßen ihn die
Königsmarck, und erst 1790 taucht der Name auf, den
der Hof heute trägt.

Die Anlage entspricht der des Gräfenhofes zu Jork
vor dessen Umbau. Vor dem fast 35 Meter langen Dielenhaus steht der breite, aber wenig tiefe, teilweise
massiv aufgeführte Wohnbau, der durchaus herr-
schaftlich eingerichtet ist. Erbaut wurde der Hof wohl
bald nach der Zerstörung des alten im Jahre 1632.

Borstel, das ja nun direkt unterm Deich liegt, hatte
einen ganz kleinen Sielhafen. Obst und Ziegel aus der
nahen Ziegelei wurden hier verladen. Damit ist es vorbei, seit alle Zuflüsse abgesperrt sind. Geblieben aber
ist das Bild eines kleinen Hafenortes mit den Häusern
für die Bediensteten eines solchen Hafens, der Klein-
schiffer und der Fischer. Sie lebten auf der ›Kleinseite‹
des Fleets, das ist das Westufer.

Und dann hat der Ort auch wieder seine *Windmühle.* Es ist nicht mehr die, die der Gräfe des Alten Landes, Nicolaus Dehmel, 1638 gekauft und wieder instand gesetzt hatte, auch nicht mehr die Bockwindmühle, die hier auch einmal stand, sondern eine um
1860 gebaute Holländerwindmühle, die hundert Jahre
lang ihren Dienst tat, dann aber so verfiel, daß sie
schon so gut wie aufgegeben war, als sie 1981 der
Landkreis kaufte, restaurierte und ein Fremdenver-
kehrsbüro für das Alte Land darin einrichtete.

hat, sollte aber die schnurgerade Osterjorker Straße nach *Königreich* fahren – hier reiht sich
ein prachtvolles Gehöft an das andere, hier ist das Alte Land, wie man es von Bildern kennt.

Estebrügge ist nicht eigentlich ein Bauerndorf, sondern ein Brückenort, früher der wichtig-
ste Übergang über die Este, wenn man nicht den Umweg über Buxtehude nehmen wollte.
Und weil der Ort nicht so sehr von der Landwirtschaft lebte als von der höchst einträglichen
Brückenfunktion, hat er auch mehr bürgerliches, sagen wir kleinbürgerliches Gepräge. Die
Hauptstraße vermittelt diesen Eindruck noch sehr gut.

Dieses Kleinstädtchen besitzt eine *Kirche*, die, obwohl in der Anlage um nichts anders als
die anderen Kirchen im Alten Land, doch wieder einen ganz eigenen Eindruck bereitet.
Eindrucksvoll ist schon der Zugang zum Kirchhof durch ein Kriegerdenkmal von 1870/71
und dann die auffallend gedrehte Kirchturmspitze. Der Turm selber ist wie alle Türme hier

eine verschalte Zimmermannskonstruktion. Die Spitze aber ist so akkurat verdreht, daß man meinen möchte, das sei mit Fleiß so gemacht, was aber nicht der Fall gewesen sein wird – eher hat der Zimmermann gepfuscht und gespart.

Die Kirche, eine Martinskirche, wurde im Jahre 1700 neu gebaut, als Saalkirche mit polygonalem Chor, großen im Rund geschlossenen Fenstern und reich skulptierten Portalen. Der lichte Innenraum ist von einer Brettertonne überwölbt, die ein rechtes Abbild des blauen Himmels über dem Alten Land ist.

Die Ausstattung wurde teilweise noch aus der alten Kirche übernommen. Das älteste Stück ist auch hier wieder eine bronzene Taufe aus der Mitte des 14. Jahrhunderts, an deren Inschrift, sie ist die gleiche wie an den Taufen von Borstel und Altenbruch, der Zusatz »MAGISTER EGLERT ME FECIT« steht; hier hat sich also einmal der mittelalterliche Meister an seinem Werk verewigt. Auch andere Einzelheiten an Tragfiguren und Reliefs sind den Taufen in Borstel und Altenbruch so ähnlich, daß man an eine lokale Nähe beider Gießwerkstätten, in Lüneburg vermutlich, denken möchte.

Nach der letzten Restaurierung kehrte auch der 1656 gestiftete Deckel zur Taufe an seinen alten Platz zurück. Obwohl durch eine Darstellung der Taufe Christi und eine Inschrift eindeutig der Taufe zugeordnet, hatte man 1702 den kunstvollen Aufbau auf den Schalldeckel der Kanzel gesetzt. Dabei hat die Kanzel solche Bereicherung eigentlich gar nicht nötig. Sie wurde, zusammen mit dem Schalldeckel, wie er jetzt wieder zu sehen ist, 1656 vermutlich durch Meister Tamke aus Buxtehude geschaffen. Am Korb sind die vier Evangelisten mit ihren Symbolen in schreitender Haltung dargestellt, und an den Postamenten der Ecksäulen finden sich die Wappen und Namen der Stifter oder damaligen Juraten.

Durch den Neubau der Kirche und den Wiedereinbau der alten Kanzel wurde offenbar eine neue Treppe mit einem längeren Laufgang nötig. Der Zugang zur Kanzel liegt in einer Sakristeiprieche, wie sie von den anderen Kirchen her bekannt ist; sie wurde 1702 aufgestellt und steht neben dem Altar. Von da aus mußte der Weg zur Kanzel richtig überbrückt werden. Die Brüstung dieses Ganges wurde nun sehr kostbar gearbeitet, mit schönen durchbrochenen Lünettenfüllungen und vielleicht wünschte man sich zu dieser reichen Gestaltung einen üppigeren Abschluß an der Kanzel, den man durch den Taufdeckel gewann.

Mit den Priechen an der Nordseite hat es seine eigene Bewandtnis. Zum Kirchspiel Estebrügge gehörten beiderseits der Este einige adlige Güter, deren Inhaber sich diese Stühle fertigen ließen. In deren Familien tauchen wieder alle Namen der bremischen Stiftsritterschaft auf und sie waren auch bis ins vorige Jahrhundert noch präsent durch ihre Wappen.

Von dem schönen Gestühl mit den Engelsköpfen im Akanthus wird berichtet, ein trunkener Soldat habe im Dreißigjährigen Krieg die Schärfe seiner Klinge an den Nasen der Engelchen geprüft. Die Nasen sind in der Tat alle ab; am trunkenen Soldaten mag also etwas dran sein, aber erst nach 1702, denn älter sind die Wangen nicht.

Als Westabschluß haben wir wieder eine mächtige doppelstöckige Empore mit der Orgel, 1700–02 eingebaut und – wenigstens die Orgel betreffend – wieder ein Werk von Arp Schnitger, der von diesem Werk selber sagte: »Das ist eine Herrliche Orgel, wie man sie in vielen Städten nicht findet.« Das originale Werk ist allerdings nicht mehr erhalten.

Nach **Buxtehude** sind es jetzt nur noch fünf Kilometer. – Will man zum Kern der Buxtehuder Geschichte vorstoßen, muß man sich erst durch einen Berg netter, aber auch platter Geschichten hindurcharbeiten, wie durch den Kuchenring, der das legendäre Schlaraffenland umgibt. Gegen Hase, Igel, bellende Dackelschwänze und amoreske Schmiede hat es selbst ein so begehrtes und geachtetes Tier wie der ›Buxtehuder Bulle‹, der Jugendbuchpreis der Stadt, schwer, die Aufmerksamkeit auf sich zu ziehen. Der Preis besteht übrigens neben einem Geldpreis aus einer 23 Pfund schweren Eisenplastik.

Dieses Verstecken der real gelebten Geschichte ist dabei eigentlich schade, blickt die Stadt doch immerhin auf eine 700jährige Geschichte zurück – sie wurde 1280–86 von Erzbischof Giselbert angelegt – und davor taucht es in mehreren Kaiserurkunden als ein Flecken, ein Königsgut auf, auf dem 1135 König Lothar weilte und urkundete. Es ist auch eine der wenigen planmäßig angelegten Stadtanlagen im Norden und war von Anfang an umwehrt. Der noch ältere Siedlungsbereich, der Buxtehude in die Reihe der 1000jährigen Siedlungen rückt, besteht noch im Ortsteil ›Alt-Kloster‹, das der Stadt seinen Namen ›Bucstedehude‹ (1195) abtrat und selber absank zum Olden Kloster vor Buxtehude, dessen Kirche St. Laurentius 1769 abgerissen wurde.

Buxtehude aber stieg auf, erhielt 1328 vom Erzbischof das Stader Stadtrecht verliehen, schloß sich vierzig Jahre später der Hanse an und entwickelte sich zu einem für den Fernhandel bedeutenden Rastplatz. Es war zwar de jure nie eine Freie Reichsstadt, tatsächlich aber so unabhängig und frei, wie es die jeweiligen Verhältnisse nur eben zuließen und die räumten dem Regiment der Stadt einen weiten Spielraum ein. Durch die Eroberung der Stadt durch Dänen und Schweden im Dreißigjährigen Krieg und den Übergang des Erzstiftes an die Krone Schwedens (1648) verlor die Stadt indes diese Freiheit; sie wurde eine Provinzstadt in den Herzogtümern Bremen und Verden und teilte hinfort deren territoriales Schicksal.

Die historische Stadtanlage ist insgesamt noch ziemlich gut erhalten, obwohl die Mauern und Tore allesamt fielen und auch die Wasserläufe um die Stadt, vor allem im Osten und Süden, nicht unangetastet blieben; nur der Marschtorzwinger im Norden der Altstadt und einer der fünf Rundtürme der Stadtbefestigung, vermutlich 1539 erbaut, blieb erhalten und ›bewacht‹ die Schleuse vor dem Fleth (Abb. 103). Aber die Planmäßigkeit der Stadtanlage mit Langenstraße und Fleth (Abb. 101) als den Hauptachsen, die durch Abtstraße, Breite Straße, Ritter- und Fischerstraße verbunden sind, ist noch erkennbar. Diese Stadtinsel wurde umflossen von zwei Armen der Este, die im Bereich des Stadtkerns als Stadtgraben und Stau ausgebaut und als ›Viver‹ bezeichnet wurden. Diesen Ausdruck, er kommt von vivarium = Behälter für lebende Fische, hatten die holländischen Siedler vom Niederrhein mitgebracht. Das die Stadt durchziehende Fleth – ehemals breiter – war Mühlenbach und Stadthafen. An seinem oberen Ende stand die Abtsmühle (Flethmühle), an seinem unteren, da, wo sich die beiden Viverarme wieder zur Este vereinen, lag das Hafenbecken. Es wurde im vorigen Jahrhundert fast ganz zugeschüttet.

Die Altbausubstanz hat nicht nur durch die großen, planmäßigen Modernisierungswellen des späten Historismus und der jüngsten Vergangenheit gelitten, sondern auch durch einen Alstadtbrand, der noch 1911 Teile der Altstadt heimsuchte und dem als bedeutendstes

Bauwerk das Rathaus von 1408 zum Opfer fiel – Schülern und Studenten der ehemaligen Baugewerbeschule ist zu danken, daß wenigstens das Archiv und andere Einrichtungen gerettet wurden. Am Haus Westfleth 35, das damals verschont blieb von dem Feuer, erinnert eine Inschrift an das tragische Ereignis (Abb. 102).

Die schönsten Häuser stehen heute am Westfleth, in der Abtstraße, vereinzelt auch in der Breite Straße und der Fischerstraße. Ein direkt auffallender ›hansescher‹ Bau ist das Haus *Lange Straße 25* von 1548 (Obergeschoß und Giebel Anfang unseres Jahrhunderts). Es ist der einzige spätmittelalterliche Backsteinbau mit einem großen Spitzbogenportal, dessen Gewände mit Tau- und Birnstäben reich profiliert sind. Nicht weniger auffallend ist das Haus des *Heimatmuseums* am St. Petri-Platz, erbaut 1912/13 unter Verwendung eines alten Ackerbürgerhauses und mit einer ganzen Palette schöner Ausfachungsmuster. In diesem Museum, dessen Sammlungsbereich sich über Buxtehude hinaus ins Alte Land und auf die Geest erstreckt, sind auch einige der alten Ausstattungsstücke der St. Petri-Kirche zu sehen.

Zur *Hauptkirche St. Petri* wurde 1285 der Grundstein gelegt. Nachdem Stiftungen für den Bau jedoch mit einem Ablaß verbunden waren, brachen die Buxtehuder den begonnenen Bau ab und begannen 1296 mit einem größeren Bau, der 1320 im wesentlichen vollendet war.

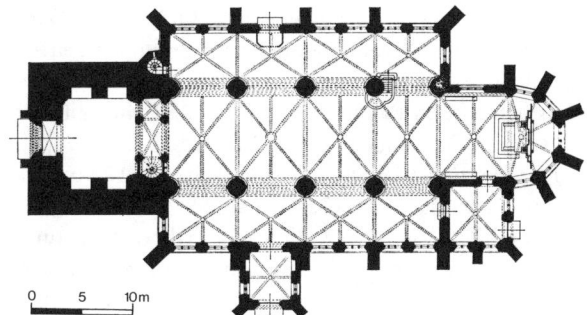

Buxtehude, Petrikirche, Grundriß

Die dreischiffige, gewölbte Backsteinbasilika mit tiefem, polygonal geschlossenem, durchlichtetem Chor und mächtigem Westturm spielt in der Entwicklung der Baukunst in Norddeutschland eine große Rolle, weil an diesem Bau die im niedersächsischen Backsteingebiet damals wenig gebräuchliche Form der Basilika mit dem Formenapparat der Hallenkirche kombiniert wurde. Die Einflüsse, die auf die Gestalt von St. Petri in Buxtehude eingewirkt hatten, kamen dabei aus Lüneburg, Marburg und Magdeburg.

Die Kirche wurde 1898/99 stark erneuert. Man sieht es dem Bau außen an (Abb. 104). Das Innere hat aber den Charakter der großen mittelalterlichen Pfarrkirche bewahrt. Es ist in der Tiefe der vier weitgespannten Spitzbogenarkaden, dem Chorjoch und dem Chorpolygon und in der Höhe der breiten, abgetreppten Arkadenbögen, der doppelten Zahl schmaler, tief in die Wand eingeschnittener Nischen des Obergadens und den sechsteiligen Gewölben ein schönes, in sich ruhendes Raumbild. Es bildet die Fassung für die wenigen kostbaren Ausstattungsteile, die der Kirche verblieben sind.

339

Das berühmteste Kunstwerk dieser Kirche ist allerdings nicht hier, sondern als Leihgabe der Kirche in der Kunsthalle von Hamburg zu sehen: der sogenannte Buxtehuder Altar, ein Flügelaltar, in dessen Mitte die Darstellung des Marienlebens in sechzehn Darstellungen steht. Ein anderer, nicht mehr vollständig erhaltener Altar dieser Kirche, ein Passionsaltar (niederländisch um 1450–70) ist dagegen dem Buxtehuder Heimatmuseum übergeben worden.

Das bedeutendste Altarwerk der St. Petrikirche ist jetzt der Halepaghen-Altar. Er ist benannt nach ›gerardus halepaghen Magister‹ – so stand es 1878 noch auf der steinernen Mensa, auf der der Altar stand. Gestiftet war er vermutlich von dessen Mündel, dem hamburgischen Bürgermeister Dr. Hermann Langenbeck. Halepaghen war einer der Reformgeistlichen, die sich im 15. Jahrhundert in der Bursfelder Union zusammenfanden, um, lange vor der Reformation, das Ordensleben zu erneuern. Bereits von Geburt her wohlhabend, hinterließ er bei seinem Tod 1485 ein großes Vermögen, das er in eine fromme Stiftung zur Förderung des geistlichen Nachwuchses und der Wissenschaften einbrachte. Die Stiftung, ihre Ausführungsbestimmungen füllen ein Buch mit 250 Seiten, ist noch heute im Geiste des Stifters tätig, denn die klugen Bestimmungen des Testaments haben auch bewirkt, daß das Vermögen bis heute erhalten blieb.

Der Altar besteht aus einem Mittelbild mit der Darstellung der Kreuztragung und zwei schmalen Seitenflügeln, die unterteilt sind und Szenen aus der Passion Christi zeigen. Auf den Außenseiten der Flügel sind Paulus und Hieronymus dargestellt, wobei der kniende Geistliche neben Paulus als Gherd Halepaghus gilt und der Kopf des Hieronymus als ein Porträt des Dr. Langenbeck. – Die Predella ist eine spätere Zutat.

Der Hauptaltar ist barock, geschaffen 1710 von Hans Hinrich Römers aus Hamburg. Architektur, Plastik und Malerei sind hier zu einem Werk vereint, das den Raum wirkungsvoll abschließt, ohne die Architektur in ihrer Bedeutung zu mindern. Die Thematik ist dabei konventionell vertraut: Abendmahl, Geburt Christi, Kruzifix und der Auferstandene mit der Siegesfahne, dazu Engel mit den Leidenswerkzeugen und die vier Evangelisten.

An den Seiten des Chorjoches stehen die Reste eines ursprünglich umfangreichen Chorgestühls von etwa 1400. An den dem Kirchenschiff zugewandten alten Wangen sind in jeweils drei gleichartigen Feldern Propheten mit Spruchbändern dargestellt und an den schmalen Stirnfronten abwechselnd Heiligenfiguren und Rankenornamente. An der Nordbank ist auch die Innenseite der Wange beschnitzt.

Ein prachtvolles Werk des ausgehenden 17. Jahrhunderts ist die Kanzel. Der weitausladende Kanzelkorb, getragen von einer sehr fein gezeichneten Halbfigur eines Atlanten, und der Kanzelaufgang sind durch kraftvoll gewundene Säulen in elf Kompartimente unterteilt, in denen Apostelfiguren, teilweise in Zeittracht und alle sehr detailliert durchgearbeitet, stehen. Von frühbarocker Fülle sind auch die Ranken und Engelköpfe auf dem schalenförmigen Kanzelboden.

Einen wunderbaren Abschluß bildet auch hier der Kanzeldeckel, der zierlich, fast filigran gearbeitet ist, als ein Tabernakel, in dessen heiligen Schrein eine spätgotische Christusfigur aus der Ecce-homo-Gruppe und darüber ein Pelikan eingeschlossen sind (von dem Pelikan wurde gesagt, daß er sich das Herz aus dem Leibe risse, um mit seinem Blut seine Jungen zu nähren, was als Sinnbild des Opfertodes Christi gedeutet wurde). Bekrönt wird der Aufbau von einem Bildnis des Auferstandenen Christus, während am äußeren, unteren Rand fröhliche Putten mit den Leidenswerkzeugen sitzen. Der Name des Meisters dieser schönen Kanzel ist leider nicht überliefert, wohl aber der des Stifters von 1673, eines Buxtehuder Bürgers.

Der Restaurierung von 1898/99, bei der unter anderem der gesamte Chor, beide Seitenschiffe und Teile des Turmes erneuert wurden, fielen auch viele Ausstattungsstücke zum Opfer, die im Einzelfall nicht immer bedeutend gewesen sein mögen – Teile des Chor-, Rats- und Amtsgestühls etwa –, der Kirche aber die geschichtliche Dimension verliehen, die uns beim Anblick der Kirchen in Hadeln und Wursten so ergreift. Letzte Zeugnisse einer langen Geschichte, die Kirche und Bürger innig verband, sind so betrachtet die wenigen Epitaphien und die Messingkronen des 16. und 17. Jahrhunderts. Im Erdgeschoß des Turmes hängt ferner ein Kruzifixus, der mit dem der Kirche in Padingbüttel im Land Wursten (s. S. 262) in Verbindung gebracht wird.

Das Oldenburger Land

Stedinger Land und Wesermarsch

Einer der großen Vorzüge der Topographie Bremens ist, daß man in kürzester Zeit das Freie, das Land oder, etwas euphorisch, die Natur erreichen kann. Das haben die Fahrten nach Verden, Worpswede und ins Teufelsmoor gezeigt. Auch das Stedinger Land – kurz Stedingen – liegt unmittelbar vor Bremen, ist ein Teil des niedersächsischen ›Butenbremen‹.

Das Stedinger Land liegt links der Weser und ist wie Wursten, Hadeln, Kehdingen oder das Alte Land Marschenland. Delmenhorst und Ganderkesee, die am Anfang dieses Weges liegen sollen, gehören im engeren Sinne nicht mehr dazu, wohl aber Schönemoor, Hude, Berne, Warfleth, Bardewisch und Altenesch. Das einstige Groß-Stedingen reichte über die Hunte hinaus bis Oldenbrok – diesen Teil bezeichnet man heute auch als Wesermarsch.

Viele Wege führen ins Stedinger Land. Von der Stadt aus ist der kürzeste Weg der über die B 75 nach Delmenhorst. Schöner ist der (Um-)Weg über Bremen-Blumenthal, wo man auf der Fähre nach Motzen übersetzt und über die B 212 ebenfalls nach Delmenhorst kommt. Die Fähre Blumenthal-Farge nach Berne bietet sich dagegen nur an, wenn man die Fahrt ins Stedinger Land auf den nördlichen Teil, die Wesermarsch, beschränkt.

Das Stedinger Land und die anschließende Wesermarsch sind auch heute noch, im Vergleich zu anderen Gebieten, fast unberührtes, schönes Bauernland, das noch nicht so erschlossen und industrialisiert ist wie das Weser-Elbe-Dreieck. Eine Folge davon ist, daß es hier, in Moorriem (Wesermarsch) etwa, noch alte Dorfstrukturen gibt mit gut erhaltenem, niederdeutschem Hausbestand. Auch gibt es hier wieder eine ganze Kette von Dorfkirchen mit bemerkenswerten Ausstattungen und endlich hat das Land eine große Vergangenheit, die zwar nirgends mehr zu sehen und zu spüren ist, die aber jeden, der die Geschichte des Landes erfahren hat, bewegt und einen in Gedanken auf der Fahrt durch das Land begleitet: Das Stedinger Land war zu Anfang des 13. Jahrhunderts Schauplatz eines blutigen Ketzerkrieges. Es ist das eine komplizierte und tragische Geschichte.

Ein Kreuzzug gegen freie Bauern: Das Schicksal einer Bauernrepublik

Sie begann damit, daß die Erzbischöfe von Bremen gemeinsam mit den noch lehenspflichtigen Oldenburger Grafen neue Siedler in das bis dahin kaum bewohnte, ja auch kaum bewohnbare Land holten, um es zu besiedeln. Wie bei solchen Ansiedlungen üblich, wurden die Neusiedler mit anfänglicher Abgabenfreiheit gelockt – jede Siedlungsaktion war für die

Landeigner ein Geschäft mit der Zukunft. Derart privilegiert und auf bestem jungfräulichem Boden siedelnd gelangten die Neusiedler in dem Land am Gestade – das besagt der Name Stedingen, das zuvor in den Urkunden als Ammergau und Lerigau bezeichnet wurde – binnen zwei, drei Generationen zu Wohlstand und von dem wollten die Grundherren nun ihren Teil.

War es aber nun die Vergeßlichkeit der Menschen, die sich nicht mehr daran erinnern wollten, daß ihnen nur auf Zeit Abgabenfreiheit eingeräumt war, waren es unberechtigte, gar überhöhte Forderungen, die anscheinend von den Grafen von Oldenburg erhoben wurden oder war es schlicht die sehr menschliche Neigung, jede Abgabe als besonders schwere Bürde zu empfinden – wir wissen es nicht. – Tatsache war, daß es um die Wende vom 12. zum 13. Jahrhundert wegen der Abgaben zu Spannungen kam, die sich schließlich, wohl im Jahre 1204, darin entluden, daß die Siedler zwei oldenburgische Burgen zerstörten. Auch die im Vergleich zu den Oldenburgern mächtigeren Erzbischöfe vermochten sich nicht nachhaltig durchzusetzen, weil die Reichswirren zwischen Philipp von Schwaben und dem Welfen Otto IV. bis in das bremische Domkapitel hineinwirkten. Das konnte sich 1207 nämlich nicht mehr auf einen Kandidaten einigen, sondern wählte zwei Erzbischöfe: Burchard von Stumpenhausen, der zur Partei der Welfen zählte, und Waldemar von Schleswig, der zu Philipp hielt. Wenn zwei sich streiten, lacht der Dritte oder konkreter: Jeder der beiden Kandidaten mußte sich um Hilfstruppen bemühen, mußte um die Gunst derer buhlen, die er eigentlich beherrschen sollte. Die Stedinger Bauern waren bereit zu solchem Handel. Sie hielten es mit Waldemar und eroberten für ihn Stade, das der Gegenspieler Burchard besetzt hielt; danach, und mehr im eigenen Interesse, führten sie Kriege im Grenzbereich ihres Landes.

Das Blatt wendete sich erst, als Gerhard II. von Lippe 1219 den erzbischöflichen Stuhl bestieg. Er übernahm ein ruiniertes Land, ein Amt ohne Autorität. Wollte er ein guter Herrscher sein, so mußte er die Rechte des Amtes und des Landes wiederherstellen. Er tat dies ebenso konsequent wie besonnen. Zunächst ordnete er die Verhältnisse in der Grafschaft Stade und in Dithmarschen, dann wandte er sich dem Stedinger Problem zu, wobei es zunächst nur um die schuldigen Abgaben ging, um die Wiederherstellung des Untertanenverhältnisses der Stedinger gegenüber dem Erzbischof als ihrem Landesherrn.

Die Stedinger aber verweigerten weiterhin Gehorsam und Abgaben. So rüstete Gerhard II. eine Streitmacht unter dem Kommando seines Bruders Hermann, um das Land von Süden aus zu besetzen. Am Weihnachtstag des Jahres 1229 kam es an einem bis heute unbekannten Ort zu einer Schlacht, die die Bauern gewannen und bei welcher Hermann fiel. Er war der zweite Bruder, den der Erzbischof durch Bauernhand verlor, denn zwei Jahre vorher war ein anderer Bruder, Bischof Otto von Utrecht, bei dem Versuch, Rechte der Utrechter Kirche zurückzugewinnen, ebenfalls erschlagen worden. Die Auseinandersetzung, bei der es mehr und mehr um das ständische Ordnungsprinzip ging, erhielt nun auch persönliche Züge. Gerhard II. fand Gründe, die Stedinger zu exkommunizieren und mit Unterstützung von Papst und Reich – Kaiser Friedrich II. hatte gerade ein Gesetz erlassen, daß jeder Ketzer auch durch Reichsgewalt verfolgt werden sollte – zum Kreuzzug gegen die

aldus namen de stedinge eren ende.

Das Ende der Stedinger 1234, Nachzeichnung einer Miniatur der Sächsischen Weltchronik aus dem 14. Jahrhundert

Bauern zu predigen. Im Sommer 1230 griff Graf Burchard von Oldenburg das Stedinger Land an. Aber auch er wurde vernichtend geschlagen und fand den Tod. Erst im Frühjahr 1234 konnte Gerhard II. mit einer neuen Streitmacht zum entscheidenden Schlag gegen das Bauernvolk ausholen. Graf Heinrich von Oldenburg war dabei, ein Schwager des Erzbischofs kam mit seiner Schar, Graf Florentin von Holland mit den Grafen zu Geldern und Brabant kamen zu Schiff die Weser hinauf; sie alle wollten für die gute, heilige Sache streiten, wenn es sein mußte sterben und vielleicht auch Beute machen. Von entscheidender Bedeutung war bei diesem Feldzug die Hilfe der Bremer, die mit Gerhard II. einen für sie sehr vorteilhaften Vertrag geschlossen hatten. Ihr Anteil an dem Krieg bestand nämlich darin, Schiffe bereitzustellen, die, als das Kreuzfahrerheer sich auf der linken Weserseite der Ochtum näherte, auf diesem kleinen Flüßchen so zusammenrückten, daß das Heer trockenen Fußes die Ochtum queren und in das Stedinger Land einrücken konnte. Dadurch hatte das Heer die befestigte Flanke im Süden des Landes bei Delmenhorst, die schon 1229 und 1233 den Ritterheeren zum Verhängnis geworden war, umgangen. In Erwartung des Kampfes hatten die Bauern auch diesesmal ihre Streitmacht dort zusammengezogen. Merkwürdigerweise versuchten sie nicht, den Übergang des Kreuzheeres über die Ochtum zu hindern, sondern stellten sich auf einem flachen Feld bei Altenesch dem diesesmal aussichtslosen Kampf. Das darauffolgende Blutgericht muß schrecklich gewesen sein.

Gerhard II. hatte gesiegt und die mittelalterliche Ordnung wiederhergestellt. Diesem Sieg widmete er die große Kirche zu Berne. Materiell hatte er dagegen verloren oder anders gesagt: Er hatte einen sehr hohen Preis zahlen müssen. Die Grafen von Oldenburg gewannen durch diesen Sieg ihre Selbständigkeit und konnten ihr Gebiet bis zur Weser ausweiten, und die Stadt Bremen hatte eine Aufwertung erfahren, die ein solides Fundament bildete für ihre spätere unabhängige Position.

Das alles geschah, derweilen es den Bauern in Hadeln und Wursten und Butjadingen gelang, auf jeweils anderer Basis, ein bedeutendes Maß an Selbständigkeit auszubauen.

Rundfahrt durch das Stedinger Land

Die verschiedenen Aspekte des Stedinger Landes erfährt man, wenn man die Rundfahrt in Delmenhorst beginnt und über Ganderkesee und Schönemoor nach Hude fährt. Von Hude aus führt eine (noch) zauberhafte ländliche kleine Straße an einer Bahnstrecke entlang über Reiherholz, Hinterm Reiherholz nach Wüsting, wo, etwas abgelegen, die kleine Kirche von Holle lockt. Über Neuenhuntorf und Huntebrück kommt man dann nach Berne. Hier steht die ›Sieges‹-Kirche Gerhard II. Zum Abschluß sollte man unterm Deich über Warfleth und Ganspe nach Bardewisch, das schon wieder mehr im Landesinneren liegt, fahren. Die letzte Station vor den Toren Bremens sei Altenesch.

Delmenhorst war bis in die Mitte des vorigen Jahrhunderts ein Kleinstädtchen wie viele andere, die als Marktflecken im flachen Land ihre lokale Bedeutung hatten, bis von Bremen aus die Industrie – Nordwolle, Jute, Linoleum – den Ort vereinnahmte, aus ihm in kürzester Zeit eine Industriestadt machte, die das Gesicht der Stadt neu prägte, ohne der Historie noch bedeutenden Raum zu lassen. Dabei hatte sich die Stadt im Schutz einer Burg entwickelt, die die Grafen von Oldenburg nach der Niederwerfung der Stedinger sicherheitshalber doch noch gebaut hatten und die erst im 18. Jahrhundert beseitigt wurde, besaß sie seit 1371 Stadtrecht und war sie Residenz einer immer mal wieder selbständig regierenden oldenburgischen Grafenlinie; 1667–1773 war Delmenhorst mit Oldenburg dänisch, dazwischen 1711–31 an Kurhannover verpfändet und ab 1774 wieder richtig oldenburgisch.

Eine bewegte Geschichte also, die aber nur wenige Spuren hinterließ, wie den von Ringgräben umfaßten und von Bäumen bestandenen Burgplatz. Bedeutender und greifbarer sind dagegen die Zeugnisse des Jugendstils in Delmenhorst, vor allem das 1910–13 von Heinz Stoffregen erbaute Rathaus. Und bedeutend sind die Zeugnisse einer Industrie, die es nicht mehr gibt: der 1884 durch den bremischen Kaufmann Christian Lahusen gegründeten Norddeutschen Wollkämmerei und Kammgarnspinnerei, die wie kein anderes Unterneh-

Delmenhorst mit dem ›Hochgräflichen‹ Schloß, Kupferstich von 1671

men Gestalt, Wohlergehen und Nöte der Stadt bestimmte. Wenigstens einige der Baulich-keiten der vor wenigen Jahren erst stillgelegten Fabrik will man erhalten.

Das westlich von Delmenhorst gelegene **Ganderkesee**, von der aufstrebenden Stadt fast eingeholt, liegt am Rande der Marsch und war früher besiedelt als das Stedinger Land. So kam es bereits unter Erzbischof Adalbert 1050 zur Kirchengründung. Diese erste Kirche zu Ganderkesee war die Mutterkirche fast aller benachbarter Kirchen; das Kirchspiel reichte hinunter bis Berne. Von diesem Bau des 11. Jahrhunderts ist allerdings nichts erhalten. Die ältesten Teile der heutigen *Kirche*, der Turm mit einer schön gewölbten Eingangshalle, stammen vielmehr aus dem ersten Viertel des 12. Jahrhunderts, und die annähernd quadrati-sche Hallenkirche, deren drei Schiffe unter einem mächtigen Dach stehen, entstand gar erst im 15. Jahrhundert durch Umbau. Etwa in dieselbe Zeit ist ein interessanter Stein im Chor zu datieren, auf dem eine Kreuzigungsgruppe mit der Darstellung einer Gregorsmesse kombiniert ist. Die Kirche gehört ferner zu einer kleinen Gruppe von Kirchen, die noch über original gestimmte Schnitger-Orgeln verfügen, die, wenn sie bei Konzerten erklingen, die Menschen von weit her anlocken.

Ein bezauberndes Beispiel für eine mittelalterliche Dorfkirche ist das Kirchlein von **Schöne-moor**. Man erreicht den kleinen Ort von Ganderkesee aus über die B 212 in nördlicher Richtung bis Bookholzberg, wo man jenseits der Bahnlinie abbiegt (schwierige Verkehrs-führung!). Von dort aus ist der Weg gut ausgeschildert.
Die *Kirche* liegt abseits der Dorfstraße inmitten ihres Kirchhofs. Sie wurde 1324 der Hl. Katharina geweiht und besteht aus einem mit seinem Mauerwerk nur bis zum First der Kirche reichenden querrechteckigen Turm, dessen unteres Geschoß sich ganz zum Kirchen-raum öffnet, aus dem zweijochigen Kirchenschiff und dem eingezogenen, fast quadratischen Chor. Dazu kommt auf der Südseite als Eingangshalle ein als Braut- oder Kinderhaus bezeichneter Vorbau. Jeder Teil steht unter einem eigenen Dach: ein Zeltdach für den Turm und drei in der Höhe abgestufte Satteldächer für die anderen Bauabschnitte. Schiff und Chor sind auch gewölbt und auf rührende Weise ausgemalt. Da sind einmal die wichtigsten Architekturglieder durch Malerei unterstrichen, am Chorbogen erscheint der Hl. Christo-phorus und auf den Chorgewölben sehen wir links die Hl. Katharina mit der Krone des

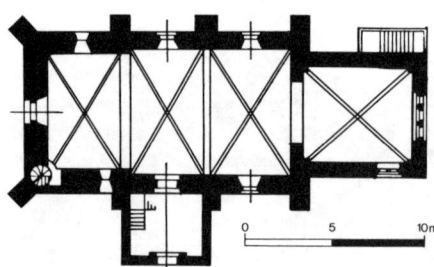

Schönemoor, Kirche, Grundriß

Lebens und dem Henkerrad als Zeichen ihres Martyriums und auf der rechten, wie die Hölle ihren Rachen auftut, mit allerlei Teufelsgebilden und der Hure von Babylon.

Selbst wenn die Kirche sonst aller kunstreichen Ausstattungen entbehrt, lohnt eine ›Wallfahrt‹, auch wenn es den Ablaß von 40 Tagen, wie er im 14. Jahrhundert für eine Wallfahrt nach Schönemoor bewilligt war, nicht mehr gibt.

Der Weg von Schönemoor nach Hude führt wieder über Bookholzberg, nur biegt man im Ort in Richtung Westen ab. Die kleine Straße führt am Nordrand eines großen Waldes, dem *Forst von Hasbruch* vorbei (Abb. 125). Er hat stellenweise Urwaldcharakter. Gewaltige Bäume vermodern, von Niederholz überwuchert, während sich daneben mächtige Bäume neu in die Höhe recken. Hier wird auch ein Stück Geschichte greifbar: So waren Wälder im Mittelalter, und erst bei diesem Anblick kann man ermessen, welche Leistung es war, sich einen Platz für eine Niederlassung, eine Ortschaft oder ein Kloster etwa, herauszuroden, auch welche Bedeutung es haben mußte, wenn Schweine zur Mast in den Wald getrieben wurden. – Zugänge in den Wald gibt es von Hohenböken oder Nordenholz aus und ganz so urwaldlich ist der Forst denn doch wieder nicht, als daß es nicht einen schönen markierten Wanderweg gäbe – ein kleiner Umweg auf dem Weg nach Hude muß dafür in Kauf genommen werden.

Der Ort **Hude** ist entstanden aus dem Kloster, das am Anfang des 13. Jahrhunderts hier entstand; das Wort, vom niederdeutschen ›hude‹, ›hode‹ abgeleitet, deutet auf eine mit Buschwerk bestandene ›Hütung‹.

Anlaß für die Stiftung eines Klosters durch die Grafen von Oldenburg war ein Mord: Von gefahrvollem Kreuzzug zurückgekehrt, wurde 1192 in Bergedorf bei Ganderkesee Graf Christian II. von Oldenburg ermordet. Am Ort dieser Tat ließ die Familie eine Kapelle errichten. Zisterziensermönche aus Marienthal bei Helmstedt übernahmen die Stiftung, verlegten sie aber gegen 1232 nach Hude und bauten dort ein Kloster. Dessen erste hölzerne Bauten wurden zwar noch ein Opfer der Stedinger Kämpfe, doch schon ein Jahr später wendete sich das Schicksal, die Stedinger wurden vernichtet und das Kloster mit reichen Landschenkungen für erlittenes Ungemach entschädigt. Die schufen die Grundlage für eine unvergleichliche wirtschaftliche Blüte, die sich wiederum in der zweiten Hälfte des 13. Jahrhunderts in dem Bau einer großartigen und ob ihrer Ziegelbautechnik vorbildhaft weiterwirkenden Kirche niederschlug. Jüngst fand man auch in der Nähe der Ruine die Ziegelei, die für das Kloster und später für den Handel produzierte.

Die Kirche stand keine 300 Jahre. 1482 hatte Bischof Heinrich von Münster die Grafschaft Delmenhorst erobert und war so zum Herrn von Hude geworden. Wegen ›Verbiesterung des Klosterlebens‹, was wohl so viel heißen mag wie Verluderung, betrieb der Bischof von Münster ab 1530 die Auflösung des Klosters und als er das erreicht, die letzten Mönche abgefunden und die Güter des Klosters übernommen hatte, hieß er das Kloster und die herrliche Kirche abbrechen. In den Häusern der Umgebung, ja selbst im Unterbau von Straßen fand sich Abbruchmaterial. 1587 wurde Delmenhorst wieder oldenburgisch und mit Oldenburg fiel es 1667 an Dänemark. Auf diesem Umweg kam schließlich der dänische

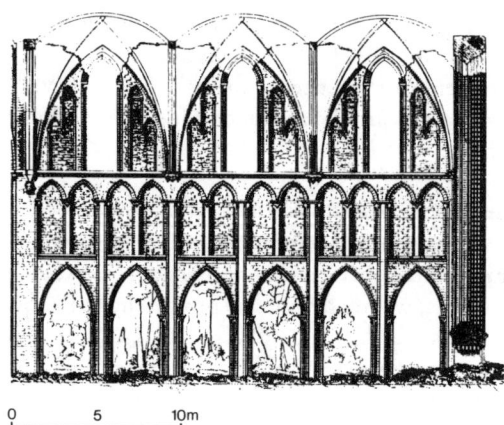

Hude, Klosterkirche, südliche Mittelschiffs-
wand

0   5   10m

Hofjägermeister und Landdrost von Delmenhorst, Kurt Veit von Witzleben, zu den Resten des Klosters. Die Familie ist noch heute Eigentümerin der Klosteranlagen und betreibt seit dem 18. Jahrhundert auch den Schutz der Ruine.

Was heute noch steht, ist ein geringer Rest der einstigen Pracht und Größe. Die größten noch zusammenhängenden Teile sind die südliche Mittelschiffwand mit der Westwand des südlichen Querhausarmes und ein kleines Stück der Westfront; gut erkennbar ist auch die Nordwand des Querhauses. Andere Teile der Ruine sind mehr von archäologischem Interesse, geeignet, um die vergangene Größe der Kirche erkennen zu können. Interessant ist vor allem die südliche Mittelschiffswand, weil man an ihr Aufbau und Gliederung des alten Baues ablesen, im Geiste sogar rekonstruieren kann (Farbt. 44).

Danach baute sich das Langhaus über sechs Spitzenbogenarkaden und einem Blendtriforium aus sechs mal zwei gleich großen Spitzbogen und drei jeweils bis in die Schildbogenscheitel der drei Langhausjoche aufsteigende breite Spitzbogenfenster auf, die von ansteigenden Blenden begleitet werden. Von besonders hoher gestalterischer Qualität sind die Laub- und Maskenkonsolen aus gebranntem Ton auf den flachen Wandvorlagen – in der früheren Torkapelle, der heutigen evangelischen Kirche, begegnen wir diesem Motiv wieder.

Die Torkapelle steht im Westen der Ruine, jenseits der Straße. Sie ist ein einschiffiger Backsteinbau. Der Raum, in drei Joche mit Kreuzrippengewölben gegliedert, ist an Wänden, im Gewölbe und an den Schildbögen und Rippen der Gewölbe reich bemalt, außerdem findet man an allen Gewölbeanfängen Tonmasken verschiedenster Gestalt.

Die *Kirche* (Abb. 105) ist der Hl. Elisabeth von Thüringen, jener jungen Heiligen, deren Lebensweg von Preßburg über die Wartburg nach Marburg führte, geweiht. Sie ist an der geraden Chorwand rechts dargestellt. Auf dem linken Wandfeld ist die Hl. Katharina mit Schwert und Rad, Sinnbild des Bekennermuts, zu sehen und auf dem Gewölbefeld über dem Chorfenster Christus als Weltenrichter in der Mandorla. Links von ihm kniet Abel, ein

Lamm, rechts Kain, eine Garbe opfernd. Aber auch die anderen Gewölbefelder sind bemalt und zwar mit Sinnbildern von Opfer und Auferstehung Christi und Darstellungen von Heiligen. Die Ausmalung wird in den Anfang des 14. Jahrhunderts, also in die Blütezeit des Klosters, datiert.

Erhalten ist auch der Schrein eines nur wenig jüngeren gotischen Schnitzaltars mit 24 kleinen Reliefs, Bildern aus dem Leben Christi; Rahmung und Fassung sind neu.

Außer der Ruine der Klosterkirche und der Torkapelle blieben von der ursprünglich in sich schön geschlossenen Klosteranlage nur Reste des Abthauses in dem heutigen Herrenhaus, Teile der Wirtschaftsgebäude in der Gaststätte und die Klostermühle erhalten.

Es mag offen bleiben, was schöner ist: Der Weg zu der kleinen, entzückend liegenden Dorfkirche von **Holle** oder die kleine Kirche selber. Der Weg über Reiherholz und Hinterm Reiherholz nach Wüsting mit seinen vielen Ortsteilen, von denen Holle einer ist, führt nämlich um eines der ursprünglich ja das ganze Land prägenden Moore herum mit Landschaftsbildern und Straßenzügen, wie man das typischer kaum mehr findet.

Die Abzweigung zur Kirche, die etwa 500 Meter von der Straße zurückgesetzt liegt, ist ausgeschildert; den Schlüssel erhält man im Eckhaus an der Straße. Man kommt in dieser flachen Ebene plötzlich auf einen Hügel zu, der ganz unvermittelt aus der Landschaft aufsteigt – es soll sich dabei um einen natürlichen Sandhügel am Flußufer handeln. Auf diesem Hügel, der von einigen schönen Bäumen umstanden wird, steht die kleine turmlose *Kirche* inmitten des Kirchhofs, dessen Gräberfelder also in der Bewegung des Geländes schräg abfallen. Dieses Bild der Kirche auf dem Hügel, im Schatten mächtiger Bäume und mit dem Teppichmuster der Gräber, ist so beeindruckend, daß man den sonst ja auch schönen Umweg auf sich nehmen sollte. Der andere Grund, weswegen man den Weg nicht scheuen sollte, ist der, daß hier eine Kanzel von Ludwig Münstermann, datiert 1637, steht. Dem Werk dieses bedeutendsten Meisters des frühen 17. Jahrhunderts im bremisch-oldenburgischen Raum, werden wir noch mehrfach und auch mit größeren Werken begegnen; es lohnt sich, von diesem Meister aber auch solche kleinen Arbeiten anzusehen, die sehr viel überschaubarer sind als die großen Altäre und aus größerer Nähe studiert werden können. Die Kanzel wurde 1954 restauriert, wobei besonders die für Münstermann bezeichnende Farbfassung wieder herausgeholt wurde.

Die Kanzel hat nach einem Visitationsprotokoll 64 Reichstaler gekostet. Dieses Geld haben der Vogt Johann Mönnich und dessen Frau bis auf einen Rest, den der Pastor tragen mußte, aufgebracht. Im Protokoll liest sich das so: »... und haben auß Christlicher andacht, etzliche feine Christen, Gott zu ehren, dieser Kirche zum Zierrath ihre namen und wapen daran setzen lassen, undt dazu verehrt, alß folget: Johann Mönnick Vogt seine Eheliche Haußfrawe, haben hierzu verehret, zwolff RT. Die übrigen 52 RT hat der Pastor undt seine Eheliche Haußfrawe Anna auß ihrem Beutel bezahlet...« – Die Mönnichs hatten es schon in sich...

Der Grabstein jenes Johann Mönnich (Mönnick) und seiner Frau steht im Vorraum der Kirche bei dem Rest eines aufwendigen Grabmals mit den Darstellungen von Grablegung,

Bildnis des Burchard Christoph von Münnich, geboren 1683 in Neuenhuntorf, gestorben 1767 auf Gut ›Lunia‹ bei Dorpat

Auferstehung und Jüngstem Gericht. Mönnichs Grabplatte von 1652, er selbst war 1645 verstorben, zeigt die Verstorbenen in ganzer Figur und in zeitgenössischer Tracht mit Mühlradkragen, sie mit Haube, er mit spanischem Spitzbart.

Die Mönnichs waren schnell aufgestiegen. Aus einfacher Bauernfamilie stammend, war dieser Johann, der 1623 zum Amtsvogt, dem auch das Deichwesen unterstand, berufen worden war, schon zum reichsten Bauern des Ortes geworden. Der nächsten Generation, die gleichfalls Vögte und Deichgrafen waren, begegnen wir schon in Neuenhuntorf, wo Rudolf (Roloff) Mönnich (1608–66) die nach der Reformation in ein dem Grafen Anton von Oldenburg gehörendes Vorwerk umgewandelten Besitzungen des Klosters St. Paul in Bremen erworben hatte. Er hatte mit Elsabe von Nutzhorn (1611–79) schon eine Adlige zur Frau. Der nächste Mönnich, Anton Günther, 1650 noch in Holle geboren und bei dem der für die Geschichte Oldenburgs so bedeutende Graf Anton Günther Gevatter war, erwarb 1688 in Kopenhagen schließlich ein Adelspatent und nannte sich fortan Münnich. Er hatte in französischen und dänischen Kriegsdiensten ein abenteuerliches Leben hinter sich gebracht, bevor er sich, geadelt, in der Heimat niederließ und seine ganze Kraft nun auf das Deichwesen – 1681 war er zum ersten Deichgrafen in Oldenburg ernannt – verwandte. Seine Kenntnisse auf diesem Gebiet legte er in dem Buch ›Oldenburgischer Deichband‹ nieder.

Dessen Sohn Burchard (1683–1767) war nun einer der Großen des Jahrhunderts. In russischen Diensten stehend, leitete er den Bau des Ladogakanals, der St. Petersburg mit der Wolga verbindet, legte er Sümpfe trocken, reorganisierte er die russische Armee und erfocht er glänzende Siege über die Türken, so daß Friedrich der Große von ihm als dem ›Prinzen Eugen der Russen‹ sprach. Er starb mit 84 Jahren, unter denen auch zwanzig Jahre Verbannung in Sibirien waren, 1767, ohne die Heimat, mit der er immer in Verbindung gestanden hatte, je wiedergesehen zu haben. Er ruht auf Gut Lunia bei Dorpat.

Das ist der eine Teil des geschichtlichen Hintergrundes für das, was es in **Neuenhuntorf** zu sehen gibt: die Kirche mit dem Mönnich-Grabmal und, mit Einschränkungen, das Gutshaus. Der andere Teil ist der, daß in der ersten Hälfte des 15. Jahrhunderts einige Bauern aus

Huntorf, das dem St. Pauls-Kloster in Bremen gehörte, nach Norden an den Huntedeich auswichen, vielleicht in der Hoffnung, dort der Zehntpflicht gegenüber dem Kloster entweichen zu können. Diese neue Ansiedlung hieß bald ›Nygenhuntorpe‹ (Neuenhuntorf), während das andere als ›Oldenhuntorpe‹ (Altenhuntorf) bezeichnet wurde.

Die *Kirche* ist ein einfacher rechteckiger Saalbau aus Backstein. Der östliche Teil, erkennbar an den gekuppelten Fenstern mit der Backsteineinteilung, wurde 1489 geweiht; 1502 kam es zu einer Erweiterung nach Westen und 1736 zum Turmbau. Der schlichte Raum wird überspannt von einer Holzbalkendecke, die zwischen 1630 und 1640 bemalt wurde. Auf den Balken findet sich kleinteilig pflanzliches Ornament und auf den Einschubdielen große verschlungene Rollwerkformen, in die dreizehn ovale Medaillons mit Bildern von Christus und den zwölf Aposteln eingewoben sind (Abb. 107). Judas Ischarioth, der ›Verräter‹, ist in dieser Versammlung ersetzt durch Matthias, der den zwölften Platz einnahm. Die Ausmalung hat den schönen gedämpften Ton von Erd- und Rußfarben, die sich immer in grauen und ockerfarbenen Werten bewegen.

Auf dem Altar steht ein Retabel, das in Verbindung mit der Inschrift auf der steinernen Mensaplatte auf das Jahr 1515 datiert werden kann. Alle Darstellungen über der siebenteiligen Predella beziehen sich auf das Leiden Christi. Die kleine Muttergottes-Plastik in der Predella wird schon vor 1350 entstanden sein, gehörte möglicherweise also in die Marienkapelle des Bremer St. Pauls-Klosters in Huntorf.

Mit der Kanzel hat es eine Mönnichsche Bewandtnis. Rudolf Mönnich und seine Frau Elsabe von Nutzholz hatten drei Söhne. Die zog es, um Karriere zu machen, nach Paris, wo sie in das Heer des Sonnenkönigs eintreten wollten. Zwei von ihnen starben alsbald an der Ruhr. Anton Günther, nunmehr einziger Sohn, mußte der Mutter diese schreckliche Nachricht überbringen, was ihn im übrigen nicht von einem Leben in der Fremde, aus der er ruhmvoll zurückkehrte, abhielt.

Die Mutter aber stiftete im Namen ihrer in Frankreich verstorbenen Söhne 1672 diese in Bremen gefertigte Kanzel; drei Gedenktafeln, die jetzt unter der Orgelempore hängen, waren ursprünglich auf dem Schalldeckel befestigt und erläuterten die Stiftung. Dort oben steht Christus als Sieger über den Tod mit der Osterfahne und der Ehrenkrone in den Händen. Am Kanzelkorb stehen zwischen gedrehten Säulen auf Konsolen die vollplastischen Figuren von Moses, Christus mit der Weltkugel, Johannes d. T. und ein Hoherpriester; Inschriften wenden sich an Pastor und Gemeinde.

Nordöstlich der Kirche steht auf dem Kirchhof die Münnichsche Gruft. Sie hat Anton Günther nach dem Tod seiner ersten Frau Sophia Katharina, geborene von Oetken 1710 bei dem Bildhauer Johan Mehntz in Bremen in Auftrag gegeben und auf dem Wasserweg bis an den Friedhof bringen lassen.

Das Grab hat die Form eines Hauses. Auf dem First liegt Christus, am Kopfende steht die Büste eines Mönchs als Sinnbild der Mönnichs, flankiert von Frauengestalten mit Totenkopf und Stundenglas, am Fußende ein Schwan. Er weist auf die Familie von Nutzholz, also auf die Familie der Mutter von Anton Günther, die das Tier im Wappen führen. Bei ihm liegen Frauengestalten mit gesenkten Fackeln. Am Giebelfeld darüber ist die Auferweckung des

Lazarus dargestellt, während unter dem Mönch neben einem Bild des Gekreuzigten die Eheleute sowie je drei Söhne und Töchter gezeigt sind.

Das *Gutshaus* liegt am Ortsrand vor der Kirche, wenn man von Holle kommt. Es ist privat bewohnt. Bei frühzeitiger Anmeldung bei dem Architekten Gerd Logemann in Berne-Neuenhuntorf wird für Interessierte allerdings eine Besichtigung möglich sein.

Auf dem Portal ist zu lesen ›A:G:M: AO 1678 – S:C:O: ‹. Das bedeutet, Anton Günther Mönnich und Sophi Charlotte Oetken haben im Jahre 1678 dieses Haus erbaut. Vermutlich haben sie, wie die gewölbten Keller vermuten lassen, auf alten Gebäuderesten gebaut, und sicher war das Haus damals nicht mit der Scheune verbunden. Das wäre jedenfalls sehr unüblich, weil man allein schon aus Gründen des Brandschutzes bei solchen Gütern auf Abstand zwischen Herrenhaus und Wirtschaftsgebäuden achtete. Im Inneren des einfachen, aus Backstein gebauten Hauses gibt es einige schöne Kamine und bemalte Decken. Besonders kunstvoll ist die in dem kleinen Zimmer links neben dem Eingang mit drei großen Medaillons, den Mythos von Venus und Adonis darstellend, während auf den Balken in kleinen Kartuschen ländliche Gebäude – vielleicht die Besitzungen der Mönnichs – zu sehen sind (Abb. 106). Die Malerei ist auf leuchtend roten Grund gesetzt mit schwarz und gelb-goldenem Ocker und wirkt ausgesprochen prächtig.

Neuenhuntorf liegt fast am Huntedeich. Die Hunte ist einer der großen Nebenflüsse der Weser. Sie entspringt im Wiehengebirge, durchfließt den Dümmer, ist in Diepholz und Wildeshausen zu treffen und ist bei Oldenburg ein beschiffbarer Fluß. Von Oldenburg aus ist sie über den Küstenkanal auch mit der Ems und damit mit den rheinischen Binnenschiffs-wegen verbunden. In der Wesermarsch unterliegt die Hunte dem Wechsel der Gezeiten; sie strömt zwischen hohen Deichen mal träge, gestaut, wenn das Wasser aufläuft, mal als starker Strom, wenn es abläuft.

Soweit der Fluß als Binnenschiffahrtsweg ausgewiesen ist, müssen die Brücken so gebaut sein, daß Flußschiffe, auch solche mit Masten und hohen Aufbauten, durchfahren können. Weil es im flachen Land zu aufwendig wäre, alle Straßen so hoch anzulegen, daß die Durch-fahrt für Schiffe bei jedem Wasserstand gewährleistet ist – bei den Brücken des Nord-Ostsee-Kanals ist das der Fall –, hat man früher die Brücken zum Drehen, Klappen oder Heben gebaut. Die Brücke bei Huntebrück (Abb. 109) ist eine Hebebrücke; die Fahrbahn kann, nach Sperrung der Straße, an den stählernen Türmen hochgezogen werden. Da aber die Brücke schmal ist und bei jeder Inbetriebnahme der Verkehr erheblich unterbrochen wird, muß befürchtet werden, daß die filigrane Doppelturmanlage, die sich der Landschaft so schön verbindet, bald der Vergangenheit angehören wird. Unterhalb der Brücke öffnet sich die Hunte zu einem auch bei Niedrigwasser breiten Fluß, der nach sieben Kilometern die Weser erreicht.

Nach **Berne** ist es nur ein kurzes Stück. Schon von weitem grüßt die Spitze des Turmes von *St. Aegidius* über das Land (Abb. 110). Hier errichtete Gerhard II. die Gedächtniskirche für den Sieg über die Stedinger. Er wählte diesen Platz und nicht das Schlachtfeld bei Altenesch, weil er im Leben der Bevölkerung als Kirchort verankert war, seit sie ›Am Gestade‹, als

›Stedinger‹ also, das Land urbar gemacht hatten. Das war in der Mitte des 11. Jahrhunderts.

Archäologische Grabungen, die in den letzten Jahren durchgeführt werden konnten, haben aber nicht nur die Form jenes frühromanischen Vorgängerbaues in vielen Einzelheiten zutage treten lassen, sondern auch, daß der Platz von der vorrömischen Eisenzeit (um 1./2. Jh. v. Chr.) bis in die Völkerwanderungszeit (6. Jh. n. Chr.) besiedelt war und es hier Verehrungsplätze gegeben hat.

Von der alten Kirche übernahm Gerhard II. den Turm und die Nordwand. In dem aus Sandsteinquadern von der Porta Westfalica erbauten Turm gibt es noch ein romanisches Stufenportal mit eingestellten Säulchen und, an Nord- und Südseite gut erkennbar, eine Lisenengliederung, die den Blendbogenfries über dem unteren Turmgeschoß stützt. Das Portal in der Nordwand wurde beim Neubau der Kirche den neuen Formen angepaßt, dafür dürfte das kleine, hochliegende Fenster am westlichen Ende dieser Wand ebenfalls noch zu dem Vorgängerbau gehören.

Die neue Kirche wurde doppelt so breit, aber nur wenig länger als die alte angelegt. Vermutlich wurde, bevor man den alten Bau abbrach, der neue Chor in der Form eines etwas verzogenen Quadrats und leicht eingezogener halbrunder Apsis gebaut. Die Breite des Vorchors deutet darauf hin, daß zunächst an den Bau einer Basilika, deren Mittelschiff doppelt so breit sein sollte als die seitlichen, gedacht war. Als dann, wohl in der Mitte des 13. Jahrhunderts, mit dem Bau des Langhauses zwischen dem romanischen Turm und dem spätromanischen Chor begonnen werden konnte, scheint man diesen Plan aber verworfen zu haben und baute die zwar kleine, aber reine Hallenkirche westfälischen Typs – »eine der stilreinsten Tochterbauten, die die westfälische Hallenarchitektur außerhalb ihrer Landesgrenzen je hervorgebracht hat« (Thümmler). Sie nun ist unverkennbar von den Bauleuten errichtet worden, die Gerhard II. aus Lippstadt nach Bremen für die Bauarbeiten am Dom und Unser-Lieben-Frauen herangezogen hatte. Besonders deutlich ist die Gleichartigkeit der Formen an den Kapitellen der vier Hauptpfeiler und der Ausbildung der Wölbung zu erkennen. Auf demselben Weg von Lippstadt über Bremen fand auch die Ausbildung des Daches, genauer der drei Dächer, die quer über den Bau errichtet wurden und außen mit fein

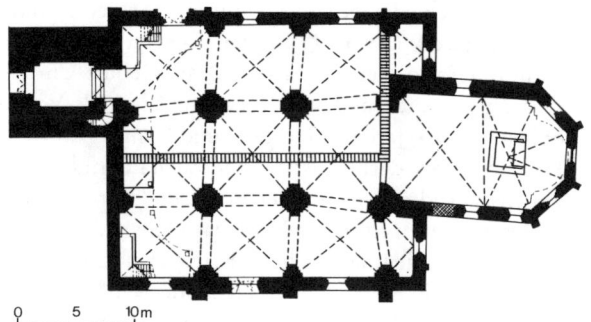

Berne, St. Aegidius-Kirche, Grundriß   0   5   10 m

gegliederten Giebeln enden, ihren Weg nach Berne. Der Vorteil dieser auf viele befremdlich wirkenden Dachform, deren Ursprung sich bis nach Südfrankreich verfolgen läßt, liegt auf der Hand: Der Bau eines einzigen Daches über drei Schiffe ist wegen der nach außen wirkenden Schubkräfte sehr schwierig. Wahrscheinlich verdanken wir der gewählten Bauform im übrigen, daß die Kirche überhaupt noch steht, denn die fremden Handwerker kannten die Bodenverhältnisse nicht so gut wie die heimischen und versäumten daher, die tragenden Mauern und Pfeiler durch Pfähle tief zu gründen. Das Ergebnis sieht man: Der nordöstliche Pfeiler ist tief abgesackt, der südöstliche steht schief, Verschiebungen sind auch an den beiden anderen Pfeilern auszumachen. Die Höhendifferenz ist so groß, daß man eine zeitlang diesen Bauschaden mit einem höher gelegten Fußboden glaubte zudecken zu müssen.

Wer jetzt nach größerem zeitlichen Abstand in die Kirche kommt, sieht, daß die reich mit Ecksporen über Plättchen, Hohlkehle und Wülsten ausgebildeten Pfeilerbasen wieder freigelegt wurden – ein großer Gewinn für das Raumbild. Bei dieser Restaurierung kam auch der spätromanische Chorabschluß innerhalb des in der Mitte des 15. Jahrhunderts neu errichteten polygonalen und hoch gewölbten Chores zutage und ans Tageslicht traten wieder die zarten Malereien im Chor mit den Disteln, die an das dornengekrönte Haupt Christi erinnern. Ganz hinten im Chor gibt es auch einen eher lustig wirkenden Schattenriß zu sehen. Er zeigt den Auferstandenen mit der Osterfahne und zu dessen Füßen zwei Krieger über einer nach unten zu ungeformten schwarzen Fläche. Dieses Bildchen ist nun nicht gotisch, sondern stammt mit sehr großer Wahrscheinlichkeit direkt von Ludwig Münstermann und zeigt die Bekrönung des Altars – vielleicht weniger als Entwurf gedacht als vielmehr zur Veranschaulichung für die Auftraggeber, wie hoch der Altar einmal werden würde.

Um es gleich zu sagen: Der Altar ist nicht mehr das Werk von Ludwig Münstermann. 1637 und 1638 haben der Pastor und die Kirchgeschworenen, also die Gemeindevorsteher, den Altar für 433 RT bauen lassen; 1637, diese Zahl steht auch auf dem obersten Gesims, lebte Münstermann noch, ein Jahr später wird er jedoch in einer Kirchenrechnung aus Blexen als verstorben genannt. Es wird also so gewesen sein, daß er den Auftrag noch entgegengenommen und den Entwurf gefertigt hat, daß aber die Ausführung durch seine Söhne und die Mitarbeiter seiner Hamburger Werkstatt erfolgte, wobei Kenner verschiedene und verschieden begabte Hände zu scheiden vermögen.

Das Altarwerk (Farbt. 49), genauer gesagt das Retabel, baut sich über sechs Geschosse auf. Im untersten, der Predella, sind die Geburt Christi begleitet von Verkündigung und Anbetung zu sehen und an den Seitenflächen als Vorboten des kommenden Messias die Propheten Jesaja, Jeremia, Hesekiel und Daniel.

Das Stockwerk darüber ist den zentralen Lehrinhalten und Lehrformen des evangelischen Glaubens gewidmet: dem Abendmahl und der evangelischen Verkündung durch Predigt und Gesang. Dazu ist in der Mitte das Heilige Abendmahl gesetzt und das Geschehen von Gethsemane, in dem zugleich die Bereitschaft zur Passion bildhaft wird. Das ist nun nicht einfach durch ein Relief dargestellt, sondern auf einer fast zwei Meter tiefen, perspektivisch ansteigenden Raumbühne (Abb. 111, 112). Dieses Bild wird flankiert von König David dem

Sänger und von einem Heiligen, der als predigender Ägidius gedeutet werden kann. Auf den beiden nach außen ragenden Flügeln sind Luther und sein Mitstreiter Melanchthon, dazu die Einsetzungsworte des Heiligen Abendmahls in der Übersetzung Luthers zu sehen. Auf den gesprengten Giebeln, die die Medaillons der Reformatoren rahmen, sind eine ganze Reihe von Glaubenstugenden, wie Glaube, Liebe, Hoffnung, gesetzt.

Auf der nächsten Ebene wird durch die Gestalten des Propheten Elia und dem Priester Melchisedek auf das dreifache Amt Christi, das prophetische im Erdenleben, das priesterliche im Selbstopfer am Kreuz und das königliche »zur Rechten Gottes« hingewiesen. Ihnen zu Füßen sitzen die vier Evangelisten als Künder von Christi Leben und Leiden. In die Mitte dieses Geschosses ist das Wappen des Grafen Christian von Delmenhorst, dem damals Berne gehörte, gesetzt.

Christi Kreuzigung mit den beiden Kreuzen der Schächer und vielen zierlichen Figuren ist gegen das Licht fast nur schemenhaft zu erkennen. Dieses Hauptthema wird begleitet von Moses und Johannes d. T., der eine als Repräsentant des Gesetzes im Alten Bund, der andere als Verkünder des neuen Glaubens. Über ihnen sind als Sinnbilder des Opfers und der Auferstehung Christi der Pelikan, der seine Jungen mit seinem eigenen Blut nährt und der Phönix, der aus den Flammen aufsteigt, angeordnet. Mars und Luna als Tag und Nacht, zwei Grabwächter und der auferstandene Christus schließen das großartige, geschnitzte Bildwerk, diese Zusammenfassung evangelischen Glaubens, ab, das in seiner Bildhaftigkeit durchaus als ›teatrum‹ verstanden werden will und an dem die Farbe von großer Bedeutung ist.

Ebenfalls aus der Werkstatt von Münstermann stammt die Kanzel und, wie der Altar, ist sie ein posthumes Werk, geliefert 1639. Darum aber ist sie nicht weniger spirituell und ein Wegweiser zu ihrem Verständnis tut not.

Am Kanzelkorb, bevorzugter Ort von Evangelisten- oder Aposteldarstellungen, findet man Gestalten des Alten Testaments. Nach neuester Lesart sind es Joseph, Elia, Melchisedek, Abraham, Isaak, Jakob, Samuel, Jona, Elisa und, ohne Unterschrift, Micha. Bezeichnend für Münstermannsche Kanzeln sind auch die Reliefs, die den Kanzelboden umkleiden. Hier in Berne sind es vier Predigtszenen, nämlich die Bergpredigt, Maria und Martha, Pfingsten und die Begegnung des Kämmerers und des Philippus. Vergleichbar mit ihnen sind vor allem die Reliefs, die Johannes Münstermann, ein Sohn des Ludwig, in derselben Funktion für die Kanzel in Blexen 1638 geschaffen hat; er wird auch der Meister der Kanzel in Berne gewesen sein.

Auf dem Schalldeckel mit einem sechsseitigen Tabernakel stehen Engelputten, die analog zu vergleichbaren Kanzeln die Leidenswerkzeuge Christi getragen haben werden. Dazwischen, eingelassen in Knorpelwerkkartuschen, finden sich Medaillons von Kirchenvätern, und in das Tabernakel ist die Gestalt des Christus als Schmerzensmann gestellt. Bekrönt wird der Aufbau von einer kleinen Felsenlandschaft, auf der zwei Männer zum Himmel aufschauen.

Die Kirche rühmt sich auch einer Orgel, die in Teilen auf ein Werk eines Meister Lampeler aus den Niederlanden von 1596 zurückgeht. Natürlich wurde sie mehrfach erweitert und repariert – Orgeln sind sehr empfindliche, reparaturanfällige Instrumente –, auch von Arp Schnitger begutachtet, behielt im Kern aber immer ihre ursprüngliche Disposition, so daß mit ihr im weitesten Sinne ein barockes Orgelwerk erhalten blieb. Der sehr fein gegliederte, eigentlich schlichte Prospekt setzt sich nach beiden Seiten fort in einer Empore, die 1750 bemalt wurde, wobei als Vorlage für die einzelnen Bilder Kupferstiche der Merianbibel von 1630 dienten – zwischen Form und malerischer Ausführung kam es dadurch zu erkennbaren Diskrepanzen, die aber auch wieder einen guten Teil des Reizes eines solchen Werkchens ausmachen.

Das sind nur die wichtigsten Kunstwerke dieser Kirche. Je nach Neigung wird man sich auch noch für die vor- und nachreformatorischen Steinreliefs außen oder innen interessieren oder für die Epitaphien und Grabsteine mit ihren oft bewegenden Schicksalen.

Unterm Deich – von Berne aus auf der B 74 zwei Kilometer in Richtung Fähre, dann rechts ab nach Motzen – führt ein schöner Weg nach Warfleth. Über die B 212 fährt man dann wieder ins Landesinnere nach Bardewisch und nach Altenesch, das am Ende dieser Stedingerfahrt stehen soll.

Die kleine *Marienkirche* zu **Warfleth,** eine der vielen sogenannten ›Schifferkirchen‹ an der Unterweser, so bezeichnet, weil ein großer Teil ihrer männlichen Gemeindemitglieder den Unterhalt im Schiffbau oder in der Schiffahrt verdienten, steht eingekeilt zwischen Deichstraße und Deich. Die ursprünglich im Norden liegenden, zur Kirche gehörenden Fluren gingen in den Sturmfluten früherer Jahrhunderte verloren, der Deich mußte mehr und mehr zurückgenommen werden und hätte man bei der letzten Deichanhöhung nicht Spundwände eingerammt, hätte die Kirche möglicherweise nach der Sturmflut 1962 abgetragen werden müssen. Sie besteht aus einem rechteckigen Schiff, einem etwas schmaleren Chor, der mit drei Seiten eines Achtecks geschlossen ist, und aus einem Glockenhaus an der südöstlichen Chorschräge. Erbaut wurde sie im ersten Viertel des 15. Jahrhunderts mit Gewölben, die aber nicht mehr erhalten sind. Zu nennen wäre noch die hübsche Kanzel, die 1591 von einem Meister EL in Bremen gearbeitet wurde und am Kanzelkorb vier Tugenden zeigt.

Viel anspruchsvoller ist die *Hl. Kreuz-Kirche* zu **Bardewisch.** Auch sie ist, wie die Kirche zu Berne, eine Hallenkirche, jedoch kleiner und in der ersten Hälfte des 14. Jahrhunderts, also gerade einhundert Jahre nach der blutigen Niederwerfung der Stedinger, die mit großen Bevölkerungsverlusten einherging, erbaut.

Sie ist dreischiffig und aus Backstein erbaut; ein polygonal geschlossener Chor ist dem fast quadratischen Hallenbau angefügt, ebenso ein gedrungener Turm im Westen. Auch hier wurde auf ein den Bau in ganzer Breite überspannendes Dach verzichtet und in Längsrichtung drei Dächer aufgeschlagen. Die drei Schiffe sind gleich hoch, doch ist das mittlere fast doppelt so breit wie die beiden seitlichen. Der Chor, durch einen Chorbogen vom Mittelschiff abgesetzt, hat zwei querrechteckige Joche und ein aus fünf Seiten des Achtecks bestehendes Chorhaupt. Die Rippen und Gurte im Chor sind auf Konsolen, die mit Laubwerk oder Köpfen geschmückt sind, aufgesetzt, und auch an den Kapitellen des Hallenraumes

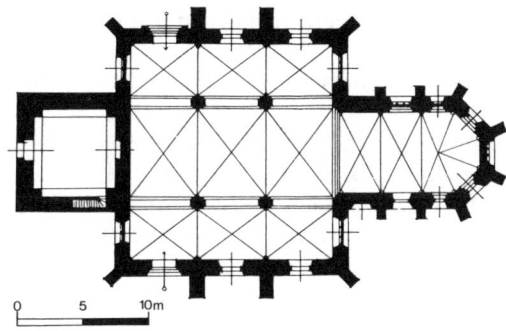

Bardewisch, Kirche zum Heiligen Kreuz, Grundriß

0   5   10m

sind vereinzelt Köpfchen erkennbar. Reste spätgotischer Malerei aus der Zeit um 1500, ein Christophorus ist noch gut erkennbar, zeigen, daß auch diese Kirche mehr oder weniger ausgemalt war. Altar und Empore stammen aus dem 18. Jahrhundert.

Abseits der Straße steht in **Altenesch** (4 km von Bardewisch in Richtung Bremen oder Delmenhorst) die kleine *St. Gallus-Kirche*. Sie ist nicht leicht zu finden, kein Schild weist in dem zu Lemwerder gehörenden Ort den Weg zu ihr, die dabei, wie nur noch wenige, den Zauber abgeschiedener Dörflichkeit ausstrahlt.

Irgendwo hier liegt also das Schlachtfeld von jenem 27. Mai 1234, diesem Datum, das zu den bedeutendsten der mittelalterlichen Geschichte in Niedersachsen zählt. Das Denkmal, das 1834 an der Straße errichtet wurde, kann, muß aber nicht, die historische Stätte sein.

Der kleine einschiffige Backsteinbau mit eingezogenem polygonalem Chor und einem hölzernen Glockenturm vor der Westwand besitzt auch im Inneren jene herzliche Stimmung, die wir im Grunde in den Kirchen auf dem Lande suchen. Der Kirchenraum ist durch eine flache Balkendecke geschlossen, die sich im Chor über dem Altar aufwölbt zu einer flachen, barocken Holzkuppel mit Rippen aus gewundenen Säulen. Sie ist auch ornamental bemalt. Reste spätgotischer Wandmalerei – viel älter ist die Kirche auch nicht – haben sich ebenfalls erhalten. Kostbarstes Stück der Ausstattung ist aber die Kanzel von Ludwig Münstermann, entstanden 1619 und wohl weitgehend ein eigenhändiges Werk des Meisters. An dem sechseckigen Korb sind unter Bögen mit diamantierten Quadern und durch Pfeiler mit Beschlagwerkauflagen voneinander getrennt, die vier Evangelisten dargestellt (Farbt. 48); St. Gallus, der Kirchenpatron, ziert die Kanzeltür. Alle fünf Gestalten zeigen die typische manirierte Gestreckt- und Gespreiztheit dieses Meisters und eine ganz feine, differenzierte Bearbeitung der Details und der Oberflächen. Leider sind weder die Kanzeltreppe, die in Holle so schön und interessant ist mit der Widmungsinschrift, noch ein Kanzeldeckel erhalten.

Von Altenesch ist man in einer Viertelstunde im Bremischen, und zwar kommt man von Deichhausen über Strom zu den Neustädter Häfen auf der linken Weserseite.

357

Auf Münstermanns Spuren durch Butjadingen

Großstedingen reichte fast bis Rodenkirchen hinauf und in der Tiefe bis zum Ipweger-Moor. Moorriem, im Winkel zwischen Hunte und Moor gelegen, ist noch eine der Siedlungen aus Stedinger Zeiten. Nach Norden schließen Stadland und Butjadingen an, zwei Landesteile, die ein gemeinsames Schicksal hatten.

Im 12. Jahrhundert war das heutige Butjadingen ein Teil von Rüstringen. Die Julianenflut des Jahres 1164 riß das Land jedoch in eine östliche und eine westliche Hälfte auseinander; bis zur Clemensflut 1334 kam es zu weiteren Abspaltungen, es bildeten sich zeitweilig sogar Inseln jenseits der Jade, aus denen sich in einem langen Prozeß von Landverlusten und Landgewinnen schließlich Butjadingen und das Stadland entwickelten. Das Schicksal dieses Landes läßt sich eindrucksvoll am Beispiel des Kirchspiels *Waddens* schildern.

Der Ort liegt am Mündungstrichter der Weser vor dem ›Lang-Lütjen-Sand‹, der sich über dem Land, das 1570 eine große Flut abspülte, gebildet hat. Über die Hälfte des Gemeindelandes soll damals überflutet und weggeschwemmt worden sein. Aber das war noch nicht alles. Nach jeder der großen Sturmfluten, der Fastnachtsflut von 1602, der Dreikönigsflut von 1610, der großen Mannstränke von 1634, mußte die Deichlinie weiter zurückgenommen, mußten Höfe ausgedeicht werden. Am 25. November 1685 schließlich riß die Flut ein so großes Loch in den Deich, daß die verarmte Gemeinde sieben Jahre brauchte, bis sie ihn wieder schließen konnte. Es gibt einen traurigen Bericht über das Leid, das damals über das Dorf hereingebrochen war: »Es war nämlich am 25. November 1685, am Catharinentage, als das salzige Wasser einbrach, fünf Fuß über das Land stieg und den Stollhammer, Burhaver und Waddenser Siel wegriß ... Das Dorf Waddens ist dergestalt von den Wellen zugerichtet, daß es ohne Tränen nicht angesehen werden kann. Die daselbst befindlichen Menschen sahen mehr dem Tod als lebendigen Kreaturen ähnlich. Etliche suchten nach ihren weggetriebenen Toten, andere ließen dieselben begraben. Ihr Vieh und alles, was sie gehabt, war ersoffen und verloren.« – Die Gemeinde unter solchen Umständen aufzugeben, widersetzte sich die Regierung, die aber auch erst nach sieben Jahren wieder einen Pastor in Waddens einsetzen konnte und zum Bau einer neuen Kirche gar erst 1696 kam. Kaum eine Generation lang konnte das Aufbauwerk nun voranschreiten, da spülte die Weihnachtsflut von 1717 abermals die Deiche fort; Waddens verlor 185 Menschen.

Das also ist der eine Teil der Geschichte dieses Landes, das noch in historischer Zeit so sehr von den Stürmen der Nordsee heimgesucht worden war, das allein schon aus diesem Grund das Land in der frühen Neuzeit nicht zu einer Einheit zusammenwachsen konnte.

Der andere war der, daß die Menschen, oder wenigstens ihre Anführer, so unter sich zerstritten waren, daß sie auf Dauer nicht zu gemeinsamem Handeln gegen äußere Mächte fähig waren, wovon doch gerade die Wurster Friesen so erstaunlich Zeugnis gegeben haben. Das zwischen friesischer Ratgeberverfassung und lokalen Häuptlingsherrschaften hin und her gerissene Land wurde zum Spielball der an der Wesermündung interessierten Bremer und den benachbarten Mächten Oldenburg und Friesland, bis sich 1514 Oldenburg als stärkste Macht durchsetzen und sich das Land untertan machen konnte.

Hundert Jahre später war das Land dank strenger, aber auch fürsorglicher Regentschaft der Grafen von Oldenburg wieder zu Wohlstand gelangt. Graf Anton Günther gelang es dann während einer langen Regierungszeit von 1603–1667 nicht nur, das Land aus den Verstrickungen des Dreißigjährigen Krieges weitgehend herauszuhalten, sondern auch durch die Einführung und Durchsetzung des Weserzolls bei Elsfleth eine neue Einnahmequelle zu erschließen. Das Land muß damals richtig aufgeblüht sein. Das nun kam nicht zuletzt den Kirchen, denen die Grafen in der Reformation zuvor alles Gut abgenommen hatten, zugute. Überall im Lande wurden Kirchen instand gesetzt und neu und dabei evangelisch ausgeschmückt, wobei auch die Landesherren, die das Episkopat der evangelischen Kirche in Oldenburg innehatten, als Förderer auftraten.

Das ist der nicht zuletzt auch materielle Hintergrund für das Werk von Ludwig Münstermann, der, obwohl in Hamburg Meister, nirgendwo anders so viele Werke hinterließ wie in der Wesermarsch, im Stadland und Butjadingen, im Vareler- und im Jeverland, in Ländern also, die von Hamburg aus – für damalige Verhältnisse – mehrere Tagereisen entfernt lagen. Nach derzeitigem Forschungsstand ist es sogar so, daß mit Ausnahme einiger Münstermann zugeschriebener Frühwerke in Bremen (s. S. 115) und einem kleinen Orgelprospekt für die Schloßkapelle in Rotenburg (Wümme) – heute im Bremer Landesmuseum – alle nachgewiesenen oder zuschreibbaren Werke für Auftraggeber im Oldenburgischen entstanden.

Signatur von Ludwig Münstermann

Über das Leben von Ludwig Münstermann weiß man wenig. Unbekannt sind Herkunft und Geburtsjahr und selbst das genaue Todesdatum des immerhin als Ältermann einer hamburgischen Zunft Verstorbenen ist nicht überliefert. Um 1570 wird er geboren sein, möglicherweise in Bremen, wo es in der zweiten Hälfte des 16. Jahrhunderts einen Schnitz- und Drechslermeister Johann Münstermann gab, der seit 1581 in Unser-Lieben-Frauen in Bremen Kinder taufen ließ – mit diesem Jahr beginnen erst die Taufregister dieser Kirche, so daß über frühere Taufen nichts ausgesagt werden kann. Im Laufe des Jahres 1638 ist er gestorben. 1599 wurde er als Meister in das hamburgische Amt (Zunft) der Drechsler aufgenommen, 1624 einer ihrer Wortführer, später Ältermann. Er war zweimal verheiratet und hatte sieben Kinder, von denen Johan und Claus auch künstlerisch tätig wurden und Ludwig sich als Tischler in Oldenburg niederließ.

Das Werk dieses Meisters ist in Material und Thematik eng angelegt; Holz und kirchliche Kunst herrschen vor. Obwohl Meister der Drechslerzunft, hat er nach den vermuteten

Jahren in der Werkstatt Winter in Bremen aber immer wieder auch in Stein gearbeitet. So hat er 1607–12 am bildnerischen Schmuck des Oldenburger Schlosses mitgewirkt, hat er alle seine Taufen und auch die Kanzel in Varel aus dem Stein gehauen, und schließlich hat er an den Altären vereinzelt Figuren aus Alabaster eingesetzt. Es gibt auch einige steinere Figuren, die aus dem Zusammenhang gerissen jedoch schwer zu lokalisieren sind und endlich werden einige Elfenbeinfigürchen mit ihm in Verbindung gebracht. – Begrenzt ist auch der Kreis der Auftraggeber: Die Bauherren der Kirchen stehen zahlenmäßig eindeutig an der Spitze. Daneben traten in ganz wenigen Fällen die ›Herrschaften‹, die Grafen von Oldenburg und Delmenhorst als Auftraggeber in Erscheinung und ganz vereinzelt bürgerliche Standespersonen, die sich von ihm Epitaphien oder Grabstelen (nur zugeschrieben) fertigen ließen.

Ludwig Münstermann zählt sicher zu den bedeutendsten Bildhauern des deutschen Manierismus, wobei dieser Begriff so vielfältig und schillernd zu nehmen ist, wie er auch in diesem Werk mit seinen expressiv überlängten Figuren an Kanzeln und Altären, den knubbeligen Gestalten an den oft ganz kleinen Reliefs oder den vollplastischen Tischszenen oder der zwischen tiefen Tönen und grellem Lüster wechselnden Farbigkeit, auftritt. Gotisches Empfinden lebt in der Auftürmung der Altäre ebenso wie klassische Renaissance in vielen Variationen und schließlich weist die ungeheure Raumhaltigkeit ganzer Szenarien, die Abendmahlsdarstellungen von Rodenkirchen und Berne etwa, aber auch die einzelner Gestalten, auf das kommende Barock.

Mag diese von Dissonanzen nicht immer freie Kunst manchen vielleicht abschrecken, so nötigt die tiefe Geistigkeit der thematischen Kompositionen zu reiner Bewunderung. Münstermann kannte sich im Alten wie im Neuen Testament aus und in den Bezügen zwischen beiden. Er wußte, wie sich das Sakrament des Hl. Abendmahls vorbereitet im Passahmahl des Alten Testaments, aber auch um die Doppeldeutigkeit eines solchen Bildes, denn tatsächlich leitet jenes Mahl auch den Aufbruch des Volkes Israel aus der Knechtschaft in Ägypten zu dem von Gott verheißenen Land der Freude ein, was wiederum gedeutet werden kann als Aufbruch des Menschen zu Gottes ewigem Reich. Er wußte auch um die Bedeutung der Heiligen und der Sinnbilder und wie das alles zusammenklingen muß zu dem großen Konzert zur Ehre Gottes und seines Sohnes. Reich war auch sein Wissen um die Aussagekraft der Symbole, etwa von Schwan und Gans, die in der Darstellung verschmelzen und sowohl auf Christus wie auf Luther hinweisen.

In folgenden Kirchen der Wesermarsch, des Stadlands und von Butjadingen gibt es noch Arbeiten von Münstermann zu sehen: Abbehausen, Altenesch, Berne (mit der Einschränkung, daß es sich um ›nachgelassene‹ Aufträge handelt), Blexen, Eckwarden, Golzwarden (Zuschreibung), Holle, Rodenkirchen, Schwei und Tossens. Berne, Rodenkirchen und Tossens sind unter diesen Kirchen die größten Erlebnisse.

Wieder sei ein Vorschlag für eine Rundfahrt gemacht. Beginnend in Berne, das man von Bremen aus am schnellsten mit der Fähre in Bremen-Farge erreicht, fährt man auf der B 212 nach Huntebrück, biegt jenseits der Brücke in Richtung Oldenburg ab, um nach vier Kilometern diese Straße nach rechts in Richtung Dalsper, Eckfleth, Bardenfleth, alles Teile von

Moorriem, zu verlassen. Nach knapp zehn Kilometern erreicht man die B 211, auf der man bis Brake und weiter auf der B 212 nach Rodenkirchen fährt. Ein Umweg über Ovelgönne und Golzwarden ist hübsch. Von Rodenkirchen geht es auf der B 437 nach Varel zunächst bis Schwei, dann bis Schweiburg, wo man am Ortseingang zum ›Schweiburger Außengroden‹, das ist die Straße, die direkt am Jadebusen entlangführt, abbiegt. Auf dieser Straße kommt man über Augustgroden und Stollhamm nach Eckwarden und Tossens und weiter über Langwarden, Burhave und Waddens nach Blexen. Hier erreicht man wieder die B 212, auf der man nach Berne zurückkommt, dabei Abstecher nach Abbehausen oder Esenshamm machen kann, in Brake vielleicht auch in die Stadt hineinfährt, um weiter über die Dörfer und am Weserdeich entlang bis Elsfleth zu kommen. Am Ende kommt man immer wieder nach Huntebrück und zurück an den Ausgangspunkt der Fahrt, nach Berne.

Moorriem gilt unter Kennern als ein in Struktur und Baubestand noch gut erhaltener Siedlungsstreifen. Er beginnt östlich von Oldenburg in Moorhausen und erstreckt sich über Moordorf und Bütteldorf bis Huntorf (Altenhuntorf), wo er nach Norden umknickt und sich über Burwinkel, Dalsper, Eckfleth und Bardenfleth, Nordermoor, Niederhörne bis Neuenbrock über fünfzehn Kilometer an einer Straße entlangzieht. Er war unterteilt in drei Kirchspiele: Altenhuntorf, Bardenfleth und Neuenbrock und hatte im Mittelalter in dreizehn Dorfschaften 230 Höfe und 70 Köterhäuser mit zusammen etwa 1500 Bewohnern. Damit war diese Marschsiedlung eine der dichtest besiedelten Gegenden.

Die Entwässerung bestimmt das Bild von Landschaft und Siedlung. Vom Ipweger Moor sind in kurzen Abständen – im hinteren Teil oft nur acht Meter, vorn an der Straße bis zu 80 Meter breit – Parallelgräben gezogen, die auch die Grenzen zwischen den Bauen, wie man die Höfe hier nennt, bilden. Diese Entwässerungen werden in den einzelnen Sieltiefs – Dalsper, Bardenflether, Oberhörner Sieltief – gesammelt, die wieder zum Moorriemer Kanal und dem Oldenbroker Sieltief entwässern; beide führen endlich das Wasser der Weser zu.

Diese Siellandschaft wird von der Landstraße durchquert. An ihr liegen fast alle Höfe, nur ganz vereinzelt liegen welche abseits in ein zweites Glied gerückt, wie die Häuser von Uhlenbruch hinter Dalsper. Das niederdeutsche Zweiständerhaus herrscht vor, selten drängt sich ein wesensfremder Bau dazwischen. Zu diesen gehören nicht – oder nicht mehr, das ist eine Frage zeitlichen Abstands – die Wohnhäuser, die sich wohlhabende Bauern um die Jahrhundertwende neben ihre alten Hofgebäude stellten. Die erhielten dadurch eine Chance zum Überleben in alter Gestalt, denn der Modernisierungsdruck, der verständliche Wunsch der ländlichen Bewohner, so schön und bequem wohnen zu wollen wie Stadtbürger, war durch den Neubau genommen. Gerade in solchem Nebeneinander von altem und neuem Haus zeigen sich auch die Kontinuität und Stärke dieses Bauerntums (Abb. 108).

In **Bardenfleth,** wo die Straße etwas versetzt geführt ist und das eines der überlieferten Zentren der langgestreckten Siedlung ist, steht eine *Fachwerkkirche* von 1620. Sie ist jüngst umfassend restauriert worden: Das Ständerwerk wurde von dem Verputz des vorigen Jahrhunderts befreit und, wo nötig, repariert. Hübsch ist sie im Inneren anzusehen mit der Marmor imitierenden Bemalung der Ständer und Balken und den mit großen Ranken bemalten Einschüben.

Auf dem Weg nach Rodenkirchen über B 211 und B 212 bietet sich der Umweg über Ovelgönne nach Golzwarden an. **Ovelgönne** war eine Festung, die Graf Johann von Oldenburg anlegen ließ, nachdem er 1514 das Stadland und 1523 Butjadingen, die damals noch durch einen Wasserzug zwischen Jadebusen und Weser getrennt waren, an sich gebracht hatte. Er wollte damit den Freiheitsgelüsten der recht eigensinnigen Friesen einen Riegel vorschieben. Die nun oldenburgischen Bewohner waren dann aber doch ganz friedfertig, und nach dem Tod des letzten Oldenburger Grafen, Anton Günther, ließ 1677 der König von Dänemark als neuer Landesherr die Festung guten Gewissens schleifen. Bis dahin hatten sich in dem Ort nahe der ›Staatsmacht‹ aber alle Ämter angesiedelt, die im Land gebraucht wurden und die blieben dann auch da, als die Soldaten abgezogen wurden – Verwaltung wird schließlich immer gebraucht. Erst das aufstrebende, wirtschaftlich stärkere Brake zog in den letzten hundert Jahren diese Funktionen an sich. Geblieben ist ein in diesem bäuerlichen Land ganz merkwürdig anmutendes kleinstädtisches Ortsbild mit respektablem, spätbarockem und klassizistischem Baubestand.

Golzwarden gibt es als selbständigen Kirchort, seit es im Jahre 1263 von Rodenkirchen ausgepfarrt wurde. Damals wurde auch das einschiffige Langhaus auf der mit vier Meter über Normalnull schon bedeutend hohen Wurt erbaut (das Land liegt etwa 0,5 m über NN). Im 15. Jahrhundert wurde der gotische Chor, sicher an Stelle eines älteren, angefügt. Und dann besaß die *Kirche* anstelle des aus drei parallelen Mauern bestehenden niedrigen und etwas schiefen Glockenturms einen richtigen Wehrturm. Er stand, zehn Meter breit, vor dem Kirchenschiff und hatte 2,70 Meter dicke Mauern, die außen mit Sandsteinquadern befestigt waren. Das war eine jener Häuptlingsburgen des 14. und 15. Jahrhunderts, die immer wieder von den Oldenburgern, den Bremern oder auch mal benachbarten Anführern umkämpft waren. Der Turm mußte 1424 geschleift werden. Seither steht der Westgiebel ungegliedert und unverziert.

Die Kirche sollte gewölbt werden – vielleicht war sie es auch, man weiß es nicht. Über den breiten Fensternischen gibt es wenigstens spitzbogige Mauervorsprünge, auf denen Gewölbe aufgesetzt werden können. Der für einen einschiffigen Saalbau sehr hohe Raum wird nun durch eine Balkendecke geschlossen. Die Fensternischen weisen noch eine andere Besonderheit auf: Die im Aufriß rund geschlossenen Nischen sind auch im Grundriß gerundet. Das gibt es in Rodenkirchen, woher es die Bauleute von Golzwarden sicher übernommen hatten und dann erst wieder in der Provinz Groningen in den Niederlanden.

In Golzwarden wurde 1648 Arp Schnitger (Snitger) geboren. Er war der Sohn eines Tischlers und erlernte den Beruf des Vaters, bevor er durch seinen Vetter Berendt Huß in die Kunst des Orgelbaus eingeführt wurde (s. S. 222 und 321). 174 Instrumente soll er im Laufe seines Lebens gebaut oder erweitert haben. Nur wenige blieben erhalten, denn im vorigen Jahrhundert klangen den Menschen diese barocken Werke nicht schön genug und sie wurden umgestaltet oder auch ganz beseitigt – so auch in Golzwarden.

Als ein Werk von Münstermann gilt die 1633 aus einem romanischen Stein gehauene Taufe. Sie ist durch die versteckten Christusbezüge interessant: Zwischen vier bezeichneten Sinngestalten sind die Hausmarken der Kirchenvorsteher und des Pastors dargestellt, drei weiße Vögel – vermutlich Schwäne – und ein Wassermann – Merkur. Beide Zeichen stehen zugleich für Christus.

Von einem Flügelaltar aus der Zeit vor der Reformation blieb der mittlere Teil mit fünf Passionsszenen erhalten, die Kanzel ist eine Arbeit des Münstermann-Schülers Onno Dircksen.

An der *Kirche* von **Rodenkirchen** könnte man leicht achtlos vorübergehen, wüßte man nicht, welche prachtvollen Kunstwerke sie besitzt. Die Geschichte dieser Hauptkirche des Stadlands, jedenfalls so, wie sie auf uns gekommen ist, beginnt im frühen 13. Jahrhundert mit einer Einraumkirche, von der Reste in der Südwand des Langhauses zu erkennen sind. Noch im selben Jahrhundert wurde der Bau in Breite und Länge und um das weitausladende Querhaus erweitert. Die Kirche war im Ostteil gewölbt, der vermutlich quadratische Chor wird mit einer Apsis geschlossen gewesen sein, kleine Apsiden waren den Querhausarmen angefügt. Später wurde der Chor verlängert und gerade geschlossen. Die breiten Fensternischen, die in der Kirche von Golzwarden zu sehen waren, findet man hier im Querhaus.

Die großen Kirchen hierzulande waren nicht nur Gotteshäuser, sondern auch befestigte Plätze, Burgen. Ihr Schicksal war verknüpft mit dem des Landes und seiner Häuptlinge, die auf lokaler Ebene die Macht an sich gerissen hatten. Auch Rodenkirchen war Sitz von Hovetlingen, Häuptlingen, die mit oder gegen Bremen, mit und gegen die Interessen des Landes Politik betrieben. Das dauerte solange, bis 1514 die Fürsten-Armee der Oldenburger und der Welfen das Land eroberte. Die befestigte Kirche von Rodenkirchen war eines der Zentren des Widerstands, wurde belagert und stark beschädigt. Im Wiederaufbau wurde manches vereinfacht, so hat man die Gewölbe nicht mehr erneuert.

Im Rundgang um die aus schweren Portasandsteinen errichtete Kirche fallen einem verschiedene Portale auf: an den Querhausarmen spätromanische mit eingestellten Säulen und Blattkapitellen, am Langhaus nach Norden ein gotisches mit Stufengiebel und tiefer, abgetreppter Laibung und nach Süden ein gotischer Doppeleingang mit einem Vierpaß im Tympanon.

Der Eindruck von Münstermanns Werken in dieser Kirche ist überwältigend. Neben Varel besitzt Rodenkirchen die kunstvollsten Arbeiten dieses Meisters und seiner Werkstatt und es dürfte schwer fallen zu sagen, welche von beiden Kirchen die schönsten, die bedeutendsten in ihren Mauern birgt. Überwältigend ist die alles übertreffende Tiefe der Gedanken, der Reichtum der Formen, das Feuer der Farbe. Es darf sogar angenommen werden, daß sich der im Moment auf Münstermanns Anteil an der Ausstattung beschränkende Gesamteindruck des Raumes noch verstärken wird, wenn erst die begonnene Restaurierung (1986) abgeschlossen sein wird, wenn die vielen kleinen ›Untersuchungsfenster‹ an Wänden und Bänken sich wieder zu einer Fassung zusammengeschlossen haben werden. Die Chance ist jedenfalls gegeben, daß Rodenkirchen eine der festlichsten Kirchen im Weser-Elbe-Raum wird.

Schon von der Größe (ca. 5,70 m × 4,25 m) und der angegebenen Zahl von rund 450 Figuren, Medaillons und Podesten her gehört der Altar – genauer: das Retabel – zu den

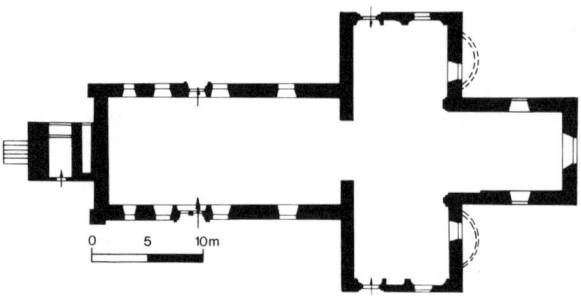

Rodenkirchen, St. Matthäus-Kirche, Grundriß

größten Werken Münstermanns (Abb. 115). Von 1618 bis 1629 sollen er und seine Werkstatt mit dem Altar beschäftigt gewesen sein, allerdings nicht ausschließlich, wie die Arbeiten, denen man im Lande noch begegnen wird, beweisen.

Der Aufbau folgt einem Schema, dem man in Münstermanns Werk immer wieder begegnet. Altes und Neues Testament, alter und neuer Bund werden dabei antithetisch gegenübergestellt, wobei der neue Bund noch als die *eine* christliche Kiche verstanden wurde, in der Luther und Melanchthon als neue Kirchenväter eingebunden sind. Zu sehen sind in der Sockelzone Verkündigung, Hirtenanbetung und Taufe Jesu. Über das Mittelbild durfte Münstermann sein von Putten gehaltenes Zeichen, Knüpfel, Eisen und Monogramm L.M.B. (Ludwig Münstermann, Bildhauer) anbringen. In der nächsten Ebene ist in die Mitte das Abendmahl in festlicher Saalkulisse und in einem perspektivisch konstruierten Bühnenraum, wie man ihn von Berne schon kennt, gesetzt (Abb. 114). Dahinter fällt der Blick in den jüdischen Tempel, in dem die Bundeslade steht, Hinweis auf den alten, auf das Gesetz aufbauenden Bund, während mit dem Opfer des Abendmahls der neue Bund sich vorbereitet. Beide Räume sind prunkvoll, mit diamantierten Quadern, die durch die Lüsterung besonders schön zur Geltung kommen, gestaltet und über dem Abschlußbogen des Abendmahlsaales ist unübersehbar das gräfliche Wappen gesetzt, flankiert von Friede und Eintracht – 1629, dieses Datum verbindet vier Stifterwappen, aller Wunsch und Sehnen. Die beiden gestreckten Figuren zwischen den das Abendmahlsbild flankierenden Säulen – richtige Münstermann-Typen – stellen vermutlich die Kirchenpatrone Paulus und Matthäus dar (Farbt. 46). Die seitlichen Schrifttafeln, allein schon mit ihrem ornamentalen Zierrat und den Tugendfigürchen ein Augenschmaus, zitieren wieder die Einsetzungsworte des Abendmahls, denen Medaillons mit den Bildnissen von Luther und Melanchthon zugeordnet sind. Auf der Höhe des Grafenwappens und über den Säulen, die die beiden Kirchenpatrone flankieren, sind die vier Evangelisten gesetzt, auch sie wieder eingebunden, hinterfangen von höchst kunstvollen Ornamentierungen.

Ein reich geschmücktes und weit ausladendes Gesims trennt diesen immer wieder auf das Abendmahl bezogenen Teil von den oberen Geschossen. Auf Konsolen, die aus dem Sims herausgearbeitet sind, müßten eigentlich Moses und Johannes (der Täufer) stehen; so ist es jedenfalls angeschrieben. Die Figuren fehlen aber und statt ihrer stehen kleine Putten dort.

Über einem Schriftfeld ist nun die Golgathaszene aufgebaut, figurenreich wie auf spätmittelalterlichen Altären. Pelikan und Phönix zu beiden Seiten sind wieder Sinnbilder für Christi Tod und Auferstehung. Das Werk gipfelt in der Gestalt des auferstandenen Christus mit der Siegesfahne, zu dem Adam emporschaut.

Ein wichtiger Teil des Kunstwerks sind die Farben, die lasierend auf Silber aufgetragenen Rot-, Grün-, Silber- und Goldtöne, die in einem ganz materiellen Sinne die Kostbarkeit dieses im Zeitverständnis Gott gewidmeten Werkes unterstreichen sollen.

Seltsamer und darum fast eindrucksvoller ist die Kanzel. Sie muß selbst Münstermann viel bedeutet haben, sonst hätte er sich nicht in dieser Breite an ihr verewigt: »Anno 1631 habe ich M. Ludowigh Münstermann mit Gottlicher hülfe und meines dieners Onnen Diercksen wie auch meiner beiden sohns Johan und Claws diese Cantzel verfertiget« – Münstermann hat seine Werke oft signiert, aber nie so voller Stolz.

Der Kanzelträger ist als Baumstamm ausgebildet, an dem Moses, Johannes der Täufer und ›der nach dem Weg zum Heil fragende Mensch‹ angelehnt sind. Über Moses ist der Baum tot und dürr, während er über Johannes, der in der Bibel auf Christus weist, grünt – ein im 17. Jahrhundert sicher allgemein verstandenes Bild. Die zum Kanzelkorb überleitende Schräge wiederum ist Träger von fünf kleinen Reliefs mit Szenen aus dem Alten und Neuen Testament: Sündenfall, Aufrichtung der Ehernen Schlange, Gethsemane, Kreuzigung und Auferstehung. Am Kanzelkorb sind zwischen doppelt gestellten Säulen und reich gequaderten Bögen mit Ausnahme der für sich stehenden Christusgestalt die Figuren, eifrig miteinander diskutierend, paarweise gestellt, und zwar Jesaja und Jeremia, Ezechiel und Daniel zur einen Seite, Christi und Matthäus und Markus, Lukas und Johannes zur anderen. In Verbindung mit dem Kanzelkorb ist nach Süden zu eine Tafel mit zwanzig Hausmarken der Stifter angebracht. Der Schalldeckel ist ebenso von außen wie von innen zu sehen. Die Innenseite zeigt nämlich mit der Taube des Heiligen Geistes das Pfingstwunder als dasjenige Bild, das sich am engsten mit dem Auftrag zur Predigt verbindet (Abb. 113). Auf dem Schalldeckel sind über einem Kranz von Wappen des Grafen Anton Günther und hoher Landesbeamter in breiten Kartuschenrahmen Medaillons der Kirchenväter Ambrosius, Augustin, Athanasius, Basilius, Hieronymus und Cyrillus dargestellt. Darüber sehen wir Engel mit den Marterwerkzeugen Christi und innerhalb der Laterne Christus und Gottvater. Obenauf steht ein Engel mit dem Modell der (einen?) Kirche. Völlig abweichend vom üblichen Schema wurde das Geländer der Kanzeltreppe aufgefaßt. Hier, wo man sonst Szenen oder Personen der Bibel trifft, wurden, höchst lebendig, die fünf Sinne – Hören, Sehen, Schmekken, Riechen und Fühlen – dargestellt. Wo es ging, wurden die weiblichen Personifizierungen dieser Sinne mit Tieren in Verbindung gebracht, so bei der Gestalt, die das Sehen verkörpert – Visus – der in die Ferne spähende Adler oder das Hündchen, das der ›Riecherin‹ – Odoratus – schnuppernd zugeordnet ist. Hier wurde also das sinnliche Erleben als ein Teil der Schöpfung Gottes ganz handgreiflich deutlich gemacht.

Zu den letzten Werken Münstermanns gehört das 1637 gefertigte Epitaph für Hinrich Dethmers und seine Frau Metke mit Darstellungen der drei Lebensabschnitte. Nur noch ein Fragment ist die von Münstermann um 1630 aus einem romanischen Taufstein neu bearbeitete Taufe, und aus der Werkstatt des Meisters kam 1649 das schön gerahmte Gemälde des ›Jüngsten Gerichts‹.

Für die 1617 erbaute *Kirche* von **Schwei** hat Münstermann die Kanzel und die hölzerne Glocke über dem Taufstein geschaffen, und aus der Werkstatt kam der nur fragmentarisch erhaltene Altaraufsatz.

Die Kanzel, obwohl nur eines der kleineren Werke des Meisters, ist eines der bewegtesten, lebenssprühendsten, die von ihm bekannt sind. Dargestellt sind am Kanzelkorb – die zugehörige Treppe fehlt – die vier Evangelisten, die Könige Salomon und David und fünf christliche Tugenden. Getragen wird der Korb von Moses als dem Repräsentanten des alten Bundes. Dieser in dieser Zusammenstellung nicht ungewöhnliche Zyklus ist aber nicht, wie man das sonst kennt, in die auch hier vorhandenen Bogenstellungen eingereiht, sondern raumgreifend in Schichten gruppiert. Da sitzen Salomon (Farbt. 47), Daniel und der Evangelist Johannes auf Konsolen vor dem Korb (an zwei Konsolen fehlen die Figuren), während die anderen Evangelisten mit dem Kirchenpatron St. Secundus gestenreich aus ihren Nischen herauszudrängen scheinen und die in Hermenpilaster gezwängten Tugenden suchen sich an dem Gespräch der Heiligen beteiligen zu wollen. Herrlich anzusehen ist auch die Gestalt des vorwärtsdrängenden Moses mit einer schönen vergeistigten Physiognomie. Der Bewegtheit des figürlichen Apparates entspricht der Reichtum des architektonischen Dekors.

Das schöne Werk soll neuerer Literatur zufolge 1618 gefertigt und 1637 gefaßt worden sein – früher sah man es im Zusamenhang mit den Figuren von Blexen, die 1637 als letzte Werke von Münstermann entstanden waren. 1623 schuf er den Deckel für das Taufbecken von 1621. Hier sind außen Putten, die die Wappenschilde mit den Hausmarken der Stifter halten, Apostel mit den Marterwerkzeugen gezeigt und in dem kleinen Rundtempel darüber die Taufe Christi.

Von dem 1638 von der Werkstatt Münstermanns geschaffenen Altaraufsatz ist nur noch der Rahmen mit Moses und Johannes dem Täufer über drei Reliefs – Verkündigung, Hirtenanbetung und Beschneidung Christi – erhalten. In die Mitte gehört wohl ein Szenarium wie in Rodenkirchen mit einer Abendmahlsdarstellung, von der geringe Reste im Landesmuseum im Oldenburger Schloß erhalten sind.

Bei *Schweiburg,* am ›Schweiburger Außengroden‹, erreichen wir den *Jadebusen.* Noch 1164 war die Küstenlinie mit zwei Buchten, dem Schwarzen Brack und der Maadebucht, ziemlich geschlossen. Dann kam es durch die Fluten von 1334 und 1362 zu den Überschwemmungen, durch die das Land jenseits der Jade von Rüstringen abgeteilt und das, was heute Butjadingen ist, auch noch durch Heete, Ahne und Lockfleth durchbrochen wurde. Viele historisch bekannten Orte, wie Oldensum, Arngast – ein Leuchtturm hält diesen Namen wach –, Jadeleh, verschwanden damals in den Fluten. Im 17. Jahrhundert begann dann wieder durch den systematisch betriebenen Deichbau die Rückgewinnung des Landes. Sie wurde erst in unserer Zeit eingestellt, denn in der jetzt verbliebenen Größe braucht man das den Gezeiten ausgesetzte Becken, um durch den starken Tidestrom die Einfahrt zum Hafen von Wilhelmshaven schlickfrei halten zu können.

Zur Zeit seiner größten Ausdehnung stieß das Meer an mehreren Stellen direkt an Hochmoore. Eine dieser Stellen ist das schwimmende Moor von ›Kleihörn‹ bei Sehestedt. Vom ›Schwimmenden Moor‹ spricht man, wenn das Hochwasser die Torfschicht heben kann, die sich bei Niedrigwasser wieder senkt. Wenn das, wie bei Sturmfluten häufig, sehr heftig geschieht, auch das Moor überschwemmt wird, brechen große Torfstücke ab und treiben weg. So nagt die See fortwährend an diesen nicht eingedeichten Moorflächen. Seit es im frühen 18. Jahrhundert gelang, die Deichlinie auch hier zu schließen, hat sich das Moor von ungefähr 135 Hektar auf heute nur noch zehn Hektar verkleinert. Dieser Rest steht wegen der einzigartigen Flora, die zwischen Moor und Marsch und auf den salzigen Wiesen gedeiht, unter strengstem Naturschutz; er ist eingezäunt und darf nur von außen besichtigt werden.

Der Weg von Schweiburg bis Eckwarden unter dem Deich beträgt 23 Kilometer, wobei bis Sehestedt immer wieder Übergänge über den Deich zum Spazierengehen einladen.

In der kleinen, außen wie innen schlichten *Kirche* von **Eckwarden** hängt ein Epitaph, das Münstermann 1631 für den Vogt Meent Siassen (Syassen) und dessen Frau Frowe, geborene Lübbeßen aus Phiesewarden (bei Nordenham) geschaffen hat. Die Mitte des Epitaphs nimmt eine Darstellung des Passahmahls, das das Volk Israel vor dem Aufbruch aus Ägypten vereinte und das eine der alttestamentarischen Entsprechungen zum Abendmahl ist, ein. Diese Verbindung wird durch die Inschrift über dem Bild bekräftigt, wie auch durch die an den Garten von Gethsemane erinnernde Landschaft. In dem Mann, der neben der Säule hervorschaut, glaubt man ein Selbstbildnis von Münstermann sehen zu dürfen. Um dieses Mittelbild sind die Bildnisse des Vogts und seiner Söhne, der Frau und der Töchter und mit dem Bild mit den drei Särgen und zwei Putten das Gedächtnis an die erste Frau Acke Meents und die verstorbenen Kinder aus jener Ehe gruppiert, erläutert durch Wappen und Beischriften. Aus ihnen ergibt sich, daß das Mahl noch zu Lebzeiten der Eheleute bestellt war, die Lebensdaten des Vogtes auch eingetragen wurden, nicht mehr aber die seiner Frau. Über den Wappen sind kleinfigürlich Sündenfall und Christi Kreuzestod dargestellt. Das obere Relief, die Erhöhung der Ehernen Schlange, ist wieder einer jener alttestamentarischen Hinweise auf Christus, hier der Beziehung zu Christi Kreuzestod. Die bekrönende Figur scheint ausgetauscht worden zu sein; hier mußte ein Bildnis des auferstandenen Christus mit der Osterfahne stehen.

Eine Erhebung von vier oder fünf Metern in heutiger Landschaft spürbar werden zu lassen ist nicht leicht, weil zuviel Hochstehendes, von Bäumen bis zu Gebäuden, die Feinheiten der Topografie verwischt. An der St. *Bartholomäus-Kirche* zu **Tossens** ist das gelungen. Zu ihr gelangt man über einen langgezogenen Stufenweg, der die Erhebung der Kirchenwurt wirklich erlebbar macht.

Die Kirche wird erst im 16. Jahrhundert erbaut worden sein; die Inschrift an einem Balken über der Orgel mit der Jahreszahl ›1598‹ könnte damit in Verbindung stehen. Der Chor wird dagegen von einer im 15. Jahrhundert genannten Kapelle übrig geblieben sein. Der niedrige, etwas windschiefe Glockenturm wurde 1712 erneuert.

Hier gibt es gleich mehrere Werke von Ludwig Münstermann. Der Altar wurde 1631 gestiftet. Er gehört nicht zu den großen und materiell teuren Arbeiten dieser Werkstatt, doch soll der eigenhändige Arbeitsanteil des Meisters besonders groß sein, was unter der etwas pastosen Fassung allerdings nicht recht deutlich wird. Der Aufbau aber enthält alle Programmpunkte der großen Werke.

Am Sockel sind zu Seiten des Abendmahls die vier Evangelisten zu sehen, wie sie in ihren Schreibstuben das Evangelium niederschreiben; an den Seitenflächen weisen die alttesta- mentarischen Propheten Jesaja, Jeremia, Hesekiel und Daniel auf das Kommende hin. Die Mitte des Altars nimmt die Kreuzigung ein. Zu ihr gehören Engel und Teufel über dem bösen und dem guten Schächer. Daneben, zwischen Säulen, stehen Moses und Johannes der Täufer und noch weiter nach außen, auf angesetzten Flügeln und in niederdeutscher Spra- che, sind die Einsetzungsworte des Abendmahls zu lesen. Den Schrifttafeln sind wie in Berne und Rodenkirchen christliche Tugenden zugeordnet. Im nächsten Geschoß steht die Auferstehung mit entsprechenden Texten – links oben muß ergänzt werden »Tod, ich will dir ein Gift sein« – im Mittelpunkt. Die Texte sollten eigentlich dieses Geschoß mit der Himmelfahrt darüber verknüpfen, und zwar über die Figuren von Tod und Teufel, die aber beide fehlen. Christus als Retter der Welt mit der Weltkugel krönt das Werk, das in Höhe und Breite das Chorhaupt ausfüllt.

Die innerhalb des Werkes von Münstermann einfache Taufe samt dem Deckel entstand 1623. Der Stein ist nur mit Beschlagwerkornament geschmückt, signiert und datiert, die Bekrönung ist bis auf sechs Engelsköpfchen nur gedrechselt und ornamentiert. Endlich ist auch der Schalldeckel der vermutlich 1588 angefertigten, schlichten Kanzel ein Werk von Münstermann. Medaillons der Kirchenväter beweisen, wie stark man sich noch im 17. Jahr- hundert als Glied der *einen* Kirche Christi verstand.

Der entzückende, gleich zwei Posaunen blasende Engel in der Ecke am Kanzelaufgang gehörte vermutlich zum Prospekt der 1660 beschafften Orgel, für die die Balkendecke geöffnet werden mußte und die um 1810 umgebaut wurde.

An der Südwand hängt eine Gedenktafel an die Opfer der Weihnachtsflut von 1717, die die Menschen damals schrecklich getroffen hat: 126 Menschen, von denen nur 21 auf dem Kirchhof begraben werden konnten, 62 Häuser und 273 Stück Vieh hatte allein dieses eine Dorf zu beklagen.

Langwarden, der nördlichste Punkt Butjadingens, war im Mittelalter Gerichtsort, Treff- punkt der Ratgeber, also der politischen Landesorganisation und Marktort. Hier in Lang- warden entschied sich auch 1514 der Kampf der Friesen gegen die Oldenburger und die Welfen. Auf der langgestreckten Dorfwurt standen im Westen und Osten je eine Kirche. Von ihnen blieb nur die östliche, von den Kaufleuten um 1200 erbaute *Laurentiuskirche* erhalten. Auch sie aber verstümmelt, denn die Querarme des T-förmigen Grundrisses wur- den 1840 abgebrochen, und 1907 wurde das Langhaus zugunsten des neuen Turms verkürzt. Wie die Kirche ausgesehen hat, kann man jedoch an der Nordseite erkennen. Es war ein Bau aus Tuffstein, gegliedert durch schmale, hoch aufsteigende Lisenen, die durch einen Rundbogenfries miteinander verbunden sind und hochsitzende kleine Fenster besaß; er erinnert damit an die Kirche zu Wremen (s. S. 258). Der Ostabschluß ist, besonders im Inneren, noch weitgehend in ursprünglicher Form erhalten mit der flachen Chorapsis und zwei Rundfenstern, die die Strahlen der aufgehenden Sonne in den Raum leiten.

Das schönste Werk ist die ehemalige Bekleidung der Sakramentsnische an der Nordflanke der Apsis. Es ist eine reich geschnitzte Umrahmung der mit altem Beschlag belegten Tür und stellt in sechs quadratischen Feldern sowie einem hochrechteckigen die Wurzel Jesse mit den zwölf königlichen Vorfahren Christi dar. Die Könige, gekleidet in burgundische Hoftracht, sitzen in verschlungenem Blatt- und Astwerk. Ein zierlich durchbrochener Baldachin mit Krabben und Maßwerk krönt die kunstvolle, ins 15. Jahrhundert zu datierende Arbeit.

Der Altar ist sehr schlicht, ja im Vergleich zu den nahen Werken Münstermanns fast primitiv. Er wurde gefertigt von dem Münstermann-Schüler Onno Diercksen, der sich in Tossens niedergelassen hatte. Thematisch und formal finden sich zwar noch Anklänge an die Kunst des großen Meisters, aber die Ausführung bleibt grob und derb.

Auf dem Weg von Langwarden nach Blexen sollte man, soweit möglich, die Straße unterm Deich wählen; das dauert zwar länger, auch wird man sich hier und da am Deich aufhalten – bei schönem Wetter ist auch der Ochsenturm bei Imsum zu sehen (s. s. 258) –, dafür ist die Straße insgesamt schöner.

Die *St. Hippolyt-Kirche* (Abb. 116) in **Blexen** ist die älteste Kirche des Landes – sie ist so alt wie der Bremer Dom. Man nimmt an, daß es hier ein Heiligtum für den Wettergott Thor gegeben hat, daß der 789 urkundlich genannte Name ›Pleccateshem‹ als ›Blitzheim‹ gedeutet werden darf und daß deshalb Bischof Willehad, der erste Bischof von Bremen, hier missionierte und eine Kirche baute, bei der er am 9. November 789 starb. Der Brunnen, der südlich der Kirche liegt, soll, alter Überlieferung zufolge, auf sein Geheiß gegraben worden sein und galt lange als wundertätig.

Was auch immer an diesen und anderen Geschichten wahr sein mag, im Chor des heutigen Baues wurde bei einer archäologischen Untersuchung die Brandschicht einer um 1000 zerstörten Holzkirche entdeckt, in der es ein offenes Schaugrab gab und um die herum ein Friedhof lag, der jetzt teilweise überbaut ist.

Mit dem Bau der neuen Kirche begann man wohl bald nach dem Brand, noch im 11. Jahrhundert, und zwar im Osten. Als Baumaterial standen Portasandstein und der als Ballast vom Rhein gekommene Tuff zur Verfügung. Der im oberen Teil der Chormauern zu beobachtende Wechsel zwischen Tuff- und Backsteinen wird, wie auch der schöne Blendbogenfries und die Einbindung der Rundbogenfenster, nicht vor dem Ende des 12. Jahrhunderts, also gleichzeitig mit dem Bau des Kirchenschiffs zu datieren sein. Wie das aussah, kann man noch an der Nordwand sehen; auf einem leichten Rücksprung sitzen, sehr hoch, vier kleine rundbogige Fenster auf, darüber ist ein Fries aus ineinandergreifenden Rundbögen, der durch Ecklisenen mit dem unteren Teil der Mauer verbunden ist, gezogen. Riefenfries und Dachgesims schließen den Wandaufbau ab. Zum Chor ist nachzutragen, daß er im 13. Jahrhundert gewölbt wurde und bis ins 14. Jahrhundert mit einer Apsis schloß.

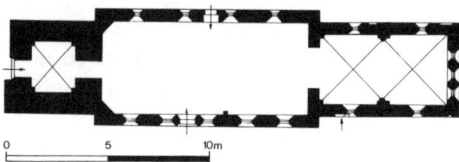

0   5   10m

Blexen, St. Hippolyt-Kirche, Grundriß

Der Turm gehört zu den Wehrtürmen, die im späten Mittelalter in den Kämpfen zwischen den Häuptlingen und den Bremern eine strategisch bedeutende Rolle spielten und oft heiß umkämpft waren. Errichtet wurde er nach 1250 mit über zwei Meter dicken Füllmauern, in der auch die Stiege ihren Platz hat. Die umfangreichen Backsteinausbesserungen in den beiden oberen, aus Portasteinen gebauten Turmgeschossen erfolgte wohl nach der Belagerung von 1419, als die Bremer Blexen erobert hatten.

Es ist noch nicht lange her, seit das 1851 völlig umgestaltete Retabel mit den Resten des 1637 von Ludwig und Johannes Münstermann geschaffenen Altars wieder aufgestellt wurde. Beiderseits der von Ludwig Strack (1806–71 in Oldenburg) nach Vorlagen von Raffael gemalten Bilder stehen Moses und Johannes der Täufer von der Hand Johann Münstermanns und, auf dem Gebälk, die vier Evangelisten des Ludwig Münstermann – die letzten für ihn belegten Arbeiten. Ihre Gesten sind erregter, bewegter, ihr Mienenspiel ausdrucksvoller, als man das sonst schon von seinen Werken her kennt. Die Dramatik, die diesen Gestalten innewohnt, erinnert noch am ehesten an die Kanzel in Schwei, weshalb es dort jene Spätdatierung gibt.

Die Kanzel ist dann schon das alleinige Werk des Sohnes, gebaut 1638 und unter dem Kanzelkorb mit dem Zeichen des Johannes Münstermann signiert. Der Kanzelkorb ist zwar sehr traditionell gehalten mit den vier Evangelistenstatuen zwischen Doppelsäulen, doch finden sich an der Kanzelschräge andererseits die gerade für die Werkstatt Münstermanns bezeichnenden kleinen Reliefs. Auf dem Kanzeldeckel sind außer den Engeln mit den Leidenswerkzeugen Christi Medaillons mit den Bildnissen von Willehad, Paulus, Christus, Petrus und Laurentius dargestellt, und in dem Tempelchen steht ein Kruzifix. Bekrönt wird das Werk von Adam und Eva am Baum der Versuchung.

Bis auf die Sakramentsnische in der Nordmauer des Chores, einer guten, wohl westfälischen Arbeit vom Ende des 15. Jahrhunderts mit einer Darstellung des Martyriums des Hl. Hippolyt, der von Pferden (hier von einem Ochsen) zu Tode geschleift wurde, stammt die Ausstattung aus dem 17. Jahrhundert.

Das geschichtsreiche Blexen gehört zu **Nordenham,** das 1857 durch den Bau einer Ochsenpier, sozusagen wie eine Wildwest-Stadt, gegründet wurde. Es brauchte lang, bis es wenigstens ein Dorf wurde: 1871 hatte die Verladestelle 31 Einwohner – die Bewohner eines Gutes, den Inhaber eines Hotels mit Familie und Personal und einige Arbeiter –; 1878, zwei Jahre nach Eröffnung der Bahnlinie Brake – Nordenham waren es auch erst 280. Von da an ging es aber steil bergan. Nordenham wurde der erste deutsche Petroleum-Hafen, erhielt eine Getreideumschlaganlage, wurde Ausweichhafen für den Norddeutschen Lloyd (s. S.

234), Fischereihafen und schließlich ein bedeutender Industriestandort, der nach und nach alle kleinen Dörfer der Umgebung schluckte.

So ist auch **Abbehausen,** westlich der B 212 gelegen, heute ein Teil von Nordenham. Seine *Kirche* wurde 1858 fast ganz erneuert, doch besitzt sie noch zwei Stücke von Münstermann, und zwar einen Taufstein und – zugeschrieben – einen Grabstein.

Für den 1628 gestifteten Taufstein benutzte Münstermann, wie gelegentlich auch an anderen Orten, eine alte romanische Taufe, die vermutlich am Ort vorhanden war, stellte sie auf den Kopf und nahm den schönen Rankenfries als Sockel. Für das neue Oberteil nahm er einen anderen Stein und schmückte ihn mit vier hermenartig aus Pilastern herauswachsenden Tugenden – Weisheit, Gerechtigkeit, Mäßigkeit und Geduld – und den Hausmarken der Stifter. Der dazugehörige hölzerne Deckel ist leider nicht mehr erhalten.

Der Grabstein, er steht in der Turmhalle, wurde dem 1627 verstorbenen Abbehauser Vogt Tonnies Meiners und seiner Frau Tide, sie starb 1638, gesetzt. Das Mittelfeld zeigt ganz groß das Geschehen von Golgatha mit der Familie des Stifters im Vordergrund. Im Hintergrund hat Münstermann Jerusalem dargestellt, wie er es sich vorstellte, nämlich als eine deutsche Stadt des 17. Jahrhunderts. In die vier Ecken sind, einer verbreiteten Sitte entsprechend, die Evangelistensymbole gesetzt; eine zweizeilige Inschrift läuft um das mittlere Bild. Die Zuschreibung stützt sich auf die innere Darstellung, die, wenn auch schon merklich abgetreten, doch mit der Gestrecktheit der Figuren, deren Gruppierung und Zeichnung des Stadtbilds Eigenheiten der Münstermannschen Werkstatt erkennen läßt.

Im Weiterfahren kommt man an **Esenshamm** vorbei, das noch zu Nordenham gehört, und wie Blexen oder Rodenkirchen eine der historischen Stätten Butjadingens war. Die in der Mitte des 14. Jahrhunderts erbaute *Kirche* war deshalb auch eine starke Wehrkirche, umgeben von einer dreißig Meter breiten und zwei Meter tiefen Graft und einer Palisadenmauer. Das war die ›Burg‹ des Husseke Hayen, eines jener selbstherrlichen Häuptlinge, die die Einheit des Landes untergruben. Der also fühlte sich so stark, daß er bremische Schiffe aufbrachte, was ihn in den Augen anderer Häuptlinge sicher interessant machte, zugleich aber verjagte er seine Frau, die Tochter eines stärkeren Häuptlings, des Edo Wiemken aus Rüstringen nämlich, und der brachte aus verletzter Ehre eine Koalition aus Bremern, Oldenburgern und eigenen Mannen zusammen, die, hundert Mann stark, dreizehn Tage lang die Kirchenburg belagerte und schließlich, indem man den Turm untergrub, auch eroberte. Husseke Hayen fiel dem Schwiegervater in die Hände, wurde gefoltert und mit einem Frauenhaarseil zersägt.

Wo aber, außer in den Kirchen, konnte man denn auf dem platten Land, wo es nur Bauernhöfe gab, politische Zeichen setzen? Deshalb sperrte man, als die Stadlander- und Butjadinger Friesen 1514 geschlagen worden waren, die Überlebenden eine Woche lang in eine Kirche, und zwar in die von Esenshamm ein, bis sie bereit waren, den Untertaneneid zu schwören. Und endlich gibt es in dieser Kirche von der neuen Verbindung mit dem oldenburgischen Grafenhaus ein sprechendes Zeugnis. Gemeint ist nicht der stattliche Grafenstuhl auf der Nordempore, bemalt mit Motiven aus dem ersten Korinther 13 (»Wenn ich mit

Menschen- und mit Engelzungen redete und hätte der Liebe nicht ...«), sondern das pracht-volle und sehr seltene ›Cronament‹ auf dem Querbalken im Chorbogen, dort also, wo allenfalls eine Kreuzigungsgruppe mit Maria und Johannes ihren Platz haben dürfte. Es besteht aus den Namens- und Titeltafeln des Grafen Anton Günther und seiner Frau Sophia, deren Wappen, darüber der Grafenkrone und als Krönung dem auferstandenen Christus – die Verbindung von Thron und Altar hatte in Deutschland eben eine lange, tief wurzelnde Tradition. Für die einfachen Zeigenossen unten im Kirchenschiff waren aber die Gestühle, die Plätze in der Kirche, nicht weniger wichtig, weshalb jede Reihe am Kopf mit den Hausmarken der Platzinhaber bezeichnet waren. So kamen aus der Zeit von 1596 bis 1627 etwa 150 solcher Zeichen zusammen – eine Fundgrube für Hausforschung und Volkskunde.

Wie Nordenham ist auch **Brake** eine junge Stadt. Es verdankt sein Wachsen zunächst der Versandung der Weser, die es notwendig machte, seegängige Schiffe immer früher zu leich-tern, statt in Bremen in Vegesack (s. S. 160), dann in Elsfleth, schließlich, etwa ab 1770, in Brake oder Braksiel, wie man damals noch sagte. Daraus entstand der Plan, in Konkurrenz zu Bremen hier einen richtigen Hafen anzulegen, was die Bremer indes durch die mit dem Königreich Hannover ausgehandelte Gründung von Bremerhaven verhindern konnten. Neue Hoffnungen auf einen bedeutenden Hafen keimten, als Admiral Karl-Rudolf Brommy (eigentlich Bromme) für die aus dem deutschnationalen Hochgefühl von 1848 hervorgegangene Deutsche Flotte Brake als Heimathafen wählte. Wie kläglich endete aber der Traum: 1852 wurde auf der Reede vor Brake das Flaggschiff dieser ersten Flotte, die unter deutscher Fahne segeln sollte, die Segelfregatte ›Deutschland‹, meistbietend verstei-gert. In der Folge suchte Brake mehr die Nähe zu Bremen und den Häfen der Unterweser,

Brake von der Weser aus. Am rechten Bildrand ist der Turm des optischen Telegrafen zu erkennen.

der zu unnützen Investitionen verleitende Konkurrenzkampf wich einem vernünftigen Miteinander, das dem langsam wachsenden Ort, der 1852 zur Stadt erhoben wurde, sichtlich bekam. Brake ist heute ein in seiner Existenz gesicherter kleiner Hafen und entwickelte sich anstelle des landeinwärts gelegenen Ovelgönne zum Verwaltungszentrum der Wesermarsch, die das Stadland und Butjadingen umfaßt.

Das kleine **Elsfleth** verdankt seinen Aufstieg der Einführung eines für Bremen höchst unsympathischen Weserzolls. Auf die Idee, sich auf solch legale Weise dauerhaft am bremischen Handel zu bereichern, war Graf Anton I. von Oldenburg, derselbe, der schon die Kirchen im Zuge der Reformation zu seinen Gunsten enteignet hatte, um 1562 gekommen. Seezeichen seien zu unterhalten und gegen Seeräuber müsse man kämpfen. Niemand nahm ihn ganz ernst, indes: Gut Ding will Weile haben. Graf Anton Günther wußte das Anliegen vor Kaiser Matthias und als der starb, vor Ferdinand II. so nachdrücklich zu vertreten, daß Kaiser und Kurfürsten 1619 den Grafen von Oldenburg ein Privileg ausstellten. Es zog sich zwar alles noch bis 1624 hin, doch dann wurde in Elsfleth das Zollbrett angeschlagen. Deshalb an diesem Ort, weil es so an der seinerzeit benutzten Fahrrinne der Weser lag, daß beide Ufer oldenburgisch waren. Bremen wollte den Zoll dann ablösen, bot aber zuwenig, verweigerte schließlich die Zahlungen, wofür es mit der Reichsacht belegt wurde, aus der es sich teuer freikaufen mußte; bis 1820 sicherte dieser Zoll dem Land eine gute Einnahme.

Wo Zoll erhoben wird, gibt es Beamte und denen war in einer Gesellschaftsordnung, in der der Bauer wenig zählte, nicht zuzumuten, in der vielleicht wirklich zu kleinen Kirche neben den Eingesessenen zu sitzen. Man hätte eine zweite oder eine größere Kirche bauen müssen, wovor man aber zurückschreckte. Die 1688 gefundene Lösung stellt dann einen echten Beamtenkompromiß dar: Im rechten Winkel zu der bestehenden, einschiffigen *Kirche* baute man einen ebensolchen Saal an, der wegen der Emporen auch gleich zweigeschossig gebaut wurde, glich auch den Altbau dem Neubau an und erhielt einen Winkelbau, der, trotz des 1888 angefügten Turmes, eher einem jener barocken Zucht- und Armenhäuser der Niederlande und Norddeutschlands gleicht denn einem Gotteshaus. Im Schnittpunkt beider Säle für alle gleich gut sichtbar, sind darin Kanzel, Altar, Orgel und Taufständer angeordnet.

Ein Blick in die alte Grafschaft Oldenburg

Die Geschichte der Grafschaft Oldenburg weist weniger Bezüge zu Bremen, sei es zum Erzstift, sei es zur Stadt, auf, als man aus der Nähe zu Bremen vermuten möchte. Andere innere und äußere Kräfte und Konstellationen bestimmten die Geschichte des Landes.

Zunächst mußte den den Billungern, dann dem Welfen Heinrich dem Löwen lehenspflichtigen ›comes in confinio Saxoniae et Frisiae‹, also den Grafen der Grenzmark zu den Friesen, daran gelegen sein, ihre Lehenspflicht abzuschütteln. Das gelang ihnen nicht zuletzt durch den Sturz Heinrichs des Löwen. Eine wichtige Stärkung der territorialen Basis brachte den sich nach ihrem Hauptsitz ›Aldenborg‹ = Oldenburg nennenden Grafen die Beute, die ihnen aus der Unterstützung des Bremer Erzbischofs im Kampf gegen die Stedinger zugefallen war. Sie erreichten die Weser als Grenzfluß und sicherten diesen Landgewinn durch den Bau einer Burg in Delmenhorst. Von da an richtete sich die Politik des Hauses auf die Beherrschung der friesischen Länder, des durch den Einbruch des Jadebusens geteilten Rüstringen und der Weser. Bis zum Ende des 15. Jahrhunderts brachten sie die ›Friesische Wede‹ um Bockhorn, Varel und Dangast an sich, dann eroberten sie die fruchtbaren, aber auch immer extrem gefährdeten Wesermarschen des Stadlands und Butjadingens und zuletzt fiel ihnen das Jeverland durch Erbschaft zu.

In der für das Land glückhaften ›Anton-Günther-Zeit‹ von 1603–67 (ganz genau erst seit der Vereinigung mit Delmenhorst 1647) reichte das Land von der Oldenburger Geest bis zur Nordsee und von der Weser bis zur Soeste am Rande des Saterlandes. Als eine Insel des Friedens inmitten eines von Kriegen aufgewühlten Reiches erlebte es eine unvergleichliche Blüte, um gleich danach als dänische Provinz in um so größere Bedeutungslosigkeit zu versinken, als Anton Günther ohne Erben starb und das Land der dänischen Linie des Oldenburger Grafenhauses zufiel. Dem Aufstieg der Gottorper Linie des Hauses auf den Zarenthron verdankt das Land nach über hundertjähriger Zugehörigkeit zu Dänemark, daß es 1773 wieder als selbständige Grafschaft, die ein Jahr später zum Herzogtum erhoben wurde, errichtet wurde. Die nach Oldenburg zurückgekehrten Fürsten führten das Land und die Stadt einer neuen Blüte entgegen; sie prägten insbesondere das Bild der Stadt Oldenburg.

Es war noch gar nicht die Rede vom Süden des Landes, der schon im 12. Jahrhundert, als die Oldenburger Grafen sich im Norden auszudehnen begannen, unter die Herrschaft der Bischöfe von Münster und Osnabrück kam. Erstere setzten sich schließlich in dem ganzen Raum, dem heute als ›Oldenburger Münsterland‹ bezeichneten Gebiet, durch und eroberten im 16. Jahrhundert sogar die Grafschaft Delmenhorst – bevor sie von dort wieder vertrieben werden konnten, hatten sie das Kloster Hude aufgelöst und der Zerstörung preisgegeben (s. S. 347). Erst die Neuordnung des Reiches nach 1800 führte das Land dem neuen Herzogtum zu.

Oldenburg nimmt in diesem norddeutschen Raum also eine sehr eigene Stellung ein, die, zumal in Verbindung mit den starken Kunstströmungen aus dem Südwesten, eine Anbindung an einen Band, der die Kunstentfaltung von Osnabrück aus beschreibt, sinnvoll erscheinen läßt, soweit nicht die landschaftlichen, geschichtlichen und auch kulturellen Besonderheiten zu einer eigenen Betrachtung einladen.

Oldenburg ist aber auch das Durchgangsland für jeden, der sich von Westen Bremen nähert oder die Stadt nach Westen, nach Friesland, Emsland oder ins Münsterland verläßt. Darum seien wenigstens die Orte genannt, die man neben der Autobahn am ehesten erreicht: Oldenburg, Rastede, Wiefelstede, Westerstede, Bad Zwischenahn und Wildeshausen.

Der Charakter von **Oldenburg** ist trotz des stürmischen Wachstums der letzten Jahrzehnte, die der Stadt eine Universität und neue Industrien zugeführt haben, stellenweise immer noch der der liebenswerten Residenz: Schloß mit Schloßwache, ein altes Theater, Museen, einige

Oldenburg, Holzschnitt aus der Hamelmann-Chronik von 1599

noble Palais und Wohnhäuser in Schloßnähe und nicht zuletzt der im englischen Stil angelegte Garten mit seinem alten Baumbestand prägen die Stadt in ihrer Mitte.

Die Anfänge der Residenz reichen in das 11. Jahrhundert zurück; 1108 wird der sächsische
Name ›Aldenborg‹ erwähnt. Bedeutend wird die als Wasserburg gebaute Anlage nicht gewesen sein, auch nicht, als sie schon mehr Wohnburg war. Ab 1603 ließ sie Graf Anton-
Günther zu einem prunkvollen *Renaissance-Schloß* umbauen; dieser Phase gehören die fünf
nördlichen Achsen der zur Stadt blickenden Fassade an – sie ist ein Hauptwerk des norddeutschen Manierismus (Abb. 117). Baumeister waren Jürgen Reinhardt aus Mecklenburg
und Andreas Speza, ein Lombarde, der sich noch während der Bauzeit nach Prag absetzte;
als ausführende Baumeister sind Johann Prange aus Bremen und Ludwig Münstermann,
damals schon hamburgischer Meister, überliefert.

Nach diesem großartigen Anfang blieb das Werk nicht nur unvollendet, sondern wurde in
der 1667 beginnenden dänischen Zeit auch der bedeutenden Ausstattung beraubt. Andererseits kam es noch unter dänischer Herrschaft zur barocken Umwandlung der Portalachse.

Zu einem kontinuierlichen Weiterbau kam es aber erst, nachdem Oldenburg wieder
selbständig geworden war. 1775–78 wurde der Holmer-Flügel angebaut, anschließend der
Bibliotheksbau, dessen Vollendung sich durch die napoleonischen Kriege bis 1832 hinzog,
endlich, ab 1894, der Neu-Renaissanceflügel in den Formen des Anton-Günther-Baues.
Soweit diese Residenz eine bedeutende Ausstattung aufweist, entstand sie um und nach 1800
und spiegelt auf das Feinste aller Spielarten des Klassizismus, der für fast das ganze 19. Jahrhundert der prägende Stil der kleinen Residenz war, wider.

*Erich Heckel, Der ›Lappan‹ in Oldenburg, 1909, Holz-
schnitt, 93 × 63 cm, Landesmuseum Oldenburg*

Seit 1923 ist im Schloß das *Landesmuseum für Kunst- und Kulturgeschichte* untergebracht. Die Grundlage für dieses Museum schuf bereits Herzog Peter Friedrich Ludwig
1804 mit dem Ankauf der Sammlung Johann Heinrich Tischbeins; die Großherzogliche
Altertümer-Sammlung kam hinzu und das 1887 gegründete Landesgewerbemuseum,
zuletzt die ›Galerie zeitgenössischer Bilder‹. Die besondere Bedeutung des Museums liegt in
der Sammlung kirchlicher Kunst aus oldenburgischem Kirchenbesitz, auch wenn es sich,
wie bei vielen Arbeiten von Münstermann, nur noch um Fragmente handelt.

Das Bild der Stadt war bis zur großen Erneuerungswelle der jetzigen Nachkriegszeit im
wesentlichen ein spätbarockes und biedermeierlich-klassizistisches, soweit nicht schon die
Gründerzeit vereinzelt Akzente gesetzt hatte. Mittelalterliche Bausubstanz war kaum vorhanden, da ein Stadtbrand im Jahre 1676 nur den Schloßbezirk und den Marktplatz verschonte. Die durch Pest und wirtschaftlichen Niedergang geschwächte Stadt hat sich von
dieser Katastrophe erst richtig erholen können, als sie wieder Residenz wurde.

Was aus der Zeit vor dem Brand erhalten blieb, ist deshalb schnell aufgezählt: der *Pulver-
turm* am Schloßwall, Rest der alten Umwallung, das *Haus Degode*, Markt 24, ein Fachwerkhaus von 1617 und am Ende der Lange Straße der ›Lappan‹ (Abb. 118), ein Backsteinturm
von 1468, der vom Heilig-Geist-Hospital übrig blieb. Der Turm ging durch die Kunsthand-
lung Oncken, die hier ihr Geschäft betrieb, in die neuere Kunstgeschichte ein, weil sie die in
Dangast tätig gewesenen Maler der Künstlergemeinschaft ›Brücke‹ ausstellte; Erich Heckel
schuf dafür 1909 einen Holzschnitt mit der Darstellung dieses Turmes.

Der bedeutendste Bau, der unmittelbar nach dem Brand entstand und gut erhalten blieb,
ist die *Alte Hofapotheke*, Lange Straße 77, ein im Vergleich zum benachbarten ›Anton
Günther‹ in dessen heutiger Fassung eher bescheidener, gleichwohl stilvoller Backsteinbau.

Für den Eindruck, den man von der Stadt gewinnt, sind die klassizistischen Bauten da allemal wichtiger, wenn auch die städtebaulichen Zusammenhänge – etwa an Paradeplatz und Huntestraße – leider oft gestört sind. Erhalten blieben zwischen Schloßpark und Lambertikirche die *Kollegien- und Kammergebäude,* langgestreckte, dreigeschossige Putzbauten, die durch einen polygonalen Eckbau geschickt miteinander verbunden sind und um 1830 gebaut wurden, sowie die *Schloßwache* von 1839. Das ganze Ensemble gestaltete Heinrich Strack d. Ä.

An der Ausfallstraße nach Bremen, dem in drei Abschnitte unterteilten ›Damm‹, liegen das ab 1821 erbaute *Palais am Damm* von Carl-Heinrich Slevogt mit teilweise bedeutender Ausstattung, die *ehemalige Bibliothek,* erbaut um 1850 und das ab 1876 erbaute *Naturkundemuseum.* Gegenüber dem Palais entstand 1864–67 mit der Front zum Schloßgarten das ›Augusteum‹, das Ausstellungsgebäude des 1843 gegründeten Oldenburger Kunstvereins. Es besitzt im Treppenhaus einen gemalten Fries von Christian Griepenkerl, einem Sohn der Stadt, der im Wien der Ringstraßenzeit einen bedeutenden Namen hatte. Einen recht guten Eindruck von der Geschlossenheit des biedermeierlich-klassizistischen Oldenburg gewinnt man noch am *Theaterwall* mit der Reihe zwei- bis dreigeschossiger Wohnbauten mit Walmdach und dem 1893 errichteten historistisch empfundenen (Hof-)*Theater.*

Nachdem es lange ein Schattendasein führte, wird das *Peter-Friedrich-Ludwig-Hospital,* ebenfalls ein nobler klassizistischer Bau von Heinrich Strack d. Ä., bald wieder mehr in das Licht der Öffentlichkeit treten, wenn nämlich in ihm das Deutsche Krankenhausmuseum eröffnet sein wird. Mit dem Säulenportikus erinnert das Haus an eine jener festlichen Schloßvillen von 1800, etwa die von Rastede.

Das *Schloß Rastede* (Abb. 119) steht auf historischem Boden: Hier stand das Abtshaus des Benediktinerklosters, dann ein Jagdschloß des Grafen Anton Günther und endlich ein Schlößchen, das sich Justizrat Römer 1756 im Stil des niederländischen Barock inmitten eines französischen Gartens bauen ließ. Dieses Anwesen erwarb 1777 Herzog Peter-Friedrich-Ludwig, der erste der neuen Regenten in Oldenburg. Er ließ den Park durch den Landschaftsgärtner Carl F. Bosse und die Villa durch Heinrich Gottlieb Becker umgestalten. Der großzügig gestaltete englische Garten gehört zu den schönsten Parks in diesem Raum und das Schloß zu den feinsten Werken des oldenburgischen Klassizismus mit allen Spielarten dieses Stils, vom spätbarocken über den monumentalen bis zum romantisch-biedermeierlichen.

Von dem Benediktinerkloster, dessen Kirche 1091 geweiht wurde, ist am Ort nichts erhalten. Wenigstens zwei archivalische Kostbarkeiten zeugen aber von hiesiger Klosterkultur: Gegen 1300 entstand an diesem Ort die ›Historia monasterii Rastedensis‹, die ›Rasteder Chronik‹, und 1336 eine illuminierte Kopie des ›Sachsenspiegels‹. Nach der Einführung der Reformation wurde es, wie alle im oldenburgischen gelegenen Klöster, aufgelöst und das Klostergut eingezogen. 1643 baute Graf Anton-Günther anstelle der Klostergebäude ein Jagdschloß, dem die Basilika des Klosters als Schloßkirche zugeordnet war. Als sie 1756 baufällig war, ließ man sie abbrechen.

Vorher aber dokumentierte man sie und übertrug das Grabmal des Grafen Moritz von Oldenburg (Abb. 122), der 1420 gestorben war, in die Pfarrkirche St. Ulrich. Diese überlebensgroße, fast vollplastische Liegefigur wird aufgrund vieler Details mit der Werkstatt des 1404 in Bremen geschaffenen Bremer Roland in Verbindung gebracht.

Lange Zeit lag die Plastik zusammen mit dem barocken Sarkophag einer Prinzessin von Schleswig-Holstein-Beck in der Krypta dieser Kirche. Sie liegt unter dem Chor und ist ein kreuzgewölbter Raum, dessen Säulen mit Würfelkapitellen und Ecksporen-Basen eine enge Beziehung zur Ostkrypta des Bremer Doms aufweisen. Auf etwa 1100 datiert, ist sie der älteste erhaltene Kirchenraum im Oldenburger Land – für eine Pfarrkirche ungewöhnlich.

Der heutige einschiffige *Kirchenbau* mit dem für diese Gegend ganz typischen freistehenden Glockenturm stammt allerdings aus dem 15. Jahrhundert, ersetzt also einen älteren, bereits 1059 geweihten Bau.

Zur Ausstattung der Kirche gehören zwei bedeutende Werke: Der steinerne Taufstein aus der Mitte des 13. Jahrhunderts zeigt unter einer fein profilierten Bogenfolge acht fast vollplastisch aus dem Stein herausgearbeitete Figuren, Christus und Apostel, unter einem schönen Rankenfries, in dem Tier- und Fabelwesen eingearbeitet sind. Und dann steht in dieser Kirche die erste der vielen Arbeiten, die Münstermann für die Kirchen in Oldenburg geschaffen hat. Es ist die 1612 von Graf Anton Günther gestiftete Kanzel. Durch den Einsturz der mittelalterlichen Gewölbe 1695 wurde sie zwar schwer beschädigt und nicht ohne Entstellungen aus dem Erhaltenen wiederhergestellt, doch konnte bei der letzten Restaurierung, die auch die ursprüngliche Farbigkeit erneut zutage treten ließ, manches korrigiert werden, so daß die Hand Münstermanns wieder erkennbar ist.

Die *St. Johannis* geweihte Kirche in **Wiefelstede**, 1057 von Erzbischof Adalbert geweiht, ist die erste Kirche des Ammerlandes. Es ist ein imposanter einschiffiger Granitquaderbau mit eingezogenem Chor, Chorapsis und mächtigem Westturm (Abb. 120). Die ältesten Teile, Chor mit Apsis, stammen noch von einem um 1200 erneuerten Bau, doch sind die ans Ende des 13. Jahrhunderts datierten übrigen Teile, einschließlich der Wölbung und der unteren Teile des Turms, nur wenig jünger. Am Äußeren dieses Baues lassen sich sehr schön die verschiedenartigen Bearbeitungen der Findlingsteine – einfach gespalten und geglättet oder gespalten und rechteckig zugehauen – erkennen. Apsis und Chorquadrat haben ebenfalls Gewölbe aus solchen Findlingen, während die drei Gewölbe des Kirchenschiffs, wie später allgemein üblich, aus Backsteinen bestehen.

Im Chor sei hier besonders hingewiesen auf den Deckel eines Steinsarges mit flachrelieffiertem Bandornament. Die kamen im 11. und 12. Jahrhundert aus dem Gebiet der Oberweser und sogar vom Mittelrhein – Odenwald etwa – bis in den oldenburgischen Küstenraum. Daneben hat sich aus dem Ende des 14. Jahrhunderts eine schöne gotische Wandmalerei, eine Kreuzigung, erhalten. Im Chor steht auch noch ein großer, figurenreicher Kreuzigungsaltar des frühen 16. Jahrhunderts, der nach Stichen von Dürers Kupferstichpassion geschaffen wurde.

Einer der schönsten Kirchtürme des Landes ist der der *Petri-Kirche* zu **Westerstede** (Abb. 121). Mit großen Granitquadern in der ersten Hälfte des 13. Jahrhunderts begonnen, in der zweiten in Backstein fortgeführt, gegliedert durch Lisenen, Rund- und Spitzbogenfriese, markant verstärkt durch vier polygonale Ecktürmchen, wie sie von St. Patroklus in Soest bekannt sind, war er früher gekrönt durch einen massiv gemauerten Rhombenhelm. Der ist heute, ebenso wie die Ecktürmchen, in Kupfer gedeckt.

Der ersten Bauphase des Turms gehören auch die Mauern des Kirchenschiffs an. Für 1232 ist ein Weihedatum für die unter Erzbischof Adalbero (1123–48) gestiftete Kirche überliefert. (Adalbero wird in der Literatur häufig mit dem schon 1072 gestorbenen Adalbert verwechselt.) Jener erste Bau war wohl flach gedeckt. In der zweiten Hälfte des 13. Jahrhunderts schritt man aber zur Wölbung über reich gegliederten Wandpfeilern. Erst im 15. Jahrhundert baute man den Chor aus zwei querrechteckigen Jochen an und wölbte das ganze einheitlich neu ein. Der Glockenturm südlich der Kirche wurde ebenfalls schon im 13. Jahrhundert und zwar als offener Parallelmauertyp begonnen. Gleichzeitig mit dem Bau des Chores wurde er aufgestockt und teilweise geschlossen. – Von der mittelalterlichen Ausstattung dieser Kirche ist am Ort nur wenig erhalten, dafür einiges im Landesmuseum in Oldenburg.

Die *St. Johannes-Kirche* in **Bad Zwischenahn** bildet mit dem wieder gesondert stehenden Torturm und dem parkartigen Friedhof ein idyllisches Ensemble am Ufer des Zwischenahner Meeres. Sie wurde 1124 von Graf Egilmar, der als Begründer des Oldenburger Grafenhauses gilt, gestiftet. Der ältere Teil des bestehenden Baues, das sind die zwei Joche des Langhauses und der bis oben hin bewachsene Westturm mit rundbogigen, gekuppelten Schallöffnungen, wird in mehreren Etappen während des 13. Jahrhunderts erbaut worden sein, wobei man den Kirchenraum von Anfang an ›westfälisch‹ mit hochaufsteigenden Domikalgewölben mit Wulstrippen wölbte – der Weg der westfälischen Form wird hier über die Bauten Gerhards II. in Bremen und Berne geführt haben. Erst in der zweiten Hälfte des 14. Jahrhunderts kommt es zum Anbau eines Chores aus zwei querrechteckigen Jochen mit Kreuzrippengewölben und zum Bau des Torturmes mit der Glockenstube. Er hat zwei Treppengiebel mit verputzten Blendnischen. Während bei der ersten Baustufe Granitfindlinge verarbeitet wurden, griff man später zum bequemeren Backstein.

Die Kirche gehört wieder zu den besonders ›dicht‹ ausgestatteten. Dominierend schiebt sich an der Nordseite die 1662 erbaute, Feld für Feld bemalte Empore in den Raum hinein, das westliche Joch ist fast zugebaut durch die Orgel und zwei begleitende Emporen in zweiter Ebene, und an der Südseite befindet sich, auch sie ein starkes Zeichen setzend, die Kanzel, die 1653 ein Meister aus Leer/Ostfriesland schuf. Die östliche Kappe des hinteren Chorgewölbes wurde 1512 mit einem ›Jüngsten Gericht‹ bemalt, das auch noch recht gut erhalten ist. Darunter steht ein Altarschrein aus dem Umkreis des ›Meisters von Osnabrück‹, entstanden zwischen 1520 und 1525, also ganz kurz vor der Reformation. Es ist ein Passionsaltar mit dreizehn reliefierten Bildfeldern über einer Predella. – Auch diese Kirche gab bedeutende Inventarstücke an das Landesmuseum in Oldenburg ab.

In **Wildeshausen,** das südlich von Oldenburg an der Hunte und an dem einstigen Handelsweg in die Niederlande liegt, steht die größte Kirche und eine der ältesten Kirchengründungen des Landes.

Wighaldinghus war ein Widukindischer Besitz, den Graf Waltbert, ein Enkel Herzog Widukinds, für ein von ihm an diesem Ort gegründetes Stift, dem er auch die von ihm 850/51 aus Rom überführten Gebeine des heiligen Alexander widmete, hergab. Das Stift gelangte nacheinander an die Sachsenkaiser, an die hier reich begüterten Billunger, endlich an die Welfen, ehe es 1270 dem Erzstift Bremen übertragen wurde. Unter der bremischen Herrschaft blühte vor allem der Ort, der mit Bremer Stadtrecht belehnt wurde, auf. Als es im Zuge der Reformation 1529 zu einem Mord an einem Priester kam, nahm dies der Bischof von Münster zum Anlaß, den Ort zu erobern, die Mauern niederzulegen und ihn der Stadtrechte zu entheben. Über schwedische und kurhannoveranische Herrschaft kamen Stift und Stadt 1803 zu Oldenburg.

Anfang des 13. Jahrhunderts stürzten die Türme eines Vorgängerbaues ein. Man nahm dies zum Anlaß, ganz neu zu bauen und legte 1224 den Grundstein für den auf uns überkommenen Bau (Abb. 124), der im wesentlichen bis 1270 erstellt war, mit Ausnahme des Backsteinturmes über dem repräsentativen granitenen Westbau, der erst im 14. Jahrhundert gebaut wurde. An dessen Stelle war eine Doppelturmfront geplant. Mit Ausnahme der unteren Teile des Westbaues wurde die Kirche auch aus Backstein errichtet. Der Bau des 13. Jahrhunderts ist eine Basilika in gebundenem System mit drei Mittelschiffs- und je sechs Seitenschiffsjochen, einem Querhaus aus drei Quadraten und einem Chorquadrat. Alle Teile sind gewölbt. Die Sprache der Architektur ist bis in solche Einzelheiten wie die Ausbildung der Hauptpfeiler in Kreuzform mit eingestellten Eck- und Runddiensten spätromanisch und stark von dem zur gleichen Zeit errichteten Langhaus des Osnabrücker Doms beeinflußt.

Ihrer wertvollsten Ausstattungsstücke wurden Kirche und Stift beraubt, als das Stiftskapitel von den Schweden vertrieben wurde. So befinden sich zwei Armreliquiare des 12. Jahrhunderts heute in der Pfarrkirche in Vechta. Die Ausstattung besteht deshalb mehr aus ›ortsfesten‹ Stücken, wie dem zierlichen, dreiteiligen und von reichem Maßwerk gekrönten Levitenstuhl an der Südseite des Chores oder ihm gegenüber die nicht minder kunstvolle Rahmenarchitektur des drei Nischen umfassenden Sakramentshauses. Beide Arbeiten werden im 15. Jahrhundert geschaffen worden sein. Mehrere übereinanderliegende Malereischichten von etwa 1300 bis nach 1400 in der Sakristei lassen vermuten, daß auch die Kirche reich ausgemalt war (Abb. 123).

Die Inbesitznahme von Wildeshausen durch Erzbischof Hildebold (1258–1273) ging nicht ohne Ranküne, nicht ohne Bestechung vor sich; dazu gehörte die Verleihung der Stadtrechte und die Hergabe eines Grundstücks zum Bau eines *Rathauses,* das in der schönen bestehenden Form sicher erst aus dem 14. Jahrhundert stammt, aber etwas zeigt, was es in Bremen nicht mehr gibt: Ein mittelalterliches Bürgerhaus, aus Backstein errichtet, mit Stufengiebel, schönen geteilten Spitzbogenblenden und einem gestuften Portal, das einer Kirche alle Ehre gemacht hätte.

Glossar

Ädikula Von lat. Häuschen. Ursprünglich die aus Säulen, → Pilastern, Gebälk und Giebel bestehende Rahmung für eine Figurennische, später auch für die Einfassung einer Tür, eines Fensters oder einer anderen Maueröffnung.

Apsis Von griechisch: Rundung, Bogen. Halbrunde, oft mit Halbkuppel bedeckte Raumform als Abschluß eines sakralen Raumes; meist einem Chor angefügt.

Atlant Männliche Steinfigur, sehr oft überlebensgroß, die anstelle von Säulen ein Gebälk oder Gewölbe stützt, im Gegensatz zu den weiblichen → Karyatiden. Sie ist benannt nach dem Titanensohn Atlas, der in der griechischen Mythologie das Himmelsgewölbe trug.

Beischlag Auf der Straßenseite liegender, erhöhter Freisitz vor einem Bürgerhaus. Der Beischlag ist meist von einer steinernen Brüstung eingefaßt und in der Verbreitung auf den niederländisch/norddeutschen Raum beschränkt.

Belfried Hier Glockenturm spätmittelalterlicher, flandrischer Rathäuser, sonst auch der Bergfried in Burgen.

Beschlagwerk/-stil Ein Ornamentsystem, das auf den Niederländer Hans Vredeman de Vries zurückgeht und etwa ab 1600 in Deutschland auftaucht. Es verwendet Band- und Leistenfiguren, die wie gestanzt und aufgesetzt wirken. Wenn die Enden dieser Beschläge von der Grundfläche gelöst und aufgerollt sind, spricht man von → Rollwerk, tritt es in Verbindung mit Voluten auf, spricht man auch von → Schweifwerk.

Birnstab Schmuckmotiv der Gotik an Gewölberippen und Diensten, die einen birnenförmigen Querschnitt haben.

Bossierung Von Bosse, Buckel. Ein Werkstein mit einer nur roh behauenen, buckligen Vorderseite. Aber auch ein roh bearbeiteter Werksteinblock, an dem die plastische Form am Bau noch herausgearbeitet werden muß (z. B. bei Kapitellen).

Brauttür 1 Tür an der Nordseite einiger Kirchen, so genannt, weil vor ihr die Trauung vollzogen wurde bzw. später der Brautzug durch diese Tür die Kirche betrat. Als plastischer Schmuck gehören dazu die Klugen und Törichten Jungfrauen. Das heutige Brautportal an der Nordseite des Bremer Domes wurde nach 1895 von Max Salzmann und dessen Nachfolger Ernst Ehrhardt gebaut.
2 An den Bauernhäusern des Alten Landes eine besonders reich verzierte Tür, die in die Truhenkammer führt und die nur zum Einzug der Braut geöffnet wurde.

Contrescarpe Aus dem Französischen = Außenböschung. In der Befestigungsbaukunst bezeichnet man damit den äußeren, steilgeböschten Rand eines Festungsgrabens. – In Bremen Name für die Straße, die sich an der Außenseite des Stadtgrabens hinzieht.

Deputation In Bremen und Hamburg verfassungsrechtlich verankerte Ausschüsse aus Vertretern des Senats (Exekutive) und der Bürgerschaft (Legislative) unter dem Vorsitz des jeweiligen Fachsenators. Die Deputation gibt es seit dem 18. Jahrhundert.

Diamantierung In der Spätromanik beliebte Schmuckform, bei der Bauglieder durch facettiert behauene Steine (Diamanten), meist gereiht, verziert werden.

Docke Geländerstütze, deren Form aus den Säulenordnungen entwickelt ist; es gibt runde, viereckige und vieleckige Docken aus Holz, Stein und Metall.

Domikalgewölbe Eine Gewölbeform, bei der der Scheitel eines kreuzförmigen Gewölbes höher liegt als Gurt- und Scheidbögen, wodurch eine Busung im Gewölbe entsteht, daher auch ›gebustes Gewölbe‹.

Domimmunität Bezeichnung für die Rechtsstellung von Dombezirken in mittelalterlichen Bischofstädten. Alle innerhalb der Domimmunität liegenden (erz-)bischöflichen Gebäude und Einrichtungen unterlagen einer eigenen Rechtsprechung, die sich u. U., so in Bremen, bis 1803 erhielt.

Drost Niederdeutsche Bezeichnung für den Amtmann, später Landrat.

Dunsing auch Dusing, Dupfing. Tiefsitzender, verzierter Gürtel in der vornehmen Mode am Ende des 14., Anfang des 15. Jahrhunderts. In Bremen am Roland (Farbt. 6) und an den Figuren der Kurfürsten am Rathaus zu sehen.

Elterleute Seit dem 13. Jahrhundert die Sprecher der Kaufmannschaft, vom Ende des 16. Jahrhunderts an vornehmer ›Collegium Seniorum‹.

Epitaph Erinnerungsmal, nicht Grabmal, für einen Verstorbenen in einer Kirche.

Fassung Die Bemalung, auch Vergoldung eines Holz- oder Steinbildwerks über einem glättenden Untergrund. Die Fassung wurde von einem ›Faßmaler‹ aufgetragen. Man kann davon ausgehen, daß bis zum Barock die Bildwerke überwiegend ›gefaßt‹ waren.

Freisitz → Beischlag

Gebundenes System Konstruktionsschema romanischer Basiliken mit einer alle Teile des Grundrisses bindenden Maßeinheit, dem Vierungsquadrat. Einem quadratischen Mittelschiffsjoch entsprechen im Gebundenen System je zwei quadratische Joche; Querschiffarme und Chor sind gleichfalls in diesen Schematismus eingebunden.

giebelständig Eine Bauweise, bei der die Häuser mit der Giebelfront zur Straße stehen. – Der Gegensatz dazu ist → traufständig, wenn die Häuser mit der Dachtraufe zur Straße stehen.

Glaçis Vorgelände vor einer Festung, in ausgebautem Zustand durch Außenwerke gesichert, möglichst immer aber frei von ziviler Bebauung, um ein freies Schußfeld vor der Festungsanlage zu haben.

Gräfe Grefe, niederdeutsche Bezeichnung für Amtmann. Den Gräfen oblag die einfache Verwaltung und niedere Gerichtsbarkeit (etwa dem Amtsgericht entsprechend) für ein Gebiet, das mehrere Kirchspiele (Landkreise) umfaßte.

Grisaille Eine in Grautönen gehaltene Malerei, gern verwendet zur Darstellung plastischer Werke in der Malerei.

Heiltumsschau Auch Heiltumsweisung, Reliquienschau. Die Heiltumsschau war ein mehr oder weniger periodisch wiederkehrendes Ereignis, bei welchem von der Laube der Westgiebelfront herab dem Volk die Reliquien und Kleinodien der Domkirche gezeigt wurden.

Herme Ursprünglich die Verbindung eines wilden Mannes mit einem nach unten schmal zulaufenden Schaft, später auch verwendet wie ein → Atlant sowie als Träger von Porträtköpfen mit Inschriften.

illuminiert Als illuminiert bezeichnet man eine mittelalterliche Handschrift, die mit gemalten Miniaturen (kleinen Bildern) oder besonders ausgeschmückten Buchstaben oder Randborten versehen ist.

Immunität → Domimmunität

Joch Auch travée (frz.), ein Gewölbefeld innerhalb einer Abfolge von Gewölben und von daher auch Bezeichnung für den einem Gewölbeteil entsprechenden Abschnitt einer Wand.

Kartusche Eine im Barock verbreitete Zierform, bei der ein aus → Roll- oder → Knorpelwerk gebildeter Rahmen eine glatte Fläche für Wappen und Inschriften umschließt.

Karyatide Eine Mädchengestalt, die als Gebälkträgerin dient, im Gegensatz zum männlichen → Atlanten. Die Karyatide ist in der griechischen Baukunst entwickelt worden und war in Renaissance, Barock und Historismus ein häufig verwendetes Gestaltungselement.

Kemenate Beheizbarer Raum einer Burg. – Im bürgerlichen Stadthaus ist die Kemenate der durch einen Kamin beheizte Raum im → Steinwerk.

Kirchspiel Ältere Bezeichnung für einen Pfarrsprengel, wobei das Kirchspiel oft mehrere Dörfer, Weiler und alleinstehende Höfe umfaßte.

Klosterformat Im norddeutschen Raum die Bezeichnung für die sehr großen Backsteine an zunächst sakralen, später öffentlichen mittelalterlichen Bauten, wobei Formate von 30 × 15 × 8 Zentimeter nicht selten sind.

Knorpelstil Ein aus knorpeligen Formen zusammengesetztes Ornament des 17. Jahrhunderts, das sich durch den Ornamentstich ausbreitete. Der Knorpelstil ist eng mit dem Ohrmuschelstil verwandt.

Kübbung Niederdeutsch. Mit Kübbung werden die niedrigen Seitenräume unter der Dachschräge des niederdeutschen Bauernhauses bezeichnet.

Landschöpfe Landschöffe, Berater eines Gemeindevorstands (Schultheiß) der Hadelner Kirchspiele.

Lektor Kirchenempore.

Lisene Ein flach aus der Mauerfläche vortretender, vertikaler Wandstreifen, ähnlich einem Pilaster, jedoch ohne Basis und Kapitell zur Gliederung einer Fassade. Die Lisene kommt hauptsächlich an romanischen Bauten vor und verband vielfach Rundbogenfriese miteinander.

›Neue Eintracht‹ Begriff aus der bremischen Verfassungsgeschichte. Die Neue Eintracht bezeichnet die Einigung zwischen dem Rat und den Bürgervertretern nach dem ›Aufstand der Einhundertvier‹ im Jahre 1534. Sie brachte eine wesentliche Stärkung der Autorität des Rates.

Palatium (lat.) Palast, adeliges Wohngebäude. In Bremen bezeichnet das Palatium das steinerne Haus des Erzbischofs, erbaut unter Erzbischof Giselbert (1274–1306).

Paneel Eine brusthohe hölzerne, aus einzelnen Feldern bestehende Wandbekleidung.

Predella Der Unterbau eines Altar- → Retabels auf dem Altartisch (Mensa), besonders bei Flügelaltären, um die Flügel bewegen zu können, ohne den Altartisch abräumen zu müssen.

Prieche Umbauter Kirchenstuhl. In den bäuerlichen Kirchen von Hadeln und Wursten weit verbreitet, und zwar zu ebener Erde wie auch *auf* einer oder *als* eine Empore. Die Besitzer der oft prunkvoll gestalteten Priechen gehörten natürlich der Oberschicht an (→ Drost), wenn nicht sogar dem Adel. Priechen konnten oftmals beheizt werden, besaßen oft unmittelbare Zugänge von außen und boten von daher besonderen Komfort.

Plinthe Die Unterlagsplatte der Basis einer Säule oder eines Pfeilers, übertragen auch die Standplatte einer Plastik.

Ravelin (franz.) Begriff aus dem Festungsbau, bezeichnet ein Außenwerk (Vorwerk) zur besseren Sicherung des → Glaçis.

Retabel Von lat. retabulum = Rückwand. Eine immer künstlerisch gestaltete, über dem Altartisch sich erhebende Schauwand, auf der, gemalt oder geschnitzt, als Relief oder als vollplastische Darstellung, Bilder des Heilsgeschehens oder des Marienlebens oder von Heiligen gezeigt sind. Die Darstellungsebene wird erweitert durch den Klapp- oder Wandelaltar, der dann auf einer → Predella aufsteht.

Risalit Ein in der ganzen Höhe eines Baues vor dessen Flucht tretender Bauteil. Es gibt den Mittelrisalit, der ein Gebäude in der Mitte betont, oft verbunden mit Giebel, Kuppel oder anderen bedeutenden Architekturformen, sowie den Seiten- oder Eckrisalit. Der Risalit tritt seit der Spätrenaissance auf.

Rollwerk → Beschlagwerk

Schapp Niederdeutsch. Mit reichem Zierrat geschmückter, sehr großer Dielenschrank des 17. und 18. Jahrhunderts.

Scheidbogen 1 Der Bogen, der innerhalb einer Bogen- oder Arkadenstellung zwei Stützen (Pfeiler, Säulen) miteinander verbindet und Mittelschiffjoch von Seitenschiffjoch trennt.
2 Am gotischen Gewölbebau der Bogen, der in der Längsrichtung, also an der Mauer entlang, das Gewölbe begrenzt.

Schleierwerk Reichverziertes, durchbrochen gearbeitetes Dekorationsteil, das vor einer Öffnung oder unter einem Gesims hängt, vor allem an Tischlerarbeiten des 17. Jahrhunderts.

Schweifwerk → Beschlagwerk

Sendgericht Das bischöfliche Gericht der Diözesansynode (geistliche Vertretung des Bistums), das über kirchliche Vergehen urteilte.

Siel Ein Wasserbauwerk zum Ableiten von Wasser durch einen Deich. Hierzu bedarf es Verschlußvorrichtungen, die sich bei ansteigendem Wasser (Flut) automatisch schließen und bei Niedrigwasser (Ebbe) öffnen.

Spickpfähle Spitz zugehauene Gründungspfähle (meist Eiche).

Steinwerk Bezeichnung für die aus Stein (Bruch-, Backstein) errichteten Hintergebäude begüterter bürgerlicher Familien in den mittelalterlichen Städten. Gegenüber den aus Fachwerk errichteten Vorderhäusern war das Steinwerk schmaler und hatte eine andere Geschoßteilung. In den norddeutschen Städten erreichte das Steinwerk allerdings in der Regel nicht Turmhöhe.

Stromkaje Ein Schiffsanlegeplatz, der direkt an einem der → Tide ausgesetzten Strom liegt, im Gegensatz zu den Kajen in offenen, aber geschützten Hafenbecken (Überseehafen in Bremen) oder in den durch Schleusen abgeschirmten inneren Hafenbecken, den sogenannten Dockhäfen (Neuer Hafen, Kaiserhäfen in Bremerhaven).

Stromschicht Begriff aus dem Backsteinbau, und zwar eine Schicht von Steinen, die so übereck gelegt sind, daß ein liegendes Zickzackband entsteht.

Suffragan Der einem Erzbischof unterstellte Diözesanbischof.

Suffraganbistum Das zu einer von einem Erzbischof regierten Kirchenprovinz gehörende Bistum.

Taustab Ein wie ein Tau gedrehter Zierstab, meist im Steinbau, aber auch auf den Holzbau als dekoratives Element übertragen.

Tide, Tiden Gezeiten, Sammelbegriff für Ebbe und Flut.

Tondo, Tondi Ein Kunstwerk auf kreisrunder Fläche in Malerei und Plastik (Relief); von da übertragen auch auf mehr dekorative Rundfenster.

toskanisch Eine der Säulenordnungen, vereinfachte Variante der dorischen.

traufständig → giebelständig

Türgericht Einrahmung für eine Tür; der Ausdruck ist nur üblich im Zusammenhang mit ›hoher‹ Architektur.

Utlucht Auf dem Boden aufstehender, ein bis zwei Geschosse hoher Vorbau vor Bürgerhäusern. Das Motiv tritt seit dem 17. Jahrhundert auf und erfährt in der ersten Hälfte des 18. seine größte Verbreitung.

Warf → Wurt

welsch Von althochdeutsch ›walasg, walahisc‹ = romanisch, lateinisch; Umschreibung für fremdländisch, unverständlich. Ein welscher Giebel ist also ein fremdländischer, hier französisch beeinflußter Giebel.

Wittheit Niederdeutsch: Weisheit. Seit dem späten Mittelalter Bezeichnung für die Gesamtheit des Rates.

Wurt Auch Warf, Warft. Ein im Lauf der Jahrhunderte immer höher aufgeworfener Erdhügel zum Schutz gegen Sturmfluten. Es gibt einzelne Hauswurten, aber auch ganze Dorfwurten und Aufschütthöhen bis zu sieben Meter.

Praktische Reisehinweise

Verkehrsverbindungen

Mit dem Auto

Bremen erreicht der Autofahrer über die BAB 1 (Hansalinie) vom Ruhrgebiet oder von Hamburg, über die BAB 27 von Hannover und über die BAB 28/B 75 aus Ostfriesland/Holland.

Die BAB 27 führt an Bremen vorbei weiter nach Bremerhaven und Cuxhaven und erschließt dadurch den äußersten Norden von Niedersachsen.

Die wichtigsten Bundesstraßen in dem Gebiet zwischen Weser, Elbe und der BAB 1 sind die B 6 zwischen Bremen und Cuxhaven, die B 73 von Cuxhaven über Otterndorf nach Stade und Buxtehude und die B 74 zwischen Bremen und Stade. Auf dem linken Weserufer bildet die B 212 das Rückgrat der Erschließung.

Diese Straßen sind Haupterschließungsstraßen; wer das Land kennenlernen will, sollte sie aber verlassen und auf kleineren Land- und Kreisstraßen, wie hier auch zumeist beschrieben, fahren.

Die letzte Straßenbrücke über die Weser ist die Stephanibrücke in Bremen. Es gibt jedoch bis Bremerhaven sechs Fähren, so daß, von kleinen Umwegen abgesehen, die Weser keine Barriere mehr darstellt. Nördlich von Bremerhaven gibt es allerdings keine Fährverbindung mehr. – Die wichtigste Fähre an der Unterelbe ist die zwischen Wischhafen und Glückstadt.

Mit der Bahn

Bremen ist IC-Station; Bremerhaven und Oldenburg sind durch Zubringerzüge an das IC-Netz angeschlossen.

Ferner sind, auch heute noch, die wichtigsten Orte an den Strecken Bremen – Bremerhaven – Cuxhaven und Cuxhaven – Otterndorf – Stade – Buxtehude und Hamburg an das Schienennetz angeschlossen. Eine direkte Verbindung von Bremen nach Stade besteht dagegen nicht. Dafür ist das linke Weserufer über Delmenhorst und Hude bis Nordenham von Bremen aus mit Zügen erreichbar. Außerdem wird das Innere des Landes durch ein dichtes Netz von (Bahn-)-Buslinien, viele davon in der Nachfolge früherer Kleinbahnen, erschlossen.

Mit dem Fahrrad

Was Nutzung und Beliebtheit des Fahrrads betrifft, so liegt Bremen nahe den Niederlanden. Das weite, flache Land lädt, auch wenn der Wind einmal etwas steifer bläst, zum Radfahren ein. Für Radfahrer besonders gut erschlossen ist Bremen und dessen nähere Umgebung, das Teufelsmoor zumal, ja vielfach kann der Radfahrer tiefer in das Land eindringen als der Autofahrer. Aber auch das ›Überlandnetz‹ der Fahrwege wird ständig verbessert.

In Bremen betreibt der ›Allgemeine Deutsche Fahrrad-Club‹ (ADFC) auf dem Bahnhofsplatz einen Fahrradverleih und unterrichtet Interessenten über Radwege und Radtouren.

Auskünfte für Touristen

Immer mehr Gemeinden sprechen Touristen und Urlauber durch attraktive Angebote zu längerem Verweilen an, auch können eine ganze Reihe von Orten auf das Prädikat ›Staatlich anerkannter ...kurort oder ...badeort‹ (z. B. Nordseeküstenbadeort) verweisen, was auf eine Mindestausstattung an Fremdenverkehrseinrichtungen hinweist, denn auch hier gilt die Spruchweisheit: »Von Nichts kommt Nichts.«

Entsprechend gut ist das Netz der Touristen-Informationen mit Unterkunftsnachweisen ausgebaut. Hier sind aber nur solche Auskunftsstellen genannt, die als Anlaufstellen für diejenigen Orte anzusehen sind, die in diesem Buch genannt sind.

Altes Land

2155 Jork
Informationen im Rathaus (Gräfenhof)
Am Gräfengericht 2
⌀ 041 62–13 23 oder 71 41

Samtgemeinde Lühe
Informationen im Rathaus
2162 Steinkirchen
⌀ 041 42–20 81

2852 Bederkesa
(Staatlich anerkannter Luftkurort)
Verkehrsamt
Amtsstraße 8   ⌀ 047 45–70 07

2800 Bremen
Tourist-Information des Verkehrsvereins
Pavillon vor dem Hauptbahnhof
⌀ 04 21–3 63 61

Post: Verkehrsverein Bremen
Postfach 100747 28 HB 1

2850 Bremerhaven
Städtisches Verkehrsamt im Stadtstudio
Columbus-Center, Obere Bürger 13
⌀ 04 71–59 02 24 3

2740 Bremervörde
Verkehrsverein ›Vörder Land‹
Neue Straße 33
⌀ 047 61–36 38

2150 Buxtehude
Stadtinformation der Stadt Buxtehude
Langestraße 4
⌀ 041 61–50 12 97

2190 Cuxhaven
(Staatlich anerkanntes
Nordseeheilbad)
Kurverwaltung
Cuxhavener Straße 92
⌀ 047 21–4 70 44 bis 4 70 47, auch für Altenbruch und Lüdingworth

2853 Dorum
(Staatlich anerkanntes Nordseeheilbad mit
Schwefelsole-Heilquelle)
Kurverwaltung
Poststraße 16
⌀ 047 42–87 50 bis 87 53

2875 Ganderkesee
(Staatlich anerkannter Erholungsort)
Gemeindeverwaltung
Rathausstraße 24
⌀ 042 22–4 40

2872 Hude
Gemeindeverwaltung
Parkstraße 53
⌀ 044 08–70 11

Jork s. Altes Land

Lühe s. Altes Land

2890 Nordenham
Verkehrsverein Nordenham-Wesermündung
Bahnhofstraße 39
∅ 04731–4051

2859 Nordholz-Spieka
(Staatlich anerkannter Nordseeküstenbadeort)
Verkehrsverein Nordholz-Spieka
Wurster Straße 12
∅ 04741–1348

2900 Oldenburg
Verkehrsverein
Lange Straße 3
∅ 0441–25092

2978 Otterndorf
(Staatlich anerkannter Erholungsort)
Städtisches Fremdenverkehrsamt
Rathaus
∅ 04751–13131

Rodenkirchen s. Stadland-Rodenkirchen

2160 Stade
Fremdenverkehrsamt
Bahnhofstraße 7a
∅ 04141–14215

2883 Stadland-Rodenkirchen
Gemeindeverwaltung
Rodenkirchen, Am Markt 1
∅ 04732–890

Steinkirchen s. Altes Land

2810 Verden
Verkehrsamt
Ostertorstraße 7a
∅ 04231–12317

2177 Wingst
Kur- und Gemeindeverwaltung
Hasenbeckallee 1
∅ 04778–312

2862 Worpswede
Philine-Vogeler-Haus
Bergstraße 13
∅ 04792–1477

2851 Wremen
Verkehrsverein
Dorfplatz (bei der Kirche)
∅ 04705–210

Führer zu kleinen und großen Museen

Bremen
Bremer Landesmuseum für Kunst- und Kulturgeschichte (Focke-Museum) mit Mühle in Oberneuland

Schwachhauser Heerstraße 240
∅ 0421–4963575
2800 Bremen 1
Tägl. außer mo 10–18 Uhr.

Mühle
Mühlenfeldstr. 34
2800 Bremen 33
∅ 0421–259214
Di–fr 9–12 Uhr, so 10–13 Uhr.
Kunst- und Kulturgeschichte Bremens, Stadtgeschichte, Bremer Schiffahrt, Volkskunde, Kunsthandwerk, Vor- und Frühgeschichte. – Sonderausstellungen.

Übersee-Museum
Bahnhofsplatz 13
2800 Bremen 1
∅ 0421–3978357
Tägl. außer mo 10–18 Uhr.

Völkerkundliche, naturkundliche und handelskundliche Sammlungen. – Sonderausstellungen.

Kunsthalle
Am Wall 207
2800 Bremen 1
✆ 0421–324785
Tägl. außer mo 10–16 Uhr, di und fr 19–21 Uhr.
Europäische Malerei des 15.–20. Jahrhunderts, Plastik des 17.–20. Jahrhunderts, Handzeichnungen, Grafik und illustrierte Bücher. – Sonderausstellungen.

Gerhard-Marcks-Haus
Am Wall 208
2800 Bremen 1
✆ 0421–327200
Mi–so 10–18 Uhr, mo und di geschl.
Das Werk von Gerhard Marcks. – Sonderausstellungen.

Roselius-Haus
Böttcherstraße 6
2800 Bremen 1
✆ 0421–321911
Mo–do 10–16 Uhr, sa und so 11–16 Uhr, fr geschl.
Altbremer Patrizierhaus mit einer Privatsammlung mittelalterlicher Kunst und Kunsthandwerk. – Paula-Becker-Modersohn-Sammlung und Sammlung zeitgenössischer Kunst der Stiftung Ludwig-Roselius- Museum.

St. Petri-Dom
Sandstraße 10/12 (Gemeindebüro)
✆ 0421–321713
Dom-Museum (ehem. Bleikeller)
Sommersaison (2. 5.–31. 10.): mo–fr 9–12, 13–17 Uhr, sa 9–12 Uhr, so/feiertags geschl. Wintersaison (1. 11.–30. 4.): mo–sa 9–12 Uhr, so/feiertags geschl.
Während kirchlicher Amtshandlungen und großer Konzertproben bleibt das Dom-Museum ebenfalls geschlossen.

Kunstzentrum Weserburg
Teerhof 20D
2800 Bremen 1
✆ 0421–3616043/3612195
Öffnungszeiten auf Anfrage.
Ausstellungen aktueller Kunst.

Heimatmuseum Schloß Schönebeck
Im Dorfe 3–5
2820 Bremen 70
✆ 0421–663432
Di, mi, sa und so 15–17 Uhr, so 10–12.30 Uhr.
Heimatmuseum für den nordbremischen Raum mit Schwerpunkt auf Schiffbau, Schiffahrt, Walfang sowie nordbremisches Gewerbe.

Bremerhaven
Deutsches Schiffahrtsmuseum
Van-Ronzelen-Straße
2850 Bremerhaven
✆ 0471–44048
Tägl. außer mo 10–18 Uhr.
Deutsche Schiffahrtsgeschichte vom Mittelalter bis zur Gegenwart, z.T. mit Museumsschiffen im Alten Hafen. – Sonderausstellungen.

Morgenstern-Museum
Kaistraße 5–6
2850 Bremerhaven
✆ 0471–5902568
Di–fr 10–16 Uhr, sa 10–13 Uhr, so 10.30–12.30 Uhr.
Volkskunde, Vor- und Frühgeschichte, Stadt-, Hafen- und Landesgeschichte der Region. Sonderausstellungen.

Nordseemuseum
Am Handelshafen 12
2850 Bremerhaven
⌀ 0471–1810
Mo–fr 8–18 Uhr, sa und so 10–18 Uhr.
Schausammlung des Instituts für Meeresforschung mit besonderer Berücksichtigung von Nordsee und Nordmeer.

Freilichtmuseum Speckenbüttel
Geesthaus
Parkstraße 9
2850 Bremerhaven
⌀ 0471–81113
Mo, di, mi, fr, so 9–11 Uhr und 15–17 Uhr.

Marschenhaus
Marschenhausweg
2850 Bremerhaven
⌀ 0471–85039
Di, mi, do, sa, so 15–18 Uhr.
Beide Häuser vom 1.10.–31.3. geschlossen.
Bauernhäuser aus Geest und Marsch, z.T. mit Inventar.

Kunsthalle Bremerhaven
Karlsburg 4
2850 Bremerhaven
⌀ 0471–46838
Di–sa 15–18 Uhr, so 11–13 Uhr.
Wechselnde Ausstellungen zeitgenössischer Kunst.

Bederkesa
Kreismuseum Burg Bederkesa
2852 Bederkesa
⌀ 04745–295
Oktober–April tägl. außer mo 10–17 Uhr,
Mai–September tägl. außer mo 10–18 Uhr.
Archäologisch-historisches Museum und Sitz des Amtes für Archäologische Denkmalpflege des Kreises Cuxhaven. Umfangreiche vor- und frühgeschichtliche Samm-

lung, Geschichte der Burg und des Fleckens Bederkesa. – Sonderausstellungen.

Brake
Schiffahrtsmuseum der Oldenburgischen Unterweserhäfen
Kaje sowie Breite Straße 9
2880 Brake/Unterweser
⌀ 04401–4383/6791
Di–sa 10–12 und 14–17 Uhr, so 10–17 Uhr.
Regionale Schiffahrts-Geschichte des 19. und 20. Jahrhunderts, Volkskunst des Seemanns, altes Kaufmannshaus mit Schiffsausrüsterladen und Reedereikontor. Wohnsalon Admiral Brommys.

Bremervörde
Bachmann-Museum
(Kreismuseum)
2740 Bremervörde
⌀ 04761–81349
Mo–fr 8–12 Uhr, mo–do 13.30–16 Uhr, so 10–12 Uhr.

Buxtehude
Heimatmuseum Buxtehude
St. Petri-Platz
2150 Buxtehude
⌀ 04161–52923
Oktober–Mai mi, sa 14–16 Uhr, Mai–Sept. di, mi, fr, sa 11–16 Uhr, so 11–14 Uhr.
Vor- und Frühgeschichte, Stadtgeschichte, Volkskunde mit Schnitzwerken, Silberschmiedearbeiten und Altländer Filigran.

Cuxhaven
Stadtmuseum für Vor- und Frühgeschichte
(Rey'sches Haus)
Südersteinstraße 38

2190 Cuxhaven
Ø 04721–68 22
Tägl. 10.30–12.30 Uhr.
Vor- und Frühgeschichte, Schiffahrts- und
Lotsenwesen an der Elbmündung.

Schloß Ritzebüttel
2190 Cuxhaven
Ø 04721–22 904
Mo–sa 9.30–13 Uhr.
Ortsgeschichte, Bürgerkultur (z. Zt. im
Umbau).

Wrackmuseum
Dorfstraße 80
2190 Cuxhaven
Ø 04721–23 341
Di–sa 10–12 und 14–17 Uhr, so 10–12 Uhr.

Deinste
Feld- und Kleinbahn-Museum
Kleinbahnhof
2161 Deinste
Ø Gemeindeverwaltung Deinste
04149–81 03
Juni–September an Sonntagen und an
Ostern und Pfingsten.
Sammlung von Feld- und Kleinbahnen mit
Fahrten.

Delmenhorst
Städtische Galerie Haus Coburg
Fischstraße 30
2870 Delmenhorst
Ø 04221–155511
Mo–fr 15–19 Uhr, so 10–12 Uhr.
Ausstellungen zur Gegenwartskunst und
aktuelle Themen.

Dorum
Deichmuseum
Poststraße 16

2853 Dorum
Ø 04742–870
1. 5.–15. 9. mo–fr 14–17, sa und so 14–18
Uhr, 16. 9.–30. 4. sa und so 14–16 Uhr.
Deichbau und Deichbaugeräte vom späten
Mittelalter bis zur Gegenwart.

Fischerhude
Heimathaus Irmintraut
Kirchstraße 1
2802 Ottersberg-Fischerhude
Ø 04293–71 86
April–September tägl. 10–13 und 15–18 Uhr
außer mi, Oktober–März tägl. 11–13 und
15–17 Uhr außer mi.
Niedersächsisches Zweiständer-Hallenhaus
mit offener Feuerstelle und Kammerfach,
erbaut ab 1530, mit Inventar und bäuerli-
chem Gerät.

Grasberg
Findorffhof
2801 Grasberg
Ø 04208–52 61
Öffnung nach Vereinbarung.
Freilichtmuseum für die Zeit der Moorkul-
tivierung.

Jork
Heimatmuseum und Galerie ›Neue Diele‹
Höhen 21
2155 Jork-Hinterdeich
Ø 04142–26 96
Öffnung auf Anfrage.
Altländer Kulturgut und Ausstellungen
norddeutscher Künstler und Kunsthand-
werker.

Lamstedt
Bördemuseum Lamstedt
Hinter den Höfen 10

2172 Lamstedt ∅ 04773–240
Öffnung nach Vereinbarung.
Vorgeschichte und bäuerliches Kulturgut,
Trachtensammlung aus der Börde Lam-
stedt.

Lilienthal-Trupe
Kutschenmuseum
Hof Michaelis
2804 Lilienthal
∅ 04298–1464
Sa und so 11–12 Uhr und nach Vereinbarung.
Sammlung von Kutschen, Schlitten und Ge-
schirren.

Nordenham
Museum Nordenham
Hansingstraße 18
2890 Nordenham
∅ 04731–88831
Fr und sa 15–18, so 10–12 und 15–18 Uhr.
Heimatgeschichtliche und heimatkundliche
Darstellungen Butjadingens und Stadlands;
Anfänge der Stadtgeschichte Nordenhams,
historische   Werkstätten,   bedeutende
Schuhsammlung.

Oldenburg (Oldb)
Landesmuseum für Kunst- und Kultur-
geschichte
Schloß, Schloßplatz 1 und Augusteum,
Elisabethstraße 1
2900 Oldenburg
∅ 0441–220–2600
Ganzjährig geöffnet. Di–fr 9–17 Uhr, sa, so
9–13 Uhr.

Oldenburger Stadtmuseum, Städtische
Kunstsammlungen
Am Stadtmuseum

2900 Oldenburg
∅ 0441–14538
Ganzjährig geöffnet. Di–fr 9–17 Uhr,
sa 9–13 Uhr, so 10–18 Uhr.

Staatliches Museum für Naturkunde und
Vorgeschichte
Damm 40–44
2900 Oldenburg
∅ 0441–26572
Ganzjährig geöffnet. Di–fr 9–17 Uhr,
sa und so 9–13 Uhr.

Kleines Augusteum (Oldenburger
Kunstverein)
Elisabethstraße 1 a
2900 Oldenburg
∅ 0441–27109
Geöffnet bei Sonderausstellungen di–fr
15–17 Uhr und mi 16–19 Uhr.

Osterholz-Scharmbeck
Kreisheimatmuseum
Osterholz-Scharmbeck
Bördestraße 42
2860 Osterholz-Scharmbeck
∅ 04791–16351
Di–fr 8–12 Uhr, mi und do auch 14–18 Uhr,
so 10–12 Uhr.
Vor- und Frühgeschichte, Kulturgeschichte
aus dem gewerblichen und bürgerlichen Le-
bensbereich, Schaustücke und Dokumente
der Scharmbecker Zünfte. Zugehörig ein
Freilichtmuseum mit Bauernhaus von 1701.

Otterndorf
Kreismuseum Kranichhaus
Reichenstraße 3
2178 Otterndorf
∅ 04751–2071
15.5.–15.9. di, do–so 10–12 Uhr, mi 15–17
Uhr.

Kaufmannshaus des 17. Jahrhunderts mit guter bürgerlicher Ausstattung und Ladeneinrichtung. Kulturgeschichte und Volkskunde des Landes Hadeln.

Torhaus und Galerie ›Studio A‹
Am Großen Specken
2178 Otterndorf
∅ 04751–2071
15.5.–15.9. mi 15–17 Uhr und ganzjährig nach Vereinbarung.
Altes Torhaus von 1641 mit Heimatstube des ostpreußischen Kreises Labiau und ›Studio A‹ mit zeitgenössischer Kunst.

Rechtenfleth
Hermann-Allmers-Heim
2851 Sandstedt-Rechtenfleth
∅ 04702–361 (Aschen)
Tägl. außer mo, Gruppen anmelden.
Wohnhaus und Gedächtnisstätte des Marschendichters Hermann Allmers (1821–1902).

Rotenburg/Wümme
Heimatmuseum des Kreises Rotenburg
Burgstraße 2
2720 Rotenburg/Wümme
∅ 04261–4520
Tägl. außer mo 9–13 und 15–18 Uhr.
Vor- und Frühgeschichte, Stadtgeschichte, bäuerliche und bürgerliche Wohn- und Arbeitswelt.

Scheessel
Heimathaus Meyerhof
Zevener Straße 18
2723 Scheessel
∅ 04263–8551
Sommerhalbjahr so 9–12 Uhr und 15–18 Uhr.

Alter Meyerhof mit Wagenschuppen, Speicher, Stallungen, Backhaus, Bienenzaun, Trachten des 18. und 19. Jahrhunderts und Blaudruckwerkstatt.

Stade
Schwedenspeicher Museum
Wasser West
2160 Stade
∅ 04141–3222
Di–do 10–17 Uhr, fr–so 10–18 Uhr, mo geschl.
Regionalmuseum im Speicherbau von 1705, Vor- und Frühgeschichte, Stadtgeschichte. Sonderausstellungen.

Heimatmuseum Inselstraße
Inselstraße
2160 Stade
∅ 04141–14395
Di–sa 10–13 und 14–16 Uhr, am 2. und 4. So. im Monat 10–13 und 14–16 Uhr.
Gemälde, bäuerliche und bürgerliche Wohnkultur, Trachten.

Freilichtmuseum
Auf der Insel
2160 Stade
∅ 04141–14395
Mai–September di–so 10–12 und 14–17 Uhr.
Geesthof und Altländer Haus mit Nebenbauten, Bockwindmühle, Göpelwerk, Altländer Prunkpforte.

Baumhaus-Museum
Wasser Ost
2160 Stade
∅ 04141–45434
März–Oktober sa 15–18 Uhr, so 10–12 und 15–18 Uhr, November–Februar so 15–17 Uhr.
Privatsammlung zur Stadtgeschichte.

Tarmstedt
Spieker
Bremer Landstraße 18
2733 Tarmstedt
∅ 04283–821
Mai–Oktober so 10–12 und 14–18 Uhr.
Spieker (Kornspeicher) von 1754 mit Hausrat und Trachten.

Verden
Heimatmuseum Verden
Große Fischerstraße 10
2810 Verden
∅ 04231–2169
Di, mi, fr, sa 10–13, 15–17, so 11–13 Uhr.
Vor- und Frühgeschichte, Stadtgeschichte, sakrale Kunst, Offizin der Ratsapotheke, Handwerks- und Innungswesen in einem ehemaligen Adelshof.

Deutsches Pferdemuseum
Andreasstraße 7
2810 Verden
∅ 04231–3901
Tägl. außer mo 9–16 Uhr.
Sammlung des Hippologischen Instituts mit Bibliothek im Strukturhaus (Strukturstraße).

Wingst
Waldmuseum Wingst
2177 Wingst-Wassermühle
∅ 04778–272
Tägl. 8–12 und 14–18 Uhr.
Fauna und Flora der Wingst (in Verbindung mit der Schutzgemeinschaft Deutscher Wald).

Worpswede
Ludwig-Roselius-Museum für
Frühgeschichte
Lindenallee 3
2862 Worpswede, ∅ 04792–815

Di, mi, do, sa, so 10–18 Uhr, mo und fr 12–18 Uhr.
Originalfunde zur Kulturentwicklung des Menschen von der älteren Steinzeit bis zur Völkerwanderungszeit. Im wesentlichen Privatsammlung Dr. Ludwig Roselius.

Große Kunstschau
Lindenallee 3
2862 Worpswede
∅ 04792–1302
Geöffnet wie Ludwig-Roselius-Museum.
Permanente Ausstellung der alten Worpsweder Maler.

Worpsweder Kunsthalle (F. Netzel)
Bergstraße 17
2862 Worpswede
∅ 04792–1277, Tägl. 10–18 Uhr.
Sammlung alter Worpsweder Meister, Sonderausstellungen zeitgenössischer regionaler und überregionaler Künstler.

Barkenhoff
Ostendorfer Str. 10
∅ 04792–3968
Tägl. 10–18 Uhr.
Ehemalige Wohn- und Arbeitsstätte Heinrich Vogelers.

Haus im Schluh
Im Schluh 35
2862 Worpswede
∅ 04792–522 und 7160
Tägl. 10–12 und 14–18 Uhr.
Vogeler-Sammlung und Worpsweder Archiv, antikes Bäuerliches.

Bootswerft Schlußdorf
2862 Worpswede-Schlußdorf
∅ 04792–600
Mi, fr, sa 15–18 Uhr, so 10–12, 15–18 Uhr.
Werft für den Bau von Torfkähnen.

Vom guten Essen und Trinken oder »Een beeten good un een beeten veel« wie man zu Bremen sagt

Niemand wird annehmen, daß die Küche in dem Land zwischen Ostfriesland einerseits und Hamburg/Schleswig-Holstein andererseits so ganz anders wäre als dort – hier wie da wird man ihr mit Charakterisierungen wie deftig oder interessant gerecht, hier wie dort gibt es kulinarische Höhepunkte, hier wie dort gilt es vor allem, daß, wer das Land kennenlernen will, sich auch an das landestypische Essen und Trinken halten sollte.

Gleichartig ist die Kost der Küste genau besehen auch nur für den, der aus der Ferne kommt; dem Heimischen ist sie so vielfältig wie die Dialekte, das ostfriesische Platt, das Oldenburger Platt, das Bremer Platt oder das Hamburger Platt. Als ein Beispiel aus dem weiten Feld der guten Küche mag die im ganzen Norden bei Alt und Jung be-(ge)liebte *Rote Grütze* gelten: Sie wird in Bremen seit eh und je mit Sago gebunden, während man in Hamburg Speisestärke vorzieht, ein Unterschied, der, auch optisch, nicht nebensächlich ist. Auch lieben es die Bremer, der Speise, die früher nur auf der Basis von Fruchtsäften angerührt wurde, mit Früchten, die man püriert, anzureichern, wohingegen man in Hamburg und übrigens auch in Lübeck ganzen, gezuckerten Früchten den Vorzug gibt - ein Thema con variatione also.

Das berühmteste Gericht des Nordens ist jedoch der *Grünkohl*, der in Bremen eigenartigerweise gern als ›Braunkohl‹ bezeichnet wird und im ganzen Gericht als *Kohl und Pinkel*. Es ist aber nicht nur das berühmteste Gericht des Landes, sondern, und das mit großem Abstand, auch das deftigste,

schwerste. Um es recht genießen zu können, bedarf es eigentlich dreier Voraussetzungen: einer fröhlichen Gesellschaft, die sich zu einer Kohlfahrt zusammenfindet, einiger gutprozentiger Klarer und, wenn es sich glücklich fügt, eines längeren, wenigstens zweistündigen Marsches durch klirrende Kälte. Das schafft die rechte Stimmung und den rechten Appetit für dieses Essen, das ja nicht nur aus gekochtem Grünkohl – poetisch ›Oldenburger Palme‹ – besteht, sondern aus Kohl, der in ausgelassenem Schmalz, gegartem und mit durchwachsenem Speck, der berühmten Pinkelwurst – die oldenburgische dabei ›trockener‹, gedörrter als die fettere bremische – und mitunter einer Brägenwurst angesetzt wird. Dazu gibt es Berge von Fleisch: die Pinkel, die im Kohl kochte, Bauchspeck und Kassler und endlich kleine runde Röstkartöffelchen, die von Kennern in Zuckermelasse gebräunt werden – hier läßt Schleswig-Holstein, wenn nicht gar Dänemark, grüßen. Dazu gibt es Bier und Korn.

Es bedarf also einer guten Konstitution, um ein solches Essen durchzustehen. Ähnliches behaupten böse Zungen aber auch von dem traditionsreichsten Brudermahl an der reich geschmückten Dreizacktafel im Bremer Rathaus, der Schaffermahlzeit. Zu der gibt es unter anderem Stockfisch (dessen Duft das Rathaus tagelang durchzieht), Labskaus und Bremer Kükenragout.

Labskaus ist auch eines der küstentypischen Gerichte, entstanden aus dem Zwang, in enger schwankender Kombüse und aus wenigen Zutaten ein Eintopfgericht zu zaubern, das bei schwerem Seegang möglichst auf dem Teller bleibt und das nur mit einem Löffel – mit Messer und Gabel läßt sich schwer hantieren, wenn man sich und den Teller festhalten muß – gegessen werden kann. Das Gericht besteht aus Pökelfleisch (die frühe Form der Fleischkonserve), Salzheringen, Kartoffeln und Roten Beeten (Vitamine); das Ganze wird durch den Fleischwolf gedreht und, zumindest an Land, von einer Gewürzgurke und einem Spiegelei bekrönt. An Land fällt übrigens meistens der Salzhering weg oder er wird extra gereicht.

Das *Bremer Kükenragout* ist unter den bisher genannten Gerichten wohl das bremischste. Bei dessen Nennung steht mir immer das Bild von den Vorsteherinnen des Altmännerhauses in Haarlem vor Augen: So müssen die Hausfrauen beschaffen gewesen sein, die niedlichen, gelbbeflaumten Hühnerkindern die Hälse langgezogen haben – aber keine Angst, heute wird richtiges Hühnerfleisch genommen. Die besondere Komponente an diesem Hühnerfrikassee, das ist mehr oder minder die Grundlage dieses Gerichtes, ist die – reichliche – Zugabe von Shrimps und Granat, also ›Früchten des Meeres‹, wie man in anderen Ländern sagen würde; manche begnügen sich auch mit Krebsbutter. Die Zusammenstellung ist vorzüglich, leicht und bekömmlich.

›Früchte des Meeres‹ oder ganz reell Fische sind natürlich eine wichtige Stütze der Küche in allen Küstenregionen. Aber nirgends wird er so vielfältig und frisch angelandet wie in den beiden deutschen Fischereihäfen Bremerhaven und Cuxhaven, und das schlägt sich auch nieder in der örtlichen Gastronomie – in Bremerhaven etwa gibt es namhafte Fischrestaurants! Aber nicht nur die großen Fischereihäfen sind für den

Fischfreund interessant, auch die kleinen Sielhäfen, in denen nur wenige private Fischkutter heimisch sind, haben ihre Freunde. Nirgends ist *Granat,* andernorts unter dem Namen *Krabben* oder *Porn* bekannt, so gut, wie wenn man ihn frisch gekocht vom Kutter beziehen kann. An einem solchen Hafenort findet man dann sicher auch ein Lokal, das ein *Granatbrot,* ein Butterbrot, das unter einer Portion Granat verschwindet und von einem oder zwei Spiegeleiern bedeckt wird, anbietet – ein einfaches, aber herrliches Essen.

Und dann die *Schollen.* Es gibt sie überall an der Küste und sie sind überall, sofern sie kundig und frisch bereitet werden, eine Delikatesse. Es gibt sie gedünstet, gedämpft, gebraten, als ein leichtes Fischgericht, bei dem der milde Eigengeschmack der Scholle so recht zur Geltung kommt und es gibt sie à la Finkenwerder (gebraten und mit Speckstippe) als ein deftiges, auch den größten Hunger stillendes Gericht, das auf seine Art auch vorzüglich ist. Allem Schollenessen ist aber gemein, daß nur der Vergnügen daran findet, der weiß, wie man dem Tier zu Leibe rücken muß – aber das ist bei Fischen und Schalentieren ja nicht selten so.

Dann gibt es lokale Besonderheiten, wie die *Altländer Hochzeitssuppe,* eine raffinierte Kombination einer Rindfleischsuppe mit exotischen Gewürzen – Ingwer gehört in der deutschen Küche ja nicht unbedingt zu den besonders verbreiteten Würzmitteln – und Zugaben, die von Rosinen bis Reis reichen. Diese Suppe wurde früher oft an den Hochzeitstafeln, zu denen ja ganze Dorfgemeinschaften geladen waren, gereicht. Auch bei diesem Gericht – oder hing das mit dem besonderen Anlaß zusammen? – spielte der gekühlte ›Klare‹ eine große Rolle.

Doch noch einmal zurück nach Bremen. Als eine Spezialität jener Stadt gilt nämlich der *Bremer Klaben,* eine Spielart des weihnachtlichen Stollen. Auch hier mag man es schwerer, gehaltvoller als anderswo. Jedenfalls zeichnet den Bremer Stollen eine ordentliche Portion Butter aus, damit er nicht zu trocken sei und dann viel, viel Rosinen, Orangeaden und Succaden.

Was nun ein echter Bremer ist, der kann auch in der Adventszeit nicht ohne Klaben sein, und weil ein Bremer auch nach jahrzehntelangem Auslandsaufenthalt ein Bremer bleibt, so gedenkt man seiner Lieben in der Ferne durch eine Klabensendung – gut eingeführte Bremer Häuser bieten den Versand mit an und das Präsent kommt garantiert frisch an.

Dasselbe geschieht übrigens auch mit Wein, deutschem Wein aus dem Bremer Ratskeller, einem Bremer Weinorden, wie man zu dieser Art Geschenk auch sagt oder französischem Wein vorzüglichster Provenienzen. Immer noch wahrt Bremen so den Ruf, eine Weinstadt zu sein, was denn im Alltagsleben so ganz unwidersprochen nicht bleiben darf, denn Dank jenem tüchtigen Baumeister Rutenberg (s. S. 150f.) mischt Bremen tüchtig und erfolgreich im Biergeschäft mit – es gibt an der deutschen Nordseeküste jedenfalls nicht nur ein prominentes Bier. Aber die Weintradition ist alt und hat in Jahrhunderten gewachsene Erfahrungen verankert – die Qualität des Gebotenen spricht wirklich für sich.

Schließlich pflegt Bremen den Ruf, eine Kaffeestadt zu sein, und das ist richtig: Jede dritte Tasse Kaffee, die in Deutschland getrunken wird, wird über Bremen gehandelt, und trotz aller Filter duftet es manchmal noch ganz kräftig nach Kaffeerösten.

Brauchtum und Feste

Das festliche Jahr beginnt in Bremen am 6. Januar mit einer höchst merkwürdigen Zeremonie: Es erscheinen am ehemaligen Punkendeich, heute einem Abschnitt des Osterdeich, die Heiligen Drei Könige, begleitet von Herren in Zylinder oder steifer Melone und einem spitzbärtigen Schneiderlein in gelbgrünem Biedermeierfrack. Das hält ein heißes Bügeleisen, mit dem es versuchen soll, trockenen Fußes die Weser zu überqueren, was ganz offensichtlich nicht geht, denn die Weser gefriert wegen der Stromregulierung und der Versalzung nicht mehr. Das Schneiderlein setzt schließlich in einem Boot über den Fluß, um zu beweisen, daß »de Weser geiht«. Das kontrollieren die würdigen Herren auch noch, indem sie Steinchen in das Wasser werfen. Das Spiel ist der öffentliche Teil der ›Eiswette von 1829‹, die einst, als die Frage, ob die Weser zufrieren wird oder nicht, für den Gang der Geschäfte von existentieller Bedeutung war, in weinseliger Laune entstand und seither zeremoniell ausgetragen wird. Die Verlierer haben anschließend ein großes Essen auszurichten und weil angesichts der Realitäten niemand mehr auf »Weser geiht« setzen möchte, wird heute ausgelost, wer auf »Weser geiht« oder »Weser steiht« setzt - und wer mithin der Verlierer ist. Das Ganze dient außerdem einem ausgesprochen guten Zweck, indem unter den Gästen zugunsten der ›Gesellschaft zur Rettung Schiffbrüchiger‹ gesammelt wird.

Höchst zeremoniell, aber, abgesehen von Vertretern der Medien, unter Ausschluß der Öffentlichkeit verläuft im Februar eines jeden Jahres das *Schaffermahl,* das älteste Brudermahl, das heute noch regelmäßig zelebriert wird. Die Chance, zu diesem Mahl geladen zu werden, ist für Bremer wie für Nicht-Bremer auch ganz minimal: Als Gäste der Vorsteher und Mitglieder des ›Hauses Seefahrt‹, zu dessen Gunsten es stattfindet, sind nämlich nur Nicht-Bremer zugelassen und das auch nur einmal in ihrem Leben. Seinen Ursprung hat das Mahl in der Verabschiedung der im Frühjahr wieder ausfahrenden Seeleute und es war immer verbunden mit Sammlung und Rechnungslegung für die Stiftung ›Haus Seefahrt‹, das 1545 zur Versorgung der Hinterbliebenen der auf See verstorbenen Schiffer eingerichtet wurde. Vorsteher, Älteste und Oberalte sowie die zur Verwaltung des Vermögens eingesetzten ›Schaffer‹ leiten seither das Haus Seefahrt. Heute ist es mehr ein Wohnheim für im Ruhestand lebende Seefahrer. Das gut fünfstündige, sehr feierliche Essen folgt einer feststehenden Speisenfolge: Bremer Hühnersuppe, Stockfisch, Kohl und Pinkel mit Maronen, Kalbsbraten mit gedämpften Äpfeln, Katharinenpflaumen und Selleriesalat, Rigaer Butt, Zunge, Wurst, Käse und Sardellen, Fruchtkorb und Kaffee; dazu werden Rhein-, Mosel- und Bordeauxweine gereicht.

Beide Ereignisse finden in einem kleinen Kreis von Kaufleuten statt. Die Allgemeinheit nimmt daran nur Teil durch den öffentlichen Auftritt der Eiswette und durch eine ausführliche Berichterstattung, denn Bremen ist stolz auf diese Traditionen; man nimmt Teil an ihnen, auch wenn man nicht dabei sein kann. Das große Volksfest der Bremer aber, der Fasching, die Kirmes und was es an Freuden das Jahr über andernorts geben mag, ist in Bremen der *Freimarkt.* »Ischa Freimaakt« lauten Parolen und Aus-

rede für allerlei Allotria. Es ist wirklich ein Riesenfest, das sich mit den größten dieser Art, dem Oktoberfest in München oder dem Cannstatter Vasen, messen kann. Dieser Markt geht (mehr oder weniger) zurück auf das Marktprivileg, das Erzbischof Adaldag 965 vom Kaiser verliehen bekam und ist so eigentlich eine der Wurzeln bremischen Werdens und Gedeihens.

Dessen gedenken die Bremer auch ausgiebig und die, die früher einmal erzstiftige Bremer waren und solche, die sonst nie etwas mit Bremen und den Bremern im Sinn haben; ›Ischa Freimaakt‹ ist ein Zauberwort (man erkennt es unschwer an den Kraftfahrzeugkennzeichen der Besucher von Osnabrück bis Pinneberg), und mag das Wetter Ende Oktober noch so griesgrämig sein, es strömt aus allen Himmelsrichtungen zur Bürgerweide in Bremen.

Auch Verden hat seinen bischöflichen, seinen ›Gründungs‹-Markt: Ende Mai/Anfang Juni ist die auf die Verleihung der Marktrechte zurückreichende *Domweih.* Außerdem hat Verden teil an den vielen Störtebecker-Legenden, denen man an der ganzen Nordseeküste begegnet. Am Montag nach Sonntag Lätare (zwei Wochen vor Ostern) wird die *Störtebecker-Spende,* bestehend aus Brot und Hering, an ›Arme, Kirchenbedienstete und Beamte‹ verteilt.

Sehr ausgeprägt ist die Sitte der *Osterfeuer,* für die wochen-, ja monatelang Brennbares aufgeschichtet wird, um am Ostersamstag unter großer Anteilnahme der Bevölkerung abgebrannt zu werden.

Und den ganzen Sommer über gibt es immer irgendwo ein *Schützenfest* – wer es darauf ankommen lassen wollte, könnte wohl zwischen Mai und Erntedank jeden Sonntag im Kreis von Schützen feiern. Auf dem Lande spielt auch der *Erntedank* Ende September, Anfang Oktober noch eine große Rolle, und zum Abschluß des Jahres gibt es, noch bevor die Weihnachtsmärkte eröffnet werden, die Sitte des Nikolauslaufens der Kinder am Abend des 6. Dezember. Mit oder ohne Verkleidung gehen die Kinder von Haus zu Haus und sammeln Süßigkeiten mit Versen wie diesem:

kloppt an alle Dören an
lüttje Kinner bringt he wat
grote Kinner klapp vört Gatt
halli, halli, hallo
so geiht't na Bremen to.

Autor und Verlag bemühen sich darum, die Praktischen Reiseinformationen aktuell zu halten, können aber keine Gewähr für die Richtigkeit jeder einzelnen Angabe übernehmen – Anschriften wie Telefonnummern, Öffnungszeiten wie Währungskurse etc. ändern sich oft kurzfristig. Wir bitten um Verständnis und werden Korrekturhinweise gerne aufgreifen (DuMont Buchverlag, Postfach 100468, 5000 Köln 1).

Literaturhinweise

Horst Adamietz: Das Rathaus zu Bremen, Bremen 1980

Georg Bessell: Geschichte Bremerhavens, Bremerhaven 1927

Karl-Heinz Brandt: Ausgrabungen im Bremer St.-Petri-Dom 1974–1976, ein Vorbericht, Bremen 1977

Günther Busch und Liselotte von Reinken (Hrsg.): Paula Modersohn-Becker in Briefen und Tagebüchern, Frankfurt/M. 1979

Klaus Dede: Wesermarsch, Ein Heimatbuch, Fischerhude 1982

Georg Dehio: Handbuch der Deutschen Kunstdenkmäler. Bremen Niedersachsen, München 1976

David Erlay: Vogeler. Ein Maler und seine Zeit, Fischerhude 1981

Hermann Faltus: Worpswede, Urteil und Vorurteil, Bremen 1972

Siegfried Fliedner und Werner Kloos: Bremer Kirchen, Bremen 1961

Hermann Haiduck: Die mittelalterlichen Kirchen des Landes Wursten und ihr Inventar, Bremerhaven 1979

Hans Jürgen Hansen und Klaus Rohmeyer: Zwischen Elbe und Weser, Oldenburg/Hamburg/München 1982

Hans Jürgen Hansen, Klaus Rohmeyer u. a.: Küstenkreis Cuxhaven, Gräfelfing 1983

Martin Jank: Buxtehude – Altes Land, Hamburg 1983

Friedrich Köster: Alterthümer, Geschichten und Sagen der Herzogthümer Bremen und Verden. Reprint der Ausgabe von 1856, Leer 1976

Werner Kloos: Das Alte Bremen, Bremen 1978

Kunstdenkmalinventare Niedersachsens in den Neudrucken, Osnabrück ab 1972: Verwaltungs-Bezirk Oldenburg, Bände 4 und 5, Regierungs-Bezirk Stade, Bände 43 bis 47

Richard Mader und Günther Bastian: Hadeln und Wursten, Hamburg 1978

Richard Mader und Hans-Christoph Hoffmann: Bremen – Stadt am Strom, Hamburg 1981

Heinrich Wiegand Petzet: Von Worpswede nach Moskau. Heinrich Vogeler. Ein Künstler zwischen den Zeiten, Köln, 2. Aufl. 1972

Rosemarie Pohl-Weber (Hrsg.): Der Bremer Dom, Baugeschichte, Ausgrabungen, Kunstschätze. Handbuch und Katalog, Bremen 1979

Martha Riesebieter: Ludwig Münstermann, Berlin 1930

Rainer Maria Rilke: Worpswede. Sonderausgabe für den Bertelsmann-Lesering, o. J.

Wolfgang Runge: Kirchen im Oldenburger Land. 2 Bände, Oldenburg 1983–85

Georg Schnath u. a.: Geschichte des Landes Niedersachsen. In der Reihe ›Territorien-Ploetz‹, Würzburg 1973

Herbert Schwarzwälder: Bremen im Wandel der Zeiten. Die Altstadt, Bremen 1970

Herbert Schwarzwälder: Bremen im Wandel der Zeiten. Die Neustadt, Bremen 1973

Herbert Schwarzwälder: Geschichte der Freien Hansestadt Bremen, 4 Bände, Bremen/Hamburg 1975–1985

Herbert und Inge Schwarzwälder: Bremerhaven und seine Vorgängergemeinden, Bremen 1977

Rudolf Stein: Forschungen zur Geschichte der Bau- und Kunstdenkmäler in Bremen. 6 Bände, Bremen 1960–1967

Sigrid Weltge-Wortmann: Die ersten Maler in Worpswede, Worpswede 1979

Gerhard Wietek: Oldenburger Land. 2. Aufl., München 1974

Worpswede. Eine Deutsche Künstlerkolonie um 1900. Katalog der Kunsthalle Bremen, Bremen 1980

Abbildungsnachweis

Farbtafeln und Schwarz-weiß Abbildungen

Jürg Andermatt, Asendorf   Farbt. 13
Bremer Lagerhausgesellschaft, Bremen
  Farbt. 50
Titus E. Czerski, Bremen   Farbt. 1 (freigege-
  ben durch den Senator für Häfen, Schiffahrt
  und Verkehr, Bremen. Freigabe Nr.: TC
  850710/66)
Fotoarchiv Böttcherstraße GmbH (A. Rostek),
  Bremen   Abb. 28, 29
Hansestadt Bremisches Amt Bremerhaven,
  Bremerhaven   Farbt. 22
Günther Helm, Hamburg   Farbt. 23
Hans-Christoph Hoffmann, Bremen
  Umschlagklappe vorn, Umschlagrückseite,
  Farbt. 3, 6, 10, 11, 16, 19, 20, 24, 25, 27–31,
  33–36; Abb. 2, 5, 7, 10, 11, 26, 27, 30–33,
  35, 38–43, 45–49, 51, 54, 55, 57, 59, 60, 63,
  64, 66, 67, 69, 71, 72, 75, 79, 81–86, 88–90,
  92–95, 100, 102, 103, 106–112
Michael Jeiter, Aachen   Farbt. 18; Abb. 50, 53,
  62, 96, 97
Lothar Klimek, Worpswede   Farbt. 14; Abb.
  56, 68, 74, 77, 78, 80, 105, 113, 114, 116,
  117, 119, 120, 121, 123, 124, 125
Landesamt für Denkmalpflege, Bremen   Farbt.
  5, 8, 12; Abb. 8, 9, 23, 25, 34, 36, 37, 58
Landesbildstelle Bremen   Abb. 3, 4, 12,
  13–22, 24
Fritz Mader, Hamburg-Barsbüttel   Farbt. 38
Richard Mader, Schneverdingen   Farbt. 7, 9,
  43; Abb. 87
Jochen Mönch, Bremen   Farbt. 2
Werner Otto, Oberhausen   Farbt. 15, 21; Abb.
  101, 104, 118
Klaus Rohmeyer, Ottersberg-Fischerhude
  Farbt. 37, 39–42; Abb. 70, 73, 91, 98, 99
Hans und Erika Scheidulin, Bremen
  Umschlagvorderseite, Farbt. 17, 26, 32,
  44–49; Abb. 1, 44, 52, 61, 65, 76, 115, 122

Die Sparkasse in Bremen (Bildarchiv)
  Farbt. 4

Abbildungen im Text

Altonaer Museum in Hamburg, Norddeutsches
  Landesmuseum   S. 276
Bremer Bürgerpark   S. 154, 156
Bremer Landesmuseum für Kunst- und Kultur-
  geschichte   S. 14, 15, 34, 35, 38, 40, 69, 81,
  89, 90, 120, 136, 137, 140, 153, 228, 232
Denkmale der Geschichte und der Kunst der
  Freien Hansestadt Bremen   S. 65, 75, 77
Hermann Haiduck, Die mittelalterlichen Kirchen
  des Landes Wursten und ihr Inventar, Bremerhaven 1979   S. 259, 264, 266
Landesamt für Denkmalpflege Bremen   Frontispiz, S. 17, 18, 20, 22, 30/31, 32, 33, 37, 39,
  42/43, 67, 79, 84, 87, 95, 118, 122, 133, 144,
  146, 148, 150, 194, 225, 231, 238
Landesmuseum Oldenburg (Inv.-Nr.: LMO
  13.277) und Hans Geißler, Nachlaß Erich
  Heckel, Gaienhofen   S. 376
Museum Roseliushaus   S. 25, 125, 126, 127,
  129, 196, 209, 297, 299, 344, 375
Niedersächsisches Landesverwaltungsamt, Institut für Denkmalpflege   S. 201, 224, 258, 259,
  260, 262, 264, 265, 266, 278, 281, 283, 291,
  293, 295, 300, 302, 304, 322, 332, 333, 336,
  339, 346, 348, 353, 357, 364, 370
Private Leihgeber   S. 19, 93, 123, 257, 280,
  286, 325, 345, 350, 372
Die Sparkasse in Bremen, Archiv   S. 45
Staatsarchiv der Freien und Hansestadt Ham-
  burg   S. 274, 326
St. Petri-Dom Bremen   S. 71 (Foto des Verfassers), 114
Verfasser   S. 12, 80, 143, 205, 211, 215, 233,
  272, 273, 277, 292, 297
Karte in der vorderen Umschlagklappe: Gerda
  Rebensburg, Köln
Karten und Pläne: DuMont Buchverlag, Köln

Register

Personen

Orte

Ostfriesland mit Jever- und Wangerland

Über Moor, Geest und Marsch zum Wattenmeer und den Inseln Borkum, Juist, Norderney, Baltrum, Langeoog, Spiekeroog und Wangerooge
Von Rainer Krawitz. 376 Seiten mit 50 farbigen und 108 einfarbigen Abbildungen, 126 Plänen und Zeichnungen, 15 Seiten praktischen Reisehinweisen, Register, kartoniert (DuMont Kunst-Reiseführer)
»Endlich, so wird mancher schon beim ersten flüchtigen Durchblättern entdecken, endlich ist da ein Buch, das sich nicht nur sehen lassen kann, sondern ein umfassendes, zudem noch stichhaltiges Bild dieses Landstriches widerspiegelt. Eine Arbeit, in der auch die neuesten Ergebnisse aus Wissenschaft und Forschung mit berücksichtigt wurden.
Selbst Einheimische, die Gäste sowieso, werden an diesem Landschaftsführer ihre Freude haben. Ein informativer Reisebegleiter, eine nützliche und einstimmende Vorbereitungslektüre.«
Norddeutscher Rundfunk

Schleswig-Holstein

Zwischen Nordsee und Ostsee: Kultur, Geschichte, Landschaft
Von Johannes Hugo Koch. 320 Seiten mit 26 farbigen und 134 einfarbigen Abbildungen, 69 Zeichnungen und Plänen, 26 Seiten praktischen Reisehinweisen, Register, kartoniert (DuMont Kunst-Reiseführer)
»Das Faszinierende an diesem Buch ist nicht nur die Fülle der Bilder und Zeichnungen, die den Text großzügig und beziehungsreich auflockern, sondern auch eine fesselnde Darstellung dieses Landes zwischen Nord- und Ostsee in vielfachen Spiegelungen.
So bildet dieses Buch für Einheimische und auch die Millionen Gäste eine Fundgrube von Informationen und Erkenntnissen, die in ihrem Zusammenklang das Bild einer geschichtsträchtigen Landschaft und ihrer Menschen vermitteln, in der sich die unterschiedlichsten Formen und Gestaltungskräfte begegnen.«
Kieler Nachrichten

Sylt, Helgoland, Amrum, Föhr, Pellworm, Nordstrand und Halligen

Natur und Kultur auf Helgoland und den Nordfriesischen Inseln
Entdeckungsreisen durch eine Landschaft zwischen Meer und Festlandküste
Von Albert am Zehnhoff. 320 Seiten mit 66 farbigen und 79 einfarbigen Abbildungen, 32 Seiten praktischen Reisehinweisen, 2 Karten, Literaturhinweisen, Namen- und Ortsregister, kartoniert (DuMont Kunst-Reiseführer)
»Albert am Zehnhoff berät für eine Entdeckungsreise zwischen Meer und Flachland, weist auf landschaftliche und kulturelle Sehenswürdigkeiten hin (erklärt sie auch) und stattet den Leser mit vielen brauchbaren touristischen Tips aus. Der Band zählt zu den besten Reiseführern, die über diese Landschaft geschrieben wurden.«
Münchner Merkur

Inseln und Halligen Nordfrieslands

Amrum – Föhr – Die Halligen – Nordstrand – Pellworm – Sylt
Von Wulf Ligges (Fotos) und Klaus Viedebantt (Text). 148 Seiten mit 78 Farb- und 44 Schwarzweiß-Fotos, 12 Karten, Leinen mit Schutzumschlag
»Bilder dieser Inseln und Halligen im Wandel der Gezeiten, unter dräuendem Schlechtwetterhimmel, der Unheil verheißt, oder unter strahlendem Himmelblau, geduckte Häuser, freundliche Menschen und immer wieder die einzigartige Wattlandschaft hat Wulf Ligges mit Gespür für Land und Leute eingefangen.
Der Fotoband mit seinen einzigartigen meisterlichen Aufnahmen und seinem kenntnisreichen Text gehört zu den schönsten und eindrucksvollsten Veröffentlichungen, die je über diese Landschaft erschienen sind. Ein wahrer Schatz für alle, die die nordfriesischen Inseln und Halligen lieben oder kennenlernen möchten.«
Elmshorner Nachrichten

DuMont Kunst-Reiseführer

»Richtig reisen«